Michael Pilz
Auge Kamera Herz

Olaf Möller, Michael Omasta (Hg.)

Österreichisches Filmmuseum
SYNEMA – Gesellschaft für Film und Medien

Ein Buch von SYNEMA ☰ Publikationen
Michael Pilz. Auge Kamera Herz
Band 10 der FilmmuseumSynemaPublikationen

© Wien 2008
  SYNEMA – Gesellschaft für Film und Medien
  Neubaugasse 36/1/1/1
  A-1070 Wien

Lektorat/Korrektur: Joe Rabl, Michael Omasta, Brigitte Mayr
Grafisches Konzept, Gestaltung und Produktion: Gabi Adebisi-Schuster, Wien
Organisation: Brigitte Mayr
Druck: REMAprint
Gedruckt auf Forest-Stewardship-Council-zertifiziertem Papier
Verlags- und Herstellungsort: Wien
Coverfoto: Selbstporträt auf Film, *12.2.43* (1969) in *A Prima Vista* (1964–2008)
Backcover: Dreharbeiten zu *Franz Grimus* (1977)

ISBN 978-3-901644-29-0

Dieses Buch entstand mit Unterstützung von
Bundesministerium für Unterricht, Kunst und Kultur, Niederösterreich Kultur, Österreichisches Filminstitut

Das Österreichische Filmmuseum und SYNEMA – Gesellschaft für Film & Medien
sind vom Bundesministerium für Unterricht, Kunst und Kultur – Abteilung VI-8 Film
sowie von der Kulturabteilung der Stadt Wien geförderte Institutionen.

Inhalt

Vorwort

Man weiß um Michael Pilz als Filmkünstler, das Einzigartige seines Schaffens, daheim wie in der Welt, doch kaum wer kennt wirklich seine Werke. Seine Filmografie verzeichnet mittlerweile beinahe 100 Arbeiten mit Längen zwischen zwei Minuten und mehr als zehn Stunden, realisiert über den Zeitraum von rund einem halben Jahrhundert, in allen möglichen Formaten zwischen Normal-8 und 35mm, Zweiband High und Low wie VHS und High-Definition – doch regulär im Kino zu sehen waren davon gerademal zwei, *Himmel und Erde,* ein Zentralmassiv des Weltkinos, sowie *Feldberg,* während weitere vielleicht fünf Arbeiten – darunter *Franz Grimus, Bridge to Monticello* und *Indian Diary – Days At Sree Sankara* – primär durch Festival- und Ausstellungspräsentationen als etwas weitreichender rezipiert bezeichnet werden können. Charakteristisch für die Situation ist, dass eines seiner am häufigsten evozierten Werke, *Prisjádim na dorozhku,* realiter so gut wie nie zu sehen ist aufgrund der scheinbar uferlosen Dimensionen, die dieses Video schwer zu präsentieren und noch viel schwerer zu goutieren machen – leben müsst' man damit, nicht es einfach nur anschauen.

So geht es Pilz denn auch bloß bedingt um das Zeigen seiner Werke. Wichtiger ist erst einmal deren Realisierung, durch die er an seiner Selbstwerdung arbeitet – wenn andere Menschen dann durch diese Werke Wege zu sich selbst finden, so ist das gut.

Einem derartig radikalpersönlichen Ansatz entsprechend hybrid und alle konventionellen Genregrenzen sprengend sind denn auch die meisten seiner Arbeiten: Dokumentar-, Spiel-, Lehr-, Experimental-, Reise- und Tagebuchfilme, geschöpft meist aus Begegnungen und Reisen von Pilz. So ist es: ein Heimkino, darin ganz welthaltig.

Michael Pilz. Auge Kamera Herz ist die erste buchlange monografische Studie zum Werk wie Werden dieses Solitärs, damit allein ein erster Versuch, die Längen und Weiten dieses wenig bereisten Subkontinents des österreichischen Kinos etwas exakter zu vermessen.

Drei Essays nähern sich dem Schaffen von Michael Pilz aus drei verschiedenen Blickwinkeln: Birgit Flos fasst seine Eigenheiten anlässlich *Windows, Dogs and Horses* zusammen; Constantin Wulff beschreibt mit seiner Analyse von *Himmel und Erde* den Augenblick der Selbstfindung – wenn man so will: Geburt – des Filmemachers Michael Pilz im Kontext des dokumentarischen Kinos der frühen 80er Jahre; Olaf Möller schließlich mischt Werkanalyse und biografische Skizze, um Pilz' Selbstwerdung in all ihrem erratischen Schlendern wie Schlenkern nachvollziehbar zu machen. Als einen vierten Zugang kann man die Auswahl an Porträts betrachten, die Gabriele Hochleitner und Regina Höllbacher auf Anregung von Pilz für das Buch zusammengestellt haben. Dem gegenüber steht ein weiteres Fotokonvolut aus raren Privat-, meist Momentaufnahmen, die Michael Pilz und seine Tochter Rosemarie auswählten.

Ebenfalls dreigeteilt ist die Zusammenstellung von Selbstäußerungen Pilz': eine für dieses Buch realisierte Interview-Montage aus Erzählungen und Anekdoten, die formal eine Entsprechung zu seiner Filmarbeit sucht; eine Auswahl an – zum Teil unveröffentlichten – Texten, die von seiner ersten journalistischen Arbeit, einem Bericht über das griechische Kino Mitte der 60er Jahre, über Wortspenden für befreundete Filmemacher wie Notizen zu Gesehenem und im Kino Erlebten bis hin zu einer aktuellen Selbst(er)klärung seines Filmemachens reicht; sowie vier Treatments zu – bislang – unrealisierten Projekten, die von einem Western für Franz Antel bis zu einer Pitaval'schen Dekonstruktion der Kriminalersprache reichen. Eine ausführliche Filmografie rundet das Buch ab.

Eine ganze Reihe befreundeter Personen und Institutionen hat uns bei der Arbeit daran unterstützt. Für die Genehmigung zum Abdruck von Texten oder Überlassung von Fotos bedanken wir uns bei Gert Winkler, Sascha Manovicz, Bernd Hartung, Angelos Dimitriadis, Mathilde Kohl, Gabriele Hochleitner; für Rat und Tat in allen Produktionsphasen bei Brigitte Mayr (Synema – Gesellschaft für Film und Medien), weiters Alexander Horwath, Regina Schlagnitweit, Andrea Glawogger, Georg Wasner (Österreichisches Filmmuseum) sowie Christoph Huber und Joe Rabl. Ganz besonderer Dank geht an Gabi Adebisi-Schuster, unsere Grafikerin, die auf jede überzogene Deadline mit stoischer Gelassenheit reagiert und jede neue Idee der Herausgeber in die Realität umgesetzt hat. Und nicht zuletzt an Michael Pilz – für seine Hilfe, seine Filme und seine „sprichwörtliche" Eselsgeduld mit uns.

Olaf Möller, Michael Omasta
Oktober 2008

Birgit Flos

Windows, Dogs and Horses

Leere, Zufall, Atem

Es wird um diesen einen Film *Windows, Dogs and Horses* gehen, der – so meine ich – die Haltung von Michael Pilz zum Film besonders augenscheinlich ausdrückt; in für Michael Pilz sensationell kurzen 40 Minuten konzentriert. Der Filmautor liefert hier ein Seh-Angebot, das großzügiger nicht sein könnte, eine Einladung wie in allen seinen Filmen: Schaut euch das an. Das ist es. Das ist es auch. Das könnte es sein. Michael Pilz zeigt mit Filmbildern und Filmtönen, lässt hören und erfahren, wie es möglich sein könnte zu überleben oder auch unterzugehen – *sehenden Auges*.

Die Filme von Michael Pilz sind Werke der Abstraktion, obwohl sie eine unglaubliche Fülle von Seherlebnissen, von in der Realität erlebten Details und kommunikativen Situationen vorführen. Sie sind der „weißen", leeren Leinwand eines Robert Ryman (oder Hans Bischoffshausen) oder den Farbatmosphären Mark Rothkos näher als einem „dokumentarischen" Gestus der Weltaufzeichnung. Etwa in dem Sinn, in dem Piet Mondrian sich als Realist verstanden sehen wollte. Es kommt darauf an, welche Schichten der sinnlichen/emotionalen Wahrnehmung und Erfahrung genau, d. h. dem Gegenstand der Aufzeichnung und dem Publikum gegenüber verantwortungsvoll, beschrieben werden. John Cage war sicher einer der wichtigsten ausüben-

den Praktiker dieser dokumentarischen Genauigkeit des Arbeitsprozesses an der Abstraktion, somit auch der äußersten Verknappung.

Aber natürlich zeigt Michael Pilz auch „die Welt" (wie er sie sieht und erlebt) undogmatisch, radikal unabhängig und immer als politisch denkender und agierender Künstler. Zuschauer und Zuschauerinnen können sich in seinen Filmen in einem selten (oder ich wage zu behaupten: nie) erlebten Ausmaß – gelassen, neugierig und unbevormundet – durch ihnen bisher unbekannte Territorien bewegen, in Ländern Afrikas, in Indien, in New York oder Sibirien oder wo auch immer Michael Pilz seine Augen durch die Kamera, die mit seinem Handgelenk zusammengewachsen scheint (*the new flesh!*), verdoppelt bzw. das, was sie sehen, transparent macht. Michael Pilz ist auch ein souveräner Kunst- und Filmvermittler, jemand der eigentlich selbst am besten und intensivsten durchdringen und miterleben lassen kann, was seine Filme, was Filmbilder allgemein, was künstlerische Produktion bedeuten und auslösen können. Michael Pilz eröffnet in jedem Filmgespräch eine Schule des Sehens.

Filmbilder – ich meine hier: fotografisch wiedergegebene Bilder von Wirklichkeiten – scheinen für abstrahierende Strategien wenig geeignet; sie sind durch ihren Abbildcharakter überdeterminiert und gleichzeitig auf das, was sie bildlich zeigen, reduziert. Eine Rose ist eine Rose ist …, ein Rosenzeichen, selbstreferenziell.

Da ist eine Fensterscheibe (oder eine Straßen- oder Gartenecke oder …), durch diese Fensterscheibe sind filigrane, kahlschwarze Zweige zu sehen. Wasser sammelt sich an den stärkeren Zweigen und bildet Tropfen. Ein „schönes" Bild (eine Sequenz aus *Windows, Dogs and Horses*) – aber ohne die Film-/Sehhaltung, die es hier zu untersuchen gilt, bliebe es doch „nur" auf der Bedeutungsebene eines gelungenen (bewegten) Kalenderblattes. Es geht weder um die Zweige noch um das Wasser, die Ketten von Bedeutungen auslösen (Wetter, Achtsamkeit auf die „kleinen" Details, Schärfung der Sinne, Meditation, emotionale Befindlichkeit, Einsamkeit, Genuss und Schönheit etc.). Es geht zunächst nur um das Da-sein, das Da-gewesensein, um das, was Roland Barthes in seinem Buch zur Fotografie *La chambre claire* (*Die helle Kammer,* 1980) beschreibt: dass das unmanipulierte, unbearbeitete (Film-)Foto zunächst nur besagt (aber das fest und affirmativ): Das ist zu einem bestimmten Zeitpunkt so gewesen, so konnte man das zu einem bestimmten Zeitpunkt in einer gelebten Wirklichkeit sehen: Das Kameraobjektiv hat das so gesehen und aufgezeichnet.

Gültige Erfahrung wird nicht nur durch Eigenerleben, sondern durch Mitsehen, Miterfahren, Filmerfahrung ausgelöst. Der Kern der Seherfahrung ist durchlässig. Durchlässig auf was? Es ist nichts „dahinter" (im Sinn einer Deutung oder Interpretation), es werden keine Bilderrätsel produziert, keine Botschaften verschickt. Das Wahrgenommene verweist auf den Akt des Sehens: „Ich sehe", *video*. Allerdings durchdringt dieses Sehen des jeweiligen Objekts die gesamte Seherfahrung bis zu diesem Augenblick der (Seh-)Aufnahme.

Das soll nicht heißen, dass das Dargestellte beliebig ist. Zufällig? Ja, es unterliegt auch dem Zufall, was das Auge zur Aufnahme durch die Kamera – und später für die Filmmontage auswählt. Die sinnstiftende Rolle des Zufalls hat besonders John Cage erforscht, indem er in seiner Arbeit immer wieder ein wissenschaftliches Paradox inszenierte: Versuchsanordnungen (kontrollierte wiederholbare Abläufe) mit dem Zufall als Hauptgenerator von Entwicklungen – die Arbeit mit der Zeit und der Leere des nicht Determinierten.

Natürlich ist da nicht „nur" dieses eine bewegte Bild der Zweige durch die Fensterscheibe, sondern da sind eben auch „windows, dogs and horses" und Menschen am Straßenrand oder sich am Tisch gegenübersitzend, ein Krug auf dem Fensterbrett, der Künstlerkollege Andreas

Ortag mit seiner Familie, in seiner Wohnung, im Arbeitsraum, im Garten, unspektakulär beschäftigt – vielleicht mit der Organisation einer Ausstellung, mit Telefonaten. Und dann auch Werkbeispiele dieses Künstlers (Super-8-Materialien jetzt auf Video) – von *seinen* Seherfahrungen – und das, was er zum Beispiel als akustisches Ereignis aufgenommen hat: Regengeräusche. Sein kleiner Sohn sitzt vor der Anlage, was wird dieses Geräusch in ihm auslösen? Wie oft wird er diesen „Regen" schon gehört haben?

Der Film ist eine Found-Footage-Kompilation aus (Seh-)Erfahrungen vergangener Jahre. Das Filmmaterial findet Michael Pilz ausschließlich im eigenen Archiv („finden" ist der falsche Begriff; das Material war nie verloren, sondern immer potenziell auf Abruf präsent; es wird ausgewählt, Entscheidungen werden gefällt). Die Montage ist eine Aktualisierung bzw. Verdichtung der Sinneseindrücke in der Gegenwart der Filmrezeption, ohne Nostalgie – es ist alles da und nach wie vor gültig. Film gibt hier nicht Sichtbares nur wieder, sondern macht sichtbar (das inflationär gebrauchte Paul-Klee-Zitat beschreibt den Vorgang so treffend, dass es wieder passt).

Die einzelnen Sequenzen, Ausschnitte, Bildzitate stehen für sich selbst, haben jeweils die Dramaturgie einer Binnen-Erzählung, einer Entwicklung in der Zeugenschaft von verbrachter Zeit (es gibt auch längere Sequenzen mit einer fühlbaren Dauer), so wie jeder Blick fließend und vielleicht übergangslos wechselt, aber doch einen Anfang (Hinschauen) und ein Ende (etwas anderes Anschauen) hat und genauso wichtig, unhierarchisch, genauso weiterführend und verführerisch ist wie mögliche andere Blicke.

Wie Michael Pilz diese Blick-Sequenzen zusammenmontiert, scheint einer Logik zu folgen, deren intuitive Anordnung sich dem rationalen Nachvollzug entzieht. Es muss so sein. Es gibt hier keine äußere Chronologie (in *A Prima Vista* ist sie ausnahmsweise durch das biografische Moment vorgegeben), sondern, zumindest für das Publikum, eine wie schwebende Aneinanderreihung von Materialien in der realen Dauer des Films, die aber aus einem strikten Zeit- und Abfolgeraster herausgenommen ist.

Es kann passieren, dass Michael Pilz einen Film noch einmal mitnimmt, es ist nur eine Kleinigkeit zu korrigieren; der Film wird zur Vorführung zurückgebracht, auf den ersten und durchaus auch zweiten Blick hat sich nichts spürbar verändert. Dann taucht er mit noch einer neuen Version auf, die nur eine minimale Veränderung im Rhythmus sein kann, ein, zwei Kader in einer Sequenz. Er sagt: Jetzt ist es perfekt!

9

Die Filmlänge ist die gleiche geblieben, was ist passiert? Staunend sieht man den Film dann – zum wievielten Mal schon? – und immer zum ersten Mal an – und ja, es stimmt, er ist perfekt. Und kann nur so sein und nicht anders.

Aber was bewirkt diese Durchlässigkeit in der Wahrnehmung, dieses meditative Schauen, das nicht auf Bildinformation aus ist, sondern sich dem Sehrhythmus überlässt?

Bei den Dichtern und Dichterinnen der sogenannten Beatgeneration (Ginsberg, Kerouac, Burroughs, DiPrima, Waldman etc.) und in der weiteren Folge bei Charles Olson und Robert Creeley (natürlich auch bei Patti Smith bei ihren frühen Auftritten in den 70er Jahren des 20. Jahrhunderts) bestimmte der performative Eigenvortrag Wortwahl und Metrik der Texte – weit über das Vorlesen oder Rezitieren hinaus. Der Atem des Autors, der Autorin hatte eine semantische Bedeutung. Der Eigenvortrag war das eigentliche Texteroignis.

Atem sieht man nicht. Aber ich behaupte, dass in den Filmen von Michael Pilz seine Atmung immer „mit im Bild" ist. Die Bewegung der Atmung, das Stillhalten, das Zögern – Michael Pilz ist immer spürbar in seinen Filmräumen. Oft erfasst die „Subjektive" seine Beine oder was sonst ins Bild gerät, er ist da als Garant und Zeuge des Augenblicks der Aufnahme, des

Gesehenen und Erlebten. Es geht um diesen sehr persönlichen, von einer speziellen Lebenserfahrung, von Kämpfen und Einsichten, Glücksmomenten und Trauer – von Leben – durchdrungenen Blick.

Natürlich ist mir bewusst, dass das die Operationsweise der Kamera ist, wenn sie nicht wie z. B. bei Michael Snow in einer rotierenden Versuchsanordnung in der Landschaft oder anonym als Überwachungsorgan auf Plätzen und Straßen „allein" gelassen wird. Aber Michael Pilz macht dieses „ich sehe" zum Herzschlag und Motor seiner Filme.

Die Filme von ihm sind „mehr als eine Antwort, sie (sind) im vollen Sinn eine Lektion, insofern sie eine große Forschungsreise in Szene setzen und ihrem Publikum das Gesetz jeder Suche dramatisch vor Augen führen: nichts von dem gesuchten Objekt, nur etwas von sich selbst zu wissen." Ein Satz von Natalie Leger im Vorwort zu *Die Vorbereitung des Romans* von Roland Barthes (2008), für Michael Pilz adaptiert.

Barthes selbst sagt über seine eigenen Lehr- und Lernversuche: „nichts lehren, nichts lernen, *verlernen* … mühevoll wiederfinden". Das gilt auch für die Haltung von Michael Pilz zum Film: nichts lehren, nichts lernen, verlernen (vergessen?) und mühevoll wiederfinden und zum Wiedersehen auswählen.

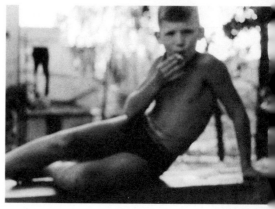

Olaf Möller

Mitten ins Herz – Aus dem Nichts

1. WEG VON ZU HAUS

Die ersten von Michael Pilz realisierten Filmbilder sind vermutlich verloren: In seiner Biofilmografie gibt er an, 1957 – manchmal auch
schon '55 – mit Normal-8-Aufnahmen begonnen zu haben, die ältesten verfügbaren Rollen
aber stammen, soweit – auch durch das Material
selbst – rekonstruierbar, aus der zweiten Hälfte
des Folgejahres. Inwieweit diese immer stummen Familienszenen im Schnee wie am Fluss
und manchmal zu Tische realiter von Pilz sind,
ist dabei unklar, man wird sehen, eigentlich:
projizieren.

Solche Verluste, die vielleicht gar keine sind,
würden gut passen zur Beschaffenheit des Œuv-
res von Michael Pilz, dessen Entwicklung wie
Werden, Charakter: Der Mensch hat ja, so sagt
man, keine Erinnerungen an die ersten zwei,
drei Jahre seines Lebens, und warum sollte das
anders sein bei einem Schaffen, in dem – und
nicht einfach nur: durch das – ein Mensch zu
sich selbst finden will – muss es dann nicht die
gleiche Entwicklung durchlaufen wie ein
Mensch, und sind solche verlorenen Bilder deshalb nicht sogar ein wesenhafter Bestandteil dieses Werdungsprozesses? Und verliert man überhaupt diese Bilder der ersten Jahre? Ist es nicht
eher so, dass sie die Rohmaterialien sind, aus
denen jene später noch abrufbaren fernsten Ein-

drücke gefertigt sind? Erinnerung bedeutet ja
vor allem: Zu- wie Einordnung, was eines Systems bedarf, innerhalb dessen das möglich ist,
eines Gerüsts, Fundaments, gewisser Grund-
stoffe und -verbindungen, weshalb diese scheinbar versunkenen Bilder vielleicht so etwas sind
wie der Stoff, aus dem die frühesten Erinnerungen bestehen, gemacht sind, ganz direkt – ihr
Kalk und Kies und Sand. So stecken möglicherweise dann auch die Ur-Aufnahmen von Michael Pilz, seine ersten Erfahrungen wie Sehnsüchte, vor allem aber Ängste, will man seinen
Erzählungen glauben, in diesen frühen Familienaufnahmen, die meist keinen Titel haben,
sondern bloß ein paar Anlassangaben auf der
Dose – und die ja wiederum selbst Bilder aus der
Zeit vor dem Œuvre sind, heißt also: Sie sind
jenes Grundmaterial des Pilz'schen Schaffens,
das – selbst noch verlustdurchzogene – Vorbe-
wusste, das materialisierte notwendigerweise
Verlorene.

Und: Dass dann auch dieses Vor-Material
wahrscheinlich mehr Lücken hat als Substanz,
beweist am Ende bloß, dass immer ein Rest
bleibt, und dass das Leben wirklich nichts als
ein Abschiednehmen ist (um den Titel von Ima-
mura Shôheis 1969 erstveröffentlichten Remi-
niszenzen an seinen Lehrmeister Kawashima
Yûzô zu evozieren, epigrammatisch, so wie Pilz

13

wieder und wieder Aphorismen wie Weisheiten aus China und Indien in seine Filme montieren wird).

Seinen ersten Abschied zelebrierte Michael Pilz, Filmkünstler, also dadurch, dass er diese Familienaufnahmen aus dem Kontext seines Schaffens nahm, sie zu jenem Prä-Erinnerten machte, das eine Menschwerdung braucht; bezeichnend dafür ist, dass der allein aus Ephemera montierte *A Prima Vista* (2008) nur bis ins Jahr 1964 für seine Bauelemente zurückreicht, nicht weiter. So setzt er sein Kino auch ab von jenem, das andere industriell bzw. unter damit vergleichbaren Vorzeichen – und sei es nur im Kopf – machen, jenem Umgang mit Bildern wie Klängen, Worten, von dem er sich rund ein Vierteljahrhundert lang langsam emanzipierte, aus heutiger Sicht gesprochen. Damals war ihm das sicherlich noch nicht so klar, wie er heute glaubt.

Auch jenseits dieser Vor-Werke ist das Œuvre von Michael Pilz voller verlorener, manchmal allein schnöd wegerinnerter Arbeiten – anders ausgedrückt: Sein Schaffen ergo sein Selbst-Bild ist in ständiger Wandlung, eine Ruhe – fragt sich welche – wird es erst mit Pilz' Tod finden, bis dahin ist jede noch so ausführliche Werksauf-, damit -erzählung nichts als eine Zwischenbilanz.

Da tauchen Filme bzw. Sendungen auf und verschwinden wieder (das betrifft primär TV-Arbeiten, etwa die in den Jahren '75–76 angefertigten *Wir*-Beiträge); andere Werke, wiederum, scheinen durch die Zeit in das Schaffen hineinzureifen (das gilt vor allem für die Hommagen/Gaben-Videos, die in den letzten Jahren verstärkt im Œuvre ab 1989 auftauchen, wie etwa *Für Walter Marti und Reni Mertens, 1992,* oder *Für Walter Stach und Dieter Schrage, 1994*). Weiters gibt es diverse Para-Werke (u. a. die ereignisspezifischen Montagen aus dem *Tonga*-Konvolut, ab 1997), allerlei ambivalentes Material (u. a. den Prater-Film aus dem 64er-Jahr, von dem Pilz nicht mehr weiß, ob das, was da existiert, wirklich der Film sein sollte, oder ob er da bloß auf eine Schnittresterolle gestoßen war ...), einige Partialtradierungen (von dem gemeinsam mit Gert Winkler zurechtagitierten *Underground, 1969,* gibt's bloß die Bilder, während von *Coop Himmelblau, 1970,* im ORF-Archiv nur noch der Tonsenkel auffindbar zu sein scheint) sowie diverse verschollene – heißt materiell gerade nicht und wahrscheinlich auch wirklich niemals mehr greifbare – Filme bzw. Materialien (u. a. zwei Kollaborationen mit Bernhard Frankfurter, *Szenen aus dem Wiener Milieu, 1977/78* – der zwischen zwei Filmografien einmal zwei Stunden Laufzeit verlor –, und *Für Margarete Schütte-Lihotzky, 1994;* eine mit Michael Niedermair zusammengezimmerte Bastelarbeit namens *Der*

Kino-Auge, sonnenbebrillt: Michael Pilz und Bernhard Frankfurter filmen *Szenen aus dem Wiener Milieu*

Stadtflieger, 1991; weiters jenes Konvolut aus rund 70 Super-8-Einrollern, die unter dem Titel *Voom*, 1968/69, subsumiert filmografisch verzeichnet sind; *Szenen aus dem Wiener Milieu* ließe sich vielleicht sogar noch finden, wenn da so ein Amtsdiener mal in die Gänge käme, doch ob die Umatic-Lowband-Bänder noch was hergäben, ist mehr als fraglich).

Geklärt und fix ist vielleicht die Hälfte des Pilz-Œuvres – und da sind schon so manche verlorene Werke dabei –, der Rest ist potenziell in Bewegung.

Andererseits hat Pilz die Arbeiten eines verstorbenen Freundes, Helmut Eisendle (*Schäffergasse 1 & 2*, beide 1998–2004), durch diskret-un-

aufwendige Vollendung adoptiert sowie in den letzten Jahren begonnen, spätere Familienfilme durch – wahrscheinlich nachträgliche – Titelungen zumindest in den Werksorbit – wenn auch nicht die Filmografie – zu stellen (z. B. *Un ricordo d'infanzia*, 1987). Zudem finden sich auf der Mehr/Weiters-Seite diverse Foto- und/oder Text-Collagen bzw. -Montagen (allen voran *Kein Film – Ein Stückwerk. Dziga Vertov*, 1986), viele (selbst)kritische Essays (u. a. „Film Gurke Maus Kino", 1987; „DONNER.blitzt", 1989; „Anmerkungen zur Kinematographie von Laila Pakalnina", 1995) sowie Happenings (u. a. „Die Kunst des Reisens", 1988; „Die Erotik der Leere", 2008) und andere künstlerische Aktivitäten, die für den Werkszusammenhang, das Schaffensganze Pilz offenbar wichtiger sind als viele seiner Filme bzw. Videos.

Film ist für Pilz mehr eine Idee denn eine physische Realität, ein Hand- wie Regelwerk – das er perfekt beherrscht –, eine Produktions-, Realisierungs wie Präsentationspraxis: *Film* ist, wie man lebt, volles Risiko und mit allein bedingter Rücksicht auf Verluste. *Film* ist: *Ich-Schöpfung.*

Wäre Michael Pilz in den 70ern zu jenem Filmemacher geworden, dessen Silhouette sich in cinephilen Kostbarkeiten wie einem Vorvertrag mit Claude Brasseur oder einer Projektbeschreibung für Franz Antel fahl-schimmernd abzeichnet, dann hätten diese N8-Rollen aus den Jahren 1958–62 keine größere Bedeutung – fast jeder Regisseur hat halt mal mit einer Kamera herumhantiert, bevor er Ernst machte mit dem Kino bzw. Fernsehen. So wie sich Michael Pilz jedoch entwickelte, sind diese frühen, vielfach vermutlich vielhändigen Fingerübungen ziemlich interessant: Der Familienfilm (zu verstehen hier in einem geweiteten bis angelegentlich übertragenen Sinne) ist schließlich das Genre, innerhalb dessen sich das Gros seines Schaffens realisierte.

Nur: Die Filme vor '64 zeigen allein Zwangsverhältnisse, Beziehungen, in die man geworfen ward – Eltern und Geschwister, Schule, Wehrdienst –, bzw. Freundschaften, die eine gewisse Bindung an dieses Dasein haben – alles danach erzählt von Wahl-, mithin also Seelenverwandtschaften, für die der familiäre Kontext von grad sekundärer Relevanz ist. Wichtiger als das Teilen aller Tage, von Tisch und Bett bzw. Sofa, wird die Frage, ob man einander etwas zu geben hat, und was; der Titel von Pilz' gemeinsam mit Walter Stach realisierten Dieter-Schrage-Porträt (1992) bringt da etwas auf den Punkt: *Eigentlich spreche ich ja eine andere Sprache, und trotzdem haben wir immer gut miteinander gesprochen.* Denkt man das konsequent zu Ende, dann hat es seine beunruhigende Logik, dass so viele Versuche Pilz', gemeinsam mit einer Lebensgefährtin in relativer Freiheit an einem Film zu arbeiten (*Noah Delta II,* 1984–86, mit Beate Pilz als Darstellerin und Sängerin; *La Habana,* 2001, gemeinsam mit Gabriele Hochleitner), trist scheiterten; funktioniert hat's vor allem in den Balzjahren mit Beate Kögel, beim Fernsehen, als es mit der Sendeanstalt auch einen klaren Fokus für alle negativen Energien gab … Heißt das: Kino kann nur außerhalb der Menschengesellschaftsordnung sein, sonst drohen Verluste? Oder heißt es nur, dass Pilz noch nicht so bei sich angekommen ist, dass er diese Trennung von Intimsphären – denn der Austausch von Ideen wie Worten kann gleich inniglich-intensiv sein

Michael Pilz mit der Bolex seines Vaters, 1959

wie der von Körperflüssigkeiten – überwinden könnte? (Diese Anstrengung täte dann not.)

Sicher ist, dass Pilz eine heftige Sehnsucht hat nach einer Familie, aber auch eine irre Angst davor. Dito, dass die Filmschule eine Zäsur in seinem Leben markiert: Der gut arrogant in die Kamera schauende junge Mann von 1969 in dem juvenilen Selbstporträt *Geb. 12.2.43,* zu sehen in *A Prima Vista,* ist ein anderer als der bemüht wohlgelaunte Bub, der ab und an in diesen Wirtschaftswunderfamilienbildern auftaucht.

Bis circa 1961, '62 lässt sich in den N8-Aufnahmen nichts direkt Pilz zuschlagen, da ist sicherlich auch einiges der anderen Familienmitglieder drin. In einer Rolle wird das sichtbar: Gefilmte und Filmer tauschen die Plätze, der Film bewegt sich weiter durch die Kamera. Was auch immer man also über diese ersten Bilder sagt, ist vor allem: eigene Einbildung, Lesung unter dem Einfluss dessen, was folgte, was man aus Erzählungen zu wissen vermeint.

Die vermutlich älteste N8-Rolle beginnt mit charismalos korrekt komponierten Schneelandschaften in einem etwas mauen Schwarzweiß: Wer diese Bilder gemacht hat, dem war das Kino egal, den interessierte allein der soziale Mehrwert, das Erzählen – später bei Familienfilmabenden mit Freunden oder ohne – des eigenaustriakischen Wohllebens.

Plötzlich Farbe, und die Bilder brennen: Ein Weiß, das immer gleich ins Blau zu kippen scheint, als wär's von Ferrania, ein inbrünstiges, dabei stumpfes Rot, ein arg schepperndes Gelb, ein Blau von verhaltener Undurchschaubarkeit, ein welkes, lindes Grün. Ab und an hat man beim Filmen wohl mit der Aufnahmegeschwindigkeit herumgetrickst.

Langsam schälen sich die Personen heraus: die Mutter, eine geflissentlich gertengleich wendige Dame mit wunderbar offen-agilen aristokratisch-anmutigen Gesichtszügen, die Schwester, ein resch-fesches Mädchen, dessen Bubikopf

Den Waldviertler Fisch an der Angel, Gmünd 1954
Den Andalusischen Hund im Rücken, Wien 1968

sich bald zu einem gepflegt struppigen Edel-
mopp auswächst (und die auch nicht mehr lang
in den Bildern auftauchen wird), und schließlich
der Vater, der nie mehr ist als ein Repräsentant
seiner Funktion als Familienherr und führendes
Gesellschaftsmitglied. Man ordnet den Präsen-
zen über die Zeit diese Rollen zu, da es sich um
Familienfilme handelt, also willentlich wider-
spruchsfreie Widerspiegelungen des Sozial-Sta-
tus quo – was auch immer da an Spannungen,
Brüchen, Rissen sichtbar wird, wenn man sie
gegen den Strich liest.

Anders als den Urlaub gibt es Weihnachten
nur in Schwarzweiß. Der Vater nimmt die
Buben auf den Schoß und schaut patriarchal,
die Mutter tut ihr charmant Bestes, um sich von
dem Wirbeln der vielen Lieben nicht aus der
Hausherrinnenruhe bringen zu lassen. Der Ga-
bentisch wirkt wohlgefüllt, dito später der Es-
senstisch, demonstrativ hebt der Vater ein Stück
Fleisch hoch, demonstrativ perlt Edles in Gläser.
Diese Essensbilderfolge ist überraschend: zum
einen, weil sie Ansätze zu einer szenischen Auf-
lösung erkennen lässt, auch etwas kräftigere
kompositorische Momente inklusive einer
Reihe von Draufsichten aufweist, wie weiters,
weil es mittenmang zu einem verstörenden,
etwas unscharfen, darin penetranten Ab-
schwenken der Speisenden kommt, bei dem

man unwillkürlich auf ein paar Schweinegrunzer wartet (à la *Maskerade, 1934,* Regie: Willi Forst). In späteren Rollen tauchen immer wieder solche Einschlüsse klassischer Filmgrammatik bzw. Genretopoi auf: eine Tischszene, beleuchtet von nur einer Lampe, leicht noir, etwa, bei der man nicht das Gefühl hat, es ginge um das, was da zu sehen ist, eher darum, wie's gezeigt wird; oder ein Moment in einer anderen Rolle, Farbe diesmal, Pilzens beim Angeln, in der es plötzlich eine klassisch gebaute Bilderfolge gibt: Schwester Pilz näht an einem Leibchen, zu sehen erst von etwas näher seitlich, dann bei grob gleichem Blickwinkel von leicht weiter weg, schließlich von schräg vorne und wieder näher, halb nackert ist sie mittlerweile und erschreckt sich ein bisschen, als sie den sie Filmenden bemerkt; schön ist dann auch, selbe Rolle, ein Sprung von einem Blick auf sie, wie sie ihr Gesicht in besagtes Leibchen vergräbt, auf eine gleichfarbige Blume; oder noch eine andere Rolle mit der Familie Pilz an einem Fluss, wieder beim Angeln, die mit einem über weite Strecken stimmigeren Rhythmus als der Rest aufgenommen wurde, flüssiger, behender, auch sicherer in der Komposition der einzelnen Bilder. Wesentlich dabei ist das völlige Fehlen jeglicher Kontinuitäten – circa 1962 könnte man glauben, Pilz hätte eine (sich selbst)gewisse

handwerkliche Sicherheit gewonnen, dann folgen die Bundesheerrollen sowie, ganz arg, eine Rolle Urlaub in Vaduz, und man glaubt, da hätt' einer zum erstenmal eine Kamera in der Hand … Die „Weihnachts-Rolle", zumindest, endet – nach einer Folge von Hula-Hoop-Verrenkungen – mit einer Draufsicht auf das Bett der Schwester, die sich lustig zum Lesen hineinlegt.

Faszinierend, weil auf Künftiges verweisend, wird es mit einer doppelt – einmal im Winter, einmal im Sommer – belichteten Rolle. Irre Augenblicke aleatorischer Poesie: Wintergäste scheinen auf geisterhaft große Kinder beim Plantschen in einem See zu starren, ein Segelboot kreuzt auf einem Meer von dick bemäntelten Rücken, um dann über eine Schneefläche zu fegen, ein Ruderboot bahnt sich seinen Weg, während ein Skifahrer mittendurchbrettelt; ganz zu schweigen von all den Momenten der Verstörung, wenn Bewegungen, die überhaupt nicht zueinanderpassen, wieder und wieder das Bild zu zerreißen scheinen.

Ebenfalls aufschlussreich, entsprechend gelesen, ist die oben schon erwähnte „Angel-Rolle": Wie so viele besserbürgerliche Familien verbrachten auch Pilzens ihre Freizeit gern mit dem Töten von Tieren zu Lande wie zu Wasser – sehr viele Rollen sind der Jagd gewidmet, etwas weniger dem Angeln. Bedeutsam wird das, wenn man sieht, wie in *Himmel und Erde* (1979–82) die Tiere geschlachtet werden, wie nahe Pilz da an das Sterben geht – dem ersten Schwein schaut er durch die Kamera ins Auge, bis es bricht –, mehrmals, wie er da das Schlachten auch als einen Gemeinschaftsakt darstellt, als einen Ausdruck der Nachbarschaftlichkeit, einer Solidarität, und wie genau er zeigt, aus welchen Teilen denn so ein Lebewesen besteht, und was man damit alles Nahrhaft-Nützliches machen kann – das ist schon was anderes als dieses Abschießen argloser Viecher, dieses groteske Getue mit den Kadavern, dieses milizionäre Gehabe, mit dem man den eigentlichen Jagd-Akt rahmt; am Ende eines der Jagd-Filme wird ein geschossenes Tier aufwendig drapiert, aus allen möglichen Ecken und Enden aufgenommen, und so, zumindest könnt' man das fühlen, ein zweites Mal getötet – das allseits abgefilmte Wild wirkt nackter als das ausgebeinte Schwein. Ein bizarrer Moment in der „Angel-Rolle": Nachdem man die Familie mit ihrem großen, schnittigen und sicherlich sehr teuren Auto vor einem Gasthaus gesehen hat, der Vater verabschiedet sich jovial von den Wirtsleuten, kommt da ein Bild, in dem ein Fisch heftig ins Leere atmend von einer Leine baumelnd verendet – man kann sich des Gefühls nicht erwehren, dass da Gewaltverhältnisse klar auf einen Punkt gebracht werden. Ähnlich verwirrend, weil insinuierungsprall, ist ein Bild wieder in einer der Jagd-Rollen, als man den Vater in einem Wald lichtungswärts lauernd liegen sieht, das Familienhündchen tollt in seinem Nacken, da geht plötzlich jemand (die Mutter?) mitten durchs Schussfeld.

Als Pilz zur Großjährigkeit hin sukzessive den engeren familiären Kreis verlässt, beginnt sein Blick klarer zu werden. Neckisch ist etwa eine nur ungenau auf 1961/62, also irgendwo zwischen HTL-Matura und Wehrdienst, datierbare „Buden-Rolle": Ein Zimmer, das wie jede anständige Junggesellenbehausung mehr wie eine Kulisse wirkt denn eine Bleibe – Kantersieg des Pop-Posters –, darin ein Bursche und zwei Mädels, lässiges Knutschen, Gammeln, Sitzstreunern, alle Zeit der Welt – vor allem: Da draußen gleich hinter dem Fenster ist die Stadt, und damit überhaupt eine andere Welt.

Die schon erahnbar ist in dem Matura-Film – das einzige Objekt des Rollenkonvoluts, das diese Bezeichnung ansatzweise verdient –, eine Arbeit, von der's handwerklich nicht mehr weit wäre bis zum Prater-Film: Erste Ahnungen einer Persönlichkeit im Werden.

Zu sehen sind: aufgeweckte TGMler, junge Männer, die in Kleidung wie Gestus halb ernst, halb ironisch, halb linkisch, halb sehnend das

1962 gibt man sich existenzialistisch

Erwachsensein einüben – ihre Krawatten wirken ein bisschen seriös, aber irgendwo auch lässig und rebellisch, so wie die oft feixenden Burschen da in die Kamera gucken, herausfordernd, aber nicht gefährlich, dafür sind ihre Gesichter noch zu zart, zu rund; dass so viele von ihnen Pfeife rauchen, unterstreicht dieses schöne Moment zwischen Ernsthaftigkeit und Spiel – Wissenschaftler, Adlige, Detektive und vielleicht auch Ingenieure, notorisch spleenige Typen allesamt, rauchen Pfeife und wirken dabei stets verwegen, weil man nie so genau weiß, was die als Nächstes machen, bei denen kann alles passieren. So schauen sie, ob sie nun in einer Werkhalle unterwegs sind oder im Unterricht dem Lehrer zuhören. Und es sind eigentlich immer sie: Gruppen, Cliquen, Kameraden, Freunde, auf jeden Fall mehrere, die sich verstehen, und auf jeden Fall alles Männer. Und so zeigt Pilz diesen Augenblick in ihrer aller Leben: Als Choreografie von Gruppierungen, die immer wieder eins werden mit ihrer Umgebung, Bild für Bild ein visueller Einfall, da ist eine klare Idee vom Raum und seiner Wirkung, von Proportionen, da ist ein Bewusstsein für Licht, dessen spezifisches Pathos und was es mit einem Raum machen kann – das wirkt alles gebaut, selbstbewusst, nicht perfekt, aber auf einem guten Weg. Was weiters vielleicht heißt: Pilz fühlte sich si-

cher, womöglich geborgen. Zumindest hatte er wohl eine Ruhe, da wirkt wenig gehetzt, auch nichts, als hätt' man was so halb verstohlen ein bisschen aus dem Handgelenk aufnehmen müssen, selbst in den Unterrichtsmomenten nicht. Bestimmt erwarteten sich alle etwas von dem Film. Was diesem fehlt: ein konzeptionelles Bewusstsein über den Moment selbst hinaus.

Die Bundesheerrollen zeigen dann das Gegenteil dieser Vorfreude auf das Leben: Augenblicke des ordinären Sexualnotstandes – inklusive einer Runde frontal-rustikalen Schwanzgeschüttels während irgendeiner bestimmt öden Schulung – ein Bild einer jungen Frau weit weg von hinten mit einem Regenschirm wird zum Manifest kollektiver Begierden – wechseln sich ab mit Aufnahmen einer Langeweile, aus der einen keine *Twen* rettet. Stumpfe Impressionen dumpfen Lebenszeitversickerns, die alle fahrig runtergerissen wirken, lustlos wie die Heer-Monate selbst. Doch auch die werden enden und etwas anderes beginnen. Bald schon. Es ist 1962.

2. ZUM KINO!

Ab 1964 gibt es einen Filmemacher Michael Pilz: Er geht auf die Wiener Filmakademie und lernt dort das klassische Wienfilm-Handwerk, während er von einem Kino träumt, das anders ist, in etwa so wie das, was man seit kurzem aus Frankreich und Deutschland und den USA zu sehen bekommt – Filme, die gelöst in ihrem Jetzt und Hier aufzugehen wissen, gefühlte Gegenwart, ganz konkret. Die ersten Wahlverwandtschaften finden sich: Khosrow Sinai und Alejo Cespedes an der Akademie, bald kommt Gert Winkler hinzu, dann schon John Cook, irgendwann auch Bernhard Frankfurter und am Rand Franz Novotny, mehr so ein Cousin zweiten Grades; die erste Ehe wird geschlossen und zerfällt, man treibt durch die Bekanntschaften, wenig hat wirklich Bestand, ständig ist anderes möglich – so versucht Pilz, nach vorzeitigem individuellen Akademie-Abschluss, in den Jahren 1966/67 in den Niederlanden und in Griechenland als Filmemacher Fuß zu fassen, da scheint halt grad mehr möglich zu sein als daheim, woraus letztlich genauso wenig wird wie

aus dem Versuch, Münchner Modelle auf Wienmögliche Verhältnisse langfristig zu übertragen.

Das unstet-erratische Erproben von Filmformen wie Lebensentwürfen stets im Schatten der Ansprüche wie -forderungen eines halbwegs bürgerlichen Alltags geht bis in die späten 70er, wobei das Vorstellbare, das Mögliche und das Unerreichbare sich oft verwirrend ähnlich sind; das Leben einiger Freunde und Bekannter hätte auch seines sein können – es wäre durchaus drin gewesen, dass Pilz eine Größe der Werbewelt hätte werden können, wie Gert Winkler, das Zeug dazu hat er (siehe seine stilbildende, mit John Cook kreierte Römerquelle-Kampagne); noch 1991 wird er mit seinem Plakat für *Noah Delta II* in der Endauswahl eines internationalen Werbegrafikpreises landen –, die entsprechenden Verbindungen waren ebenfalls da, nur halt das Gefühl nicht, als Broterwerb ist Werbung akzeptabel, als Lebensinhalt nicht, aber machbar wär's. Wie soll man das verstehen, rückblickend, wenn Michael Pilz in *Langsamer Sommer* die Art von Aphorismen als Materialsammlung für die Werbung abtippt, die er ab *Himmel und Erde* immer wieder als Sinnstiftungsmarksteine verwenden wird? Vielleicht so: dass die Dinge oft näher beieinander liegen, als man glaubt – Zen und Agitprop wären dann das Innen und Außen desselben, möglicherweise.

Eine Klärung der Dinge braucht's, überhaupt eine Klarheit: So macht sich Pilz an die Realisierung von *Himmel und Erde,* der zur Verdichtung, dann Transzendierung all dessen wird, was er bis dahin gelernt bzw. erfahren hat – eine Art zweite Geburt, ein neues Erwachen.

In den ersten Jahren scheint aber erst einmal alles ein Spiel zu sein und eigentlich ganz leicht: Man macht einfach Filme, macht was mit der Kamera und den Leuten, die halt da sind, egal was, man hat ja nichts zu verlieren, denn man ist nichts und niemand, es gäb' auch keine Produktionsstrukturen, in die man unbedingt hineinwollte, der alte Film röchelte nur noch, während sich das Fernsehen im Notfall auch überrennen ließ – *Coop Himmelblau* wird's 1970 zeigen –, zwar nur einmal, aber immerhin. Das neue Kino der beiden Peter (Kubelka und Weibel) wiederum, das metrisch-materialistische Filmemachen wie auch der Wiener Aktionismus sind ihm zutiefst suspekt: Deren quasi-religiöse Inbrunst, der einen tendenziell totalitärer Tabubruchswille wie der anderen Faszination für Strukturen, Systeme, Grenzziehungen sind dem Beatnik-bis-Hippie Pilz ein bisschen zu unfrei und vielleicht auch etwas zu lebensfern, unbehausbar.

1971 gelingt Pilz mit *Wladimir Nixon* eine Art Durchbruch, nur wohin? Immerhin wird er damit nach Venedig, auf die XXXII Mostra internazionale dell'arte cinematografica eingeladen, als erster aktueller österreichischer Film seit einer Dekade (die im Jahr zuvor dort gezeigten Werke von Kren et. al. liefen im Rahmen einer Themenschau zu Avantgarde und Underground). Im gleichen Jahr macht er auch seinen ersten Werbe- bzw. Industriefilm, *Easy Feeling,* für die Coop Himmelblau, als Freundschaftsdienst; seine zweite und letzte Arbeit in dem Genre, *Sandvik Image,* erledigt Pilz 1979 für die Wiener Gebrauchsfilmmanufaktur VPR im Auftrag eines schwedischen Stahlkonzerns – eine Art Perioden-Koda, ein Werkstück ums Brot, anzusiedeln eher am entfremdeten Ende des Spektrums Pilz'schen Schaffens, mehr Kompromiss als Selbsterfüllung, wie zu viele Arbeiten zuvor. Von der VPR erhofft sich Pilz ein Standbein in der Industrie, eine Basis, von der aus sich arbeiten, Eigenes entwickeln lässt – vergeblich. Es ist sein letzter Versuch dieser Art.

Quer durch die 70er klafft ein Riss – Ausdruck auch einer Entfremdung, innerer Zwiespälte – durch das Schaffen von Michael Pilz: Während er sich ab '72 gemeinsam mit John Cook der Realisierung von *Langsamer Sommer* nähert, macht er fürs Fernsehen Formathandwerk, das aber oft genug nicht so recht passen will. Von der Dynamik, Energie her waren das zwei völlig konträre Felder: Im Kino ging's darum,

Strukturen, Formen für die Freiheit in einem zu finden oder zu schaffen, im Fernsehen hingegen hieß es, Freiräume wider den Format- wie Propagandaterror des Öffentlich-Rechtlichen zu erobern – im Kino war im Prinzip alles möglich, im Fernsehen fast nichts. Frontale Schizophrenie, das hält man nicht lange durch, ohne dass die Kunst leidet, und damit man selbst. Die Epik, Monumentalität der Form von *Himmel und Erde* hat auch viel mit den zermürbenden Erfahrungen jener Jahre zu tun, dem Gefühl, dass einem alles entgleitet, keine Kontinuitäten: Was ein normal abendfüllendes Werk werden soll, entwickelt sich im Prozess zu einem Fünfstünder in zwei Teilen, aufeinander aufbauende Bewusstseinsstufen, und das ist gut so, weil's eben so wächst.

Es könnte sein, so Pilz, dass *Plakatkleber* seine erste Kameraübung an der Filmakademie war, sicher ist er sich da aber nicht mehr. Vom Aussehen her würd's passen: Da ist schon viel an Vision, Seh-Begabung, aber noch kaum eine Idee von Struktur, die übers Anekdotische hinausreicht – sieht ein bisschen aus wie Heimkino, im Aufbruch, die Welt wartet. Mehr soll eine Kameraübung im Allgemeinen auch nicht sein.

Der Anfang gibt sich sowjetisch mit seinen agitatorischen Schlagbilderfolgen, Werbung und Tagesaktuelles scheinen verschiedenen Realitä-ten zu entstammen, am Ende hängen aber doch alle an derselben Säule – der Plakatkleber macht's, durch seine Arbeit werden die gesamtgesellschaftlichen Widersprüche sichtbar, auch wenn er sich dabei vielleicht nichts denkt. Einer muss den Schein anbringen. Collage am Rande zum Comic. Nach diesem emphatischen Einstieg probt Pilz das Bildermachen in der Wirklichkeit: Mal filmt er, wie Plakatkleber mit ihren Wägelchen nacheinander durch das Bild ziehen, mit allerhand Himmel drüber, mal wie sich eine Gasse in der Ferne verliert, mal baut er den Kader auf konstruktivistisch, mal lässt er seinen *direct-cinema*-Instinkten freien Lauf, mal übt er sich in Detailaufnahmen und filmt nacheinander die einzelnen GEWISTA-Buchstaben, um dann den Schriftzug als Ganzes zu zeigen, irgendwann läuft's halt aus. Der Plakatkleber weist mit seiner Strecke den Weg, die Inspiration des Augenblicks macht dann den Rest. Was Pilz da sieht, weil sucht, ist: Kino – die Bilder lesen sich wie ein Kompendium an Referenzen, während die Wirklichkeit allein als Projektionsfläche für all die erfahrenen Seherlebnisse dient. Aber man muss sich durch die Praxis leeren, diese erinnerten Bilder mal realisieren, seine ersten Begeisterungen abarbeiten, sonst stellen die sich ständig vor die eigene Wahrnehmung. Das Prater-Material dann ist schon frei von solchen Referenzen.

Willi, ein Freund aus Wien,
und Michael Pilz in Stockholm 1963
Feldforschung mit der Kamera anno 1968

Aber gut, bei Plakaten geht es ja auch um Bilder und Projektionen, war also eigentlich clever, die Referenz-Bilder mit so einem Sujet freizusetzen, ziehen zu lassen. Davon abgesehen zeigt sich hier, dass die Werbung für Pilz wohl doch ein wenig mehr ist als bloßer Gelderwerb: Diese Bilderkultur, die Arbeit damit interessiert ihn.

Von der Kameraübung zu der Freiheit, die Pilz immer meinte, ist es dann eigentlich nur ein kleiner Schritt: Man gibt seiner Seh- wie Erfindungslust einen leichten dramaturgischen Rahmen, nur ein paar kleine formale Eckpfeiler, und schon geht's, schon kann man sich fallen lassen. Siehe *Unter Freunden,* eine Trouvaille, datiert auf das Jahr 1965, also noch zu Pilz' Akademiezeiten, u. a. mit Alejo Cespedes in seiner Lieblingsrolle als In-die-Kamera-hinein-Monsterer: ein paar Wiederholungen, ein paar Variationen, dazwischen Raum für freie Improvisationen oder Schnappschüsse, Augenblicksimpressionen – ein invertiertes Stück Heimkino, eigentlich: Hier sind die Einschlüsse nicht die Kino-Momente, sondern all die Ahnungen des Privaten.

Was diese sich wiederholenden Szenen – von zwei Burschen, die wild grimassierend, arg große Knüppel schwingend aufeinander zurennen, von den vier Protagonisten als Schemen auf einer Landschaft unter dem Himmel, von dem Frauenfuß, der in ein Wasser eintaucht – so konkret

sollen: Wer weiß? Es könnten Zeitsprünge vor wie zurück, genauso gut könnt's aber auch ein sehr privater Ritus sein, vielleicht sind's aber auch psychodramatische Reflexionen der intimen Dynamiken dieser trauten Runde – wurscht! Wichtig ist: wie viel Freude die Freunde an all dem haben und wie verspielt das alles ist, wie schön die Frau und wie verschmitzt-knorrig die Burschen dreinschauen, wie leise sich das Wasser durch's Schilf kräuselt, wie lau und klar die Luft zu sein scheint, wie viel Zeit man hat und wie jung man ist. Es geht um nichts, außer dass man da ist. Kino ist hier: (Frei-)Zeit-Ge-staltung – die Spiel-Szenen sind dazu da, dass genau dieses montagebasierende Formen und damit die Freiheit darin sichtbar wird.

Wahrscheinlich sahen so auch viele der Filme aus, die Pilz in den Jahren 1968/69 für's Voom rausgehauen hat; andere ähnelten vielleicht mehr *Für Peter Noever und Achille Castiglioni* (1969), versuchten also nicht, den Augenblick zu gestalten, sondern eine Gestalt des Augenblicks einzufangen. Cespedes soll in einer „Voomung" die Mumie gegeben haben, was bestimmt super ausgesehen hat. Vielleicht gab's in diesen Filmen auch Lurche und Esel, das wäre auf jeden Fall schön.

Gert Winkler ist der erste Kreative, mit dem Michael Pilz gemeinsam an Filmen arbeitet, auf dessen Ideen wie Visionen er sich einlässt – weshalb er auch ein etwas gespaltenes Verhältnis zu ihren gemeinsamen Werken hat: Freude machen sie ihm, wenn er heut' dran denkt, so recht seins aber, sagt er, waren sie doch nie.

Man darf dabei nicht unterschätzen, wie unklar sich Michael Pilz zu sein scheint über die eigene Zukunft, den Charakter seines Kinos in jenen Jahren – es reicht ein Blick auf das, was sich in den Niederlanden und in Griechenland 1965–67 tat. Sucht Pilz Anschluss an das doch recht eklektische Kino der Regisseure, die sich

um *Skoop* gesammelt hatten, also Pim de la Parra, Wim Verstappen, Nikolai van der Heyde und Frans Weisz, oder zieht ihn das Byroneske in Adriaan Ditvoorst an, oder vielleicht doch die Underground-Sinnlichkeit des ewigen Dandys Frans Zwartjes? Heute verweist er sicherlich gleich auf Johan van der Keuken, dessen Kino sich Pilz – gewissen Zweifeln zum Trotz – sehr nahe fühlt, aber es ist durchaus denkbar, dass damals de la Parra für ihn eine ungleich wichtigere Figur, sogar ein mögliches Vorbild war. Dito in Griechenland: Sieht sich Pilz nah bei den Poeten-Wegbereitern Alexis Damianos und Takis Kanellopoulos, oder doch eher bei jenen Jüngeren, die ihnen folgen werden und mit ihren ersten Kurzfilmen grad die Basis für das Neue Griechische Kino der 70er schaffen, darunter Pandelis Voulgaris, Kostas Zois und Lakis Papastathis, oder sind's vielleicht doch, so wild das heut' auch klingen mag, gewisse Filme einer Industrie-Größe wie Grigoris Grigoriou mit ihrer Mischung von Sozialkritik und Genre, die ihn anziehen, faszinieren? Heute würde man sofort auf Zois und Papastathis tippen ob deren Experimente mit hybriden Formen – gut geschrieben hat Pilz damals aber über Dimitris Kollatos und Nikos Koundouros …

Einen real nachvollziehbaren Einfluss auf Pilz und Winkler hingegen haben die Filme der

Münchner Gruppe, vor allem die Frühwerke von Thome und Lemke (von dem aus es auch nicht mehr weit ist zu de la Parra); Arbeiten von Eckhart Schmidt, May Spils, Marran Gosov und Roger Fritz könnten die beiden auch gekannt haben; gewisse Parallelen lassen sich zudem zu den ersten Exerzitien der Münchner Sensibilisten ziehen: Gerhard Theuring, Matthias Weiss, Rüdiger Nüchtern, auch Wim Wenders, na klar.

Wie bei den Münchnern geht es in *Big Shot* (1968), *Underground* (1969) und *Wladimir Nixon* um das Spiel mit Klischees und (Ab-)Bildern: Ein Kino aus Musik und Comics, gut gelaunte Genre-Gesten, -Träume, -Pastiches, -Polemiken, immer ein bisschen breit – *Pop! They Go*. Wenig im weiteren Schaffen von Pilz wird ihnen ähnlich sehen, *Landkino,* Jahre später, immerhin erahnen lassen, wie verbunden er sich diesem Kino, dessen Vorbildern realter fühlt.

Underground nimmt dabei eine besondere Stellung ein: Anders als *Big Shot* und *Wladimir Nixon* bezieht er sich nicht auf populäres Kino aus der weiten Welt, sondern auf die Avantgarde daheim – eine Polemik, die allerdings nie ihr Ziel erreichte, weil Pilz und Winkler den Film dann doch nicht zeigten, aus Angst vor Missverständnissen. Die Musik zu *Underground* ist weg, Pilz erinnert sich daran, dass es irgendwas Aktuelles mit „Happy" war, beim Vorsummen von „Oh Happy Day" der Edwin Hawkins Singers nickt er versonnen. Was man zu sehen bekommt, macht dafür auf ambivalenzfrei: Erst gibt's einen langen Gang über einen Schrott- oder Schuttabladeplatz hin zu einem echt vollgeschissenen Klo, in das ein urtiefer Blick geworfen wird, dann bekommt ein Typ mit haarigem Arsch von einem Herrn Doktor ein Klistier verpasst, und schließlich wird irgendwas Dubioses über einer Nackerten ausgeschüttet. Wichtig ist dabei, dass alles nur gespielt ist – wo sich so ein echtes Stück Aktionismus daran erginge, wie's dem Klistierten hinten rausspritzelt, wird's hier bei der Geste belassen: Alles nur Schau, alles nur Schein, alles bloß Schaumschlägerei. Denkt man sich das jetzt mit „Oh Happy Day", dann hätte man den erfüllten, geglückten Tag des gewöhnlichen Avantgardisten jener Tage in seiner ganzen klerikalen Verklemmtheit vor sich … So sieht's für Pilz und Winkler aus, das neue Kino der *Papis*.

Ihr Kino hat mehr was davon, wie man eine Schallplatte auflegt oder sich ein Stück aus der Musicbox sucht – wenn in *Langsamer Sommer* John bei Michael vorbeischaut, wird auch erst mal eine Platte aufgelegt und angemessen gewürdigt, das Cover ist gut zu sehen. Pop durchzieht das gesamte Schaffen von Pilz, lauscht man der Musik, weiß man meist, wo man ist in der

Zeit, ein Platz findet sich immer für ein Stück Gassenhauer *du jour,* und sei's auch bloß, dass ihn der Wind ins Bild weht wie etwa Kajagoogoo bei *Parco delle rimembranze* (1988). Das Gefühl des Augenblicks ist für Pilz offenbar ganz eng mit dem Erleben von Musik verbunden – die Musik bringt die Gefühle zurück: Für den Soundtrack von *A Prima Vista* verwendet er einiges an (aber nicht nur!) Musik aus der Zeit der Bilder, in *Elegia Romana* (2001/02) evoziert Musik aus Laetitia Massons *Love Me* (1999) Erinnerungen an eine eigene Liebe, wahrscheinlich. *Big Shot* ist denn auch ein Film zu Musik von Carlos Santana und den Beatles, die frech im Abspann als Co-Schöpfer des Werkes genannt werden. Ein echt cooler Typ, Alex Möseler, geht durch ein Stück Unwirtlichkeit, findet da einen dicken Ami-Schlitten, steigt ein, fährt los, die Straßen entlang, hält kurz an, schleppt bald ein Mädchen ab, sie fahren weiter, irgendwann dann runter von der Straße auf eine Wiese, vögeln, und das war's, die Kamera zieht sich zurück. Groß geredet wird da nicht, groß zu reden gibt's da auch nicht, was zu sagen ist, sagt die Musik, man versteht sich. Und weil man sich versteht, kann man das alles auch ganz gelassen machen – ein bisschen frivol ist das und nie wirklich ernst.

Wladimir Nixon ist all das in der zweiten bis dritten Potenz: Aus der Anekdote wird eine Geschichte, die so tut, als ließe sie sich zusammenreimen, ohne einem das Gefühl zu geben, dass hier jetzt wirklich was erzählt würde, weil man eh ab dem ersten Bild und ersten Ton merkt, dass das eigentlich Entscheidende die ganzen referentiellen Reverenzen sind, und wie man halt macht, was man macht – also wie Wladimir Nixon, eingecheckt unter dem Namen Luis Domingo (steht in seinem chilenischen Zweitpass), die Glastür öffnet zu einer Hotelhalle und diese durchquert zu einem Song von Miriam Makeba, der offenbar immer grad in der Musicbox läuft, wenn er da durchgeht, vielleicht gibt's in dieser Box nur Makeba, kann ja sein, vielleicht liegt's aber auch an der schönen Asiatin, die da lässig und immer ganz bei sich mit dem Beat wippt. Wladimir Nixon soll einen Professor retten, fliegt aus irgendeiner Weite ein in die Stadt, legt sich gleich mal an mit dem lokalen Boss (der irgendwie aussieht wie die beiden Peter), verliert sich dann bald auf einer Metaebene der Erinnerung, könnte aber auch nur ein Wiener Hinterhof sein, wo er Schlomo trifft, (in dem er) seinen Vater (sieht), erinnert sich schlagartig bei der Asiatin daran, dass das ja mal seine Mitfreiheitskämpferin Patapata war und immer noch ist, wie sich zeigt, als sie ein leeres Haus stürmen, wo der Boss auf sie wartet sowie die Leiche des Professors, der aussieht wie

Schlomo. Das Spiel ist nicht zum Gewinnen da, sondern zum Spielen. Abflug ins neue Leben. Das alles hat schon so seine Kohärenz, so wie gewisse B-Filme mit mehr Szenen und Figuren als Laufzeitminuten einen narrativen Zusammenhang wie -halt haben – besser ist es aber, sich in den Bestandteilen zu verlieren, also in der Gegenwärtigkeit der Darsteller und Orte, der prallen Verspieltheit der Regieeinfälle, den Massen von Anspielungen, die mehr Strahlkraft als narrative Funktion haben, die einfach Energien/ Ideen/Erinnerungen freisetzen. Worum es geht, ist: wie toll am Ende dieses Haus ausschaut, bei dem man von außen mit einer fixen Einstellung filmen konnte, wie sich drinnen die Leute beschleichen – Fensterreihen wie Comic-Panels –, wie plötzlich mittenmang eine knappe Comicseiten-Montage die Ästhetik verankert, wie die Gänge von Dimanche gefilmt sind, leicht weitwinklig, dass der Raum um ihn wie eine elaborierte Speedline-Komposition wirkt, wie Vietnam und Hollywood und das Schtetl eins sind in den Köpfen grad ... Will sagen: Wladimir Nixon trinkt seine Coke frontal ins Bild, neben sich eine Frau aus der weiteren Mao-Sphäre, vielleicht kommen sie auf ihrem Weg an St. Marx vorbei.

Wladimir Nixon hat – als einziger aktueller Beitrag heimischer Herstellung – seine Uraufführung im Frühjahr 1971 auf einer an Stirnrunzlern reichen Viennale mottos „Unbequeme Zeitgenossen"; im Spätsommer dann läuft er in Venedig – das hatte kein österreichischer Film mehr seit zehn Jahren geschafft, stolz tritt Michael Pilz die Nachfolge von Erich Pochlatko, Theo Hörmann und Geza von Cziffra an. *Wladimir Nixon* wird zweimal gezeigt, einmal in einem Kurzfilmblock im Sala Volpi (auch bekannt als Heizungskeller) und einmal im Sala Grande als Vorfilm zu Carlos Duráns Meisterwerk *Liberxina 90* (1970), was eine echt inspirierte Idee der Programmgestalter war – *Wladimir Nixon* könnte gut als eine der poppigeren Lektionen der *Escola de Barcelona* durchgehen. Auch ansonsten wird Pilz nur noch sehr, sehr selten einen Film in derart bester Gesellschaft inklusive einiger Kino-Wahlverwandter zeigen können: Es laufen Kernwerke der Moderne von Bahrudin (Bato Čengić), Mani Kaul und Dennis Hopper, es gibt Meisterliches von Kurosawa Akira, Frederick Wiseman, Peter Watkins, Marcel Hanoun, Ermanno Olmi, Klaus Lemke, Ken Russell, Gleb Panfilov, Dariush Mehrjui und Rainer Werner Fassbinder, Frühes von Andrzej Zuławski und Spätes von Edouard Luntz, Überraschendes von Claude Lelouch und Alexander Kluge, Solides von Jörn Donner und John Schlesinger, bald zu Unrecht Vergessenes von George

Moorse, Sekundärrelevantes von Ingmar Bergman und Satyajit Ray, sowie Fu Jie und Pan Wenzhans Ballettadaption der Modelloper *Hongsi niangzijun* (1971). Da zeigt man doch gerne seinen Film, merkt, wie man eins ist mit dem Zeitgeist, könnte sich so geborgen fühlen.

Aber das ist halt doch allein die Geborgenheit des Kinos. Pilz sucht aber, ab circa 1972 gemeinsam mit John Cook, eine Geborgenheit, die Kino werden kann. Was beide interessiert, ist das *direct cinema,* und wie sich mit dessen Methoden eine Geschichte im Leben erzählen lässt. Es entsteht *Langsamer Sommer,* in dem alle Hauptdarsteller Charaktere spielen, die wie sie selbst sind, aber dabei nicht sie selbst sein sollen, die also John und Helmut und Michael und Hilde heißen und tun, was Cook und Boselmann und das (Noch-)Ehepaar Pilz im Leben tun, aber eben so, dass es nicht mehr um sie selbst geht. So sollte es zumindest sein. Ist es auf der Leinwand auch, wenn man Pilz nicht kennt, dann sieht man: einen Typen seiner Zeit – das tut schon weh, wie exakt Pilz eine bestimmte Art Männlichkeit damals auf den Punkt bringt, diesen argen Selbsterfüllungsmachismo, diesen Mann an der Schreibmaschine, kreativ. Das Kino und das Leben verknoten sich trotzdem, Pilz fühlt sich irgendwann von Cooks neuer Flamme Susanne Schett verdrängt – was insofern bös'

ironisch ist, da Pilz Cook helfen wollte, mit einem Film über seinen Liebeskummer hinwegzukommen –, die Fernsehfron zieht Energien ab, planiert Illusionen, die Ehe ist auch nicht mehr zu retten, was in den Film kommt, faszinierend, dass Hilde Pilz das überhaupt mitgemacht hat, wobei: Die Szene, wo sie sich auskotzt, diese Verdichtung einer weiblichen Erfahrung Mitte der 70er, vergisst man nicht so schnell. *Langsamer Sommer* wirkt folgerichtig in der Entwicklung von Pilz mit seinem verhaltenen Tempo, seinen radikal entschlackten Bildern, dem wohl intensivsten Schwarzweiß der Farbfilmgeschichte, vor allem seiner Selbstentäußerung, die mal narzisstisch wirkt und mal verzweifelt und immer ernst und ehrlich und wahr ist, und manchmal prophetisch. Es ist aber ein Film von John Cook.

Irgendwann verliert *Langsamer Sommer* Michael Pilz, sein Charakter hört auf, in der Geschichte eine Rolle zu spielen, so wie er selbst bald seinen Abstand sucht zur Produktion, dabeibleibt, aber weitere Nahverhältnisse vermeidet. Er liebt diesen Film, die Erfahrungen mit Zeit, die er darin gemacht hat, werden sich sein Œuvre lang zeigen. Er hat ihn aber trotzdem verloren.

In den nächsten Jahren wird er beständig Szenen schreiben, die aus seinem Leben stammen

Langsamer Sommer in der
Halbgasse: Michael Pilz 1974

(könnten) und sich zu einem *Langsamer Sommer* ähnlichen Film hätten zusammenfügen sollen – kein Drehbuch, allein Bruchstücke für ein zielloses Werk über ein Treiben ohne Morgen.

1979 will Sandvik einen Film wie eine Goebbels-Rede, den macht Pilz ihnen, der ist ihnen dann zu heftig, also macht er's kommoder für die Industriellen-Augen. Das ist seine Rückkehr zum Kino nach all den TV-Jahren, klassischer Nachklapp, ein Film, der im Œuvre hängt. Bei *Sandvik Image* geht es Pilz ums Auskommen. Es gibt aber sehr viele Industriefilme, die schlechter sind. Nur nützt einem das nichts, wenn man emotional in der Luft hängt und das Gefühl hat, vom Weg abgekommen zu sein.

3. BEIM FERNSEHEN (AB UND AN)

Um einen Lebensunterhaltserwerb ging es Michael Pilz vornehmlich auch bei seinen ORF-Arbeiten der Jahre 1970–78: eine Zeit seines Lebens, Periode in seinem Schaffen, die er lange durch subsumierend-marginalisierende Verknappung zu bagatellisieren versuchte; mit den Jahren '75–78 – seiner produktionsdichtesten TV-Zeit – ist er bis heute noch nicht wirklich im Reinen, obwohl da mit *Franz Grimus* (1977; Sendereihe: *Menschen*) sein, nebst *Langsamer Sommer,* einziges Hauptwerk der Dekade entstand.

Neben *Franz Grimus* scheint Pilz auch noch mit *L'Imagination des yeux* (1973; Sendereihe: *Impulse*) zufrieden zu sein, dito mit *Die Generalin* (1977; Sendereihe: *Menschen*), allen Schnittstreitereien zum Trotz; *How the Ladies Pay – Lou Reed* (1977; Magazin: *Ohne Maulkorb*) bezeichnet er fröhlich als ein Gustostück, die Arbeit an einem nie in Serie gegangenen Experiment in Satire titels *Der Magazyniker* (1975) hatte ihm wohl auch viel Spaß gemacht; *Coop Himmelblau* (1970), schließlich, kann seinen Beschreibungen nach nur ein Werk des produktiven Wahnsinns gewesen sein, immerhin hat Pilz danach erst einmal drei Jahre lang keine TV-Aufträge mehr bekommen, da wurde viel Erde verbrannt, auch buchstäblich, an einem Regentag, was aber letztlich nichts über die Qualität der Arbeit selbst besagt, sondern nur über deren vermeintliches Verstörungspotenzial in den Chefetagen, doch träumen sollte man von verlorenen Meisterwerken, immer. Der Rest ist zu klagendes Karma, Kompromiss.

Jenseits des Auskommens dürfte sich Pilz vom Fernsehen eine andere Form von Publikum erhofft haben: Massen an Zuschauern – mehr als in einer In-Disco am Wochenende, mehr auch als im Biennale-Hauptkino am Abend –, Mengen an Menschen, mit denen es zu kommunizieren galt – das musste ihn reizen, herausfordern, damals zumindest. Dito das künstlerische Arbeiten innerhalb eines relativ rigiden Systems, das Biegen und Brechen und Revidieren seiner Regeln: 68er-Maulwurfsarbeit, angewandte Pädagogik ganz spielerisch, die Augen sollten auf ein Neues sehen, die Ohren hören lernen. Alles auf's Fernsehen setzen wollte Pilz wohl nicht, die schon früh abzusehenden Verluste waren zu groß, aber als Gelegenheitsjob war's akzeptabel und als Experimentierfeld eigentlich super.

Was sich so leichthin schreibt, da die 70er als große Zeit des ORFs gelten: Das Engagement – für den seinerzeit noch ernst genommenen öffentlich-rechtlichen Bildungsauftrag – von Kernliteraten der Ära wie Gernot Wolfgruber, Helmut Zenker, Peter Turrini oder Franz Innerhofer, die vielfach auf ihren Werken basierenden Fernsehspiele und -mehrteiler von designierten Meistern wie Fritz Lehner oder Axel Corti hatten eine entschieden massivere Diskursmacht als so ziemlich alles, was das österreichische Kino parallel dazu hervorbrachte, nicht ganz zu Recht. Beim Fernsehen zu arbeiten war auch, hatte man einmal Fuß gefasst, sozial besser abgesichert – Stichwort/Traum: Festanstellung –, als Filme fürs Kino zu machen, was immer ein Abenteuer blieb. Ganz entschieden war's aber auch ein unfreieres Schaffen, der ORF eine Formatzwangsanstalt, da brauchte es schon das (suizidal hybrisaffine) übermächtige Ego eines Lehners, um tun zu können, was man wollte, so mehr oder weniger, während der Rest unter der Redakteursknute vor sich hin hackelte und schaute, was sich so machen ließ.

Die TV-Realität jener Jahre – ästhetisch wie ideologisch – durchzieht zwei Beiträge, die Michael Pilz gemeinsam mit Beate Kögel 1978 anfertigte, *Landkino* und *Schule und Autorität*, ausgestrahlt in dieser Reihenfolge in ein und derselben Ausgabe des Jugendmagazins *Ohne Maulkorb:* zwei Arbeiten, die widerständig gelesen werden können, diese Lektüre aber nicht provozieren. Mitläufer können das schmerzfrei gucken.

Schule und Autorität hat schon etwas link Infames in seiner Verständnisinnigkeit. Was Kögel (im Hauptberuf Pädagogin) und Pilz mit ihrem kleinen Experiment in Selbst-Erkenntnis wollten, lässt sich gut noch im fertigen Produkt erahnen: Teil 1, Schüler machen in 16 typischen Bildern Macht- bzw. Gewaltverhältnisse nach und vor, spielerisch Brechtisch, der erkenntnisfördernden Erkennbarkeit der Dinge halber – heißt: Kinder geben Erwachsene; kahle Räume, grad das Nötigste an Dekoration –, Teil 2, Schüler artikulieren ihre Ängste wie Einsichten, erst im Studio nach Ansicht dieser exemplarischen Bilder, dann auch auf dem Schulhof, vielleicht bald jenseits der Lehranstalten. So weit, so schön, so klar zum Punkt. Einiges, was man da zu hören bekommt, lässt einen ziemlich deprimiert zurück, vor allem jener Junge, der erst von dem Unterschied zwischen den guten und den schlimmen Schülern spricht und diesen Unterschied auch sehr gut erklärt – die einen machen keine Müh' –, und dann davon, dass er früher mal ein Schlimmer war und jetzt ein Guter werden will, weil man ja irgendwie überleben muss in der Gesellschaft, mit einem Ausdruck so tiefer Resignation in den Augen und Schultern, dass man gleich mit einer Strafaktion

im Lehrerzimmer für eine Welt sorgen will, wo man auch mal ein bisschen bös' sein darf. (Man denkt da an die Burschen in Pilz' Matura-Film, an die Offenheit ihres Lachens, und fragt sich, welche anderen Gesichter noch dahinterstecken …)

Aber in diesem Zimmer sitzen dann ja auch bestimmt solche feinen Leute wie der Herr Autoritätsperson, der im 2. Teil ebenfalls zu Worte kommt, der Ausgewogenheit halber, und mit seinen wissenden Beschwichtigungen alles, was da an Schmerz pocht, souverän absalbt – einmal demonstriert der Schnitt sogar, dass Herr Autoritätsperson und ein Schüler sich eh verstehen und vom selben reden, wenn's da um Fragen der Autorität geht, um den Unterschied zwischen natürlicher und angenommener. Schlussapotheose: Es gibt ein Problem, und man weiß auch, wie man's lösen muss, denn das System *an sich* ist richtig, und was es darin an Falschem gibt, hat gewisslich individuelle seelische Gründe, die angemessen auszuloten Zeit braucht, aber therapieren kann man heut' alles.

Letzterem würde Pilz insofern zustimmen, als dass Therapien wirklich helfen können. Nur: Pilz geht es darum, dass man durch Therapien etwas radikal ändert, und nicht, dass man einen früheren Zustand „so in etwa" wiederherstellt …

Unklar, also aus dem Beitrag nicht ablesbar, ist, ob Herr Autoritätsperson erst nachträglich reingezimmert wurde oder ob Pilz und Kögel den von Anfang an kompromisshalber in Kauf nahmen, damit das Projekt überhaupt realisiert werden konnte, in der Hoffnung, dass die Strahlkraft ihrer Ideen stärker ist als die alllösende Mittelmäßigkeit dieser Mächte, die Offenheit wie Frische der Schüler (viele davon Kögels zu diesem Zeitpunkt) gewinnender als die versiertstickige Sicherheit derer.

Landkino, davor, ist ein ähnliches Stück Agitation wofür bzw. wogegen? Thematisiert wird das Kinosterben auf dem Lande, traurig-schal schaut's da aus, und Schuld an der Misere haben irgendwie vielleicht auch die Filme, die halt nicht mehr das sind, was sie mal waren, wie da einer insinuiert, der dem Heimatfilm-Idyll und damit einer Familientauglichkeit matt nachtrauert, keine Größe mehr wie noch bei *Doctor Zhivago* (1965, Regie: David Lean), alles nur Geldmacherei, allein schon diese Titel: *Vergewaltigt hinter Gittern,* während so ein Bursche keck ausstellt, dass er weiß, wie's so ist im Leben und vor allem mit der Liebe, der körperlichen, und die Filme halt nicht, dieses Lederhosengejodel, deshalb besser selbst pudern als anderen dabei zuschauen, ist seine so nie formulierte Devise; vom Kino leben kann nur, wer auch ein Espresso

dazu hat, das aber kaum einen Gewinn abwerfen kann, weil es oft genug den Spielbetrieb subventionieren muss, wird vielfach geklagt; eine Reihe von Burschen steht da, und sie schauen verlassen, verloren, ungetröstet drein. Was alles eher grobschlächtig wirkt, intellektuell wie formal, zusammengehauen, wie's halt passt, und dann mit Pop des Tages ein bisschen kommentierend zugekleistert, so schaut's aus, da nützt alles sich Mühen mit einer ironisierenden (Selbst-)Referentialität im Schnitt auch nichts mehr. Für die nächste Sendung wird ein Beitrag über Initiativen wie das ACTIONkino angekündigt, die sich mit alternativen Programmen um ein kulturell wertvolleres Kino vielleicht demnächst auch auf dem Land bemühen, was Rudi Dolezal, der Quoten-Matte von Moderator, offenbar besser gefällt als Filme wie *Wenn du krepierst – lebe ich!,* ein Titel, mit dem er in seiner Anmoderation herumspielt (des einen Kino Tod sei des anderen vorläufiges Fortbestehen).

Das Kino als großer Sittenverderber mit diesem Italo-, Hollywood- und Hongkong-Schund, diesen Billigwaren … Denkt man daran, dass Pilz vor damals noch gar nicht allzu langer Zeit davon träumte, einen Thriller internationalen Formats nach französischem Muster zu machen, und hat man bei der Diagonale 2007 gesehen, wie begeistert er aus der Vorführung von

Mike Hodges' *Get Carter* (1970) kam, strahlenden Auges wie behenderen Schrittes, dann kann man sich nicht so recht vorstellen, dass er Pasquale Festa Campaniles exzellenten *Autostop rosso sangue* (1976) oder Michael Millers brillanten *Jackson County Jail* (1976) – Tommy Lee Jones, Yvette Mimieux, Robert Carradine, produziert von Roger Cormans New World – wirklich so nieder fand, wie *Landkino* das behauptet in seinen Bilderfolgen materieller wie geistiger Verarmungszyklen. Nein, Pilz kam aus *Get Carter* so, wie Hartmut Bitomsky seiner Selbstbeschreibung nach aus *Jackson County Jail* und Peter Nau sicherlich aus John „Bud" Cardos' *Kingdom of the Spiders* (1977): gestärkt und reicher. Weshalb man sich *Landkino* mal wie ein Stück Genrekino anschauen sollte, in dem Glück der würzigen Filmausschnitte, schreienden Poster und Aushangfotos, deren Verheißungen aufgehen, ihm einfach nur zuhören und den Balladen von verlorenen Welten und Abschieden einfach folgen und glauben sollte, *the music tells you,* das gilt immer bei Pilz: Dann entsteht da im Schatten der Sozialdemagogie plötzlich ein kleiner Film wie ein Song über den größten aller Verluste, den der Heimat. Wirklich ekeln tut's Pilz nur vor den Heimatfilmbildern: Die kommen von ganz nah und gehen tief, lassen sich nicht so leicht allegorisieren … Der Rest ist Kino, damit Weite und Aufbruch, damit immer eine Möglichkeit. Das Problem hier sind nämlich nicht die Filme – das Problem ist die Heimat selbst.

So nimmt Pilz mit einem verdrehten Stück Austriaca Abschied von einem Kino, zu dem er nie gehören wird und das er liebt, dennoch – man kann diese Sehnsucht spüren, wenn man sich in die lange Autofahrt zu Beginn gleiten lässt mit Bob Dylan und an dieses Gefühl dann erinnert, wenn eine Markise *Vergewaltigt hinter Gittern* verheißt, ein Werk auch über die Freiheit der Straßen und Wege. Dieses Ziehenlassen eines Traumes zelebriert er in einer verschwindenden Bauern-Welt, diesem Land, mit dem ihn Erinnerungen verbinden an eine oft als schmerzlich verwaist empfundene Kindheit, wo er sich aber nach der Erfahrung von *Franz Grimus* glaubt, auch wieder neu (er)finden, gebären zu können (zumindest liest sich das retrospektiv so, wenn man weiß, wie bald *Himmel und Erde* kommt). Außerdem zieht er mit *Landkino* noch einen Schlussstrich unter das Kapitel ORF, zumindest wird er ihn lange Zeit so in seiner Biofilmografie inszenieren, wenn er ihn als letzte Arbeit dieser Periode verzeichnet. Später wird er ab und an mit dem Fernsehen zusammen produzieren, oft filmförderungsbedingt, also gezwungenermaßen, manchmal aber auch so,

35

They Shoot Films,
Don't They?
Michael Pilz um 1972

weil's sich halt glücklich ergab, doch dann werden die Verhältnisse andere, wenn auch nicht weniger schwierige sein.

Michael Pilz wird also nie Filme machen mit Titeln wie *Città violenta* (1970, Regie: Sergio Sollima), *The Outfit* (1973, Regie: John Flynn) oder *Un homme est mort* (1972, Regie: Jacques Deray), aber er wird Josef Schützenhöfer am Frühstückstisch erzählend, Simon Mashoko beim Aufspüren einer Melodie oder Jack Garfein beim Einüben von Wörtern wie Gesten so zeigen, dass er wahr wird, „[der] Traum von Filmen, die sich nicht gegen das Flüchtige, gegen das Beiläufige wehren. Denen der Gang einer Frau über die Straße genügt. Oder das Flattern einer Zeitungsseite im Wind. Oder wie eine Spinne langsam, aber mühelos ein Tischbein hochklettert", wie Norbert Grob in *Filme* (6/80) apropos *Kingdom of the Spiders* schrieb.

Oder das Verbiegen einer Eisenstange. Oder die bloße Gegenwart, der Blick eines Mannes, dessen Leib überzogen ist mit Tätowierungen. Oder ein Illusionist bei der Arbeit. Das alles und noch vielerlei mehr ist zu sehen in *L'Imagination des yeux,* eines der kurios-schillerndsten Fundstücke im abweichungsreichen Frühwerk von Michael Pilz – eine Preziose, ein bisschen so, als hätt' Daniel Schmid über *Freaks* (1932; Regie: Tod Browning) improvisiert … Spürbar ist hier, stärker als in allem noch folgenden, was sich Pilz für die eigene Entwicklung vom Fernsehen erhofft haben mag: die Möglichkeit, durch kreatives Variieren etablierter TV-Topoi und -Mechanismen dem Publikum etwas kenntlich, erkennbar machen zu können. Für die Masse zu arbeiten ist eine Sache, mit ihr eine andere.

L'Imagination des yeux funktioniert wie so allerlei TV-Typisches seiner Zeit, etwa diese kleineren, oft Varieté-artigen Nachmittags-Shows, oder all die Musiksendungen, in denen beliebte Künstler à la Rene Kollo oder Dagmar Koller Kollegen „zu sich" als Gäste einluden etc. – hier jedoch sind es zum Teil stadtbekannte Prater-Schausteller, Zirkusartisten und andere Marginalisierte, Kleinwüchsige und auch ein Tätowierter, die einander zu Django Reinhardt mit ihren jeweiligen Fertigkeiten bzw. Schau-Nummern unterhalten.

Eine eigenartige Familie, eine bunte Schar findet sich da in einem kleinen Salon hoch oben in einem Wiener Palais zusammen, und es sind mehr, als man zuerst meint. Es dauert – sieht man mal von der gemütlichen Anmoderation ab –, bis das erste Wort gesprochen wird; dafür gibt's gleich zu Beginn ein Cocteau-Zitat zu lesen, das Lob eines Realismus rüd-theatralischer Übertreibungen, der die Verhältnisse sichtbar macht. Es dauert auch – ist man erst einmal im Salon –, bis der erste Schnitt kommt: Die erste Nummer, erste Sensation, ein Steptänzer in Weiß, wird von Pilz in einer langen, den Raum ausmessenden Plansequenz aufgenommen, Einklang der Dinge, Bilder wie Töne, die spezifische Wirklichkeit dieses Ortes beschwörend und damit auch dieser Versammlung (erst spät wird diese Einheit aufgebrochen), wie weltfern ihre Teilnehmer-Protagonisten zuerst einmal wirken mögen. Die Illusion, die Wirklichkeit des Scheins ist der Alltag dieser Menschen in diesem Raum hier, wie Pilz in der Manier, mit der er den Magier bei seinen Taschenspielereien

filmt, gleich darauf demonstriert: frontal und frei von allen Absichten in einer Amerikanischen, und wieder ohne groß zu schneiden, alles soll zu sehen sein, sein Handwerk, seine Gegenwart; Grimassen hier statt Worte, schusselige Gesten. Man erschrickt ein wenig, wenn dann ein „Weanerliad" gesungen wird. Bald spricht ein Feuerspeier, verspricht indische Feuerspiele, natürlich original, und witzelt darüber, wie man sich so selbst in ein Gulasch verwandeln kann. Dann werden auch noch Verwandtschaftsverhältnisse ins Spiel gebracht – hier ein verschrobenes, potenziell subversives Detail: Feuerspeier, Eisenbieger und Entfesslungskünstler werden präsentiert, als seien sie eine Kernfamilie. Bizarr wird's, wenn ein Kleinwüchsiger von Kopf bis Fuß in Schwarz mit einem Zylinder auf dem Kopf und monströsen, Arme und Beine verbindenden, Holzwinkeln durch's Publikum stakst, arg verstörend, wenn der Tätowierte seine den Kopf zur Gänze bedeckende Maske überstreift und aus einem Dunkel vor die Kamera tritt und selbst einfach nur schaut. Was Pilz als kleinen Versuch über Urängste gestaltet, da man den Tätowierten schon vor seinem Auftritt sieht, mit einem Kind spricht er da, während er sich verwandelt, und doch erschrickt man, wenn er so still dasteht in dieser Guckkasten-Halbtotale, diesem Tableaux plus *mort que vivant* mit Maskenmann – dann Sprung nah heran, Terror. Eine gesichtslose Gegenwart bleibt bedrohlich, wie gut man ihr Antlitz auch kennen und um die Gutmütigkeit des Menschen dahinter wissen mag. – Die Maske ist das Ende allen Ausdrucks, die Leere.

Aus *L'Imagination des yeux* werden *Himmel und Erde* wie *Feldberg* (1987–90): Gemeinschaften, aus denen Utopie-Kräfte zu ziehen wären, werden evoziert, erforscht, erzählt in extremen Verdichtungen wie Dehnungen, allegorische Posen, Bilder mit mythischer Strahlkraft. Sichtbar wird dabei ein Typisches, Wesenhaftes: Wie in *Himmel und Erde* die Burschen ihre Arme verschränken, oder wie in *Feldberg* der Frau eine Träne die Wange herabrollt.

Aus den Filmporträts *How the Ladies Pay – Lou Reed, Die Generalin* und *Franz Grimus* werden fast alle anderen Meisterwerke der nächsten drei Dekaden erwachsen: Wenn Pilz Mitte der 80er beginnt, vornehmlich Wahlverwandte zum Sujet wie *raison d'etre* seiner Werke, Video-Begegnungen zu machen, wenn er sich zum Laufbild-Privatier aus beruflichen Gründen weiterentwickelt, wenn er das Private und das Öffentliche eins werden lässt in einem Kino eigener Angelegenheiten, dessen Basis der Familienfilm ist und dessen Sujet meist das Porträt und / oder der Reisebericht, wenn er Österreich hinter sich

lässt und die Welt zu seinem Heim macht und so der Idee von Heimkino eine weitere Gewaltigkeit, Wirklichkeit verleiht.

Einer Differenziertheit halber: *How the Ladies Pay – Lou Reed* reicht eigentlich mehr zurück als dass er nach vorn verweist, in seiner vorwitzig-frotzeligen Albernheit – Kögel und Pilz haben ihren Spaß mit dem Star, der sich so seinen Teil über diese Vögel denkt – ist er eigentlich eine späte Juvenalie, die mehr mit den Filmen bis *Wladimir Nixon* zu tun hat als allem, was noch folgen wird; vielleicht ist *How the Ladies Pay – Lou Reed* ein weiterer Abschied, diesmal von einer Naivität wie Energie, die man nie mehr haben wird und auch hier schon nicht mehr hat, aber gut, warum sollte es einem anders ergehen als Lou Reed …

Von Träumen sollen sie ihm alle erzählen, doch weder Lou Reed noch Frau Vesely noch Franz Grimus haben wirklich welche, wollen auch keine: Träume sind für sie alle mehr oder weniger explizit negativ besetzt, sie kommen mit den Fehlern, die man gemacht hat, sind Ausdruck eines Versagens oder Scheiterns; Träume sind ursächlich dubios, potenziell amoralisch, asozial – womit Reed kess kokettiert, wie sich das für einen Mann gehört, der einer „Venus im Pelz" huldigt, während Vesely und Grimus versuchen, diesseits aller Träume so zu leben, dass man sich nichts vormachen muss, frei also von allen Illusionen.

Reed und Grimus geraten Pilz zu Verkörperungen von etwas, das viel größer ist als sie selbst – Archetypen fast. Bei Reed geht er voll auf in dessen Selbstinszenierung, dem Maskenhaften, ganz Persona, wie er so dasitzt mit seiner Sonnenbrille und dieser *deep freeze* coolen Nicht-Mimik und einsilbige Anti-Antworten gibt wie Almosen; was ziemlich lustig ist, weshalb Pilz diese Begegnung zu einer Art Dokumentar-Cartoon verdichtet, alles knapp-steil überpointiert, mit Zwischentiteln à la Godard, die mal was von Gedankenblasen haben und mal was von kommentierenden Geräuscheffekten; Reed ist der Zen-Roadrunner, der es geschafft hat, nicht mehr rennen zu müssen, er steht nur still, die Erde unter seinen Füßen macht den Rest. In Grimus, dem Bauern, findet Pilz schließlich einen ganzen Stand in all seiner Güte und Strenge und Not: Wenn er z. B. sein Gesicht aufnimmt, dann vermeint man darin die furchendurchzogenen Äcker um sein Haus, die Stallungen und Scheunen zu sehen, Innen und Außen lösen sich immer mehr ineinander auf, gibt's doch, wie sich zeigt, in Grimus' Leben kein Sein jenseits des Berufes, der Zyklen unterworfen ist, die größer sind als die Menschen; da sind auch Demut und Sorge bald eins.

Mit Frau Vesely, hingegen, gelingt ihm eine kräftige Charakterskizze, die etwas Beispielhaftes hat – auch, weil Frau Vesely anonym bleiben wollte, soweit das bei einem TV-Porträt geht, wo man sie also sieht und hört, wie sie aus ihrem Leben berichtet. Nun die Frage: Was genau erzählt sie oder eben nicht – immer wieder „fehlen" Details in ihren Selbst-Auskünften und Angaben, deren Verknüpfung zu einer Erzählung, Geschichte durch sie selbst wie auch den Film, dessen Montage eher Auslassungen und (Ab-)Brüche suggeriert als Kontinuitäten. Man erfährt z. B. nie Frau Veselys Eigennamen – Erwähnung findet, dass sie die Mutter des Filmemachers Herbert Vesely ist sowie die Gattin eines Berufsoffiziers, dessen Leben im Zerfall der Monarchie ziemlich wirrenreich war. Sie erzählt, dass sie nach dem Großen Krieg kurzfristig einen Betrieb aus dem Boden stampfte und genauso schnell wieder aufgab. Man sieht Fotos von ihr auf einem Motorrad. Sie spricht übers Bergsteigen und davon, dass unten bleiben soll, wen's schwindelt. Im Widerstand war sie, weil Antisemitismus falsch ist. Mutterschaft hat für sie etwas Egoistisches: Man will einen anderen Menschen, der von einem abhängig ist. Frau Vesely interessiert sich nicht dafür, wer sie ist, sondern allein für das, was an ihrem Leben für andere interessant, weil lehrreich sein könnte oder sollte. So erzählt sie stets den Kern ihrer Dinge, deren jeweilige Wesenheit – Anekdotisches, Sentimentales, verstellt bloß den Blick.

Mit einer schönen Bestimmtheit sagt sie denn auch, dass alte Menschen mehr Lebenserfahrung haben, und dass diese stets wertvoll ist – Grimus sagt das Gleiche und erzählt eine Geschichte davon, wie er sich als junger Bursche einmal zu einem alten Blinden setzte und sich von ihm etwas über das Leben erzählen ließ, und wie der nach vielleicht einer halben Stunde glücklich weinte, weil einer seine Erfahrungen wollte.

Lou Reed hat nichts groß weiterzugeben und findet die Fragen, die ihm Kögel eifrig (fast parodistisch) journalistisch dreinschauend stellt – halt so allgemein über Geld und Macht und Liebe –, eher unintelligent, er möchte über Philosophie reden, z. B. darüber, dass Hegel viel wichtiger ist als Marx, und warum, was sie dann am Ende auch ein bisschen tun. Die beiden anderen aber wollen etwas weitergeben. Bei *Franz Grimus,* spürt man, ist es der Antrieb seines Protagonisten, überhaupt bei dem Projekt mitzumachen – Fernsehen ist Grimus ansonsten fremd, der hört eher Radio, wie Pilz. Bei *Die Generalin* dann ist die Tradierung von Erfahrungen über Generationen hinweg das unausgesprochene Thema der Sendung selbst – hier geht's

nicht um ein Abfragen, dann Austeilen von allerlei Anekdoten, Auffassungen und Aperçus, sondern um ein Miteinander und wie sich da etwas verändert im Verhältnis der Menschen vor der Kamera zueinander; heißt: *Die Generalin* könnte ein Meta-Film sein über unentfremdete Massenkommunikation.

Dabei entwickelt das Gespräch zwischen Vesely und Kögel – von Frau zu Frau, interessiert aneinander, getrennt voneinander durch ein halbes Jahrhundert Leben und vermutlich eine soziale Schicht – nie eine Linie, sondern sucht sich erratisch seinen eigenen Weg. Am Anfang folgt's noch kurz und in weiten Sprüngen der Biografie Veselys, doch bald schon beginnt es um Themen und Ideen zu kreisen, stockt manchmal (leicht versetzte Schnitte, mal abrupte, mal hängende Einsätze), springt woanders hin (angelegentlich unorthodoxe Umschnitte), man erinnert sich an etwas, das vorher einmal gesagt wurde, ein Faden (Schnitte wie mit der Axt) wird aufgenommen, vielleicht verknüpft mit einem anderen. Dazwischen immer wieder Fotos, wobei einzelne Motive mehrfach erscheinen: Beim ersten Mal illustrieren sie normalerweise die Erzählung, ganz konventionell, dann aber tauchen sie assoziativ auf, wie Erinnerungsmomente, scheinbar ohne unmittelbare Bindung an das, was grad gesagt wurde. Nur:

Wessen Assoziationen sind das dann? Wohl die von Pilz, der so zum Dritten dieses Diskurses wird, wie schwierig das bei einem Film auch immer ist. (Pilz arbeitet mit ähnlichen Wiederholungen im Übrigen auch in *How the Ladies Pay – Lou Reed*, schalkhaft.) Nun, wenn der Film ein transgressiv-utopisches Moment behalten soll, dann muss und darf man hier Pilz' (Wille zur) Solidarität erwarten – wär' das bloß eine Projektion, dann wäre *Die Generalin* allein ein feines Stück Dokumentarfernsehen … Sicher ist: Er weiß sich geschickt allen falschen Zuspitzungen zu entziehen – so bleibt am Ende die Begegnung selbst, der Dialog wie die Argumente bzw. Ideen, Lebensentwürfe. (Wie sympathisch sich die beiden Frauen waren, lässt ein stummes Doppelporträt erahnen, von Pilz während der Dreharbeiten gemacht: Gemeinsam schauen sie in die Kamera, müssen und wollen aber bald lachen.)

Auf dieses Grobgewobene, Offene, gut Asymmetrische, den inneren Rhythmen, auch einer Logik des Augenblicks Verpflichtete wird Pilz erst später zurückkommen, bezeichnenderweise, wenn sich sein Schaffen von den Zwängen der Produktion nach Norm – Fernsehen, Förderung etc. – weitestgehend gelöst hat. Die (fast) formalistische Strenge von *Franz Grimus* hingegen, dessen Grad an Verdichtung, auch

Zuspitzung wird ihm zum Vorbild für seine nächsten Projekte, auch wenn nichts danach je wieder so gefügt, geometrisch, einem Metrum verpflichtet ausschauen wird – die Idee einer Bresson'schen Haltung wird hier eingeübt, dann ist sie verinnerlicht. *Himmel und Erde* ist die Zäsur sine qua non im Schaffen von Michael Pilz, mit *Franz Grimus* erprobt er ihr Setzen.

Franz Grimus basiert auf einer einfachen Prämisse: Alles in einem Bauernleben hat seine Zeit und seine Regeln, weshalb es für alles in diesem Film eine klare Art, es zu zeigen und zu tun, gegeben hat. Jedes Bild ist konzis, frontal-konfrontierend gebaut, eher tief als flächig, eine autonome Sinneinheit, die nur begonnen und beendet wurde, ihre Integrität respektierend; Verkantungen und Dezentralisierungen wurden vermieden, wo sie vorkommen, sind sie meist Bestandteil eines visuellen Reims. Gedreht wurde vom Stativ, Handkamera vermieden, dito Schwenks. Keine Schnitte, nur Auf- und Abblenden bzw. Überblendungen. Zooms bleiben Fotos vorbehalten, über die Schulter von Grimus hinweg wird an wenigen Stellen ein sich versenkender bzw. wieder lösender Blick insinuiert. Gespräche werden meist an einem Tisch aufgenommen, quer drüber tendenziell, so als würd' man da halt zusammensitzen und reden. Nach einer gewissen Zeit im Haus muss man wieder raus, braucht's die Landschaft. Wenige Ausnahmen bestätigen die Regel: So gibt es z. B. ein Bild, extrem tief gebaut, da sitzt halbrechts hinten die Frau von Grimus, man sieht sie zum ersten Mal; später ein Bild, ebenfalls tief, da sitzen sie nun zusammen eher links an einem Tisch und reden. Betont wird so das Ineinander-Übergehen, der Lauf als Ordnung der Dinge, das Zirkuläre – Brüche sind das, was Grimus beunruhigt, wie jeden Bauern, eh jeden Menschen. Gestalt wird hier einem Leben gegeben, bei dem selbst das abendliche Kartenspiel seinen festen Platz und Sinn hat.

So spricht Grimus denn auch nur selten über sich selbst im Speziellen, sondern meist darüber, wie man so lebt, und erzählt er doch einmal etwas spezifischer aus seiner Vergangenheit, dann zwar anekdotisch, aber so, dass es etwas „Allgemeingültiges" verdeutlicht. Um Fragen des Auskommens geht's dabei: etwa wann man Land abgeben musste oder sollte, wann es sich lohnte, in die Modernisierung des Hofs zu investieren, oder die Politik betreffend (die er anstößig findet, weswegen er auch kein Nazi war, obwohl ihm alle sagten, es würd' sein Schaden nicht sein), um die Frau an sich (schwierig, schön, braucht's auf einem Hof zum Anpacken) oder das Soziale (warum man etwa ins Wirtshaus gehen muss), die Familie, wie's weitergeht.

Im letzten Bild des Films sitzt Grimus an einem Tisch und schreibt in sein Tagebuch, das er seit einigen Jahren führt, weil er eine Kontrolle bewahren möchte über den Verlauf der Dinge – so kann er halt sehen, was er im letzten oder vorletzten Jahr zur gleichen Zeit getan hat, wie's ökonomisch stand, was er geschafft hatte und was nicht; murmelnd notiert er nun, dass heute wieder die Fernsehleute mit ihm gedreht haben. Das Tagebuch verkörpert das Rituelle im Gestus des Films, Grimus' vorherige Erklärung, dass er die Jahre miteinander vergleichen können will, verdeutlicht, dass es um Zyklen geht, die Erwähnung der Dreharbeiten verbürgt die Authentizität, akzentuiert aber auch das Gefertigte, Gemachte, Konstruierte der Arbeit. Artikuliert wird so das eigentliche Thema von *Franz Grimus*: Die Gestaltung, das Erfahrbarmachen von Zeit, damit des Materials – ganz physisch zu verstehen –, das der Filmemacher urbar zu machen weiß wie der Bauer sein Feld, zu formen wie der Töpfer den Lehm und der Tischler das Holz. Noch ist sie geschlossen, ein perfekt geschliffener, hermetischer Körper, was dem Leben eines Einzelnen, durch den sie hier erzählt wird, wie auch dem Medium, das zwar an Massen versendet, aber immer nur von Vereinzelten empfangen wird, gemäß wirkt.

4. IM KINO

Manchmal lassen sich Meisterwerke mit schierem Willen schaffen, Veränderungen im eigenen Leben herbeiführen mit der Wucht einer Revolution, was sein muss, muss sein, wenn man in sich eine Gewaltigkeit spürt und den gerechten Augenblick erkennt. Und das tut Michael Pilz, als er *Himmel und Erde* schafft, diesen Wendepunkt, exakter: Riss durch die österreichische Film- wie die eigene Geschichte, diese Bündelung von Energien, die er vielleicht schon in sich ahnt, doch die er noch nie aktivierte, dieses Signal wie Versprechen, diese Hoffnung: Da will einer, dass hier und jetzt alles anders wird, und dafür wird er Sorge tragen mit allem, was er hat und weiß.

Als er 1979 mit den Vorbereitungen zu *Himmel und Erde* beginnt, macht Pilz seit rund 15 Jahren Filme: Eigentlich hat er schon eine ganze Menge an Werken realisiert, es mit einem davon sogar nach Venedig auf die Biennale geschafft, diverse Preise dabei auch für dies und das gewonnen – und doch ist da kaum etwas dabei, von dem er fühlt, dass das wirklich seins ist, auch wenn's draufsteht; selbst Werke, von denen er weiß, dass ihm da was gelungen ist – *L'Imagination des yeux, Franz Grimus* –, erscheinen ihm mehr wie Einübungen von Haltungen, Erprobungen von Ideen, Auslotungen von Tie-

fen – Bruchwerkstücke wohin? Geschafft hat er also viel, doch erreicht so gut wie nichts. Im Hinterkopf pochen bestimmt Erinnerungen an Momente wie die, da er so Sachen wie *Unter Freunden* machte und wusste, was Kino ist. Als es ihn nach St. Anna im Obdacher Land verweht, weiß er, was er tun wird. Er wird später sagen, St. Anna sei nur ein Zufall gewesen – *Franz Grimus* lässt ahnen, wie sehr es ihn nach so einem Weiler in der Steiermark verzehrte.

Pilz ist fast 40, als er nach rund drei Jahren Arbeit und Kämpfen 1982 *Himmel und Erde* vollendet, so wie er sich Bahn bricht, nämlich als Fünfstünder in zwei Teilen auf 35mm, also generell kinoauswertungstauglich, statt allein als ein Werk von konventionellen 90+ Minuten auf seinem Aufnahmeformat 16mm, in dem er bloß in kleineren, alternativen Häusern präsentabel gewesen wäre.

In den drei Jahren wandelt sich Wesentliches im österreichischen Kino: Ab 1981 gibt es eine Filmförderung, die das Staatsmäzenatentum der Vordekade ablöst – *Himmel und Erde* wird zur Brücke zwischen zwei Austrokino-Ären, zu denen er nicht gehören kann, er bleibt randständig, im Kopf, da wo's drauf ankommt. *Himmel und Erde* wird von vielen als ein Manifest gesehen: So könnte ein österreichisches Kino mit Zukunft aussehen, ein Filmschaffen, das unentfremdet von dem Eigenen zu erzählen weiß auf eine Art, die man „weltweit" versteht. Pilz steht dabei mit seiner Vision von Film, seiner Praxis nicht ganz alleine da: Ihm wundersam ähnlich in den Gefühlen wie ästhetischen Strategien sind die so einsam wahrhaftigen Werke Peter Schreiners, dito die Manfred Neuwirths, eine schöne Nähe ist auch da zu den ganz fein-sensiblen Filmen Manfred Kaufmanns; John Cook machte seinen letzten Film fürs Kino, *Artischocke* (1981), im Jahre null der Filmförderung, dann nichts mehr, allem Mühen zum Trotz, man weiß, warum, und es hatte nichts mit seinem singulären Talent zu tun. Pilz, Cook, Schreiner, Neuwirth, Kaufmann: Selten ist das österreichische Kino so groß, so großzügig, so entscheidend, so dem Leben zugewandt, seinen Mitmenschen, seiner Gegenwart – die man am Ende immer doch bloß selbst ist.

Manfred Kaufmann wird Mitte der 8oer seinem Leben ein Ende setzen, weil er's einfach nicht mehr aushält, das Österreich, Peter Schreiner in den 9oern für lange Jahre die Filmerei hinschmeißen, Theologie studieren und in der Seelsorge arbeiten, weil er glaubt, zu den Menschen keinen Weg gefunden, also versagt zu haben mit seiner Kunst. Wie sprechen von den Dingen, zu den Menschen? *Weht die Angst, so weht der Wind* (1983) heißt ein Film von Kauf-

mann, *Irgendwo hätt' ich sonst hingewollt* (1995) eine Gemeinschaftsrealisierung von Pilz mit acht seiner Dortmunder Studenten: Versenkt man sich in die Titel, sieht man eine kaum gewesene und doch so reiche Generation vor sich, darf seine Tränen fließen lassen. *Staatz Ende* (1986/89), den Pilz dreht, als man ihm sagt, Kaufmann sei tot – er nimmt die Super-8-Kamera hoch und lässt sie laufen, damit es weitergeht und er vielleicht vier Minuten länger nicht weinen muss (später legt er ein Adriagewittergrollen unter das Sonnenbild mit Kindern) –, wird für immer mehr und mehr ein Memento.

Die 8oer entwickeln sich zur Dekade der dichtesten Kinopräsenz von Michael Pilz: Am Anfang *Himmel und Erde,* am Ende *Feldberg,* in der Mitte *Noah Delta II,* auch wenn der mehr eine TV-Geschichte wird – größere Projekte allesamt. Zudem ist Pilz präsent wie selten in der heimischen Filmkultur, als Anreger-Agitator-Kommentator wie auch einfach als Persönlichkeit, die halt Sachen macht, siehe z. B. seine beiden Wels-Interventionen, die gemeinsam mit Bernhard Frankfurter während der Filmtage '84 realisierte Selbstherausforderung von Festivalreportage à la Pilz, *Wels –* der lief da als so ziemlich letzter Programmpunkt, als Verdichtung der Tage zuvor – und die Plakataktion plus Pu-

„*Himmel und Erde* ist ein unglaublich langer Film, aber jeder Schnitt würde ihn zerstören und ich möchte auf keinen einzigen Augenblick verzichten." Henri Colpi

blikation *Kein Film – Ein Stückwerk. Dziga Vertov* zwei Jahre darauf.

Es endet unversöhnt, mit *Feldberg:* Nach einer knappen Dekade Förderung interessiert man sich da kaum mehr fürs Mögliche, primär fürs Zu-Sollende, Erfolge will man haben und zwar solche, die bitt'schön auch zu Kapitalrückflüssen rascherer Art führen – als Dieter Berner mit *Ich oder Du* anno '84 eine Schnulzenzünftigkeit zelebriert, ahnt man schon, wohin die Reise geht … *Feldberg,* den Pilz mit einem ähnlichen Kraftaufwand bei den Institutionen durchsetzt wie weiland *Himmel und Erde,* wird zu einer Art Fall: Man fragt sich laut, ob das angehen kann, einen Film mit vergleichsweise viel Kapital zu subventionieren, der dann so eigen ist, dass er zwar für allerhand Ruhm in der Welt sorgt, aber kaum Geld generiert. 35mm-Breitwand (amerikanische) und Dolby-A Stereo und keine nacherzählbare Handlung und ein *taijiquan*-Meister zeitweilig während der Dreharbeiten vor Ort, damit man der Dinge in ihrer kinematografisch (nahezu) klarstmöglichen Weise gegenwärtig werden, also adäquat sehen und hören kann: Das hat Pilz durchgezogen. Danach kündigt er seinen Vertrag mit der Austro-Kinokultur, es ist klar, dass man sich nichts mehr zu geben hat.

Himmel und Erde ist der bekannteste Film von Michael Pilz wie auch sein meistausgezeichneter: Das richtige Werk zur richtigen Zeit, und doch geht es so, so weit über seine eigen-ersten Tage hinaus – das ist einer der ganz wenigen Filme, wo man meint, man könnt' sein ganzes Leben damit verbringen. Pilz wird keinen zweiten wie ihn machen, eine Handvoll vielleicht noch, die ihm ebenbürtig sind, der Rest ist Stückwerk, mal fein geschliffen, mal grob und stets Teil des Ganzen, entscheidend wie wesenhaft, es aber nicht definierend.

Wobei's wie so oft interessant ist zu schauen, welchen Film denn die Menschen damals so lieben, will sagen: Was man in *Himmel und Erde* sieht – oder was man, anders herum, eben kaum, wenn überhaupt zur Kenntnis nimmt, thematisiert, diskutiert. Es ist die Zeit der großen Werke über das Land: Da sind Fredi M. Murers *Wir Bergler in den Bergen sind eigentlich nicht schuld, dass wir da sind* (1974) und *Höhenfeuer* (1985), Yves Yersins *Die letzten Heimposamenter* (1973) und *Les petites fugues* (1979), Ogawa Shinsukes *Nipponkoku: Furuyashiki-mura* (1982) und *Sennen kizami no hidokei* (1986), um nur ein paar Beispiele zu nennen, die rasch im Kopf sind, weil sie eine Relevanz haben, in gewissen Szenen sogar Kult werden, damals, und heute immer noch Bestand haben vor der Zeit. Einen der interessantesten Vergleiche zieht Christoph

Egger (in der *NZZ* vom 21.10.1982): Franco Piavolis *La pianeta azzurro* (1982) fällt ihm ein – mehr als den meisten anderen ist ihm offenbar die spirituelle Dimension von *Himmel und Erde* bewusst, auch seine Gedankenschwere. Die ist, scheint's, für die meisten anderen Betrachter sekundär, interessiert, tangiert, berührt sie nicht: Beschrieben wird *Himmel und Erde* fast immer so, als sei's allein eine minutiös-geduldige Darstellung eines Daseins in armer ruraler Kargheit, gestaltet in außergewöhnlicher Solidarität mit all diesen Menschen, von deren Leben er spricht, im Einklang mit dem Rhythmus ihres Seins – die ganz wenigen Szenen, in denen Pilz selbst auftritt und das soziale Moment seiner Methodik demonstriert – wenn er sich mit Leuten abspricht, wann und wo man halt ein Bild machen könnt' –, werden in den Kritiken immer wieder herausgestellt. Will sagen: Diskutiert wird eigentlich immer nur *I. Die Ordnung der Dinge* – die Rede ist denn auch meist von einem fast fünfstündigen Film, seine Zweiteilung bleibt vielfach unerwähnt, und kommt sie dann doch vor, gewinnt man eher den Eindruck, da gäb's halt 'ne Pause zur Mitte hin. Am genauesten wär's wohl zu sagen: *Himmel und Erde* ist ein Werk in zwei Filmen, *I. Die Ordnung der Dinge &* *II. Der Lauf der Dinge* – Materie & Geist, Sein & Bewusstsein.

I. Die Ordnung der Dinge ist wahrscheinlich der Film, den Pilz im Kopf hat, als er mit dem Projekt beginnt. Pilz beschreibt hier, so konkret es ihm möglich ist, die Gemeinschaft in St. Anna, in der er sein Werk vollbringt: Er zeigt die Realität dort, was es bedeutet, in dieser Höhe eine landwirtschaftliche Arbeit zu machen – der Boden ist kaum dafür geeignet, zu viel Wind, Regen zur falschen Zeit, Felder auf Hängen, die zum Teil so steil sind, dass man sie mit konventionellem Gerät gar nicht bewirtschaften kann –, was das wiederum für ökonomische Zusammenhänge, vor allen Dingen Abhängigkeiten mit sich bringt, wie das dann weiters alles Soziale definiert, das Solidaritätsempfinden wie auch die Konkurrenz – denn Angst davor, nicht mehr weiter von seinem Hof, seiner Scholle, seinen Wiesen, seinem Wald leben zu können, haben sie alle, aber einer hat halt doch immer mehr als die anderen, da kann man nichts machen. Da geht's dann plötzlich um eine Idee von Schicksal, in der die Gemeinschaft vor allem durch ihrer aller Furcht vor dem Zufälligen definiert wird, denn was nicht gewissen Zyklen folgt, kann nicht gut sein.

Pilz schreibt während der Arbeiten an *Himmel und Erde* mehrere Aktenordner voll mit Papieren, in denen er – für seine Mitarbeiter scheinbar, realiter wohl oft allein für sich, zur konkretisierenden Realisierung der Dinge – die Verhältnisse in St. Anna analysiert, und zwar bis ins Detail, bis in die Frage, warum man wann „in Milch macht" und wann nicht. Im Film selbst wird das weitaus weniger detailliert durchdiskutiert, vieles nur nebenher erwähnt – die Verhältnisse sind in Pilz' Blick, ihre Konsequenzen wie Implikationen in der Art, wie er den Film webt, wie er eben diesen Weiler und seine Bewohner kinematografisch nachschöpft. Das meiste davon wird er schon aus seiner Zeit mit Franz Grimus gewusst haben, so sehr unterscheiden sich die Bedingtheiten eines Berufsstandes innerhalb eines Landes nun doch nicht. Von *Franz Grimus* bringt er auch ein Formenarsenal mit in dieses Projekt: Die Art, wie er Porträts einfügt und baut, wie er Gesprächsszenen in Häusern gern an einem Tisch arrangiert und quer darüber filmt, wie er die Landschaft, auch deren Atem ins Verhältnis setzt zu den Gehöften, wie er sich selbst einbringt in das Gefüge etc. Dann fallen aber auch gleich die Unterschiede ins Auge: Gefilmt wird mindestens so viel von der Schulter bzw. aus der Hand wie vom Stativ, statt eine Reduktion der Mittel hin zu einem Minimum wird deren Totalisierung angestrebt, d. h. eine Verwendung von quasi allem an Ausdruck, was möglich ist – damit, statt einer Zuspitzung hin auf einen Punkt, die

Ausdehnung fort in eine Weite. Dem Geschlossen-Kristallenen von *Franz Grimus* stellt er in *Himmel und Erde* eine Poesie positiver Entropie entgegen – *Franz Grimus* ist gestaltete Zeit, *Himmel und Erde* der Entwurf einer Zeit jenseits aller Gestalt.

Mit *II. Der Lauf der Dinge* löst sich *Himmel und Erde* von der Darstellung der sozioökonomischen Dimension von St. Anna und beginnt, aus deren grad erarbeiteter Konkretheit eine spirituelle Dimension zu entwickeln – Rituale von Leben und Tod werden nun wesenhafter als Erwerbszyklen, das dreimalige Schlachten der Tiere den Film über und das wieder- und wiederkehrende Schaukeln des Buben an seinem Reifen in Zeitlupe dabei erfahrbar als gleichwertige Ausdrücke eines Lebensselben. Der Anfang von *II. Der Lauf der Dinge* ist ähnlich organisiert wie von *I. Die Ordnung der Dinge,* auch hier werden wieder die ästhetischen Mittel des Films vorgeführt, nur merkt man bald, dass jetzt mit ähnlichen Maßgaben etwas anderes erzählt werden kann und dann auch wird: Nun kennt man die Menschen und die Bedingungen ihres Daseins, jetzt kann man mit ihnen und durch sie davon erzählen, darüber nachdenken, wie die Dinge sein könnten, auch ökonomisch, vor allem aber spirituell. Es entwickelt sich auch ein anderes Verhältnis zwischen den Bildern und den Zitaten aus einem Rundumschlag von Welttexten: Bibel und Talmud und Grotowski und Castaneda und Lao-Tse und Lem und der Traum einer Indianerin des Stammes der Papagos auch, und „Good Old Hollywood Is Dying, weil's nocha Zeit is": In *I. Die Ordnung der Dinge* sorgen die Aphorismen und Maximen und Fabeln eher für eine diskursiv-dialektische Distanz, in *II. Der Lauf der Dinge* laden sie langsam die Bilder auf mit möglichen Bedeutungen, lassen sie durchlässiger werden, beginnen zudem, den Rhythmus immer mehr zu definieren, verbinden bald auch Bilder, Szenen jenseits ihres sozialen Gehalts miteinander. Gegen Ende von *II. Der Lauf der Dinge* ist *Himmel und Erde:* Fluss, Fließen, Inspiration und Begehren, die sich beständig neue Wege bahnen.

Aber, man muss alles zerschlagen.

Mord ohne Motiv: Töter weiß nicht, warum er zustach.

Noah Delta II: urbaner Paranoia-noir mit Speculative-Fiction- wie Horror-Dimensionen, *Wladimir Nixon* freudlos und fetischbereinigt, innerlich gespalten mit seinen antagonistisch gepolten Erzählsträngen, quasi vierhändig gemacht – es geht um ein ungutes Nichts, nur Scherben, kein Werden, allein Entfremdung. Der eine Strang folgt einem Mann mit Aktentasche, Hut und Jägern: Etwas stimmt nicht, man

verfolgt ihn, die Zeiten brechen über ihn herein, Wirklichkeit und Illusion sind bald nicht mehr zu unterscheiden, also passen auch Räume nicht mehr zusammen, und überall diese Geräte, die verifizieren könnten, wann er wo war, wenn da wer ein Interesse dran hätte – dann kommt wer und tötet ihn. Der andere Strang zeigt, wie sich Maria und Jonas durch Zufall finden und beisammenbleiben und die Stadt hinter sich lassen. Bei einer Fähre wird Jonas nur deswegen nicht von den Schergen der Hintermänner des Mörders des Mannes mit Aktentasche und Hut erschossen, weil Maria ihn aus der Schussbahn schubst und die Kugel ihr Ziel findet, nämlich den mundtotzumachenden Mörder. Das Paar kehrt zurück in die Stadt und glaubt, man hätte alle Zeit der Welt, was auch stimmen könnte.

Totale Mobilisierung von visuellen Strategien, Bilder sollen als Bilder erfahren werden und sonst als nichts. Totale Verdrehung der Dinge, produktionsbedingt: Für das ungarische Team scheint die Erzählung von dem Paar pure Fantasie, die Paranoia-Geschichte nackter Realismus zu sein, so filmen sie beide Teile nach ihrem Strich und damit genau gegen Pilz'. Bilder in Bildern, Bilder vom Bildermachen. Opake Bilder. Tote Information. Wenn im Maria-&-Jonas-Strang die Bilder etwas tiefer zu atmen

Olaf Möller

beginnen und sich alles ein bisschen verlangsamt und man ein wenig schauen kann, dann sieht man: Genre-Bilder. Geredet wird wenig, und wenn, dann vielleicht bloß, weil Schnee liegt auf dem Fujisan. Die Art von Lakonie rennt sich auch irgendwann tot, wenn da nichts ist sonst: Warum Maria und Jonas tun, was sie tun, bleibt willkürlich, tut nichts zur Sache, weswegen alles, was sich zwischen ihnen tut, auch genauso gut eine Projektion sein könnte in einer verzweifelten Suche nach einem Sinn, wo keiner ist bzw. sein soll, während der Mann mit Aktentasche und Hut tut, was er tut, weil er versucht, den Schritt zu tun, den seine Verfolger nicht tun werden, aber wenn man dabei Zeit wie Raum verliert, verliert man auch sein Leben beim exzessiven Vermeiden des Todes, der nichts anderes ist als der Verlust des Zugriffs auf Raum und Zeit, des Wissens darum, dass der nächste Schritt zu tun ist, was Maria und Jonas aber eigentlich gar nicht wollen, recht wär's, wenn's einfach weiterginge irgendwie.

1979 hat Fredi M. Murer *Grauzone* gemacht, 1983 Michael Klier *Der Riese*.

Eine fast absurd negative Energie geht vom Meta-Paranoiafilm *Noah Delta II* aus, man fragt sich, woher und warum. Pilz spürt wohl auch, dass da irgendetwas ganz und gar nicht stimmt, dass da etwas in ihm sich verschoben hat und sich wieder setzen muss, dass mal nur nichts gebrochen ist. Er macht *Paticca-samuppada* und *Parco delle rimembranze,* als Nullsteller: Pilz schaut und hört geistesentleerungshalber, nun sind die Wege wieder frei. „Il faut apprendre à voir". So macht er *Der Lauf des Wassers* (1986/ 88) – und das Echo hallt wieder – und *80 cm 5 t* (1986–89): zweimal Karl Prantl, paragonale Gestalt der modernen österreichischen Bildhauerei, laut Pilz ein Primäreinfluss auf seine Vorstellung davon, was Kunst ist, ergo wie man Filme machen muss. Zu sehen ist weniger das Bearbeiten des Steins selbst – passiert's dann, gleicht's einer Explosion –, sondern sein Erkennen durch Prantl: Lang wird seine Oberfläche begutachtet und berührt, ein Leben daraus konjiziert, (re)- konstruiert, nie willfährig und unbotmäßig eilig, immer so, wie's der Augenblick und das Material grad nahelegen, morgen kann man ja noch mal schauen. Darum geht's beim Filmemachen: Dass man sich seinem Material zu nähern versteht und es nicht einfach bloß gebraucht.

Vorstellbar ist, dass Pilz so schaut wie Prantl fühlt, und sieht man Prantl mit seinem Hammer beim Werken, ahnt man auch, wie Pilz bald innerhalb kurzer Zeit riesige Filme realisieren kann: Er kennt ihre Zeit-Maserungen.

Deren feinsten folgt er in *Feldberg*, diesem leichtesten seiner Werke, geschmeidig-biegsams-

50

ten, darin formal am meisten geschlossen: ein Versuch über die Gegenwart, die man nur selber ist, ganz trotzkistisch, ganz *dao*. Kennt man *Unter Freunden*, weiß man, wie alt der Film ist.

Pilz arbeitet allein mit der Landschaft und den Darstellern, ohne Drehbuch (hatte aber eins geschrieben, das durch die veränderten Produktionsumstände obsolet wurde). Vor dem eigentlichen Drehen erarbeiten sie sich einen Monat lang die Landschaft und machen (wer will) *taijiquan*, angeleitet von Wang Dongfeng, Experte für chinesisches *qigong, wushu* und *taijiquan*, Großmeister des zehnten *dan*. Sie erarbeiten sich ein Körperbewusstsein, aus dem heraus sie ihre Bilder angehen. Man schaut, wie man sich fühlt, und schaut, was man in diesem Moment miteinander machen kann. Man folgt Spannungen. Es entstehen Bilder wie *kata*: In sich geschlossene, harmonische Einheiten, deren Miteinander später zu erspüren, abzuwägen, bedenken sein wird beim Montieren, wenn es um die Ausgeglichenheit des Ganzen geht; wobei Pilz klar einer Dreh-/Schaffenschronologie folgt: Die Energie der Schöpfung des Films ist sichtbar, wenn man sich drauf einlässt.

Der Mann ist seiner Kleidung nach eher urbaner Herkunft. Er hat eine Tasche, ist vielleicht auf einem Weg wohin. Die Frau gehört eher in diese Landschaft zwischen Eggenburg und Pul-

kau, diese Wälder und Hügel. Er hat etwas Verhärmtes, sie eine gerundet-skeptische Sinnlichkeit. Seine Farben sind aggressiver als ihre.

Keine Handlung im konventionellen Sinne, allein Handlungen, Gesten, Blicke, Schritte, ganz bewusst, im Einklang mit der Umgebung, deren Geräusche wie Bewegungen genauso wichtig sind wie das, was die Menschen tun. Gesprochen wird nicht. Unklar ist, was Der Mann und Die Frau miteinander zu schaffen haben. Man könnte eine Geschichte der Gesten und Blicke erzählen, erinnernd in diese hineinprojizieren, was sie sonst bedeuten, woher sie kommen, was sie gemeinhin sagen sollen – gäbe es da nicht Momente, die einen an der Chronologie der Gesten zweifeln lassen können, bzw. Momente in den Gesten, die Erinnerungen nahelegen oder Befürchtungen. Der Titel legt so eine Lesung auch nahe: Minutenlang flickern einzelne Punkte auf der Leinwand auf und ab und werden Buchstaben, aus denen sich langsam die Namen der Darsteller und Mitarbeiter formen – das Gesamtbild formt sich erst am Ende, seine Elemente offenbaren sich nach einer Logik, die nicht linear ist, die einzelnen Aktionen müssen keinen Kausalzusammenhang haben, auch wenn sie Bestandteile eines Werdens sind. Man könnte also die Szenen, darin Gesten nacheinander beschreibend erzählen, aber zu viel deutet darauf hin, dass man so nur zu *einer* Lösung kommt statt derer vielen, deren Widersprüchlichkeit auszuhalten wäre.

Schön ist das Gefühl, dass es Lesungen gäbe und man nichts versäumt, wenn man sie sich für ein anderes Mal aufbewahrt. Aber man soll *Feldberg* nicht verstehen: Gut ist es, wenn man seinen Rhythmus in einen Einklang bringt mit dem Film und dabei einfach hinschaut und -hört und alles auf sich wirken lässt. Man kann den Zug zur Sinnstiftung im Menschen nicht zur Gänze stoppen, das wäre auch falsch, aber man kann versuchen, nicht mehr in den Dingen zu sehen, als da ist, diese dann aber in ihrer vielfältigen Herrlichkeit.

Mehrmals wird von der gleichen Stelle ein Zug gezeigt, der durch die Nacht fährt, die Reflexionen seiner Leuchten irrlichtern ihm voraus – und sind es nicht einmal, später, allein seine Geräusche, die durch das Bild ziehen? Spätestens dann fragt man sich, ob *Feldberg* nicht realiter eine Geistergeschichte ist, und ob da wirklich die Bilder und die Töne immer zusammengehören – bei *Staatz Ende* tun sie's ja nicht, daher weiß man um die Bedeutung solcher Verschiebungen, Inkongruenzen: Der Tod ist am Werk. Schaut man die Dinge lange genug an, offenbart sich stets sein beständiges Wirken.

Zwischen *Himmel und Erde* und *Feldberg* hat das Kino von Michael Pilz seine perfekte Gestalt gefunden. Er kann es nun hinter sich lassen.

5. JENSEITS DES KINOS, DAMIT BEI SICH SELBST

Als Michael Pilz auf dem 23. Internationalen Film Festival Rotterdam eine erste Version von *All the Vermeers in Prague* (1994) zeigt – da wie Ende des folgenden Jahres auf der Diagonale noch unter dem Titel *Private Eyes* –, hat er sich, laut Katalog, seit 1987 ein Videoarchiv von rund 240 Stunden Material erfilmt. Mittlerweile sollte er sich den tausend nähern, in verschiedenen Formaten, einige davon kaum mehr abspielbar – schon *Il faut apprendre à voir* (1988–93) war eine Arbeit, ein Arbeiten mit Verfallserscheinungen, auch hier Verluste, das Material geht an seiner Beschaffenheit zugrunde (gut, dass sich Pilz des struppigen Eselchens bei Delphi rechtzeitig erinnerte). Video ist: mehr Dauer für weniger Jahre – was man nicht bald genug erinnert, bleibt möglicherweise allein Erinnerung.

Wobei das Pilz-Privatarchiv realiter ja viel weiter zurückreicht, bis an die Anfänge seines Schaffens: Vor diesem Bestand von 30, jetzt vielleicht schon 40 Tagen an Videobildern und -tönen waren da schon Dutzende von Stunden an Normal-, Super-8- und 16mm-Materialien aus den Dekaden seit 1964 – eine Art Parallelœuvre, eine Masse konkreter Kino-Gegenwarten, in die Pilz, scheint's, durch die Videojahre hineinreifen musste, zumindest greift er erst seit circa 2004/05 auf diese Bilder systematischer zurück für seine Werke. Die Filmmaterialien erwiesen sich – Blässungen hie und da zum Trotz – erwartungsgemäß als materiell widerständiger, wurden aber fürs weitere Arbeiten sukzessive auf digitale Medien transferiert, und zwar mit allem, was da grad war an Ablagerungen – bei der nächsten Umkopierung werden die dann vielleicht von Aussetzern verpixelt. Wobei die Originale wahrscheinlich noch leuchten werden, wenn ihre Kopierungen schon in immer größere Quadrate zerfallen.

So wurde nach dem *Feldberg*-Förderungsfiasko ein anderes Kino möglich für Pilz: Er konnte es sich künstlerisch gut leisten, die Staatsproduktionsmaschinerie bis auf weiteres zu ignorieren, um im Privaten mit einem minimalen technischen wie finanziellen Aufwand ihm gemäße Filmformen zu schaffen, zu kultivieren (wobei kleinere Förderungen aus Kunsttöpfen gute Dienste leisten). Der Verlust wird zur Möglichkeit: Nun endlich kann Pilz das Filmemachen als Kunst der Realisierung seines Selbst in extremis leben, sich auf den Weg machen zum Ich – volles Risiko, ohne Druck von außen, heißt: ohne etwas konventionell Präsentierbares vorzeigen zu müssen, Sujets wie Realisierung sind allein seinen Instinkten verpflichtet. Er betritt einen verschlungenen, schlingpflanzenverwucherten Pfad, auf dem die Gefahr lebt in ihrer gewaltigen Vielgestaltigkeit.

Diesen Willen zum Selbst kann man unziemlich egomanisch finden, und das tut wohl auch so mancher, der seine AV-Spuren in diesem Œuvre hinterlassen hat. Man kann aber auch sagen: Was soll man denn den anderen geben, mit den Menschen teilen, wenn man's selbst nicht hat – man kann ja nichts wirklich für die anderen sein, ihnen geben, wenn man selber noch nichts ist, noch nicht da ist, bei sich, etwas, man selbst. Schwierig. Darum geht's auch: Es sich nicht leicht zu machen, sondern grad so, wie's angemessen ist – denn allein so werden die Dinge ganz leicht, ihren Maßgaben gerecht.

Pilz findet zu einer Ästhetik des Verfließens von Zeit wie Leben, darin des intensiven Geborgenseins in einem Gefühl des Augenblicks: Mit *Prisjádim na dorozhku* (1993–95), *Gwenyambira Simon Mashoko* (1997–2002) und *That's All There Is* (1988–2006) werden – teils über viele Jahre des Wartens darauf, dass man sich selbst nun reif fühlt für das Material, die Bilder, die Erinnerungen an jene Tage damals – vielstündige Werke, in denen sich einzelne Einstellungen Dutzende von Minuten im Zeit-Raum der Aufnahmeerfahrung ausbreiten, Gestalt, Gegenwart in den Seelen des Betrachtenden wie der Betrachter (das Zeitrafferriff *The Making of „Prisjádim na dorozhku"*, 1995 – das Leben zieht vorbei und Pilz macht mit zwei Videogeräten Kino – rückt selbstironisch-lebensklug so manches unbotmäßig monomanisch-titanisch Wirkende wieder zurecht … Weitere Poesien sind möglich). Etwas verschiebt sich hier in Pilz' Vision vom Kino: Zeit wird nun mehr erfahren als gestaltet, Schnitte, also Anfänge und Enden, werden wichtiger als Montagen, also Berührungspunkte, die Filme fühlen sich eher flächig an als plastisch – die Ausdehnung, -weitung wird zum Prinzip, nachdem sowohl viele Filme von Pilz wie auch die weitere Œuvregestaltung funktionieren.

Dabei filmt Pilz nicht ständig, doch beständig, wobei das meiste davon nie ein Film werden wird, weil's mit dem Aufgehen im Augenblick nichts ward: Wenn Pilz es nicht schafft, während der Aufnahme eins zu werden mit dem Moment selbst und dabei neben sich zu stehen und absichtslos zu schauen, dann kann das Material für ihn nicht jene Wirklichkeitsdurchdringung haben, nach der er sucht. Bislang fand er ein solches Aufnahmeerlebnis erstrebenswert; schön ist das Gefühl des Augenblicks – jetzt wird er zur Basis seiner Kunst. Eine Hommage an diese Methode wird *The Art of Flow* (2003): Pilz filmt quasi in einem Rutsch eine VeniFlowNuad-Massage, er kennt die Bewegungen, er kennt das Gefühl, so kann er sich auf einen Tanz der Sichtbarmachung einer Heilungspraxis einlassen mit der Massierenden und dem Massierten – mit im Raum und Spiel: Georg Baum, „Bardic Chillout", *the music carries you.* Sicher, man könnte manches klarer zeigen, fragt sich nur, ob dann das Ganze noch so sichtbar wäre. *The Art of Flow* ist: ein radikalkinematografisches Lang-*haiku,* so wie Pilz diese japanische Gedichtform versteht.

Filmemachen ist für Pilz nun primär: Akkumulation von – zu kultivierenden – Augenblicken höchster Gegenwärtigkeit, das Leben als subtile Jagd nicht auf Käfer, sondern auf Bilder wie Klänge, in denen das Gegenüber und man selbst sich hoffentlich kristallisiert, wenn man ganz bei sich ist und ganz im Moment sich verliert, auch wenn's vielleicht Jahre des Wartens braucht, bis dieser Prozess zu einem vorläufigen Ende kommt, bis etwas sichtbar wird bzw. man fähig ist, zu sehen, was dort funkelt.

Und dann ist da noch all das Material, das man eigentlich vergessen hat, vielleicht verschollen glaubte, und das sich dann plötzlich wie ein Geschenk offenbart – man findet's, und alles ist mit einem Mal anders. Wenn man das möchte.

Dieser Logik von Zufall und Akzeptanz einerseits, obsessiver Schöpfungslust andererseits folgend, formt Pilz mittlerweile sein Œuvre beständig weiter: Es ist nun nicht mehr ein chronologisches Verzeichnis erbrachter Leistungen, sondern ein frei gestaltetes Selbstbildnis, bei dem Schöpfungsschichtungen sichtbar, Prozesse wie Befindlichkeiten transparent gemacht werden können, oder Werke wie aus der Zeit heraus in die Chronologie emanieren, reifen, was vor allem für die Hommagen/Gaben gilt. Arbeit am Schaffen bedingt nun auch ein Springen in der Zeit.

Bei *Cage* (1991–92 bzw. '91–2008) etwa hat Pilz über die Jahre und durch die Fassungen – *Für Die Vögel* (1991–92), *State of Grace* (1991–93) – immer mehr zurück zum Erstschnitt, dem Material in seiner emotional wie technisch rohesten wie

spontansten wie härtesten Gestalt gefunden – was in etwa so ist, als hätte er zuerst *Siberian Diary – Days at Apanas* (1993–2003) gemacht und dann erst *Prisjádim na dorozhku;* dito bei *Pieces of Dreams* (1988–2000) und *That's All There Is* (1988–2006), dito bei *Für Walter Neumayer I* (1991) und *II* (1991/98): zurück zum Rohmaterial, zum Aushalten von Gegenwart; bei *28 April, 1995 Aus Liebe / For Love* (1995–2008) nimmt er später mit *Für Brigitte Schwaiger* (1995) zwei Vorstufen, eine deutsche und eine für den Film nicht verwendete spanische Version, in den Œuvrekorpus auf, die ihrerseits den früheren Platzhalter, *B.S.* (1995), ersetzten. Dem Jahr 1965 fügt er mit *Unter Freunden* ein Stück Burgenland-Beat hinzu, wohl um anzudeuten, dass es da schon Anlagen für sein späteres Schaffen gab, '69 mit *Für Peter Noever und Achille Castiglioni,* dann, eine erste Hommagen/Gaben-Trouvaille, die seinem Schaffen jener Jahre eine andere Weite verleiht, das Intimistische wie Cinephile darin ein wenig aufbricht. Das Material seiner Prater-Kameraübung aus dem 64er-Jahr (re)montiert Pilz während der Realisierung von *A Prima Vista* zu *P.R.A.T.E.R.* und fügt ihn der Filmografie für das Jahr 2007 hinzu; dass er dem Film den orthografisch identischen Titel gab wie Ernst Schmidt jr. seinem etwa zur gleichen Zeit gefilmten metrischen Meisterwerk, bleibt kurios, ließe sich z. B. aber

Genie als Talent – für Pilz' Schaffen aber, sein Lebensprojekt, -werk, das in seiner Biofilmografie eine adäquate Widerspiegelung, Gestalt finden sollen, sind sie von entscheidender Bedeutung: als Ausdruck eines soziokulturell-politischen Ganzen, der Wahlverwandschaft als Gesellschaftsmodell. Es sind Knotenpunkte, an denen sich zeigt, wie eng und wesenhaft das Kino von Pilz mit anderen Künsten, auch der (Kultur-)Politik verbunden und ohne diese eigentlich gar nicht denkbar ist. Mit diesen wie anderen kleineren Werken formt Pilz sein Œuvre, wie eine Skulptur, oder so, wie man ein Haus baut: Sie sorgen für eine gewisse Offenheit der Gesamtstruktur, schaffen hier Luft und da einen gewissen Fluss, nehmen vor allem den Hauptwerken viel von ihrer Mächtigkeit, die man durchaus als drückend empfinden kann – ein Selbstbildnis braucht auch weiche und fließende Züge, damit man es als nach menschlichem Maß geschaffen wahrnehmen kann. Kunst muss eine Lebbarkeit haben.

als verwinkelte Hommage lesen, hatte Schmidt jr. doch mit *Steine* (1964/65) einen Film gemacht, wie *Symposion* (gedreht 1967), gleiches Sujet, es hätte werden können (und endet nicht *All the Vermeers in Prague* mit Schmidt jr.'s Beisetzung?).

Das Gros an Arbeiten, die Pilz in den letzten Jahren seinem Œuvre hinzufügte, sind Hommagen/Gaben: Nebenwerkstücke weitestgehend, oft spontan entstandene Gelegenheitsaufzeichnungen, einer Begegnung etwa (z. B. *Für Walter Marti und Reni Mertens*) oder einer Aufführung (*Für Radha Anjali*, 1995; *Für Christine Gaigg*, 1995). Für sich genommen sind sie selten bedeutend, so in der Art, wie Kunst für gewöhnlich bedeutend sein soll, haben also mehr

Was in gewisser Weise seiner Vision vom Kino erst einmal zu widersprechen scheint: Pilz will eigentlich weg von der Gestaltung, keine Filme mehr machen, sondern durch sich – also seine Person als eine Art Medium – Augenblicken, Begegnungen, der Wirklichkeit eine kinematografische Gestalt zukommen lassen – je weniger Eingriff, desto besser, *Paticca-samuppada* weist den Weg. Zumindest stellt er das gerne so dar. Dabei betont er auch immer wieder – Vorbild John Cage – die Rolle des Zufalls, den er schöpferisch herausfordert, darauf bauend, dass sein Schaffen klar von seinem Selbst und dessen Rhythmus, Vision geprägt ist: dass man also z. B. an irgendeiner beliebigen Stelle im Material Musik anlegen, durchlaufen lassen, und am Ende des Stücks den Schnitt setzen kann, egal, wo man grad ist im Bild. Im Prinzip arbeitet er auch so – nur akzeptiert er deshalb nicht automatisch, was dabei herauskommt, das wäre letztlich ex negativo totalitär. Um's auf eine handwerkliche Ebene zu bringen: Da klingelt im Schnitt nichts, da arbeiten Bild und Ton miteinander an der Sinnstiftung aller Momente, wie klangteppichartig z. B. die Musik erst mal wirken mag, da steht jedes Bild wie in Stein gemeißelt, wie fragil im Augenblick selbst es einem auch erscheint – bei aller Offenheit, Unbehauenheit im Gestus sind die Filme doch perfekt durchgeformt. Das Nicht-Gestalten, die Formgebung-durch-Sein ist ein Ideal, ergo unerreichbar, als Ausgangspunkt für eine Entwicklung aber sinnstiftend, hilfreich, nützlich, und sei's auch nur, um am Ende sagen zu können: Gestaltung ist menschlich, weil Ausdruck von Unvollkommenheit. Pilz' Interesse an der

Psychoanalyse kommt hier ins Spiel, dito seine Spiritualität: Er arbeitet mit dem Zufall, um Sichtweisen auf sein Material zu entdecken, Assoziationen zu wecken bzw. provozieren, sich selber Fragen zu stellen, vor allem solche, die er vielleicht lieber vermeiden würde. Die Selbsterkenntnis, -entäußerung, die Pilz meint, wenn er Kino sagt, offenbart sich in einem Augenblick wie dem in *A Prima Vista*, wo nach einem Satz von John Cage darüber, dass er erkennt, dass er jemanden immer noch liebt, ein Bild von Beate Pilz kommt, die man da schon länger nicht mehr im Film gesehen hat; sie und Pilz trennten sich Jahre nach diesen Aufnahmen.

Wenn Pilz nach Vorführungen mit dem Publikum spricht, dann fragt er oft, ob und was die Menschen da von sich selbst erfahren, woran sie gedacht haben.

Film ist immer Selbstkonfrontation, sei es während der Projektion, wenn man aus welchen Gründen auch immer an etwas anderes denkt, oder nachher, wenn man für sich klärt, warum man sich so eins mit der Erfahrung gefühlt, was man da gesehen, erkannt hat von seinen Träumen und Ängsten und Sehnsüchten und Hoffnungen und Begierden und Phobien und Dreckigkeiten und Zartheiten, was man erinnert hat aus der eigenen Geschichte.

All the Vermeers in Prague ist die einzige chronikartige Arbeit im Schaffen von Pilz: Anders als bei den Reise- wie Begegnungsfilmen wird hier nicht ein einziges Geschehen, sondern eine Vielzahl unzusammenhängender Momente aus mehreren Jahren weitestgehend chronologisch vor dem Betrachter ausgebreitet; anders als bei den späteren Werken, die auf Familienfilmen basieren, wird hier keine Poesie des Verfließens von Zeit gesucht, sondern eher eine Konfrontation mit einzelnen Augenblicken. Diese Form hat ihm offensichtlich bloß bedingt etwas gegeben: Ein Moment ohne Dauer enthält nicht mehr als das, was darin zu sehen ist, die Bild- und Toninformation. Für die nächsten zehn und mehr Jahre ist es auch Pilz' einziger Versuch in Montage, also Sinnschöpfung durch Bildkontakte, Ideenbeschleunigung.

Im Ursprung war *All the Vermeers in Prague* eine Art Werkstattbericht über den Umgang mit eigenem Privatmaterial, eine bessere Material-Montage allein für einen Abend 1994 beim IFFR, dessen Heimkino-Schwerpunkt; der Film konkretisierte sich im Weiteren daraus, ohne dass sich viel dabei änderte, ein paar Grate wurden vielleicht beigeschliffen. Die ersten Bilder von u. a. Artavazd Peleshyan und Sarkis Howsepi Paradshanyan (Sergey Parajanov) beim IFFR sechs Jahre zuvor sind eine Hommage an diesen Anfang: Damals waren sie ein Gruß an die Ein-

ladenden, mit den Jahren werden sie immer mehr zu Abdrücken einer Sehnsucht nach Nahverhältnissen mit Formen von Filmkunst, die mittlerweile viel von ihrer einstigen Bedeutung verloren haben (wenn Peleshyan anno 2004 in technisch indiskutablem Zustand in einem Museum läuft und Kuratoren glauben, sie könnten sich erlauben, den dicken Entdeckermaxe heraushängen zu lassen, dann ist das vor allen Dingen peinlich und schlimm, weil auch ein Ausdruck von Verlusten an Schönheit und Sinn). Eine nun typische Werdungsgeschichte für ein Werk von Pilz: Ein Stupser, äußerer Anlass, also letzten Endes eine Zufälligkeit bringt ihn dazu, sich mit etwas zu beschäftigen, Innerstes bricht sich abrupt Bahn – *Silence* (2007) entstand z. B. so, letzten Endes auch *A Prima Vista*.

Der Titel von *All the Vermeers in Prague* ist eine Spontan-Hommage an Pilz' alten Freund Jon Jost, apropos dessen *All the Vermeers in New York* (1990), den er für einen etwas heiter-positiveren Film in dessen Werk hält, und damit einen Hoffnungsschimmer worauf? Die erste Hälfte des Films ist eher „öffentlichen" Bildern von Reisen gewidmet – im Zentrum steht ein Besuch in Prag im November '87 –, die etwa gleich lange zweite dann konzentriert sich mehr auf private Momente vor allem zu Haus; Jack Garfein taucht hier zum ersten Mal im Schaffen von Pilz auf, natürlich geht's um Beckett. Auch wenn die Bilder aus einem vergleichsweise engen Zeitraum stammen, 1987–88 plus eine Koda aus dem Jahr 1992: Man hat das Gefühl, allein Fragmente zu sehen, die Dinge verweigern sich einer Geschlossenheit, das Moment der Montage sorgt vor allem für Anspannungen – dieses Durchs-Leben-Eilen hat schon etwas nachgerade Irritierendes im Pilz-Gesamten. Später wird er sagen, es sei ihm nicht gut gegangen damals, als er den Film in einer langen Nacht der Seele rausgehauen hat, als er sich seine Kinder, die sich ihm damals entfremdeten, anschaute und seinen Gedanken nachhing an Tage, als da ein Vertrauen war.

Das Reisen, das Erfahren des „Nächsten, das uns so fremd ist", um das Pilz so liebe Franz-Blei-Wort zu zitieren, wird zum Movens wie Motiv fast aller wesenhafter Werke ab 1990: Pilz besucht Russland, die USA, Zimbabwe, Indien, den Jemen und den Iran, stets um dort zu filmen, meist in Verbindung mit Kunstprojekten, d. h. Versionen oder Teile der Filme gehen oft auf in anderen Arbeiten, meist Kollaborationen installativen Charakters; allein ist Pilz nur selten unterwegs, ein Film allein kommt selten bei so einem Unterfangen raus. Ohne Video wären die Arbeiten alle kaum vorstellbar: Gedreht wurde oft unter Umständen – Kälte und Hitze, Dun-

kelheit und Licht in extremster Intensität –, wo die meisten Filmkameras vor allen Dingen fehleranfällig wären, an Orten, wo man Rohfilm kaum bekommen kann, also mitbringen müsste, was logistisch in den entsprechenden Mengen kaum und finanziell bei solch minimalen Produktionsbedingungen eigentlich gar nicht möglich gewesen wäre. Von der Russland-Reise mit zwei Fotografen, der Niederländerin Bertien van Manen und dem Russen Volodya Shabankov, bringt er *Prisjádim na dorozhku* und *Siberian Diary – Days at Apanas* mit, aus den USA von seinem Besuch bei dem Maler und langjährigen Freund Josef Schützenhöfer *Dallastown, USA* und *Bridge to Monticello* (beide 1996–99) und aus Indien hält *Indian Diary – Days at Sree Sankara* (2000–01). Mit der Zimbabwe-Reise, dem *Tonga*-Projekt ist es etwas komplizierter: Aus der Tonbildmasse von rund 70 Stunden kristallisierten sich bislang *View of the World* (1997/98), *Exit Only* (1997/98; zusammen mit Thomas Schneider), *Hwange* (1997/2002), *Across the River* (1997/2004) und *Für Keith Goddard* (1997/2007) heraus, ohne dass *Tonga* damit für Pilz seinen Abschluss gefunden, das Material sich erschöpft hätte, nebst *Gwenyambira Simon Mashoko* (1997–2002), der mit *Tonga* selbst nur bedingt etwas zu tun hat. Im Jemen und Iran schließlich war er erst 2007.

Prisjádim na dorozhku ist unter all diesen Arbeiten – und neben *Himmel und Erde* überhaupt in seinem Œuvre – das Werk, das wie kein anderes die Idee – und oft genug bloß ein Klischee – des Kinos von Michael Pilz verkörpert: Mit 10½ Stunden Laufzeit ist es sein längstes, dabei auf der technischen Ebene sein selbstbewusst unbehauenstes Werk; ganz gesehen haben den Film auf der Welt wahrscheinlich keine hundert Menschen, reingeschaut sicherlich schon einige mehr, was laut Pilz ja durchaus so sein soll, da *Prisjádim na dorozhku* genauso sehr zum Sich-Versenken wie zum Reinschnüffeln gedacht sei – als Film, mit dem man eine Art Bekanntschaft kultivieren kann und soll (auf der Diagonale 1995 hatte man die glorreiche Idee, *Prisjádim na dorozhku* ins Fernsehen des Festivalhotels einzuspeisen, sodass man immer, wenn man wollte und da war, sich Pilz' Sibirienbildern anstelle etwa eines rustikalen Pornos hingeben konnte). Pilz bezeichnete *Prisjádim na dorozhku* stets als „Erste Montage": Es war immer klar, dass diese Version nicht die letzte sein sollte, dass aus dem Material noch etwas anderes entstehen würde – und *Siberian Diary – Days at Apanas* ist anders, ganz fundamental, da Pilz sich allein auf eine Episode, eben jene Tage in Apanas, konzentrieren, das Material noch einmal anders schneiden und so einen zarten Lebensmut, die

Heiterkeit einer Balance der Dinge finden wird, wo in *Prisjádim na dorozhku* vor allem Ungewissheit herrscht und eine Seelendüsternis, eine bebende Irritation.

Prisjádim na dorozhku ist eine Erstreaktion auf das Material, eine Art Reisebericht, weitestgehend – wenn auch nicht zur Gänze – chronologisch aufbereitet, ein Ausmustern zentraler Erfahrungen, offenbar wesenhafter Augenblicke wie Passagen – ein künstlerischer Erstkontakt.

Dafür wird zuerst einmal das eh schon nicht gerade brillante Hi8-Originalmaterial auf VHS umkopiert, inklusive Kamera-Timecode, der auch im fertigen Werk immer im Bild sein wird, sodass man überwachen, kontemplieren, vielleicht sogar darin aufgehen kann, wie die Zeit vertickert Bildfeld um Bildfeld, jedes wird gezählt (so kann man im Übrigen auch die Brüche in der Chronologie nachvollziehen); Pilz wird mit dem Timecode Akzente setzen in kommenden Filmen, hier ist es: Gegenwart. Gearbeitet wird dann mit zwei Videogeräten, weniger Aufwand geht nicht, das ist die ganz harte Sinnstiftungstour, der Canossa-Gang des Videoschnitts; ein bildexakter Schnitt ist hier Schwerstarbeit, bei der man über die Tage seine Gerätschaften kennenlernt wie Menschen, mit all ihren Macken. Und Fehler kosten, potenziell, eine Bildgeneration. Generation um Genera-

Reise nach Sibirien 1994
Reise in die Westsahara 2003

tion wächst der Bildverlust: Im fertigen Werk sind zum Teil – meist in den paar Passagen mit angelegter Musik – Bilder fünfter Generation drin, da grieselt's dann schon arg. Was *Prisjá-dim na dorozhku* zu einer sehr eigenen Erfahrung in kinematografischem Materialismus macht: Die physische Wirklichkeit der Bilder ist Bestandteil dieser Grenzerfahrung in Kino, man muss sich durch sie hindurch vorfühlen in die Menschen und Situationen vor einem, Assoziations- und Erinnerungsarbeit leisten, ein Nahverhältnis aufbauen zu den Dingen, die zu fern und spröd' und sperrig sind, als dass man sie leicht nehmen könnt'. Da Pilz auch nichts untertitelt und vieles, was gesprochen wird, in Russisch ist – zudem ein bisschen Niederländisch und Englisch, klar, da stößt auch schon so mancher an Grenzen –, werden die meisten Zuschauer umso heftiger noch einmal auf ihre Situation als Draufschauende geworfen; ab und an ist auch zu sehen, wie schwierig das mit der Sprache ist, etwa wenn ein deutschstämmiger Russe sich mühsam durch seine Sätze arbeitet und doch wieder und wieder auf russische Wörter zurückgreifen muss, oder wenn dann halt mal etwas übersetzt wird, was ja auch Zeit braucht und mühsam ist; die Sinnverluste, die das mit sich bringt, sind klar kalkuliert, wichtiger ist's, sich auf das schwere Timbre des Rus-

sischen einzulassen, als zu verstehen, wie van Manen und eine Bäuerin den Realitätswert von Fotografie diskutieren. Die knarzige technische Beschaffenheit des Werks passt aber auch gut zu den Materialien der Welt, die man die meiste Zeit über sieht: zu der Armut, die einen da oft anspringt, die zersprungenen Borken, das spitzschrille Schnarren des Schnees, die etwas zu grellen Rötungen in einigen Momenten drinnen, das Suppige einer Schwärze, in der Zersetzung zu Tode droht.

Indian Diary – Days at Sree Sankara, später, wird zum Antonymwerk von *Prisjádim na dorozhku:* ein Film von rarer Eleganz über das Heilen, das Ende von Schmerzen, in Bildern aus Licht und Schatten, ganz klar die Grenzverläufe zwischen den Welten, jeder Raum eine haptisch-plastische Gegenwart. Zu sehen ist auch die Inbrunst, mit der Pilz Robert Gardners großen Gesang über die Scheiterhaufen von Benares, *Forest of Bliss* (1986), liebt, und wie anders als Filmemacher er doch ist, auch wenn er sagt, dass er sich beim Sehen des Films manchmal denkt, er selbst hätt's gedreht.

In der Länge von *Prisjádim na dorozhku* verliert sich jenes Drehmoment, das *Siberian Diary – Days at Apanas* wiederfindet, partiell: Filmemachen als Begegnung, Austausch mit einem anderen Künstler, damit Selbst-Porträt.

Die erste Begegnung dieser Art realisierte Pilz noch auf 16mm, im Umbruch videowärts, mit den Prantl-Porträts *Der Lauf des Wassers* und *80 cm 5 t*; nach deren Vorbild funktionieren in der Folge auch *Cage* (eine Arbeit voller Reibungen mit Prantls Sohn Sebastian, einem Choreografen), *That's All There Is* (Jack Garfein erarbeitet über Wochen einen Fuzel von einem Stück, Samuel Becketts *Ohio Impromptu,* bei dem jedes Wort, jede Geste entdeckt und entdeckt wird, so aufgeladen ist die abendländische Kultur mit ihren Errungenschaften und Schrecken – *Pieces of Dreams* vorher war der Kristall des Projekts) sowie *Gwenyambira Simon Mashoko.* Der, in gewisser Hinsicht die Extremvariante der grad genannten Werke, eint Pilz und den Shona-Meister der Mbira, Sänger und Instrumentenbauer wenig jenseits des Bestrebens, sich durch Kunst zu artikulieren. Wie in *Prisjádim na dorozhku* wird auch hier nichts übersetzt, man weiß nicht, wovon Mashoko singt, wenn er sich nicht selbst grad in verkantetem Englisch übersetzt bzw. kommentiert, man weiß auch ansonsten nur selten, was da grad vor sich geht, warum die Menschen plötzlich singen und tanzen, warum gerade die Nacht fällt über das Land. Anders als *Cage* und *That's All There Is* hat *Gwenyambira Simon Mashoko* nicht teil an einem Projekt, sondern einem Alltag: Mashoko in seiner Mbira-Werkstatt, beim Singen mit Frauen, vielleicht Verwandte, vielleicht Schülerinnen, vielleicht beides, Mashoko allein versunken in sich und seinen Erinnerungen, die Mbira in der Hand, die Lamellen zupfend, den Tönen lauschend, ihre Wege erahnend, sich irrend verirrend, vielleicht auch also mit dem Spiel stoppend und wieder die Lamellen zupfend, so lange, bis plötzlich sich eine folgenswerte Harmonie offenbart, eine Erinnerung kommt, ein Gleichnis wird, eine Situation sich kristallisiert vor seinen Augen, von gestern oder tausend Jahren, und die Finger den Gefühlen, Erinnerungen, Ahnungen folgend, die Lamellen zupfen, das Spiel immer klarer werden lassend, bis hin zu einem Lied, das auch bald verklingt, eine Landschaft, Frauen auf dem Weg in die Kirche. Jedes Bild ein Kataklysmus. Jedes Bild hat etwas Plötzliches, Offenbarendes. Konkretere Lebenszusammenhänge sind bestenfalls erahnbar, die Augenblicke der Arbeit wie Feiern haben die gleiche abrupte Intensität, Leben wird nicht als Produktionszyklus, sondern als Bewegung von Augenblick zu Augenblick erfahrbar. Schöpfung ist: Gegenwart hierselbst. In einer Lebenseinheit schaut Pilz Mashoko beim Komponieren zu, fast eine dreiviertel Stunde, ohne nennenswerte Schnitte blickt er ihm meist gerade ins Gesicht, zoomt mal näher heran, dann wieder zurück, auf die Hände und wieder ins Gesicht, schaut frei von Erwartungen Werden zu. Das nächste Bild nach so einem Exzess an geschenkter Gegenwart kann und muss allein eine Fermate sein, ein Blick, in dem man sich leerlaufen lassen kann.

Was der Film nicht erzählt, was man aber glaubt, im Film zu sehen, wenn man's weiß: Die Mbira wird für gewöhnlich bei religiösen Ritualen gespielt, die Gesänge bezieht der Spieler aus seinen Träumen – Mashoko hingegen singt über den Alltag, moralische Fabeln, hat sich aber sein Leben lang durch seine Träume den Weg durch die Wirklichkeit weisen lassen.

Wie lose Fäden im Gewebe wirken zwei Sequenzen, die nicht von Pilz stammen, und die, grad weil sie ästhetisch so anders sind, den Film perfekt ausbalancieren: ein kurz-grobes Stück Videoerinnerung von Franz Fellner, der 1996 mit der Tschuschenkapelle Mashoko für ein Projekt besuchte, sowie ein längerer Ausschnitt aus *Mbira, Njari, Karanga Songs in Christian Ceremonies*, einer Dokumentation des südafrikanischen Musikethnologen Andrew Tracy aus dem Jahre 1976. Fellner wie Tracy zeigen Mashoko bei sozialen Anlässen. Das verleiht dem Ganzen noch ein Stück Weite mehr, den nächsten Horizont.

„Bridge to Monticello" ist der Titel eines Gemäldes: Die Brücke gibt es noch, sie ist baufällig, ihre Benutzung birgt Gefahren. Monticello war der Landsitz von Thomas Jefferson, einem der Väter der US-amerikanischen Demokratie und Sklavenhalter.

Michael Pilz zeigt kaum etwas von der Arbeit Josef Schützenhöfers in *Bridge to Monticello* – einiges an Arbeiten, aber nicht die Arbeit selbst, bloß eine Ahnung davon, wenn sich Schützenhöfer durch seine Skizzen wühlt. Die beiden quatschen viel miteinander, Schützenhöfer erzählt von seinen Erfahrungen mit den USA, jenem Gefühl von fehlender Tiefe da, dem republikanischen Miasma, und dem Arschloch von Nachbar, das seinen Müll in löchrigen Beuteln abends so über seinen Grund trägt, dass dabei immer immer immer irgendwelcher Dreck auf dem Rasen bleibt (zeigt er Pilz auch). Der kleine Louie guckt neugierig in die Kamera von allen sich bietenden zwei Seiten. Eine Pfütze bereitet ihm ebenfalls großes Vergnügen. Eines der Gemälde Schützenhöfers ist ein unschmeichelhaftes, weil politisch gerechtes Porträt des Gewerkschaftsfeindes Lee Iacocca, der aber auch nur eine von vielen hiesigen Fratzen der Ausbeutung ist – weil diese Gestalten ständig kommen und gehen, und weil's für jeden Sündenbock einen neuen Hammel gibt, wird ja auch sein vom Gettysburg-Cyclorama inspiriertes Großwerk „American Industrial

Landscape" nicht fertig, ständig muss man da was um- oder ganz neu malen, die Skandal- wie Politikerbeschleunigung ist doch mittlerweile völliger Irrsinn. An ihrem letzten gemeinsamen Tag besichtigen die beiden das Gettysburg-Cyclorama: Da kann man nicht nur schauen, da gibt's auch was zu hören. Im Museum zeigt Schützenhöfer Pilz eine Stereofotografie, der aber eine kleine Stütze zur Vervollkommnung ihrer Illusion fehlt.

Video und realistische Malerei, Cyclorama und Stereofotografie: Versuch um Versuch, die Gestalt der Wirklichkeit wiederzugeben, alle mit ihrer eigenen Poesie, alle mit ihren Kompromissen, alle mit ihrer Wahrheit, alle allein Pfützen.

Michael Pilz ist jetzt 65 Jahre alt, mehr als ein halbes Jahrhundert seines Lebens hat filmische Spuren hinterlassen: Mittlerweile kann er vieles über sich aus seinen Bildern erfahren, die wissen, vergegenwärtigen vieles, was ihm jetzt vielleicht nicht mehr wichtig erscheint, bezeugen, wer er alles einmal war – man selbst hat ja ein tendenziell monolithisches Bild von sich, Wandlungen im eigenen Denken wie Fühlen wirken irgendwann selbstverständlich, folgerichtig, logisch, und alles, was man einmal hätte sein oder werden können, verschwindet irgendwann in der Zeit, allein Ahnungen bleiben.

Windows, Dogs and Horses und *A Prima Vista* sind vielleicht die radikalsten Versuche in Selbst-Konfrontation, die Michael Pilz bislang unternommen hat: Beide sind Blicke auf das eigene Material, so als sei's Found Footage, was es in gewisser Hinsicht auch manchmal ist, gerade bei Letzterem kam viel Material zum Vorschein, das in irgendwelchen Dosen herumlag. Beide sind so: Tagebücher von Reisen in die eigenen Geschichten, Begegnungen mit diesem und jenem und letzten Endes nur mit einem selbst.

Man schaut heraus auf die Welt, man sehnt sich nach ihr, man geht hinaus in das Leben, das man sich träumte: All das steckt in den ersten Bildern von *Windows, Dogs and Horses*. Pilz umkreist lange einen schmalen Vorhangschlitz, durch den Licht in einen Raum hineinstrahlt, indische Musik liegt über diesem Umschmeicheln des Lichts, des Lochs, jenes Bruchs in der Ordnung, durch den hindurch es die Dinge verändert; und dann ist man plötzlich in Indien und rast die Straße entlang, man ist woanders, und dann ist woanders wieder wo in Österreich – doch diese Fremde ist nun ein Geisteszustand geworden, eine Haltung, ganz grundsätzlich, zum Leben wie zur Kunst. Weshalb Pilz nun zurückgeht (man erkennt ihn manchmal kaum) in der Zeit, in die Vergangenheit, das Indien im Kopf, und nun Fragmente – das, was bleibt –

aus Familienfilmen aneinanderreiht: Aufnahmen seiner Kinder vor allem, und wie diese mit dem Vater und dessen Kunst/Beruf umgehen, vielleicht, wie das Filmen auch ein Weg ins Leben ist.

Schön ist dabei die Lust an der materiellen Vielgestaltigkeit dieser konkretisierten Augenblicke. Wenn man genau darauf achtet, sieht man, dass Pilz über die Dekaden mit verschiedenen Techniken gearbeitet hat, die sich in einzelnen Bildern manchmal sogar übereinanderschichten – wenn Andreas Ortag einem Buben seinen Super-8-Film *innen/außen* (1978) zeigt und das filmt, dann ist da der Schmalfilm in dem älteren Videoformat bearbeitet/umkopiert in dem neuen. Und so ist es vielleicht auch mit dem Leben: Da sedimentieren sich Sensibilitäten durch das Sich-wieder-und-wieder-Erinnern, durch das Arbeiten mit den Erinnerungen, die sich ja verändern beim Benutzen. Darin offenbart sich auch, wie Pilz' Blick sich über die Jahre fand, wie er zu einer immer intensiveren Leere in seinen Bildern kam – Leere nicht als Mangel, sondern als Erfahrung von allem Notwendigen. Und das ist dann alles und manchmal die ganze Welt, so wie auch das Leben ja nur ein Blitz ist, ein scheinbarer Riss im Firmament.

Während er bei *Windows, Dogs and Horses* wenig Konkretes über das Quellenmaterial sagt

(Andreas Ortags Beitrag wird vermerkt), schlüsselt Pilz bei *A Prima Vista* exakt auf, mit welchen Bildern aus seiner Sammlung von Momenten und Experimenten er gearbeitet hat – zum Teil scheint er ihnen sogar Titel gegeben zu haben. Sieben „Quellen", alles Film, aus einem Zeitraum von 41 Jahren (1964–2005) werden hier verarbeitet; in einem Fall, dem Prater-Material aus dem Jahr 1964, ist nicht ganz klar, was exakt nun hier vorlag, bloß Schnittreste oder ein fertiger Film, was auch immer das bei einer Kameraübung heißen mag – verwendet wurde hier *P.R.A.T.E.R.*, der Film, den Pilz aus dem Material schnitt; in einem anderen Fall, *[Shintofest]* (ca. 2005), erinnert Pilz weder, was man da nun genau sieht, also welches Ereignis, welche Feier er aufgezeichnet hat, noch wann das überhaupt war; in beiden Fällen kann Pilz jetzt allein präzise Angaben zur Materialität der Bilder machen (16mm, Umkehr, s/w, ohne Ton, und Super-8, Positiv, Farbe, ohne Ton, respektive); die Fakten ließen sich sicherlich rasch klären, doch darum geht es hier grad nicht – die Bilder reichen, sagen sie doch, was zu sagen ist, jetzt; *P.R.A.T.E.R.* und *[Shintofest]* sind dabei interessanter-, vielleicht sogar bezeichnenderweise die zeitlichen Klammern, also die älteste und die jüngste Quelle von *A Prima Vista* – das Opake jedes Ichs, seiner Konstruktion kennt keine Zeit,

Erinnerungsbilder übereinander montiert
Michael Pilz, 2005

Fernes vergisst sich so leicht wie Nahes, was sich nicht festtritt, wird verweht.

Außer bei *P.R.A.T.E.R.* hat Pilz die Quellen weitestgehend uneditiert belassen, sagt er – Film ist immer auch eine Frage des Glaubens, ganz gleich wie logisch und luzide die Dinge sich darstellen –, denn der Augenblick ist der Augenblick und hat seine eigene innere Logik, und die wird hier und jetzt Teil von etwas; ohne Ausnahme keine Regel; gibt es nur Regeln, dann ist nichts.

Die Quellen sind alle tonlos (stumm wäre inakkurat), wobei von *Un ricordo d'infanzia* und *Periodo di vacanza* (beide 1987–2008) autonome Versionen mit Musik existieren; so fügte Pilz der Bild- noch eine Klangebene hinzu, Musik meist – u. a. von Sakamoto Ryûichi & Alva Noto, Jônouchi Missa, Carlos Alessio … – ein gewisses 8oer-Jahre-Feeling mit konkret meditationsförderlichem Zug lässt sich nicht verleugnen und soll auch nicht geleugnet werden –, aber auch ein paar Worte, sprechende Stimmen, dazwischen Stille. So fließen die Dinge.

Wobei Pilz beständig das Gemachte, Materielle des Films betont, erst auf der Tonspur, dann auch in den Bildern. Am Anfang ist der Musikeinsatz ziemlich brachial, die Musik ist da und dann plötzlich nicht mehr; im Verlauf des Films wird sie leiser heruntergezogen, auch im Einklang mit ihrem eigenen Verlauf, ihren Me-

lodien, dann wird sie zur Mitte hin auch gemischt, die Klangebenen dürfen sich überlagern, ineinanderfließen, nie extrem, aber doch so, dass man spürt, da entwickelt sich etwas, ein In-, Miteinander. Dito im Bild: Von der radikalen Primitivität des einen realitätsrepräsentierenden Bildes, dem ein weiteres folgt, so einen Verlauf wie eine geradlinige Geschlossenheit der Dinge insinuiert, eine kinematografische Urszene quasi, realisiert hier mit Bestandteilen aus *Un ricordo d'infanzia,* über den Bruch im Material wie der Zeit wie des Blicks – auf Farbe folgt Schwarzweiß, und auf den Blick auf einen anderen Menschen der Blick auf sich selbst – gearbeitet wird hier mit der Juvenalie *Geb. 12.2.43,* einem frühen Selbstporträt aus dem Jahre 1969 –, wo klar wird, dass hier allein die Bilder wie Klänge einander folgen und die Wirklichkeit Pilz' wie aller aber doch etwas ganz anderes ist, bis hin zu urexpressiven Gesten wie etwa der Arbeit mit Negativbildern, wohl aus dem *Bernhardsthal*-Material von 1986, endend schließlich in einer kleinen Kameraübung mit der Auf- und Abblendautomatik der Bolex, aus dem *Symposium Riedlhaus*-Material, 1995, in der Pilz die Kamera eine Porträtfolge aller Teilnehmer schöpfen lässt, ein Gesicht geht über in das andere. So ist der Weg zum Selbst stets der Weg zum anderen, und jede zunehmende Komplexität ein Schritt.

A Prima Vista ist weitestgehend intim, so auch schmerzhaft anzusehen, selbst wenn man die Menschen in den Bildern, ihre Geschichten nicht kennt – die Aufnahmen, Sujets sind so ursächlich in dem, was sie zeigen / festhalten – das neugierige Staksen und Starren von Kindern, die skeptisch-wissende Verschlossenheit Erwachsener vor der Kamera – das Meer und die Berge, Blumen und Sand und Wind – Splitter,

Staub –, dass ein jeder sich selbst sehen kann in Pilz und seinem Leben, ohne dass das jemals unbotmäßig universalistisch anmuten würde, denn dafür ist das, was man sieht, zu konkret, gegenwärtig, einzig und eigen. Umso gewaltiger ist jenes Segment, in dem Pilz die Masse kontempliert, die Menschen im Prater zu einer Zeit, als noch Damen und Herren im Sonntagsstaat gesittet-kräftig wuzzelten, als Erwachsene noch heiter auf Karussellen saßen, als ein Schild die „schönste Geisterbahn" annoncierte und man frohlockte ob der Schauer dort, von denen man wusste, dass sie harmlos sind, quasi kindisch – dazwischen ein Betrunkener, scheint's, schwankend, einem Besessenen gleich, mit langsamen, verkrampft kommend schrägen Bewegungen, wie ein Fulci-Zombie, vor dem die Menschen fliehen, buchstäblich. Und Pilz: Ein Schatten, der über Rücken eilt, ein Bruch mit der Illusion, gleich all den sorgsam beim Transfer bewahrten Einschlüssen im Material – Verfärbungen, Staub, Kratzer.

Bald strahlt eine Rose in angesteilt-barockem Umkehrrot, gefolgt recht rasch von einem Bild, endsurreal, in dem ein Pilz-Sohn mit rot verschmiertem Mund in die Kamera, zum Papa hin lacht. So leuchtet die Gefahr, die das Leben ist.

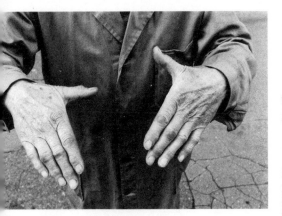

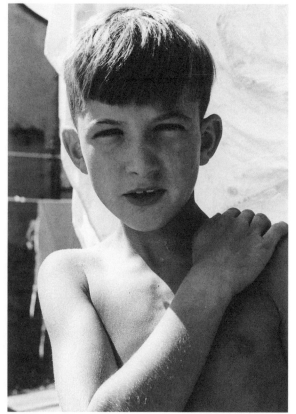

Constantin Wulff

Arbeit, Utopie, Identität

Zum dokumentarischen Schlüsselwerk Himmel und Erde *von Michael Pilz*

Dann, als ich kopfüber den Pfad hinunterstolperte, war da plötzlich eine Form …
    Peter Handke, *Langsame Heimkehr* (1979)

Von Beginn an gilt *Himmel und Erde* als Ausnahmeerscheinung. Bereits nach der Uraufführung des Films am 23. September 1982 im Rahmen der Österreichischen Filmtage in Kapfenberg ist vom „großen Bergbauern-Poem"[1] die Rede und davon, dass es bisher in Österreich „keinen einzigen vergleichbaren Film"[2] gegeben habe.

Die avancierte Filmkritik in Österreich, die sich zu Beginn der 8oer Jahre mit dem nahezu fünfstündigen Epos auseinandersetzt, sieht das außergewöhnliche Werk von Michael Pilz als wegweisende Arbeit für den „neuen österreichischen Film".[3] *Himmel und Erde*, der das Leben in einem steirischen Bergbauerndorf minutiös dokumentiert, sei exemplarisch dafür, wie

1) Horst Dieter Sihler, *epd Kirche + Film* (Frankfurt a. M.), November 1982.
2) Franz Manola, *Die Presse* (Wien), November 1982.
3) Horst Dieter Sihler, *epd Kirche + Film* (Frankfurt a. M.), November 1982.
4) Ebd.
5) Samo Kobenter, *Uni-Aktuell* (Wien), April 1982.
6) Yvan Stern, *La Liberté* (Fribourg), Oktober 1982.
7) Christoph Egger, *Neue Zürcher Zeitung* (Zürich), Oktober 1982.
8) Roger Graf, *Zoom* (Bern), Oktober 1983.

„Schritt für Schritt die aktuellen Realitäten des Landes erobert" würden und zeichne sich durch „die Tugenden des unspekulativen Dokumentierens" aus.[4]

Diese Tugenden werden vor allem festgemacht an der ungewöhnlichen Länge des zweiteiligen Films (Teil 1 dauert 141, Teil 2 154 Minuten), an der umsichtigen, beharrlichen Produktionsweise (Pilz hat mehrere Jahre an dem Film gearbeitet und fast ein Jahr lang bei den Bergbauern in der Steiermark gelebt) sowie an seiner außergewöhnlichen Ästhetik und Erzählform, die als „Assoziationskino im Sinn des Wortes"[5] wahrgenommen wird.

International stößt *Himmel und Erde* auf eine ähnliche Resonanz: Nur wenige Wochen nach seiner Uraufführung in Österreich wird er beim Dokumentarfilmfestival von Nyon gezeigt und dort als „Entdeckung des Festivals"[6] gefeiert. Man schätzt den Film, weil er „sich radikal von jenem Verständnis von Dokumentarfilm abhebt, das bloß an Fakten interessierte Reportage meint"[7] und „jenseits der Klischees des sozialkritischen Dokumentarismus eine Poesie des Alltags entwirft".[8] Die wichtigsten internationalen Filmfestivals wählen *Himmel und Erde* (erstmalig für einen österreichischen Dokumentarfilm) aus; er erhält einige Preise und wird vor allem im deutschsprachigen Raum als eine der zentralen dokumentarischen Arbeiten der Zeit angesehen und „zu jenen Werken gerechnet, die einen wieder neu sehen und hören lehren".[9]

Der Stellenwert des Besonderen, den *Himmel und Erde* bis heute genießt, verfestigt sich durch die Rezeption der ersten Folgejahre weiter, sei es in Form einzelner Rezensionen oder verstreuter Beiträge in Publikationen zum Dokumentarfilm in Österreich. Als „bester österreichischer Dokumentarfilm der Nachkriegszeit"[10] wird *Himmel und Erde* schließlich Mitte der 8oer bezeichnet, und noch etliche Jahre später gilt die Arbeit hierzulande als „Einzelerscheinung" bzw. „exemplarisches Werk".[11]

Die Wahrnehmung von *Himmel und Erde* als singuläres Ereignis hat verschiedene Gründe. Zum einen entsteht der Film zu einer Zeit, die für die Produktion von Dokumentarfilmen nicht hätte schwieriger sein können. Im Unterschied zu anderen europäischen Kinematografien, wo eine radikale Modernisierung des Filmschaffens stattfindet, dominiert im Österreich der 6oer und 7oer Jahre insbesondere in der Produktion des Dokumentarischen noch weitgehend die Praxis der Nachkriegszeit. Abgesehen von einigen Ausnahmen besteht der „Dokumentarfilm" dieser Dekaden aus biederen Kultur- und Werbefilmen, und Mitte der 8oer Jahre

zieht ein Handbuch das ernüchternde Fazit: „Auf eine Tradition oder gar eigene Schule des Dokumentarfilms können österreichische Filmschaffende nicht zurückblicken."[12] Und im Vorwort desselben: „Die Situation aber, in der Dokumentarfilme in Österreich geschaffen werden, ist nicht nur erbärmlich, sondern auch weitgehend unbekannt."[13]

Zum anderen markiert aber gerade die Entstehungszeit von *Himmel und Erde,* Ende der 7oer/Anfang der 8oer Jahre, den allmählichen Beginn einer eigenständigen Filmkultur in Österreich: Die Schaffung alternativer Produktions- und Verleihstrukturen und die Gründung

9) Ulrich Gregor, *Katalog Internationales Forum des jungen Films*, Blatt 16, Berlin 1983. Seit 1984 wird auch eine 16mm-Kopie von *Himmel und Erde* von den Freunden der deutschen Kinemathek in Berlin verliehen.

10) Franz Manola, *Die Presse* (Wien), Oktober 1985.

11) Vgl. Constantin Wulff, „Der österreichische Dokumentarfilm in den 8oer Jahren", in: Francesco Bono (Hg.), *Austria (in)felix – zum österreichischen Film der 8oer Jahre,* Graz/Rom 1992; Alexander Horwath, „The Searchers", in: Gustav Ernst, Gerhard Schedl (Hg.), *Nahaufnahmen – Zur Situation des österreichischen Kinofilms,* Wien/Zürich 1992; Christa Blümlinger, „Form der Kritik und Kritik der Formen", in: Gottfried Schlemmer (Hg.), *Der Neue Österreichische Film,* Wien 1996.

12) Christa Blümlinger, „Wo bleibt der österreichische Dokumentarfilm?", in: Josef Aichholzer, Christa Blümlinger, Manfred Neuwirth, Michael Stejskal (Hg.), *Dokumentarfilmschaffen in Österreich,* Wien 1986, S. 9.

13) Ebd., S. 7.

neuer filmpolitischer Institutionen korrespon-
dieren mit den ersten Schritten der staatlichen
Filmförderung, die versucht, auf den Kollaps
des heimischen kommerziellen Kinos zu reagieren. Im Oktober 1973 wird mit der sogenannten „kleinen Filmförderung" im Unter-
richtsministerium ein Instrument zur Förderung
des künstlerischen Films geschaffen, wovon
Himmel und Erde als eine der ersten dokumentarischen Arbeiten profitiert. Diese staatliche
Filmförderung ist zunächst als Provisorium konzipiert und wird kurze Zeit später von einer ge-
setzlich verankerten Kinofilmförderung abgelöst. Rückblickend erscheint diese Phase, vor
allem die zweite Hälfte der 70er Jahre, als erstaunlich risikofreudige Übergangszeit, denn
neben *Himmel und Erde* werden auch andere formal außergewöhnliche Arbeiten ermöglicht.[14]
Mit dem Beginn der institutionalisierten Kinofilmförderung, 1980/81, die im europäischen

Vergleich spät umgesetzt wird, endet allerdings
diese kurze „Zwischenzeit des Allseitigmögli-
chen im österreichischen Kino".[15]

Himmel und Erde hat aus diesem Grund eine
Art Vorreiterrolle inne: In einer Zeit, in der es in
Österreich kaum dokumentarisches Arbeiten
abseits des Fernsehens gibt, setzt der Film seinen
ästhetischen Eigensinn kompromisslos um. Der
epische Entwurf über das Bergbauernleben ist
die ersehnte erste, gewichtige Antwort auf die
leidenschaftlich bekämpften Normen des Kul-
turfilms und der herkömmlichen Fernsehdoku-
mentation sowie auf die Ideologie des traditionellen Heimatkinos. *Himmel und Erde* setzt
exemplarisch in die Praxis um, was die Diskussion um einen zeitgemäßen Dokumentarfilm
einfordert: Er greift ein „relevantes gesell-
schaftliches Problem" auf, unterwirft seine Her-
stellungsform zur Gänze den filmimmanenten
Anforderungen, experimentiert mit dem kinematografischen Vokabular und nähert sich den
Porträtierten in möglichst unmittelbarer, „res-
pektvoller" Weise an. Viele Jahre bleibt *Himmel
und Erde* deshalb in Österreich der Inbegriff des
unabhängigen Dokumentarfilms und wird noch
lange Zeit in den filmpolitischen Debatten, je
nach Perspektive, als „Modellfall" diskutiert.[16]

Als eigentliches Referenzwerk erscheint *Himmel und Erde* aber auch aufgrund seiner thema-

14) So etwa *Unsichtbare Gegner* (1976) von VALIE EXPORT
und *Wienfilm 1896–1976* (1977) von Ernst Schmidt jr.

15) Vgl. Olaf Möller, *Programmheft Filmhimmel Österreich*
088/089, Wien 2008.

16) Erst im Verlauf der 90er Jahre, mit dem internationalen
Erfolg des österreichischen Dokumentarfilms und einer
sich allmählich verändernden filmpolitischen Praxis,
wird die Position von *Himmel und Erde* von anderen
Filmen und Autoren eingenommen, vor allem von den
ihrerseits wieder sehr unterschiedlichen Arbeiten eines
Ulrich Seidl und Nikolaus Geyrhalter.

tischen und formalen Entscheidungen. Im internationalen Kontext seiner Zeit spiegelt die filmische Tour de Force von Michael Pilz sehr anschaulich die damaligen Tendenzen des dokumentarischen (und experimentellen) Kinos und die dazugehörigen politischen und ästhetischen Debatten. Offenkundig ist hierfür zuallererst die Dauer des Films mit seinen nahezu fünf Stunden. Die filmische Langzeitbeobachtung im Dokumentarfilm kommt in den 70er Jahren häufiger zur Anwendung, als Ausdruck einer Haltung, die die Darstellung der Porträtierten in der üblichen Fernsehberichterstattung kritisch hinterfragt. Das Konzept der „teilnehmenden Beobachtung", ähnlich den Verfahrensweisen der wissenschaftlichen Ethnologie, wird zum Ausdruck eines Vorgehens, dessen Ziel es ist, die Menschen vor der Kamera intensiver kennenzulernen und in angemessener Form abzubilden. Zumeist entstehen diese Filme über mehrere Jahre hinweg und werden in Form von Zyklen oder Mehrteilern veröffentlicht, denn die Ergebnisse der längeren Auseinandersetzung ziehen zwangsläufig die Notwendigkeit einer ausführlicheren Präsentationsform nach sich.[17]

In Beziehung zur Methode der Langzeitbeobachtung (und der Idee eines möglichst gleichberechtigten Dialogs vor und hinter der Kamera) steht ein weiteres Motiv, das *Himmel und Erde* mit dem dokumentarischen Kino der 70er Jahre teilt: die Entdeckung des Regionalen. Zahlreiche Arbeiten des aufkommenden regionalen Interesses verfolgen das Ziel, aussterbende Traditionen in Erinnerung zu halten oder im Verschwinden begriffene Berufe zu dokumentieren. Besonders intensiv ist die Erkundung in Bereichen, in denen ethnische oder sprachliche Minderheiten bzw. soziale Randgruppen leben, und die filmische Arbeit wird oftmals als gemeinsamer Prozess zwischen Filmenden und Gefilmten verstanden. Diese Form der regiona-

17) Vgl. Wilhelm Roth, *Der Dokumentarfilm seit 1960*, München 1982. Roth nennt als Beispiele für diese Form der filmischen Langzeitbeobachtung der 70er Jahre unter anderem *Emden geht nach USA* (1975/76) von Klaus Wildenhahn, *Harlan County, USA* (1976) von Barbara Kopple und die mehrteiligen Zyklen *Wittstock* (beginnend 1975) von Volker Koepp bzw. *Vermont People* (1971–1981) von Herbert Di Gioia und David Hancock.

18) Vgl. Constantin Wulff, „Terra Incognita", in: Sylvia Szely (Hg.), *Spiele und Wirklichkeiten – Rund um 50 Jahre Fernsehspiel und Fernsehfilm in Österreich*, Wien 2005.

19) Michael Pilz, „Zu *Himmel und Erde* – Betrifft: Umfrage Dokumentarfilm", Wien 1986.

len Filmarbeit ist implizit eine kritische Auseinandersetzung mit den gewohnten Bildern des Ländlichen, sowohl mit dem reaktionären Genre des Heimatfilms der Nachkriegszeit als auch mit den politischen Allegorien des „Anti-Heimatfilms" der 6oer Jahre. Jenseits von Folklore oder verklärender Nostalgie werden vor allem die manifesten Konsequenzen des rasanten Strukturwandels jener Zeit verhandelt.

Ein Blick auf die Entstehungsgeschichte von *Himmel und Erde* zeigt, wie sehr der Film von diesen Motiven – dem Langzeitprojekt, der Konfrontation mit dem Regionalen und der Frage nach angemessener Repräsentation – geprägt ist.

Insgesamt erstreckt sich die gesamte Produktionszeit von *Himmel und Erde* auf etwa viereinhalb Jahre: vom ersten Konzept im Februar 1978 bis zur Uraufführung des Films im September 1982. Die Jahre davor, von 1971 bis 1978, hat Pilz als freier Mitarbeiter für das öffentlich-rechtliche Fernsehen in Österreich gearbeitet, aber seine Erfahrungen mit dem ORF sind durchwegs unbefriedigend, und im Rückblick hat er immer wieder betont, dass *Himmel und Erde* eine direkte Reaktion auf seine Zeit beim Fernsehen war. Insbesondere die Arbeit an dem

45-minütigen Porträt *Franz Grimus* (1977) – im Übrigen eine herausragende dokumentarische Fernseharbeit der 7oer Jahre[18] – erlebt Pilz als „blanken Zynismus" (vier Tage Dreh, vier Tage Schnitt). Für den 34-jährigen Pilz wird die Begegnung mit dem befreundeten Waldviertler Bauern Franz Grimus zu einer Art Schlüsselerlebnis („Damals entstand zum ersten Mal mein konkreter Wunsch nach einer Filmarbeit, die nicht von ‚oben bestimmt' sei, sondern die ‚von unten entstehen' sollte.") und führt ihn zur Planung seines bislang ehrgeizigsten Projekts, „einem Film nach der Art ‚Ein Jahr in einem Dorf'".[19]

Umfassend bereitet sich Pilz auf sein Projekt vor. Er setzt sich ausführlich mit der Situation der Bergbauern auseinander (und ist in Kontakt mit der engagierten Bergbauernvereinigung in Österreich); er liest die Klassiker der politischen und sozialen Geschichte über den Bauernstand im deutschsprachigen Raum; er konfrontiert sich selbst mit den unterschiedlichsten Herangehensweisen von Ethnologie und Anthropologie (und eignet sich einige Klassiker des Genres an); und er beschäftigt sich intensiv mit den wichtigsten dokumentarisch-ethnografischen Filmarbeiten seiner Zeit (u. a. führt ihn eine Reise nach Zürich, wo er den einflussreichen Schweizer Dokumentarfilm der 70er Jahre studiert).[20]

Als er im Mai 1979 eine erste Teilförderung für den Film bekommt, begibt sich Pilz auf eine ausgedehnte Motivsuche, die ihn ein halbes Jahr lang durch die alpinen Regionen Österreichs führt. Im November 1979 findet er schließlich seinen Drehort: die kleine Ortschaft Obdach in der Obersteiermark (durch einen „glücklichen Zufall", wie Pilz sagt, denn er sitzt dort wegen anhaltenden Schneefalls für vier Tage fest). Nachdem er einige Monate in Obdach verbringt, um mit Gegend und Leuten vertraut zu werden, beginnen im Februar 1980 die Dreharbeiten, die bis Juli 1980 dauern. Während dieser Zeit schreibt Pilz fortwährend weitere Konzepte für den geplanten Film und modifiziert das ursprüngliche Vorhaben. Den Inhalt des anfänglichen Konzepts umschreibt dessen Arbeitstitel „Bergbauernleben" recht gut: Ausführlich wird die Situation der österreichischen Bergbauern zu Beginn der 70er Jahre aufgefächert: das ganze Spektrum der ökonomischen Rahmenbedingungen, das thematisch von der „Notwendigkeit des Neben- und Zuerwerbs" bis zur „Überbelastung der Frau" reicht. Was seine filmischen Intentionen betrifft, schreibt Pilz: „Das vorliegende Filmprojekt versteht sich ganz bewußt

als Teil einer reichen Tradition des dokumentarischen Filmemachens, die dadurch bestimmt ist, daß sie sich der Umsicht und der Sorgfalt ethnografischer Methoden, der konsequenten Handhabe direkter filmischer Selbstdarstellung sowie der Möglichkeiten poetischer filmischer Deutung (nicht aber einer solchen im Sinne einer vorgefassten Meinung) bedient."[21]

Je länger Pilz vor Ort an dem Filmprojekt ar-

20) Zur detaillierten Entstehungsgeschichte von *Himmel und Erde* vgl. Anna Katharina Wohlgenannt, *Die Entstehung des österreichischen Filmförderungsgesetzes im Spannungsfeld zwischen Kunst und Kommerz*, Wien 2007, S. 90–107. – Als filmische „Vorbilder" zitiert Pilz zu jener Zeit vor allem Jean Rouch, Chris Marker und Jonas Mekas, aber auch die Filme von Albert und David Maysles sowie von Klaus Wildenhahn. Im Zusammenhang mit dem Schweizer Dokumentarfilm ist natürlich Fredi Murers zentraler Bergbauernfilm *Wir Bergler in den Bergen sind eigentlich nicht schuld, dass wir da sind* (1974) hervorzuheben. Fredi Murer ist in der Dankesliste des Films genannt – ein weiterer Hinweis, dass Murers Berglerfilm, bei allen Unterschieden, einen wichtigen Bezugspunkt für *Himmel und Erde* darstellt, nicht zuletzt, was Entstehungsprozess und Autorenhaltung betrifft. Bezeichnenderweise hat in Zürich im September 1983 eine gemeinsame Vorführung der beiden Filme stattgefunden.

21) Michael Pilz, Bergbauernleben (Filmexposé), Wien 1978.

22) Michael Pilz, Umadum (Filmexposé), Wien/Obdach 1979–80.

23) Michael Pilz, „Zwischen Himmel und Erde" und „Gedanken zum Film ‚Zwischen Himmel und Erde'", beide Wien 1981.

24) Michael Pilz, „Zu *Himmel und Erde* – Betrifft: Umfrage Dokumentarfilm", Wien 1986.

beitet, desto komplexer stellen sich ihm allerdings die „Fragen nach der Form des Films". In einem neuerlichen Exposé, das den Titel „Umadum" trägt und bereits in Obdach entsteht, schreibt er: „‚Umadum' ist kein herkömmlicher Film, nicht einer nach einer ‚erdachten', vorgeschriebenen Story, also kein ‚erfundener' Film, sondern einer, der sich auf ‚abenteuerliche' Weise erst dann ‚erfindet', wenn er entsteht. (…) Der Film wird damit einem allgemeinen Bedürfnis gerecht werden, dem Bedürfnis nach der Erfahrung des eigenen Standortes. Und zwar der Standort all derer, die mit dem Film befaßt sind: der Macher, der Darsteller, der Zuschauer."[22]

Auch nach Abschluss der Dreharbeiten begleitet Pilz den umfangreichen Schnitt (er wird zwei Jahre dauern, von Juli 1980 bis Juli 1982) mit weiteren Texten (die auch als Kommentare in den Film einfließen werden) und mit zahllosen Zwischenberichten, die nicht zuletzt geschrieben werden, um zusätzliche Fördermittel zu erwirken. Denn aus dem anfänglichen „Bergbauernleben", der als „70 bis 90minütiger Dokumentarfilm mit Spielfilmelementen" geplant war, ist Pilz nun mit einen Film beschäftigt, der mittlerweile, 1981, „Zwischen Himmel und Erde" heißt und aus vier Teilen zu jeweils 100 Minuten bestehen soll (mit den Kapiteln „Die

Heimsuchung", Die Verwandlung", „Die Hochzeit" und „Das Licht"). Zu dieser Zeit schreibt Pilz: „So wie die mehrjährige Arbeit an ‚Zwischen Himmel und Erde' eine Art Abenteuer, eine Reise in unbekannte Gegenden bedeutet und die einzelnen Situationen nicht zu planen, sondern oft sehr überraschend zu betreten waren, so ist der Film ein Abbild dieser Reise, alles das miteinbeziehend, was diese Reise spannend, lustvoll, schmerzhaft und zuletzt auch erkenntnisreich gestaltet hat."[23] Und kurze Zeit nach der Uraufführung hält Pilz fest: „Insofern ist *Himmel und Erde* in allen Phasen seiner Herstellung mehr als eine Art filmisches Experiment anzusehen, als ein Versuch, nach tradierten Mustern und Normen der ‚Herstellung von Film' Film zu machen. Letztlich gipfelten alle Fragen und Widersprüche, alle Streits und Diskussionen in der einen Frage: Ist es möglich, jenseits aller konventionellen Gebräuche, Regeln und Gesetze Film zu machen, als eine Art Dialog mit dem tatsächlichen Leben, dem doch auch er, der Film, immer wieder ‚davonläuft'?"[24]

Himmel und Erde entsteht, das wird durch diesen Abriss seiner Entstehung ersichtlich, aus der Praxis einer kontinuierlichen Selbstbefragung. Der Film entwickelt sich entlang einer Kommunikation, die in einer dauernden Bewegung zwischen „Wahrnehmung" und „Reflexion" ver-

läuft und versucht, die Grenze zwischen „Innen" und „Außen" zusehends durchlässiger werden zu lassen. Aus diesem Grund ist in *Himmel und Erde* der Modus des rein „beobachtenden Kinos" nur einer unter vielen, und durch den Entstehungsprozess nähert sich der Film immer mehr dem Essayistischen bzw. Experimentellen an und der filmischen Collage (was ihn wiederum mit dem Kino seiner Zeit verbindet).[25] *Himmel und Erde* verknüpft sein heterogenes Material (Bild, Ton, Off-Kommentare, Schrifttafeln, visuelle und akustische Eingriffe) auf den unterschiedlichsten, miteinander in Beziehung stehenden Ebenen und montiert sie im Sinne eines höchst subjektiven polyphonen Panoramas.

Zur Veranschaulichung des komplexen Charakters von *Himmel und Erde* sei an dieser Stelle exemplarisch eine kurze Auflistung des Filmbeginns gegeben: Am Anfang, noch vor den eigentlichen Titeln, eine erste, programmatische Schrifttafel („Nimm das, was vor dir ist, so wie es ist, wünsche es nicht anders als es ist. Sei einfach da." Laotse). Danach, zeitverzögert, eine mysteriöse Aufnahme: ein Schwein auf einer Schlachtbank, Sonnenstrahlen brechen sich im Kameraobjektiv, darüber die ausführlichen Titel des Films („Michael Pilz zeigt, Himmel und Erde, I. Die Ordnung der Dinge, 14° 40' Östl. Länge, 47° 2' Nördl. Breite, 1979–1982 A. D."). Eine Stimme aus dem Off: „Ich träumte, man hat mich gewürgt. Ich bin erschossen worden." Das erste Bild nach den Titeln: ein hochgelegener Bauernhof im Schnee, Hundegebell. Zwei Kinder in Gummistiefeln, Großaufnahmen ihrer Gesichter. Schnee fällt. Wieder die beiden Kinder, sie spielen. Bauern im verschneiten Wald wärmen sich mit einem Getränk auf („Wir werden noch betrunken davon"). Ein Tonbandgerät: Man hört, wie ein Bauer gefragt wird, wann er Zeit hat wegen des Films („zu Mittag"). Der Regisseur spricht vor der Kamera einen Text ins Mikrofon, dazu eine rasche Bildersequenz: ein Brotlaib wird geschnitten, TV-Werbung und

25) Als Beispiele hierfür seien etwa die Kollektivfilme *Cinéma mort ou vif?* (1977), *La Macchina Cinema* (1978) oder *Deutschland im Herbst* (1977) bzw. *Der Kandidat* (1980) oder die essayistischen Arbeiten *De platte jungle* (1978) von Johan van der Keuken oder *Sans soleil* (1982) von Chris Marker genannt.

26) Eine umfassende Liste der Literatur, die Pilz während der Arbeit an *Himmel und Erde* herangezogen hat, findet sich in Anna Katharina Wohlgenannt, *Die Entstehung des österreichischen Filmförderungsgesetzes im Spannungsfeld zwischen Kunst und Kommerz*, Wien 2007, S. 90–107.

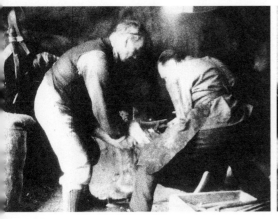

-Nachrichten, Kinderzeichnungen. Ein Bauernbub, der in einem aufgehängten Autoreifen schaukelt, dazu Musik aus dem Radio, Mozart. Zwei Bauern laden Holz auf. Jugendliche werden gefragt, was sie für einen Film machen würden („aus meiner Heimat", „einen Wildwestfilm"), Großaufnahmen der Hände. Ein Bauer wird ermutigt zu beschreiben, wie er sich am besten porträtiert sähe („am besten da vorne, damit wir das Haus drauf haben und die Alm als Hintergrund"). Porträtaufnahme dieses Bauern mit Frau. Menschen kommen aus einer Kirche. Ein Friedhof im Schnee. Impressionen des Bergdorfs, dazu ein Text („Es heißt, ein kleines Land hat weniger Menschen").

Diese Aufzählung beschränkt sich lediglich auf die ersten zehn (der 295) Minuten von *Himmel und Erde,* aber man bekommt einen guten Eindruck von der Fülle des Materials und von der Argumentationsweise des Films. Anstelle eines konventionellen Einstiegs, der erst einmal versucht, Übersicht zu schaffen oder das Kommende in vorhersehbarem Rahmen abzustecken, etabliert *Himmel und Erde* bereits seinen Schauplatz, seine Themen und seine Figuren nach Mustern, die sich stark an rhythmischen oder musikalischen Strukturen orientieren. Die Blicke auf die Menschen, das Zeigen der Dinge und die spontanen Begegnungen werden deutlich in Beziehung gesetzt zu den offensichtlich selbstreflexiven Episoden und zu den diversen Textkommentaren. So kommt es nicht von ungefähr, dass zu Beginn öfter gezeigt wird, wie das Filmteam im Dialog steht mit den Menschen vor der Kamera: Das Verfahren des Films wird kontinuierlich kenntlich und die Methoden dieser kinematografischen Feldforschung bewusst gemacht. In einer zentralen Szene „präsentiert" sich zudem der Regisseur selbst vor der Kamera, als eigener „Protagonist" seines Films. Pilz lässt sich zeigen, wie er, in durchaus insistierendem Tonfall, eine längere Textpassage zitiert: „Man kann sagen, die Welt wird sich durch den Menschen hindurch ihrer selbst bewusst. Die fortschreitende Erkenntnis der Welt, die sich im Prozess der Veränderung vollzieht, eröffnet ihrerseits immer größere Möglichkeiten für ihre weitere Veränderung, für die Umgestaltung von Natur und für die Umgestaltung der Gesellschaft, für den Aufbau einer neuen Welt (…)."[26] Eine dichte Bild-Text-Montage macht hier zum einen das Bezugssystem deutlich, das von progressiven soziologischen und ökonomischen Theorien geprägt zu sein scheint. Zum anderen wird sowohl das Sujet des Films, die Situation der Bergbauern, als auch die Position und das Selbstverständnis des Filmemachers zum Gegenstand der Betrachtung.

Immer wieder wird in *Himmel und Erde* verdeutlicht, dass hier kein Film *über*, sondern einer *mit* Bergbauern im Entstehen ist. Anfangs geschieht dies noch mittels kurzer Situationen, die durch die Präsenz von Kamera und Tonband gekennzeichnet sind, oder mit verspielten Bild-Ton-Collagen, in denen verschiedene Formen der Selbstdarstellung und Selbsterklärung der Porträtierten inszeniert werden. Einen Höhepunkt dieser Vorgehensweise bildet die Szene, in der sich eine Großfamilie vor ihrem Bauernhaus versammelt und dazu „Gedanken zum Beruf des Bauern" im Off zu hören sind: „In unserer Gegend ist es sehr schwer, Bauer zu sein. Durch die steilen Hänge ist der Einsatz von Maschinen nur schwer möglich. Dadurch ist der Bauer ständig Gefahren ausgesetzt, die ihn und seine Familie bedrohen. Maschinen müssen dem Gelände angepasst werden. Zum Beispiel braucht ein Traktor Allradgetriebe. Das macht wieder mehr Geld erforderlich. Da der Bauer für seine Produkte sehr wenig bekommt, ist es schwierig, überhaupt in den Besitz von

solchen Geräten zu kommen." Später werden solche Montagesequenzen mehr und mehr ersetzt durch geduldiges Beobachten: Diese oft minutenlangen Szenen dokumentieren eine Beziehung zwischen Betrachter und Betrachteten, die auf gegenseitigem Respekt und gewachsenem Vertrauen basieren. Die Darstellung der Arbeitsvorgänge (wie das Pflügen am Steilhang, das Schlachten eines Schweins oder das Einbringen der Ernte) ist zum einen vom Willen der filmischen „Spurensicherung" geprägt: das vielleicht letztmalige Dokumentieren manueller Tätigkeiten, die verschwinden werden. Zum anderen wird durch die atmosphärisch dichte Abbildung auch die schlichte Schönheit präziser, ruhiger und effizienter Arbeitsgesten erfahrbar gemacht.

Demgegenüber finden sich in durchaus widersprechender Weise zur etablierten aufklärerischen Rhetorik des Films zahlreiche Passagen, die weiter gehende, ergänzende Lesarten anbieten. Es wird „Archaisches" beschworen und es klingt Mythologisches an, wenn beispielsweise die abschließende Sequenz der ersten zehn Minuten – eine Serie von Aufnahmen „magischer" Winter-Landschaften – begleitet wird von den Sätzen: „Es heißt, ein kleines Land hat weniger Menschen. Die Menschen nehmen den Tod ernst und reisen nicht weit. Rüstung und

Waffen stellen sie nicht zur Schau, ihre Speisen sind einfach und gut, ihre Kleider aus feinem Gewebe, aber schlicht, ihre Häuser fest gebaut. Sie sind mit ihren Bräuchen glücklich. Obwohl sie in Sichtweite ihrer Nachbarn leben und krähende Hähne und kläffende Hunde von der anderen Wegseite zu hören sind, lassen sie doch einander in Frieden, während sie alt werden und sterben." Hier steht weniger das aktuell Gesellschaftskritische im Vordergrund – zumal insgesamt 25 Kommentartexte einen eigenen roten Faden bilden – als die Evozierung einer „Utopie aus den Relikten", wie dies ein Kritiker im Kontext anderer, ähnlich gelagerter filmischer Arbeiten formuliert hat: „Es handelt sich um eine Art Heimweh nach einer sozialen und ökonomischen Ordnung, die ökologisch richtig und menschlich intakt war: um die Sehnsucht nach einer verlorenen Welt. [...] Im Schmerz über den Verlust des menschlichen Gleichgewichts schwingt auch die Utopie."[27]

Was am Anfang von *Himmel und Erde* zu sehen und zu hören ist, wird im Verlauf des weiteren Geschehens fortgesetzt oder in anderen Zusammenhängen wiederkehren. Insgesamt ist der Film geprägt von raffinierten Repetitionen

und einer Entfaltung der thematischen Bögen, die das Gesehene und Gehörte unaufhörlich befragt und in großzügiger Weise neu arrangiert. Wie sehr die Abfolge der Erzählfragmente und die Gegenüberstellung der Argumentationslinien schließlich auf einer musikalischen Struktur aufbauen, macht insbesondere eine Szene deutlich, die in *Himmel und Erde* insgesamt achtmal wiederholt wird und die der Film selbst als Leitmotiv anbietet: das Bild eines Bauernbuben, der in einem zur Schaukel umfunktionierten Autoreifen hin- und herschwingt, und dessen Bewegungen von einem wunderbar verrauschten Mozartstück aus dem Radio synchronisiert werden. Bereits in den ersten Minuten ist diese merkwürdige Szene zweimal zu sehen (beim ersten Mal ohne Musik, begleitet von der Zeile „für die Umgestaltung der Gesellschaft, für den Aufbau einer neuen Welt"). Die im Grunde wenig spektakuläre Aufnahme lädt, abgesehen vom mehrmaligen Aufscheinen, vor allem durch die verlangsamten Bewegungen und die markante Tonspur zur besonderen Deutung ein, aber das Bild bietet auch nach seiner achtmaligen Wiederkehr keine simple „Entschlüsselung" an. Lediglich die jeweilige Positionierung deutet darauf hin, dass mit diesem Bild ein „Moment des Glücks" erfahren wurde (oder ihm zugeschrieben wird) – einmal erscheint, nach einer

27) Martin Schaub, *Die eigenen Angelegenheiten – Themen, Motive, Obsessionen und Träume des Schweizer Films 1963–1983*, Basel/Frankfurt a. M. 1983, S. 33.

längeren Sequenz, die das Geschehen einer Vieh-Auktion dokumentiert, das Bild nicht von der Musik getragen, sondern wie verstummt unter dem Nachhall des Hammerschlages. Diese Szene findet sich im zweiten Teil von *Himmel und Erde,* in dem mehr und mehr die Folgen des radikalen Strukturwandels zur Sprache kommen (*Der Lauf der Dinge*) und wo das wiederaufgenommene Material des ersten Teils (*Die Ordnung der Dinge*) immer beziehungsreicher und „experimenteller" montiert wird. *Himmel und Erde* macht allein durch seine präzise, rhythmische Kombination der filmischen Elemente deutlich, wie es ist, wenn sich etwas verändert, und was es bedeutet, wenn etwas zu Ende geht.

Das musikalische Prinzip des Films betrifft allerdings nicht nur die visuellen Motive und narrativen Elemente, sondern gilt insbesondere auch für die Präsentation seiner Protagonisten. Eine Schlüsselfigur des Films ist der Bauer Hermann Damm, genannt Kratzer, der gleich nach den anfänglichen zehn Minuten vorgestellt wird. Er ist in schöner Regelmäßigkeit im gesamten Film präsent und prägt sowohl den ersten als auch den zweiten Teil maßgeblich. Es ist auffällig, wie sich an diesem beeindruckenden Prota-

gonisten, der für die Vergangenheit des Bergbauerndaseins steht, ein ganzes Spektrum filmischer Darstellung ausbreitet. Der Film beobachtet Kratzer bei seinen vielfältigen Tätigkeiten (wie er einen Baum fällt; wie er ein Schwein schlachtet; wie er den Acker mit einem Pferdegespann aus Holz pflügt; wie er das Heu einfährt); er wird in fast klassischer Weise wie ein Zeitzeuge befragt (Kratzer sitzt in seiner Wohnstube und erzählt Familien- und Zeitgeschichte, die Archivfotos illustrieren) und als integrative Figur in den Gruppenritualen des Dorfes gezeigt (bei der sonntäglichen Messe; im Wirtshaus mit anderen Bauern; während der sommerlichen Wallfahrt). Was man besonders an dieser Figur sehen kann, ist, wie der „Gegenstand" der Betrachtung auf die Position des Betrachters hinüberzuwirken scheint und wie dies in den fünf Stunden Laufzeit seinen Ausdruck findet. Es ist die intensive Begegnung und die Auseinandersetzung gerade mit dieser – durch

28) Die Zitate stammen aus einem Gespräch, das der Autor am 23. Juli 2008 in Wien mit Michael Pilz geführt hat. In vergleichbarer Weise hat sich Pilz auch geäußert in: Christoph Hübner, Gabriele Voss, *Ins Offene … Dokumentarisch Arbeiten 2*, Berlin 2000.

29) Michael Pilz, *Stadtkinoprogramm 49*, Wien 1984.

eine Gehörbehinderung nochmals gesellschaftlich marginalisierten – Außenseiterfigur, die für *Himmel und Erde* die Fragen nach der angemessenen Repräsentation ganz besonders herausgefordert hat. Die Sorgfalt und die Selbstverständlichkeit, mit der *Himmel und Erde* das Alltägliche gelebt sieht, werden für den Film zum Modell für die eigene filmische Arbeit.

Auch die Selbsteinschätzung von Michael Pilz, der *Himmel und Erde* immer wieder als eigentliche Zäsur in seiner künstlerischen Entwicklung beschrieben hat, geht in diese Richtung. Mit dem Film habe er erstmals seine „persönliche Handschrift" und seinen „eigenen Blick" entwickelt – und im Schneideraum sei er „für zwei Jahre richtiggehend in Klausur" gegangen.[28] In einem langwierigen Prozess kann sich Pilz Rahmenbedingungen schaffen, die es ihm erlauben, die ihm vorher (vom Fernsehen und kommerziellen Kino in Österreich) verwehrte intensive Beschäftigung mit seinem Metier nun konkret anzugehen. Selbst ein oberflächlicher Blick auf sein Werk zeigt, dass *Himmel und Erde* einen Anfang markiert, von dem aus sich die wesentlichen Linien seines nachfolgenden Filmschaffens entwickeln. Die

Grundlagen eines „möglichst unvoreingenommenen, absichtslosen Kinos", das für das Selbstverständnis des Filmemachers Pilz von zentraler Bedeutung wird, findet er in der Arbeit an *Himmel und Erde*: „Meine Wahrnehmungen richteten sich nun in gleichem Maße nach außen wie nach innen. Alles, was ich an Wirklichkeit erfahre, bin ich selbst, im Leben wie im Kino. Alles Äußere entspricht einem Inneren, alles Innere einem Äußeren."[29]

Angesichts der Begegnung mit der Wirklichkeit steirischer Bergbauern entwickelt Pilz in *Himmel und Erde* ein Vokabular aus Bildern und Tönen, das es ihm ermöglicht, bewährte Formen des Dokumentarischen mit audiovisuellen Arrangements in Beziehung zu setzen, die in hohem Maße subjektiv Erlebtes „abbilden". Ein aufschlussreicher Moment für diese Strategie des Zusammenspiels von „innerer" und „äußerer" Perspektive ist eine Szene, die sich ganz am Schluss von *Himmel und Erde* findet: Der Kratzer-Bauer sitzt, seine Frau erstmals an seiner Seite, in seiner Stube. Eine Porträtaufnahme: Das Paar blickt frontal zur Kamera, vertrauensvoll, bescheiden. Ungewöhnlich lang bleibt die Aufnahme stehen, denn die Dauer des Bildes scheint sich nach der markanten Tonspur zu richten (der Originalton ist nicht zu hören): Es ist das bereits bekannte, „verrauschte" Mozartstück aus dem Radio, das bereits öfter angeklungen ist, bislang in Verbindung mit dem Bild des Bauernbuben im Autoreifen. Vom visuellen Leitmotiv, das für *Himmel und Erde* einen fragilen „Moment des Glücks" verortete, springt der akustische Anteil über auf ein Bild, das Kratzer zeigt – jene Figur, an der in unzähligen Episoden die Darstellung traditioneller Lebensformen stattgefunden hat, und die zur eigentlichen Iden-

tifikationsfigur geworden ist (noch kurz vorher sieht man Pilz mit Kratzer gemeinsam am Tisch sitzen, ein Ausdruck gegenseitiger Teilnahme). Eine Zäsur, ein Aufbruch. Wie ein Seismograf und in beeindruckender Ausführlichkeit hat *Himmel und Erde* eine Bewegung des Übergangs vollzogen (und ist dadurch Zeitdokument und modernes Kino zugleich): den Übergang vom Sozialen zum Subjektiven, von der *Ordnung der Dinge* zum *Lauf der Dinge,* von den gesellschaftlichen Utopien in den weiten Horizont des Privaten.

Olaf Möller, Michael Omasta

„Ich schau auf den meisten Fotos trotzig drein"

Gespräche mit Michael Pilz: eine Montage

DIALOGISCHES

Es ist wichtig, dass Kinder ein halbwegs funktionierendes Gegenüber finden, also keine Chaoten, keine Ignoranten, sondern Menschen, an denen sie sich anhalten und durch die sie aber auch Grenzen erfahren können. Dieses Miteinander, oder auch Durch-Einander, hat sehr viel mit Mitgefühl zu tun, mit gegenseitigem Mitgefühl. Das bedarf als Voraussetzung eines grundsätzlichen Interesses, vorerst einmal des Interesses an mir selbst. Dieses Interesse an mir selbst kann wieder nur über das Interesse anderer an mir entstehen, und das gilt vor allem für unsere frühen Lebensjahre, ja, eigentlich beginnt es mit der Zeugung neuen Lebens, und noch genauer betrachtet, ist es eine Voraussetzung unseres Lebens insgesamt. Und es gilt, ich begreife dich nur so, wie ich mich selbst begreife, und ich erkenne die Welt nur so, wie ich mich selbst kenne.

Als junger Mensch habe ich es exzessiv geübt, Selbsterfahrung. Unter den damals für mich geltenden Umständen blieb mir vermutlich gar nichts anderes übrig.

Wenn du zur Welt kommst, dann brauchst du erst einmal die Ansprache, die Bestätigung von außen, also eine direkte Antwort auf dein Da-Sein, und so wie man dir dein Da-Sein bestätigt, so lernst du dich mit der Zeit selbst kennen

und auch auszudrücken, so findest du deine eigene Sprache, die Sprache deines Körpers, deiner Gesten, deiner Worte und so fort. Dein Ausdruck hängt aber sehr davon ab, wie du quasi beeindruckt wurdest, wie du angesprochen wurdest, und später, wie du angesprochen wirst.

Wenn du mit mir redest, dann erwartest du gewöhnlich auch eine Antwort von mir. Diese meine Antwort hängt davon ab, wie du mit mir sprichst, wie du dich mir zuwendest. So ist es also wichtig, wie man beantwortet wird, vom ersten Tag des Da-Seins, also der Zeugung an. Bekanntlich sterben Babys, die nicht gestreichelt werden, nach einigen Wochen bereits, sie verhungern emotional. Sie brauchen die Ansprache, die Bestätigung dafür, dass sie sind und dass sie gut sind, denn nur so werden sie sich auch gut fühlen können. Und glücklich sein.

Wie also lernt man Sprechen, das Von-sich-selber-Reden, und wie lernt man – schon viel früher – das Anderen-Zuhören? Vor allem das Sich-selber-Zuhören? Und das Antworten, das Anderen-Antworten, das Von-sich-aus-anderen-Antworten? Wie lernt man ein dialogisches Miteinander, ein dialogisches Aufeinander-Zugehen? Wie lernt man Inter-esse? Wie lernt man, sich für sich selber zu interessieren und dann für einander?

Mir geht es also um dieses Dialogische. Das

war schon immer meine Geschichte, von Anfang an, denke ich. Inzwischen begreife ich mein Leben und Leben allgemein, also alles Dialogische, nicht nur als eine Art des mehr oder weniger offen Aufeinander-Zugehens, des ehrlichen Miteinander-Umgehens, sondern immer mehr auch, in einem höheren Sinn, als ein Hindurchgehen, ein gegenseitiges Durchdringen. Ein ununterbrochenes, gegenseitiges Geben und Nehmen. Wobei es im Grunde nur ums Geben geht.

Natürlich fliegen dabei immer auch Späne und es gibt viel Missbrauch, eigenen und gegenseitigen Missbrauch. Missverständnisse. Missbräuchliches Leben. Andere werden und anderes wird benützt, im eigenen Interesse gebraucht, ausgebeutet, das eigene Interesse steht über dem anderen. Oder auch: Man lässt sich gebrauchen, man ist sich selbst nichts wert.

Im Guten miteinander umgehen ist für mich eine Art des sich Ineinander-Spiegelns, einfach des miteinander Umgehens, Tuns, Redens. Ich spüre mich und spüre die anderen und bin in der Lage, damit umzugehen, auf sie zuzugehen, auf sie zu reagieren – auch so offen, so durchlässig, dass sie sich selber fühlen. Das ist eine Kunst, die Balance zu finden, zu halten, zwischen sich und anderen, ohne andere zu dominieren und ohne sich von anderen unterkriegen

zu lassen. Der Bildhauer Karl Prantl sagte öfters: Hilfe ist Kunst.

Und so komme ich, wie von selber, von den Sachen zu den Bewegungen, und vom Hauptsächlichen zum Nebensächlichen, vom Großen zum Kleinen, vom Augenfälligen zum Unscheinbaren. Die Wahrheiten liegen nicht in großen Gesten, sondern in der Stille.

Gestern, nein, heute früh um halb sieben habe ich eine Einstellung gedreht, auf den Hinterhof, durch's Fenster, durch den Vorhang, und dabei habe ich mir gedacht, ich möchte einen Film machen nur mit meinen Vorhängen, die ich gefilmt habe, in so vielen Ländern und Situationen und Jahren – oder einen Film nur in diesem Zimmer hier. Nur in einem Zimmer.

KARL PRANTL, EINE ART VATERFIGUR

Mitte der 6oer Jahre, noch bevor ich in St. Margarethen im Burgenland *Symposion* drehte, hatte ich zum ersten Mal mit Karl Prantl Kontakt. Natürlich kannte ich seine bildhauerischen Arbeiten, vor allem die um den Steinbruch in St. Margarethen, wo ich damals sehr, sehr häufig war; ihre Form, ihr Geist gingen mir sehr nahe.

Jahre später, 1985, nach meinem einjährigen Aufenthalt in Budapest, spürte ich den starken Impuls, ihm wieder zu begegnen. Ich verabredete mich mit ihm, fuhr nach Pöttsching, in die

Familie Pilz, ca. 1949
Mit Schwester Krista, ca. 1945
Aquarell von A. Retzer, 1946
Mit Ignaz, dem Vater, 1950

Nähe von Mattersburg, doch er war nicht da – er war in Osttirol, in einem Steinbruch. Acht Stunden lang, den ganzen Tag über, habe ich mich mit seiner Frau Uta unterhalten, über Gott, die Kunst und die Welt, und vielleicht hat sie später zu ihrem Mann gesagt: Ja, das ist ein Mensch, mit dem solltest du dich unterhalten. Daraufhin trafen wir uns, im Winter, in seinem Prater-Atelier, unter 150 Jahre alten Platanen – das war damals noch ein offenes Gelände, heute ist es durch einen hohen Zaun von der Außenwelt abgeriegelt –, und ich setzte mich auf die Stufen und wartete. Irgendwann kam er weit hinten aus dem Gebüsch, vom Würschtlstand beim Stadion, in der einen Hand einen Doppler Roten und in der anderen ein paar Wurstsemmeln. Wir setzten uns ins eiskalte Atelier, wo, wunderschön, seine Steine standen und lagen, die kleineren Steine und so, und ich sagte: Karl, wenn wir Geld haben, drehen wir was, und wenn wir keins haben, dann trinken wir was – so ungefähr lief es.

Er war immer für alles zu haben und für mich auch so eine Art Vaterfigur. Ich denke, ich hatte ja nie einen Vater, der mir zugehört oder mit mir über das geredet hätte, was mich interessierte. Und Karl Prantl ist ein sehr gefühlvoller und spiritueller Mensch, der in seinen natürlichen und künstlerischen Äußerungen etwas an sich

hat, das mich immer sehr stark berührte und berührt. Damals spürte ich deutlich: Da gibt es Analogien, ähnliche Herangehensweisen, an das Leben, an die Dinge, an Menschen. Ich dachte, ich probier, einen Film zu machen, mit der uralten Steinbildhauerei und der ganz modernen Kinematografie, irgendwo dazwischen, und vielleicht gelingt es sogar, auch ganz anders als sonst Geld dafür zu finden, vielleicht auch über Karls Galerien oder über seine Sammler. Doch die Galerien sagten durchwegs „nein". Nur Gerhard Lenz aus München drückte mir an einem schönen Julivormittag in einem Luxus-Klinikum am Bodensee 10.000 Mark in die Hand.

Das war eine sehr überraschende, sympathische – und einmalige – Geste, für die ich unendlich dankbar war, nicht nur wegen des Geldes.

FAMILIENGESCHICHTE

Meine väterlichen Großeltern wollten 1919 nach Argentinien auswandern. Sie lebten damals an der für sie neuen und wohl bedrohlichen Grenze zur Tschechoslowakei, in Gmünd, in einem Umfeld, das seit Jahrhunderten Grenzland war und das aus den verschiedenen Kriegszügen, durch die es heimgesucht, geplündert und gebrandschatzt wurde, immer wieder nur mühsam in ein kurzfristig-friedliches Dasein zurückfand. Die wenigen Menschen, die sich hier

90

Margarethe, die Mutter, ca. 1928

ansiedelten, die den Mut dazu hatten oder aus ihrer Not heraus dazu gedrängt wurden, waren meist arm, konnten sich kaum wehren, und es gibt Geschichten, die davon erzählen, wie ganze Dörfer ausgelöscht wurden. Der Boden war so karg, dass davon nur wenige und diese nur dürftig leben konnten.

1918 traf das Ende der österreichisch-ungarischen Monarchie das Waldviertel und insbesonders die Stadt Gmünd sehr hart. Plötzlich gab es diese politische und unmenschliche Grenze und Trennungen wie Ängste in vielerlei Hinsicht, wirtschaftliche Aussichtslosigkeit, deutschnationale und antisemitische Stimmung. Das Haus meines Vaters, in dem ich zehn Jahre lang aufwuchs, steht heute noch an dieser Grenze, nur durch einen breiten Bach davon getrennt. Aus Argentinien wurde nichts, weil meine Großmutter schwanger wurde und ihren zweiten Sohn bekam.

Hier also wuchs mein Vater auf, 1908 geboren. Er starb 1993. Er erzählte mir einmal, dass er als Achtjähriger den Kaiser sah, als dieser mit dem Zug nach Gmünd kam, um einen seiner Verwandten im Schloss von Gmünd zu besuchen.

Meine Mutter kam 1912 in Wien zur Welt. Sie verstarb 1999. Zuerst lebte sie mit ihren Eltern, der Vater war Installateur, in einer kleinen Wohnung in der Josefstadt, dann zogen sie hierher, in den 18. Bezirk, wegen ihres neuen, größeren Geschäfts.

Meine Eltern lernten sich Anfang der 30er Jahre beim Skifahren in Radstadt kennen. Meine Mutter war ein gut aussehendes, fesches, aber auch eitles Mädchen. Eitel, weil ihre Mutter sie in diese Richtung drängte. Moralisch streng. Zum Fünfuhrtee im Schlosshotel Schönbrunn ging die Mutter immer mit und notierte, wer die Tänzer ihrer Tochter waren, und einige besuchte sie dann daheim und fragte sie: Was wollen Sie von meiner Tochter, wollen Sie sie heiraten? Worauf die jungen Männer natürlich nie wieder Kontakt zu meiner Mutter suchten, wie sie mir erzählte.

Andererseits wurde sie verwöhnt, weil sie es besser haben sollte. Es war kurz nach dem Ersten Weltkrieg, und man muss bedenken, dass die Vorfahren ursprünglich aus dem Böhmischen zugewandert waren, wie so viele, die der Armut in den Provinzen entfliehen und in Wien zu Wohlstand kommen wollten. Ich weiß nur, sie lernte Tennis spielen, durfte bergsteigen, bekam maßgeschneiderte Kleider und ließ ihre Hüte von einer Modistin machen. Und sie besuchte gern die jetzt nicht mehr existierende Konditorei Lehmann am Graben. Da bekam auch ich manchmal meine süßen Wünsche erfüllt.

Bald nach dem Krieg, nach der Wirtschaftskrise, hatten sie ein Motorrad mit Beiwagen, mit dem sie über die Alpen fuhren, später dann ein Auto, mit zurückklappbarem Verdeck. Meine Großmutter fotografierte, ich hab heute noch Glasdias und Stereofotos aus jenen Tagen, auch einen hölzernen Projektor dazu. Und meine Mutter bekam in den frühen 30er Jahren bereits eine Leica.

Sie hatte einen älteren Bruder, an dem sie als Kind sehr hing und den sie dann im Krieg verlor. Als Kinder durften sie mehr oder weniger nur das tun und auch das werden, was die Eltern sich ausdachten und vorstellten, und nicht das, was ihnen, den Kindern, eigentlich entsprochen hätte. Das, denke ich, waren die Lebensumstände damals, aber vieles davon gilt ja auch noch heute.

Ähnlich ging es meinem Vater im Waldviertel. Als erstgeborener Sohn war er wohl dazu ausersehen, in die Fußstapfen seines Vaters zu treten. Das war, soweit ich meinen Vater kannte, nicht wirklich in seinem Sinn. Doch schien er sich schon früh damit abgefunden zu haben, vielleicht auch deshalb, weil er auf die ihm daraus erwachsenden – vor allem materiellen – Vorteile nicht verzichten wollte. Er war verwöhnt, vielleicht sogar verzogen, wie man sagen könnte. Das lag wahrscheinlich vor allem an seiner Mutter und der elterlichen Beziehung, wie so oft, aber vermutlich auch an äußeren Bedingungen, an den Geschäften, am Ansehen der Familie im Ort.

An den väterlichen Großvater erinnere ich mich nicht. Ich weiß nur, er war, neben seinem eigenen Beruf als Müller und Kaufmann, viele Jahre Bürgermeister, wie schon sein Vater zuvor. Als es im April 1945 zur einzigen Kriegshandlung in Gmünd kam – Amerikaner bombardierten, von Italien aus anfliegend, den wichtigsten Bahnhof zwischen Wien, Prag und Berlin –, wollte mein Großvater unbedingt nach Budweis reisen, obwohl er durch eine Bekannte am Postamt, die Zugang zu geheimen Nachrichten hatte, rechtzeitig davor gewarnt wurde. Er ließ sich von dieser Reise nicht abbringen und wurde durch Bombensplitter tödlich verletzt.

Franz Puhrer, der Großvater mütterlicherseits, 1933
Leopoldine und Franz Puhrer, Karlsbad, frühe 40er Jahre

Vermutlich war er, nach außen hin, eine starke Persönlichkeit, doch im Privatleben stand er vielleicht doch unter dem Pantoffel seiner Frau, meiner Großmutter. Denn als Kind hatte ich das Gefühl, dass sie im Haus, wie man sagte, das Regiment führte und immer das letzte Wort hatte. Sie war streng, aber auch herzlich, gerecht, sie hatte eine gute Hand für die Erde und besorgte die familieneigenen Gärten und Felder am Rand der Stadt.

Mein Vater, der eine jüngere Schwester und einen elf Jahre jüngeren Bruder hatte, sah sehr gut aus, er war ein „Feschak", und er hatte wohl bei den meisten Frauen leichtes Spiel. Im Waldviertel und später dann auch beim Wintersport, als auch er, mit Freunden, in die Berge fuhr. Der Kontakt zur Natur war ihm wichtig und die Jagd seine Leidenschaft.

In Radstadt lernte er meine Mutter kennen, 1931/32. Was zwischen den beiden war, weiß ich nicht, aber es war was. Sie erzählten es mir nie.

1938 verliebte sich meine Mutter in einen anderen Mann, einen kühnen Bergsteiger wie sie, und wie sie mir einige Jahre vor ihrem Tod erzählte, war es auf beiden Seiten Liebe auf den ersten Blick. Sie heirateten, und 1941 kam eine Tochter zur Welt, meine 2002 verstorbene Halbschwester Marianne.

Nach dieser Heirat soll mein Vater rasend eifersüchtig gewesen sein, und er soll, aus dem fernen Waldviertel, glühende Liebesbriefe an diese nun in Wien verheiratete Frau geschrieben haben. Er kannte sicher auch deren Mutter, und vermutlich hätte diese lieber ihn als ihren Schwiegersohn gesehen, obwohl der Ehemann meiner Mutter aus einer guten Zagreber Ingenieursfamilie stammte und ein feiner Kerl gewesen sein soll, wie meine Mutter sagte. Nur war er leider etwas kleiner als sie. Und sie, die auf Äußeres großen Wert legte, mag diese Kleinigkeit insgeheim doch gestört haben. Im Ver-

Dieses eigenartige Hinschauen …
Michael Pilz, 1961

seiner Eifersucht auch leid, und so gab sie ihm vielleicht einige Tipps, wie er der Erfüllung seiner Sehnsucht näher kommen könnte. Meine Damals-noch-nicht-Mutter wohnte in Hietzing und ging öfters mit dem Baby im Schlosspark Schönbrunn spazieren. Mein Vater war zwar zu Fuß immer gut unterwegs, doch spazieren gehen in Schönbrunn, das passte, denke ich, nicht wirklich zu ihm. Trotzdem soll er eines Tages dort meine Mutter wie zufällig getroffen haben.

Kurz: Diese Ehe wurde geschieden, einvernehmlich, und das Baby sollte bei der Kindesmutter bleiben. Doch am Tag der Scheidung, der Ehemann war auf Urlaub von der Front, soll der Scheidungsrichter erklärt haben: Nein, das Kind wird nicht der Mutter zugesprochen, sondern dem Kindesvater, denn eine Mutter, die im Krieg ihren Mann, der an der Front ist, verlässt, noch dazu mit einem Säugling, ist es nicht wert, ein Kind aufzuziehen. Meiner Mutter brach das Herz, und sie erzählte später, dass sie wusste, als sie mit meinem Vater im Lkw und mit ein paar Möbeln darauf ins Waldviertel fuhr, dass es falsch war – aber sie hat es nicht rückgängig gemacht.

Kurz danach, im Frühjahr 1942, heirateten mein Vater und meine Mutter, und in dieser Zeit wurde auch ich gezeugt und kam im Februar 1943 zur Welt.

gleich dazu – und den stellte sie, im Fahrwasser ihrer Mutter, vermutlich an – war mein Vater ein stattlicher Mann, der in maßgeschneiderten Tweedanzügen und mit Hut aussah wie Cary Grant, und das konnte ihr vielleicht auf Dauer nicht egal sein.

Trotzdem war diese Ehe meiner Mutter, wie sie selbst sagte, eine ganz ihren Sehnsüchten entsprechende Seelenverbindung, und auch in sexueller Hinsicht soll sie erfüllt gewesen sein. Mit meinem Vater war das dann angeblich nimmer so. Doch vorerst legte es dieser darauf an, diese Ehe zu entzweien.

Vermutlich hielt er Kontakt mit der Mutter meiner Mutter, und wahrscheinlich tat er ihr in

Aus den Schilderungen meiner Schwester, die heute in München lebt, weiß ich, dass es meiner Mutter damals sehr schlecht ging und dass sie auch an Selbstmord dachte, auch weil sie in Gmünd anfänglich deprimierende Umstände vorfand: Die Wohnung, die mein Vater im ersten Stock seines Elternhauses einrichtete, war noch nicht fertig, folglich musste sich meine Mutter tagsüber in der Wohnung der Schwiegermutter aufhalten und in der Küche helfen. Sie erzählte mir öfters, wie schwer ihr das Leben damals fiel. Trotzdem kam ich zur Welt und hatte wohl auch daher in den Folgejahren alle Krankheiten, die man als Kleinkind damals haben konnte. Und einiges dazu. Ich erinnere mich an Ärzte, an Ärztekonsortien, die um mein Bett standen, mit trübem Gesichtsausdruck, und die sich berieten, wie sie mir helfen könnten. Es war nicht lustig – Schatten auf der Lunge, Drüsenerkrankungen, Ohrenentzündungen, an Verstopfung litt ich, sodass es sogar hieß, sie müssten mir den Bauch aufschneiden. Mich diagnostizierten sie. Ich gab ihnen Rätsel auf. Mich bedauerten sie. Sie kamen dabei aber nicht auf die Idee, dass das vielleicht auch mit ihnen zu tun haben könnte oder dass gewisse familiäre Umstände mir nicht förderlich waren.

Im Zusammenhang mit dieser Geschichte, die ich inzwischen gründlich aufgearbeitet, re-kapituliert, erinnert habe, auch in einer äußerst hilf- und aufschlussreichen, langjährigen Psychotherapie, zwischen 1975 und 1992, dass viele Beweggründe meiner späteren Interessen und vor allem der Hang zur fotografischen und filmischen Arbeit dort ihren Ursprung haben. Dieses eigenartige Hinschauen, das ich mir angewöhnte, rührt vielleicht doch daher, dass ich aufgrund des bedrohlich erlebten Umfelds und der Tatsache, dass ich mich weder handgreiflich noch sprachlich dagegen wehren konnte, unbewusst und als Ausgleich für die erlebten Kränkungen, das Schauen übte und dabei lernte, Zeichen zu lesen und zu entziffern. Denn oft war es ja auch so, dass die Sprache der Erwachsenen mir, spürbar, nicht passte. Ich verstand vieles am Verhalten und an den Worten nicht. Ich spürte aber, dass auch sie mich nicht verstanden, dass sie an meinem Ausdruck, meinem Tun, meiner Sprache, nicht wirklich interessiert waren, dass ich ihnen irgendwie fremd war, und dass vielleicht auch sie mir deshalb fremd erschienen. Fremd und manchmal bedrohlich.

Damals ahnte ich natürlich nichts davon, dass diese Fremdheit, die sie mich immer wieder fühlen ließen, weniger mit mir zu tun hatte, als vielmehr mit jener Fremdheit, die sie in sich selbst verspürten, aber nicht ausdrücken konnten, weil ihnen das alles nicht bewusst war, weil sie die eigene Entfremdung gar nicht als solche begriffen, erlebten.

Ich erfuhr also, wie die Großen in ihrer eigenen Welt verhaftet waren, einer Welt voller Aufgaben und Schwierigkeiten, wie zum Beispiel, sich als eigenständiges Individuum zu behaupten, im Privaten wie auch im Beruflichen, sodass sie mit so kleinen Menschen, wie ich einer war, wie es halt Kinder und Babys sind, nicht wirklich sinnvoll umgehen konnten.

Es gibt Fotos, wo mein Vater mich als Baby am Arm trägt, im Freien, und lachend in die Kamera blinzelt, und ich habe das Gefühl, wenn ich diesen Ausdruck sehe, ich sei nur zur Staffage da, damit der Vater sich selbst hier präsentieren kann, in all seinem Vaterstolz. Es schien nicht wirklich um mich zu gehen. Sie kleideten und frisierten mich auch derart, dass ich ein schönes Bild ergab. Es gibt viele Kinderfotos von mir, in verschiedenen Altersstufen, und wenn ich die so durchblättere, dann sehe ich, dass ich auf den meisten Fotos sehr trotzig und sogar bös dreinschau, irgendwie ang'fressen, satt. Das muss ich auch gewesen sein, auf der einen Seite. Auf der anderen Seite hatte ich natürlich das Glück, in einer Umgebung aufzuwachsen, in der mir zumindest materiell nichts fehlte, aber vermutlich an manchem anderem. Dieser Trotz im Gesicht blieb mir lange Jahre

erhalten, und meine Furchen und Falten heute zeugen noch immer von dieser anstrengenden Frühgeschichte, obwohl sich natürlich viele andere Geschichten mit den Jahren darüberlegten. Doch die beleidigte Grundstimmung, die scheint durch.

Meine väterlichen Vorfahren kamen am Beginn des 19. Jahrhunderts nach Gmünd, aus der Mühlviertler Gegend um Königswiesen, das waren allesamt Müller. Das älteste Dokument, das mein Großvater recherchierte, der eine Familien- und Stadtgeschichte verfasste, stammt aus dem 16. Jahrhundert. Da gab es angeblich neun Brüder, die saßen alle im Landesgericht Linz ein, weil sie irgendetwas ausgefressen hatten, also, ich denke, es muss eng gewesen sein daheim, und die sind herumgewandert, und da ist einer ins Waldviertel gekommen und hat in Gmünd eine Mühle gepachtet, am Bach, der Lainsitz heißt, da gibt es fünf Katarakte, und fünf Mühlen standen da. Er nahm die zweite und hatte bald darauf das Glück, eine der reichsten Wirtshaustöchter der Stadt zu heiraten.

Da investierten sie, und so entstand neben der Mühle auch ein kleines Sägewerk. Ende des 19. Jahrhunderts handelte einer meiner damaligen Vorfahren zusätzlich mit ungarischen Schweinen, die er in großem Stil nach Berlin

Michael, Großmutter Leopoldine, seine jüngere Schwester Krista, Mutter Margarethe und ihre Tochter aus erster Ehe, Marianne Bachrach, 1953

verkaufte. Es entstanden bescheidener Reichtum und darauf gründendes Ansehen.

Wieder Jahrzehnte später, im Ersten Weltkrieg, bekam der Vater meines Vaters, Bürgermeister, den Auftrag, für den geordneten Rückfluss von Banat-Deutschen Richtung Berlin ein Zwischenlager für 30.000 Flüchtlinge einzurichten. Gmünd mag damals etwa 4000 Einwohner gehabt haben, einschließlich des damals noch zur Stadt gehörenden Teils über der Lainsitz, der nach dem Frieden von Saint Germain den Tschechen abgegeben werden musste. Mein Großvater ließ also ein Lager errichten, aus dem später der zweite Stadtteil von Gmünd wurde, die sogenannte Neustadt. Noch nach dem Zweiten Weltkrieg liefen wir Kinder zwischen den Baracken umher. Schulfreunde wohnten da. Da mein Großvater auch für die Verpflegung der Flüchtlinge sorgen musste, zog er schließlich einen Lebensmittelgroßhandel auf, der auch im Zweiten Weltkrieg nicht nur für die Familie, sondern für die ganze Gegend von Bedeutung war.

Mein Vater studierte in Wien Welthandel und musste nach dem Tod seines Vaters, gemeinsam mit dem viel jüngeren Bruder, das väterliche Erbe übernehmen und führen. Ich erinnere mich daran, dass ihn diese Geschäfte nie wirklich interessierten. Es zog ihn in die Natur, zur Jagd – und später auch zum Fischen –, für Büroarbeit und den Umgang mit der Firmenbelegschaft hatte er kein Talent.

Das Sägewerk wurde nach dem Zweiten Weltkrieg stillgelegt, dort lernten wir als Kinder noch das Doktorspielen und hatten an kindhafter Erotik massenhaften Spaß. In den 50er Jahren kam dann auch die Mühle dran, auch die war nicht mehr rentabel. Es gab ernste wirtschaftliche Krisen. Ich erinnere mich an meinen Vater, wenn er zum Mittagessen kam, oft wutentbrannt, über die ihn nervenden und mir damals nicht verständlichen betrieblichen Vorgänge, er konnte und wollte wohl auch nicht seinen Zorn zähmen, sodass wir Kinder, ich und meine etwas jüngere Schwester, uns jedes Mal vor ihm ängstigten und versuchten, ihm aus dem Weg zu gehen. Was manchmal auch zum Gegenteil führte, und seine Wut traf uns direkt. Die Mittagssuppe musste stets brennheiß sein, und ich fragte mich oft, wie er seine siedend heiße Suppe essen konnte!

Das war wohl mit ein Grund, warum ich in meinen frühen Lebensjahren meinen eigenen Ausdruck nicht wirklich entwickeln und nicht wirklich zu mir finden konnte, warum ich mit

Im Klosterinternat Stift Zwettl, 1954

hevoller Aufrechterhaltung meiner Selbstwert-
gefühle. Noch heute hab ich seinen Befehlston in
den Ohren: Komm, Michl, Bua, mach das! Hilf
mir, Auto waschen! Tu das! Hochstand bauen!
Nie die Frage, ob ich will, ob ich Lust darauf
habe, ob es mir gerade passt, nie die Frage, was
mich gerade beschäftigt, was mich – nicht nur
ihn – interessiert, nein, immer nur diese Befehle,
gleichgültig, wo und womit ich beschäftigt war.
Sonntagvormittags, wenn es im Sommer heiß
und schwül war und ich länger faul sein oder
irgendetwas anderes machen wollte, musste ich
raus und mich von dicken Bremsen stechen
lassen. Nägel, Hacken, Bäume schleppen. Keine
Widerrede, weil ich kannte sein Aufbrausen.
Und nicht nur ich.

Als ich zehn Jahre alt war, wurde ich – ja,
buchstäblich, so habe ich es erlebt – ins Klosterinternat im Stift Zwettl gesteckt. Reingesteckt.
Die Grundmauern des Internatstraktes sind ungefähr drei Meter stark, sie verjüngen sich etwas
nach oben, im ersten, zweiten Stock sind die
Fensternischen noch immer eineinhalb Meter
tief. Damals fuhr mein Vater einen schwarzen
Mercedes 170S, mit so einem Buckel hinten, und
das sehe ich heut noch: Stift Zwettl liegt tief im
Tal des Kamp, und die Autostraße führt geradewegs auf die Anhöhe davor – und ich sehe
das Wegfahren der Eltern mit meiner Schwester

den eigenen Bedürfnissen hinterm Berg hielt,
buchstäblich, so wie ich die Scheiße in meinem
Bauch kaum mehr loswurde. Ich getraute mich
nicht, meinem Vater zu widersprechen. Gegen
seinen Zorn war kein Kraut gewachsen. Es gab
eine aus Leder geflochtene Peitsche, im Vor-
haus an der Wand, das war eine Hundspeitsche,
die nicht sein Jagdhund, sondern wir zu spüren
kriegten. Meine Schwester mehr als ich, auch
am Nackerten, auf dem Tisch. Gegen diese Gewalt traute ich mir nichts zu sagen. Im Gegenteil, ich gehorchte ihm, jedoch nur unter mü-

so über den Hügel hinauf und dann in eine Kurve, und dann verschwindet das Autodach hinter der Kuppe, und übrig bleibt – der Blick, mein Blick, auf eine fremde Landschaft, über die der Wind pfeift, auf dunkle Äcker, bei minus 20 Grad erstarrt, der Schnee wird vom Wind darübergeweht, Krähen ducken sich zwischen die Schollen – was soll ich noch sagen? Wir froren unter der Betttuchent, ich sehnte mich nach daheim und weinte bitterlich. Alles das, was für mich in meiner Kindheit schön und wundervoll war, denn das gab es ja auch, war auf einmal weg, einfach weg. Es war wie sterben, wie lebendig tot.

Meine Eltern konnten oder wollten mir nie sagen, warum sie mir das antaten. Ich selbst fand dafür zwei Erklärungen, die eine: Unter bürgerlichen Verhältnissen war es vielleicht angezeigt, zur besseren Erziehung der Kinder, sie in ein Internat zu stecken; auch meine Schwester kam im Alter von zehn Jahren zu den Dominikanerinnen nach Wien. Der andere Grund war vermutlich, dass meine Eltern schon so viele eigene Probleme hatten, in ihrer Beziehung und auch beruflich, dass sie womöglich dachten, es sei gescheiter, sie gäben die Kinder außer Haus.

EINFACH DAS LEBEN VERSUCHT

Als ich 14 oder 15 Jahre alt war, kaufte mein Vater, über die Empfehlung eines Freundes, des Generalimporteurs von Bolex in Wien, eine 8mm-Kamera mit drei Paillard-Wechseloptiken und dazu einen erstklassigen Bolex-Projektor. Den musste ich erst vor ein paar Jahren entsorgen, weil er während des Laufs Funken sprühte und innerlich verrottet war. Ich sah damals nicht, dass mein Vater ein besonderes filmisches Interesse gehabt hätte. Er filmte zu Weihnachten und im Sommer, wenn er mit uns in die Nähe von Mariazell, zum Fliegenfischen in der Salza, fuhr. Er watete mit hohen Stiefeln durchs Wasser, und ich war dazu eingeladen, das heißt, ich musste, mehr oder minder, am Ufer entlanggehen und zwischen den Büschen versuchen, ihn irgendwie zu filmen. Zwischendurch drehte ich die Kamera weg und filmte etwas anderes, das mich mehr ansprach.

Das waren also meine ersten Filmerfahrungen mit einer Kamera. Im Gmünder Kino hatte ich zuvor *Bambi* und *Münchhausen* gesehen, auch sowjetische Propagandafilme, in der Volksschulzeit. Damals fotografierte ich auch schon. Mit einer Kodak Retina, oder war es eine Voigtländer? Vorher hatte ich schon mit der Leica meiner Mutter geübt.

Mein Interesse an der Fotografie, später am

Film, erkläre ich mir damit, dass ich schon als Kind das Hinschauen übte, üben musste, als Ausgleich für das Nicht-anders-handeln-Können. Vermutlich konnte ich mich nicht anders als durch Blicke der Bedrohungen erwehren, äußerlich und innerlich. Viele meiner Kinderfotos zeigen in meinem Blick und im Gesicht, wie es mir wirklich ging. So liegt es nahe, dass ich auch schöne Erfahrungen nur durch stille Blicke, durch stummes Schauen ausdrücken konnte, auszudrücken wagte, weil mir wahrscheinlich positive Feedback-Erfahrungen fehlten, mich positiv bestätigende Antworten anderer, vor allem Erwachsener, auf meine frühen Äußerungen persönlicher Erlebnisse. Mit früh meine ich durchaus schon das Säuglingsalter. Meine Mutter war sehr mit sich und ihrem traumatisierten Schicksal beschäftigt, und mein Vater mit seinem Zeug. Ich getraute mich nicht, direkt von mir zu sprechen, mich zu zeigen. Indirekt schon, auf Umwegen, mir nicht bewusst, auch den Erwachsenen nicht bewusst, zum Beispiel war ich sehr gehorsam, sehr brav, in der Schule war ich vorbildhaft, in meinem Verhalten, nicht immer in den Leistungen, im Turnen war ich immer der Schlechteste. Auch im Klosterinternat war ich unter uns Sängerknaben stets vorbildhaft und als Solist der Beste, doch wie es mir wirklich ging, das konnte ich nicht sagen. Es

scheint also eine Verbindung zu geben zwischen der frühen, von außen erzwungenen Zensur meiner Sprache, meiner Ausdrucksfähigkeit und meiner Art zu fühlen und zu schauen.

Nach dem Klosteraufenthalt war ich dissozialisiert und tat mir sehr schwer im Kontakt mit anderen Menschen. Das zog sich sehr lange durch mein Leben. Inzwischen wurden Kontakte natürlich leichter, einfacher, selbstverständlicher, auch ich lernte, musste dazulernen, wurde selbstsicherer, sah, dass andere auch nur mit Wasser kochten. Aber diese doch lange Jahre tief sitzende Scheu vor anderen Menschen, gleichzeitig auch die Sehnsucht nach ihnen, schien im Grunde die Scheu zu sein, meine eigenen Gefühle offen und direkt zu zeigen, offen und ohne Angst von mir zu sprechen. Freud schrieb, der Ort der Trennung ist der Konflikt. Dass ich in meiner Kindheit in meiner Wesensart nicht so angenommen und so verstanden wurde, wie es meiner Natur entsprochen und wie ich es gebraucht hätte, um zu mir zu finden, um mich zu begreifen, wahrhaftig und direkt, dass ich erlebte, dass man mir nicht zuhörte, dass man mich nicht achtete, das zieht sich durch mein ganzes Leben. Das machte mich in dieser Hinsicht sehr hellhörig. Manchmal passiert es mir auch heute noch, dass ich etwas aus tiefer Überzeugung mache und äußere, und es

Filmstudent in Wien, 1965
Illmitz, Neusiedler See, 1964

wird einfach überhört oder übersehen oder ver-
pufft im Weltall. Heute macht mir das nichts
mehr aus, persönlich, ich weiß, was wie und
warum gespielt wird.

Da mein Vater das Filmen bald aufgab und
die Geräte zu vergammeln drohten, nahm ich
sie an mich und filmte damit in Wien, in der
Schule, bei einer Exkursion in die Schweiz, oder
auch in der Klasse, und daheim, in meiner Un-
termiete, ohne so recht zu wissen, oder wissen
zu wollen, was ich damit mache. Die Lust am
Filmen, Fotografieren, am Schauen, trieb mich
an. Und die Tatsache, dass meine Fotos bei
Freunden und Freundinnen gut ankamen.

Die ersten ernsthafteren, freieren, bewusste-
ren, filmischen Versuche unternahm ich etliche
Jahre später, am Ende meines kurzen Besuchs
der Wiener Filmschule, etwa zu Beginn meiner
ersten Ehe, 1966/67.

Ich maturierte 1962 am TGM, dem Technologi-
schen Gewerbemuseum, einer Höheren Technischen Lehranstalt, im Fach Starkstrom. Ich
wollte Kraftwerke bauen. Die Matura machte
ich aber eigentlich nur, um meine Eltern nicht
zu enttäuschen. Denn das Technische interessierte mich schon ab dem 17. oder 18. Lebensjahr
nicht mehr, und ich ging dann auch kaum mehr
zur Schule, nur wenn es unumgänglich war. Ich

wohnte in der Nähe, und wenn es mich nicht
freute, ging ich heim, durfte mir selber die Ent-
schuldigungen schreiben, meist gab ich als
Grund eine Gastritis an, weil das nicht nach-
prüfbar war. Der einzige Lehrer, den ich wirklich schätzte, unterrichtete Deutsch, und er to-
lerierte oder schätzte auch meine schrulligen
Aufsätze, die immer die Regeln brachen.

Damals wurde mir moderne Literatur wichtig, wobei ich Dostojewski und so Sachen nur
anlas, denn mehr als seine oder andere Romane
interessierten mich Biografien, persönliche Erfahrungen. Die Tagebücher von Max Frisch
mochte ich, auch Brecht, vor allem aber die
Bücher von Henry Miller, die man damals nur
unterm Ladentisch bekam, von Olympia Press
in Paris, im Original. Der faszinierte mich. Da
war plötzlich einer, der von sich selber sprach
und seine Geschichten in der Ich-Form erzählte.
Glaubhaft, überzeugend, offen, ungeschminkt,
direkt. Und irgendwo schrieb Miller, dass er erst
mit 38 zum Schreiben kam. Da dachte ich, ich
hab noch viel Zeit, ich brauch mir mit 19 keine
Sorgen machen.

Auch die Literatur von Albert Camus berührte mich sehr und war mir wichtig, sein
Sisyphos, und natürlich mein Lieblingsautor
Beckett, der mich bis heute begleitet, wegen seiner knappen Sprache, und weil er so viel Un-

ausgesprochenes und vielleicht auch Unaussprechliches hineinverpackt. Ende der 8oer Jahre erzählte mir Jack Garfein, dass Beckett ihm erzählt hatte, dass seine Dialoge von der Sprache seiner Eltern herrühren. Die sollen sich in derlei Kürzeln unterhalten haben, mit langen, sehr langen Pausen dazwischen.

Und dann war für mich natürlich ganz wichtig die Jazzmusik. Free Jazz. Cool Jazz. Weniger Parker, mehr Coltrane, Miles Davis, Monk. Und die Fotografie von Robert Frank. Der subjektive, direkte Blick. Ins Herz des Lebens. Dann kamen meine ersten Verliebtheiten, Lieben, die mich tief berührten. Ich hatte Glück, nicht zuerst die Sexualität zu entdecken, sondern diese tiefen Gefühle. Sexualität kam erst später dazu, es war nicht ganz einfach, in diese Erfahrungen hineinzugehen, doch ich fand eine sehr liebe- und verständnisvolle Lehrerin.

Nach der Matura musste ich zum Bundesheer. Das ging nicht anders. Ich war sehr widerständig und musste in den Jahren danach nie wieder zu einer Waffenübung.

AN DER FILMSCHULE

Nach dem Bundesheer fuhr ich nach Stockholm, um in einem Altersheim zu arbeiten. Dort sah ich die ersten Toten. Auch in der Prosektur. Mit dem Lohn kaufte ich eine Vespa,

und am 1. September fuhr ich heim, von Stockholm bis Wien auf Autobahnen.

Danach war ich ziemlich ratlos, konnte mich für nichts entscheiden, hing in Wien herum, unter Freunden, wir pokerten viel, gingen ins Kino, Nouvelle Vague, neues italienisches Kino, Antonioni, polnische Filme, auch Preminger. Ich las und fotografierte viel, traf Freundinnen, Freunde, versuchte zu schreiben, auf meiner Lieblingsschreibmaschine, einer robusten Olivetti Lettera, im niederen Blechkoffer, die Reiseschreibmaschine schlechthin. Ich versuchte, das Leben zu leben und zu begreifen. Obwohl es noch immer sehr mühsam sein konnte und enttäuschend. Bald begriff ich aber, dass Enttäuschungen etwas Positives an sich haben. Bei Freud las ich über das Illusions- und Realitätsprinzip.

Bis Februar 1964 habe ich nichts sehr Sinnvolles gemacht. Dann fuhr ich abermals nach Skandinavien, in Kopenhagen Teller waschen, ein Abstecher nach Stockholm, ein Autounfall mit dem 2CV, glücklich überlebt. Als es wärmer wurde, verließ ich den Norden und zog nach Amsterdam und Paris, wo meine Schwester war. Ich wusste, so kannst du nicht weitermachen, so versandelst du, du fährst zurück nach Wien, studierst richtig, zum Beispiel Philosophie und Psychologie, doch als ich erfuhr, dass ich dafür das kleine Latinum hätte nachmachen müssen und noch etwas, wandte ich mich an die Filmschule. Die Prüfung war einfach, ich wurde aufgenommen. Film interessierte mich. Im TGM hatte es einen Unterricht namens Kinotechnik gegeben. Da gab es Vorführapparate und Kameras, alte, sehr edle Sachen, die wir zerlegen durften. Das war spannend. Die technische Seite der Illusionen. Wie funktioniert das Malteserkreuz, damit die Bilder im Kino wirklich laufen können. Wunderbare, mechanische Dinge, schön anzusehen und perfekt in ihren Funktionen, komplizierte Apparate, viele Teile aus Messing, handwerklich ganz fein geformt. Und abends saß ich im Kino und sah ganz andere Dinge über die Leinwand huschen, und dieses Zusammenspiel aus Technik und Illusion, das war fantastisch und auf eine wundervolle Weise auch sehr irdisch und erregend.

Der alte Kolm-Veltée leitete damals die Filmschule, er hatte sie gegründet. Ein sehr feiner Herr der alten Schule. Wenn er auf der Straße ging, wusstest du, hier geht ein Mann aus einer anderen, stolzen, vergangenen Zeit.

Er wollte wirklich etwas bewegen. Und hat das auch in Grenzen geschafft. Ich denke, sein Großvater hatte das erste Lichtspieltheater Wiens, noch vor Ende des 19. Jahrhunderts. Na-

türlich, wenn du seinen Film über Beethoven siehst, *Eroica,* weißt du, wo der Herr Kolm-Veltée zuhause war.

Es gab drei sehr gute Lehrer. Fritz Drobilitsch-Walden, er war Filmkritiker bei der *Arbeiter-Zeitung,* ein sehr guter Mann, sozialdemokratische Tradition, klare Haltung, persönlich, überzeugend: De Sicas *Fahrraddiebe* kannten wir durch ihn auswendig, jede Einstellung, auch De Sicas *Umberto D.,* das war die profunde Schule von Walden, er war klug, herzlich, er öffnete uns die Augen.

Dann Hans Winge, ein Filmjournalist, den es als Jude nach Hollywood verschlagen hatte, Kritiker, Autor, der nach dem Krieg nach Wien zurückkam und hier in der *Presse* Filmkritiken schrieb, ganz gute, denke ich; es war erfrischend, seine Sprache zu lesen, und wir spürten, wie auch bei Walden, die Person hinter der Sprache. Eines Tages kam er nicht zum Unterricht, starb infolge eines Autounfalls. Er fehlte mir sehr.

Der dritte war Norbert Kunze, Drehbuchautor von *Die letzte Brücke,* häufig unterrichtete er uns in seiner Küche, im 17. Bezirk, hinter der Hernalser Kirche: Er erzählte uns vom Leben und vom Drehbuchschreiben, und ich machte mit ihm und einem Freund einen Ausflug nach St. Margarethen. Wir schätzten ihn sehr. Umso trauriger war es, als er plötzlich an Krebs starb.

Dreharbeiten zu
Reusenheben von
Khosrow Sinai:
Michael Pilz und
Günter Duda (rechts)

Ganz anders Willi Sohm, unser Kamera-lehrer, der unterrichtete die klassische Wiener Schule der Beleuchtung aus der Kriegs- und Nachkriegszeit. Ich habe noch die Porträtfotos, die wir zu Übungszwecken der Lichtsetzung machen mussten, mit Vorderlicht, Spitzlicht und so weiter. Irgendwie interessierte mich das nicht so sehr, im Kino sah ich ganz andere Filme. Ob-wohl auch Willi Sohm ein herzensguter Mensch war, den wir auch zuhause besuchen und mit ihm diskutieren duften.

Leopold Tamare erzählte uns etwas über Begräbnisrituale auf Bali in den 20er oder 30er Jahren, wo er als junger Mann lebte. Und über Kostümbildnerei. Er betrat die Klasse und sagte, ich weiß eh, jeder von euch fürchtet sich vorm Zeichnen, aber ich sag euch: Jeder von euch kann zeichnen: Also zeichnet's!

Solche Lehrer gab es, gute Lehrer, mensch-lich offen, unvoreingenommen, die uns von einem ganz anderen Leben erzählten, von ihrem eigenen und von jenem, von dem wir träumten.

Nach unserer Übersiedelung aus der Tür-kenstraße auf den Schillerplatz, das war schon so ein erster einschneidender Versuch, den Un-terricht zu „professionalisieren". Wo du dann langweilige Kamera- oder Lichtübungen ma-chen musstest, während im Kino nebenan, im Künstlerhauskino, Godard, Truffaut, Antonioni, Munk oder Rocha zu erleben waren. Ich erin-nere mich, noch in der Gußhausstraße sah ich Peter Konlechner die Rollen von Eisensteins *Que viva Mexico!* in den Projektor einlegen, das waren die damals absolut sagenhaften stummen Muster, ich glaube, sechs Stunden lang, und ich dachte, das darf nicht wahr sein: So was gibt's! So was kann man projizieren! So was kann man ganz ungeniert auch wirklich machen! Filmen!

EIN RAT PACK

Meine besten Freunde in der Filmschule waren Khosrow Sinai aus Teheran, er hatte am Wiener Konservatorium Komposition studiert und machte dann die Filmschule fertig – heute ist er ein namhafter, angesehener Regisseur im Iran –, und Alejo Cespedes aus Bolivien, der eigentlich Erzbischof von La Paz werden wollte. Er studierte Malerei in Barcelona und in Wien und besuchte dann die Filmschule. Dort machte ihn István Szöts, ein ungarischer Regisseur, der 1956 über die Grenze kam und dann hier an der Schule unterrichtete, buchstäblich fertig. Denn im Vorübergehen sah er Alejos Übung am Schneidetisch – ich war dabei – und sagte: Herr Cespedes, das ist Scheiße, hör'n Sie damit auf. Das brach dem Alejo das Genick. Es war wirklich traurig, anzusehen, wie es ihm daraufhin ging, er hörte mit dem Filmen auf, dabei wäre er ein begabter Filmer geworden, einer, der sehr persönlich und sehr offen und ungeniert gearbeitet hätte, einfach sehr kreativ. In der Schweiz, wohin er dann Ende der 60er Jahre übersiedelte, weil er dort einfach besser verdiente, als Restaurator, dort filmte er wieder, bescheiden, auf 8mm, *Ego One* und *Ego Two*, zwei manische Filme, die wir uns in seinem Atelier in Luzern, eingeraucht, ansahen und dazu live den Ton aus zwei Kassettengeräten mischten; ich wollte ihm den Weg zu Schweizer Fördergeldern ebnen, damit er diese Filme ins Kino bringen hätte können, aber er hatte weder den Mut noch die Lust dazu. Schade, wirklich schade. Das ist für mich auch so ein Fall, aus dem zu lernen wäre, wie

feinfühlig, vorsichtig und verantwortungsvoll wir miteinander umzugehen hätten.

Und dann war da noch mein lieber Freund Angelos Dimitriadis, der für mich immer so die abendländische Kulturperson schlechthin darstellte. Und darstellt. Seine Mutter kam, denke ich, aus Florenz, sein Vater aus Athen, und diese beiden Kulturen zusammen, das war Angelos – ein guter Freund, er lebt in Athen. Wir sehen uns viel zu selten.

Das war eine gute Partie, Angelos, Alejo, Khosrow und ich, so ein Rat Pack, und eigentlich war das das Interessanteste in dieser Zeit an der Filmschule, die ich nur drei Semester lang besuchte, dann gab ich's auf. Diese Freundschaften waren mir wichtig und das, was wir gemeinsam machten: zum Beispiel so in den Tag hinein zu filmen. Ohne klare inhaltliche Konzepte. Khosrow war vielleicht die Ausnahme, er bereitete sich ernsthaft auf sein Leben in Teheran vor, ich drehte für ihn ein, zwei Kurzfilme an der Kamera, auch für einige andere.

Das Filmen, das Arbeiten mit einer Filmkamera, das fand ich spannend und lustvoll. Was mir aber dabei nicht gefiel, das war, im Dienst und nach den Vorstellungen anderer zu arbeiten – also etwas zu machen, das nicht meines war, das mochte ich nicht. Nach diesen ersten Erfahrungen lehnte ich fast alle Einladungen, für andere Regisseure Kameraarbeit zu machen, ab. Hin und wieder filmte ich dann doch noch, zum Beispiel für den Franz Novotny, einen seiner ziemlich exaltierten Exzesse, irgendwo am Flugfeld in Wiener Neustadt, mit meiner 16mm-Kamera, die ging damals ein und das Filmmaterial wurde quasi faschiert, aber selbst dieses Material hat der Franz noch irgendwie verwendet. Dann gab es auch noch einen ähnlich wilden Dreh in Simmering, eines Morgens, zwischen den alten Gasometern, dort, wo ich in dieser Zeit auch *Underground* filmte. Franz brachte in zwei Dopplern Stierblut vom nahen Schlachthof, sein Jugendfreund Karli Kases filmte mit einer stummen 16mm Arriflex, ich mit meiner Fuji Single-8; Franz wünschte sich einen Film über seine Dreharbeit, ich filmte also zwei, drei Rollen und übte mich schon damals im Schneiden-in-der-Kamera, wohl um mir Rohfilm, aber auch um mir das filigrane Schneiden des 8mm-Materials zu ersparen. Die Rollen schenkte ich dem Franz, vielleicht hat er sie noch.

Ein anderes Mal rief er mich an, er klang ziemlich verzweifelt, er bewohnte damals einen Blechkobel am Flachdach eines Hauses im 3. Bezirk, er hatte eine Pistole, wie auch andere Waffen, die er in seinen frühen Schmalfilmen, mit Kases, verwendet hatte, in den Donauauen un-terhalb Wiens. Er wollte sich erschießen, und ich sollte ihn mit meiner 16mm-Kamera dabei filmen: „sofort". Ich versuchte ihm das auszureden, und wie man weiß, gelang es mir ja auch. Zum Filmen kam es dann nicht mehr.

Das waren Projekte, die lagen mir; aber so wirklich, ich meine ordentlich, also sozusagen professionell für andere filmen, das wollte ich nicht. Obwohl ich wahrscheinlich viel damit verdient hätte und ein ganz guter, erfolgreicher Kameramann geworden wäre. Das hatten mir damals mehrere Personen attestiert. Auch Khosrow versuchte, mich nach Teheran zu verführen, nachdem er sich Ende der 60er Jahre von Wien verabschiedet hatte.

Aber ich wollte meine eigenen Sachen machen und nicht anderen meine Bilder für deren Filme leihen, vor allem weil ich oft das Gefühl hatte, sie sähen nicht wirklich! Was sie sahen, das war nicht das, was ich sah oder sehen wollte. Ich meine damit nicht nur die Dinge, die gefilmten Objekte, die Storys und so, sondern ich meine die Blicke, das Hinschauen, wie sie hinsahen auf die Dinge, auf sich selber und auf die Welt. Das war mir damals schon oft sehr fremd. Da fehlte mir vieles. Ich wollte lieber meine eigene Vision des Kinos versuchen, zumindest versuchen, denn ob es gelingen würde, das stand

Am Peloponnes, 1966

noch in den Sternen, ich zweifelte sehr, an meinen Vorstellungen und an mir selbst.

In der Zeit, 1964/65, lernte ich meine erste Ehefrau kennen, wir wollten eine ganz andere Qualität von Leben riskieren, und auch deshalb verabschiedete ich mich von der Filmschule. Ich ging nach Amsterdam, volontierte kurz in einem Filmstudio, das hatte aber nicht wirklich Verwendung für mich, denn es gab nicht viel zu tun, und so fuhren wir im Sommer '66 nach Athen, zu Angelos. Ich wollte in Athen bleiben und arbeiten, wo sich gerade am Filmsektor vieles tat und verjüngte: Da war Koundouros mit einem neuen, sehr schönen Film, den er aus Kreta mitbrachte, Cacoyannis hatte einen sehr interessanten Film, und vor allem die Jungen waren da, und in der Gegend um Kolonaki waren jeden Abend Tausende unterwegs, und es wurde viel über Film und natürlich auch über Politik geredet. Ich dachte, ich könnte vielleicht mit der Hilfe von Angelos etwas realisieren, brachte aber das Geld nicht zusammen, um über den Winter dazubleiben. Und auch mein

Versuch, in einer deutschsprachigen Wochenzeitung zu schreiben, gelang nicht. Meine Frau fuhr heim, sie war schwanger, die Hitze tat ihr nicht gut, und irgendwann, im November, nahm auch ich den Zug zurück nach Wien.

Da traf ich auf Lui Dimanche und Gert Winkler. Ich konnte mit Gerts Normal-8-Beaulieu experimentieren, versuchte alles, was denkbar war, Einzelkaderbelichtungen, die Schichtseite zerkratzen, Glasfilm bemalen, bekleben, was weiß ich, es war sehr lustvoll, mit der Zeit ging der Spaß aber auch ins Geld. Das war knapp, denn das brauchte nun die junge Familie. Unsere Tochter Miriam war im Frühjahr 1967 zur Welt gekommen.

Ich besorgte mir verschiedene Kameras, billige und absichtlich ganz einfache, von Eumig, mit Fix-Fokus-Optiken, die von null bis unendlich immer scharf zeichnen, ich experimentierte auch mit optischen Effekten, mit Linsen, die ich vor die Kameraoptik hielt.

Dann versuchte ich mit Gert eine Zeitlang die permanente Filmrevolution. In Anlehnung an Maos Kulturrevolution. Wir kauften zwei

Fuji Single-8-Kameras, er eine und ich eine, besorgten uns wöchentlich ein Paket mit Filmen, von der Fuji-Generalrepräsentanz am Wiener Schwarzenbergplatz, und riefen den *permanenten Film* aus: laufend drehen, laufend anschauen, auf Biegen und Brechen Fehler kritisieren, wieder drehen, besser drehen – also, wir machten ordentlich Dampf. Maos rote Bibel stand am Altar, und „gemma!" Das hielten wir natürlich nicht lange durch, irgendwann ging uns das Geld aus, oder auch die Lust daran, und dann hat's einfach nimmer funktioniert.

Das war auch die Zeit, in der ich mehrmals versuchte, von Wien auszubrechen und mich in München oder vielleicht in Amsterdam anzusiedeln, dort, wo die neuen Filme wirklich gemacht wurden. In München lebte meine Schwester, und durch sie fand ich einen wahrhaft treuen Protegé und Freund, Carlo Fedier, der im Filmverlag der Autoren lektorierte und mit wichtigen europäischen Regisseuren befreundet war, Bergman, Resnais, Colpi, Malle, Duras und anderen. Er war auch der Erste, der *Himmel und Erde* sah, in einem Münchner Kino, das ich gemietet hatte, nur für ihn. Er machte mir wirklich immer Mut, und das vergesse ich ihm nie. Schließlich war mir, auch angesichts meiner Familie – 1971 kam unsere zweite Tochter Katharina zur Welt –, Amsterdam zu weit

und unsicher, und München blieb das, als was es mir immer erschienen war, ein großes Dorf, mit ein paar sehr reichen Leuten und an der Filmfront einigen Wahnsinnigen, die das Leben riskierten. Mit Kurt Wotruba, der nach dem Krieg aus seinem Schweizer Exil nach Wien zurückgekehrt war, teilte ich das Gefühl, dass auch ich den Gestank des Misthaufens in Wien, in Österreich, brauchte, weil ich mich zutiefst als Teil dieser Kultur begreife und nur daraus auch am tiefsten schöpfen kann. Auch Fellini scheiterte beim einzigen, ersten und letzten Versuch, nördlich der Alpen zu drehen, er fand rasch den Weg zurück in sein Rom, in seinen Kosmos.

Gert war ein absoluter Fan des großen Gefühls- und Mythen-Kinos, und so verlor ich bald mein Interesse an den experimentellen Arbeiten, auch weil ich darin keinerlei Zukunft sah, vor allem nicht eine, in der ich daraus Geld hätte machen können, schon gar nicht hier in Wien. Und so dachten, planten, schrieben und drehten wir die eine oder andere Sache im Hinblick auf das Kino von Ford, Melville, Hawks, Lang oder auch Peckinpah und wie sie alle hießen. Damit lagen wir klar in Opposition zu den Bemühungen von Weibel, EXPORT, Scheugl, Kren, Schlemmer und den anderen, die sich Anfang der 70er Jahre – auch – um ein Festival des neuen, jungen Films

Sie haben Geld -
wir haben Ideen

Flugblatt 1968

Realisieren Sie unsere Ideen
und wir vermehren Ihr Geld
Produzieren Sie unsere Filme

Michael Pilz · Gert Winkler · Lui Dimanche
Satzbergg. 9 · A-1140 Wien · Tel. 9418505

einen Film, *Underground,* den wir bei der Ma-raisiade zeigen wollten, quasi als Watsch'n ins G'sicht, aber wir zogen ihn zwei Tage vorher zurück; wir dachten, das könne nur nach hinten losgehen, man würde unsere Ironie nicht als solche begreifen, sondern denken, auch dieser Film verstünde sich als Teil der Avantgarde. Ich meine, ich kannte damals schon die Filme des sogenannten New American Cinema, die Peter Kubelka einige Jahre zuvor nach Europa, zuerst nach Pesaro und dann ins Filmmuseum nach Wien, gebracht hatte. Das waren Filme! Kuchar, Brakhage, Smith, Anger und all die anderen. Ich hatte, glaube ich, ein gewisses Gefühl für Qualität, für künstlerische Qualität. Kunst im Dienst von Politik, das behagte mir nicht. Ich war immer gegen dienstbare, unfreie Verhält-nisse.

Rückblickend muss ich sagen, damals war ich ein eher apolitischer Mensch. Kunst konnte mich gewinnen und überzeugen, doch das Po-litische, das lag mir nicht so. Was man jetzt, 40 Jahre später, über '68 in den Zeitungen schreibt, das nahm ich damals nur am Rand meines All-tags wahr. Obwohl ich mich noch gut daran er-innere, als ich im Café Savoy in der Linzer Straße im Fernsehen die ersten Bilder vom Einmarsch der Warschauer-Pakt-Truppen in Prag sah, das

in Wien, Maraisiade, versammelten und die Austria Filmmakers Cooperative gründeten. Die Maraisiade 1 und 2 waren Versuche, in einem Haus der Kammer der gewerblichen Wirtschaft am Hohen Markt, wo es einen Kinosaal gab, verschiedene, vor allem experimentelle Filme zu zeigen, also einfach das, was damals an der Filmfront kursierte. Weibel und KollegInnen besetzten das Festival aggressiv und nützten es für ihre Zwecke, so wie sie das auch mit dem Filmmuseum machen wollten. Winkler, Di-manche und ich machten als Antwort darauf

war berührend und erschütternd. Denn kurz zuvor war ich mehrmals in Prag gewesen, auch in den Filmstudios und bei einer berühmten Dramaturgin, in einem Haus nördlich von Prag, hoch über der Moldau, wunderschön. Ich kannte das junge tschechische Kino und liebte es, die feine Ironie, das Gespür für das einfache Leben, für die wahren Nöte und Sehnsüchte der Menschen. Ich begriff auch die politischen Attacken, die darin verpackt waren, und verstand, dass tschechische Künstler sich nicht direkt äußern konnten, wenn sie nicht Gefahr laufen wollten, im Gefängnis zu landen. Ich kannte Bohumil Hrabal, von einer Lesung in Wien, Ivan Vyskocil, einiges der neueren Prager Literatur. Das war mir nahe, und auch ich, denke ich, bewegte mich, aus ganz anderen Gründen wahrscheinlich, in einer Art Parallelwelt, wie in einem Märchen. Möglicherweise interessierte mich Politik nur peripher, weil ich Familie und ständige Geldsorgen hatte und die eigenen Projekte weiterbringen wollte. Wir lebten und werkten eher in der uns eigenen Welt. Ich war auch kritisch gegenüber politischen Engagements von Freunden in Vietnam, ich meinte, wir sollten eher vor der eigenen Türe kehren, doch das klang in manchen Ohren reaktionär. Im Versuch, mit Gert Winkler und Lui Dimanche Spielfilme zu machen, distanzierten wir uns vom damals jungen österreichischen Avantgardefilm, weil das meiste davon viel zu wenig mit unseren Vorstellungen von Film und Filmkunst zu tun hatte.

UHR OHNE ZEIGER

Nach dem Venedigausflug 1972, zur Filmbiennale, mit *Wladimir Nixon,* haben Gert Winkler und ich versucht, größere Spielfilme zu machen. In dieser Zeit hatte Peter Patzak schon seinen ersten Kinofilm gedreht, und auch wir wollten das riskieren. Als Finanzier dachten wir dabei an Ludwig Polsterer, der mit seiner Filmfirma Cosmopol in den 50er Jahren *Die letzte Brücke* produziert und eben den *Kurier* verkauft hatte: Fragen wir den, falls er einige Millionen frei haben sollte, vielleicht will er noch einmal einen Film finanzieren. Eins unserer Projekte nannten wir „Fünf Finger an der Hand des Kriegers". Gert schrieb das Drehbuch, wir ließen es übersetzen, französisch und englisch, ich traf den Finanzchef von Polsterer, Herrn Divischek, der meinte: Ja, ein interessantes Projekt. Es ging um zehn Millionen Schilling, und es hörte sich so an, als wär' da was drin. Also fuhr ich nach Paris und traf Michel Constantine. Das war abenteuerlich, weil ich am Boulevard du Nord, einem sehr, sehr langen Boulevard, der Hunderte Hausnummern hat, am falschen Ende aus der Metro stieg – und nun ans andere Ende laufen musste, wissend, ich hab einen Termin um drei, und es war schon zehn vor drei, und ich rannte, was das Zeug hielt, und hatte keine Uhr bei mir, und als ich einen Passanten anhielt und um die Zeit fragte, sah er auf seine Uhr, und diese Uhr hatte gar keine Zeiger, wir waren beide verblüfft, auch er! Ich begriff nie, was das heißen sollte. Ein paar Minuten kam ich dann zu spät, und Constantine unterschrieb den Vorvertrag für seine Hauptrolle. Dann war ich bei Claude Brasseur, unten an der Seine, auch er unterschrieb einen Vorvertrag, über eine Nebenrolle, oder sagen wir, die zweite Hauptrolle. Ich fuhr heim, und wir warteten auf die Antwort von Herrn Divischek. Leider entschied er sich nicht für Film, sondern für die Zellstoff-Zellulose-Industrie – und damit war dieses Projekt weg vom Fenster.

FERNSEHEN (EIN SUPER EINSTAND)

Oder? Vielleicht war der Anfang noch genialischer! Ich war gut befreundet mit der Coop Himmelblau, mit Prix, Swiczinsky, auch mit den Ortners von Haus-Rucker-Co, mit Klaus Pinter, Herbert Schweiger und einigen anderen progressiven ArchitekturstudentInnen, die sich in namhaften Gruppen formierten: ZÜND-UP, Salz der Erde, Missing Link waren die berühmtberüchtigsten. Das war ein spannendes Feld,

und ich wollte ja auch einmal Architekt werden, oder Bildhauer, oder Komponist.

Mit Fernsehen hatte ich damals nichts zu tun, außer dass ich hin und wieder Nachrichten sah. Filme im Fernsehen gab's für mich nicht. Zum Filmeschauen gingen wir ins Kino, exzessiv. Und Fernsehfilme und derlei interessierte mich auch nicht. Vielleicht noch Schönherrs Samstagabendshow *Wünsch dir was.* Da gab es immer wieder gute Einfälle, und es war auch nicht das dümmliche, übliche Fernsehen.

Eines Tages sagten wir uns, Prix, Swi und ich, und da war auch noch der Michael Holzer, okay, versuchen wir im Fernsehen was. Wir beschrieben einen Zettel, ich ging in die Argentinierstraße, die Türen waren offen, und da saß der Redakteur von *Kultur aktuell,* das war ein Programm um halb sieben, Vorabend. Ich sagte, ich arbeite mit Coop Himmelblau und wir wollen einen Film machen, hier sei das Konzept und es sei, wie Coop Himmelblau selbst, sehr progressiv und würde gut in die Sendung *Kultur aktuell* passen, das Fernsehpublikum könnte ein bissel darüber erfahren, was an der Architekturfront so passiert. Der Redakteur überflog den Zettel, sagte: Ja, gut, drei Zimmer weiter sitzt der Produktionsleiter, holen Sie sich eine Produktionsnummer, das machen wir.

Das wurde die teuerste Sendung der *Kultur*

ÖSTERREICHISCHER RUNDFUNK

Österreichischer Rundfunk, Gesellschaft m. b. H., 1041 Wien, Postfach 700

1041 Wien, Argentinierstraße 22
Telefon: (0222) 65 95 – Durchwahl
Fernschreiber: 01/1801
Telegrammadresse: ORF-Wien

Herrn
Michael P i l z
Halbgasse 7/10
1070 W i e n VII.,

FP 7

Unser Zeichen HL/B

Wien, den 6.5.1970

Sehr geehrter Herr Pilz !

Da ich aus meinem Herzen selten eine Mördergrube mache, muß ich Ihnen offen gestehen, daß mir Ihr Beitrag über "Coop Himmelblau" mißfallen hat. Das eigentliche Anliegen dieser Künstlergruppe wird in diesem Film durch Mätzchen, die nicht einmal lustig sind, nur verstellt und verschleiert.

Ich habe Ihnen seinerzeit den Auftrag erteilt , da ich von der irrigen Annahme ausgegangen bin, daß Sie ein langjähriger Mitarbeiter der Sendereihe "Kultur-Aktuell" sind. Ich bin da leider einer Selbsttäuschung aufgesessen.

Ich bedaure sehr, daß Sie mir den Film nicht, so wie es ursprünglich ausgemacht war, im Rohschnitt vorgeführt haben. Vielleicht hätten wir da noch einige Korrekturen anbringen können. So aber geht der Film heute ohne Freude für die Auftraggeber und sicher zur allergeringsten Freude für das Publikum über die Schirme.

Mit vorzüglicher Hochachtung

HAUPTABTEILUNG KULTUR

F. A. Hansen-Löve

(Prof.F.Hansen-Löve)

aktuell dieser Zeit, und die mit Abstand – von der Kulturabteilungsleitung – meistgehasste.

Jüngere Filme zur Coop Himmelblau verwendeten Aufnahmen aus unserem Film aus 1970, im Umgang mit dem alten Material wurde aber offenbar nicht genügend Sorgfalt angewendet. Die Filmbilder sind bis auf ganz wenige verschollen, nur der Filmton existiert noch in den Archiven des ORF.

NO RISK, NO FUN

Na, ja, die 80er Jahre. Mit *Himmel und Erde* war ich selber überrascht, was mir gelang. Wenn du nur mit dir selber beschäftigt bist, verlierst du den Überblick, wer du bist und wo du bist. Und ich bin nur gesessen, ganz allein, und hab *Himmel und Erde* geschnitten, zwei Jahre lang. Ich war mit dem Material verheiratet, aber wie ich sah, dass das wirklich – zwar nicht hier, sondern anderswo: Carlo Fedier in München, Moritz und Erika de Hadeln in Nyon, Klaus Wildenhahn, Reni Mertens und Walter Marti auch in Nyon oder Pascal Dauman, die Exfrau von Anatole, in Paris – überzeugte, oder auch Henri Colpi, der beim Festival in Aurillac, Haute Auvergne, auf mich zukam und sagte: Michael, ich muss dir sagen, keine Minute wollte ich missen an diesem Film, *Himmel und Erde* – darüber hab ich mich wirklich sehr gefreut, denn der Henri war ja

nicht irgendwer! Etwas schien mich doch über der Trübsal mit dem ORF und den Geldproblemen nicht verlassen zu haben. Oder schien sich geformt zu haben. Denn plötzlich bekam ich das Gefühl, ich kann was machen, wirklich und zwar hier, im, ja, im inneren Exil, in Wien.

Damals dachte ich daran – und Beate, meine zweite Frau, schürte diese Idee, denn sie schrieb seit einigen Jahren ziemlich gute, aber viel zu teure Spielfilmdrehbücher, die auch heute noch im Kino ausgesprochen zünden würden, aber wir lebten damals in Wien, und da gab es noch die Wien-Film mit ihren abwegigen Projekten für das internationale Kino, aber es gab nicht den Geist, das Format, die Leute, die begriffen hätten, was möglich gewesen wäre –, also meine Frau redete mir zu, mit dem relativen, internationalen Erfolg von *Himmel und Erde* auf einen Spielfilm zu setzen, denn mit Dokumentarfilmen sei kein Geld zu verdienen, nicht mit Filmen wie *Himmel und Erde,* so gut sie künstlerisch auch seien. Und Geld war wichtig, wir heirateten 1982, und Rosemarie, unsere Tochter, kam ein Jahr darauf zur Welt. Es war eine schwierige Situation für mich. Es gab verschiedene Stoffe, die mich interessierten, sowohl Dokumentarisches als auch Spielfilme. Schließlich nahm ich eine von Beates Geschichten, „Maria Angemessen", ein utopisches Filmtreatment, x-mal

Rothaide im Juni 1982, zur Zeit der
Fertigstellung von *Himmel und Erde*

überarbeitete ich es mit ihrer Hilfe, schließlich
schrieb ich das Drehbuch *Noah Delta II*. Das
sandte ich dem ZDF, Heinz Ungureit, Abteilung
Fernsehfilm, kalkuliert waren ungefähr zwei
Millionen Mark. Monatelang bekam ich keine
Antwort, ich dachte, da wird nichts draus. Dann
schrieb eine Redakteurin des Kleinen Fernseh-
spiels, Frau Iubatschek-Rahn: Wir wollen das
machen, um 300.000 Mark. Da freute ich mich
natürlich sehr, ein Fuß war in der Tür, aber die
Frage war: Was mach ich mit 300.000 Mark,
wenn der Film, so wie er geschrieben war, zwei
Millionen kosten würde? Kurz dachte ich daran,
den Film, ähnlich wie zehn Jahre zuvor den
Langsamen Sommer, unter Freunden, in der eigenen Wohnung und entsprechend adaptiert, zu
drehen. Doch diesen Plänen kam mein Freund
Bernhard Frankfurter in die Quere, mit dem ich
damals bei den Österreichischen Filmtagen das
Video *Wels* produzierte: Du, ich kenn jemand
aus der Schweiz, der ist gerade hier, er hat einen
Freund in Budapest, sie ziehen gemeinsam eine

Firma auf und suchen Koproduktionen. Ich
dachte, okay, no risk, no fun, und ließ mich darauf ein. Tatsächlich gelang es Bernhard, innerhalb eines Monats alle nötigen Verträge unter
Dach und Fach zu kriegen. Noch dazu mit diesem schwierigen Stoff, der den Kommunisten eigentlich zu riskant gewesen sein müsste. Da
aber sehr viel Schmiergelder flossen, standen
uns Tür und Tor offen. Es war schon sensationell. Anfang Dezember 1984 fuhr ich nach Budapest, Verträge unterschreiben, Drehorte suchen,
Darsteller casten, meine Frau Beate saß mir im
Nacken, sie wollte auf Teufel komm raus die
Hauptrolle spielen. Kurz, wir haben dann gedreht, der Film kam zustande, und natürlich
war am Schluss zu wenig Geld da für den Rest,
vor allem für den Ton, die Sprach- und Ge-
räuschsynchronisation. Aber das Grundübel
dieses Unternehmens war von Anfang an, dass
diese Geschichte aus zwei Geschichten besteht,
einer konkreten – zwei junge Leute treffen sich
zufällig, fahren mit einem alten VW ins Blaue,

und dabei passieren ihnen ganz eigenartige Sachen – und einer paranoiden Geschichte, der Geschichte eines Verfolgungswahns – einer geht am Morgen aus dem Haus und sieht sich verfolgt, so lange und immer wieder – diese Geschichte zeigt den Wahn auch in der Form ihrer Montage –, bis er tatsächlich gekapert, in geheimnisvolle, unterirdische Verliese gesteckt und von Kameras beobachtet wird. Er befreit sich und stirbt. Nun sind seine Verfolger auf der Flucht. Irgendwann begegnen sich diese beiden Geschichten und es kommt zu einem offenen, rätselvollen Ende. Leider begriffen die Ungarn diese zwei Geschichten falsch, nämlich verkehrt herum. Die reale Geschichte, zwei steigen ins Auto und fahren los, war für sie unvorstellbar, reine *fiction,* Traumlandlandschaft, das Nichtmögliche. Dagegen begriffen sie die paranoide Geschichte als ihre Alltagsgeschichte, die haben sie sofort verstanden. Ich nahm den Film mit nach Paris zu Pascale Dauman, die ursprünglich *Himmel und Erde* ins Kino bringen wollte, doch das Kuratorium des Centre National de Cinématographique fand sich nie vollzählig zur Abstimmung zusammen, es ging um die Kopien- und Untertitelkosten, und so dachten wir über gemeinsame Koproduktionen nach; nach Ansicht des Films sagte sie zu mir, ich sei ziemlich *self-indulgent.* Das ging mir unter die Haut.

Im Herbst 1985 kam ich zurück nach Wien und fühlte mich hier nicht mehr daheim. Hier war mir alles fremd geworden. In Budapest hatte ich das erste Mal im Leben das Gefühl, wirklich daheim zu sein. Obwohl nichts funktionierte, Telefonapparate waren kaputt, Verbindungen brachen zusammen, Wasserleitungen tropften, Abflüsse gingen über, Türschlösser klemmten. In der für damalige Verhältnisse eher luxuriösen Villa am Rosenberg, wo ich mit Beate und Rosemarie wohnte – sie fuhren erst zu Ostern wieder nach Wien –, kam eines Tags das Wasser von der Zimmerdecke; nachdem das halbwegs mit Plastiksäcken abgedeckt war – die Familie über uns war auf Urlaub am Balaton und für niemanden erreichbar –, kam von unten, vom Kanal, das Abflusswasser hoch, und wir waren bis zu den Knöcheln nass. Nichts klappte, ständig drohte alles zu kollabieren. Mittendrin fühlten sich Rosemarie, sie war gerade zwei Jahre alt, und Beate wohl. Es gab sehr friedliche Kinderspielplätze, in öffentlichen Verkehrsmitteln gab's nie irgendwelche Reibereien oder so ungute Geschichten, wie sie in Wien immer wieder vorkamen, damals jedenfalls. Klar gab es viele müde und abgearbeitete Menschen, Verzweiflung und Armut und eine Unmenge an Alkohol, aber so ang'fressene und aggressive Leute wie bei uns: nie!

MIT ECHTEN ZIEGELN ARBEITEN

Das ist eine heikle Geschichte, *Feldberg* war von Anfang an ein Gang auf Messers Schneide. Ich saß hier, an diesem Tisch, in der Teschnergasse, und schrieb das Drehbuch, ein in Handlung und Dialog komplett geschriebenes Buch: ein Mann, eine Frau, eine befremdliche, vegetationslose Landschaft, und da ereignet sich einiges – eine abstrakte Sache, mit einer gewissen, aber unbeabsichtigten Ähnlichkeit zum japanischen Film *Die Frau in den Dünen,* von Hiroshi Teshigahara, nach dem Bestseller von Kobo Abe, 1964. Zu meinem Drehbuch schrieb ich ein sehr ausführliches Vorwort, in dem ich für alle wichtigen Sparten der Herstellung, Regie, Kamera, Ton, Ausstattung, Darsteller und so fort, genau beschrieb, was mir besonders wichtig war und wie ich mir die Realisierung vorstellte. Besonders betonte ich, dass ich, falls dieses Drehbuch eines Tages wirklich realisiert werden sollte, dann quasi mit echten Ziegeln arbeiten würde. Nicht zuletzt hatte ich auch in Budapest bei *Noah Delta II* gelernt, darauf zu achten. Kein Betrug, alles echt, es genügt, eine Einstellung einmal zu drehen, den Augenblick der Wahrheit.

Ich sprach mit Gerhard Schedl vom Österreichischen Filmförderungsfonds, heute Filminstitut, über die Chancen, diesen Stoff zu realisieren. Gerhard kannte ich aus der Filmschule,

er hatte mir in den Jahren danach immer wieder bei verschiedenen Projekten geholfen, Jobs vermittelt, Kameras geborgt. Nun gab es ein kleines Problem: Ich war mit dem durch die öffentliche Hand geförderten Film *80 cm 5 t,* mit Karl Prantl, noch nicht fertig. Gerhard Schedl musste auf den Richtlinien des Fonds bestehen, die festlegten, dass ein Produzent nur dann gefördert werden kann, wenn er andere, öffentliche Förderungen positiv abgerechnet hat. Wir suchten nach Auswegen, und ich schlug eine hierzulande bis dahin nicht praktizierte Vorgangsweise vor, eine innerösterreichische Koproduktion, zwischen meiner Firma und der Firma Veit Heiduschkas, der Wega Filmproduktion. Das wurde akzeptiert, und ich konnte mit Veit Heiduschka im Winter 1988/89 das Drehbuch kalkulieren. Die darin beschriebene Landschaft kannte ich in Österreich nicht und dachte kurz daran, den Film im kroatischen Karst zu drehen. Doch Auslandsdrehs erlaubte der Filmfonds nicht.

Im Februar darauf fuhr ich an die tschechische Grenze, vom oberen Mühlviertel bis in die Gegend von Retz, Weinviertel, auf der Suche nach einer möglichst öden, kargen, verlassenen Landschaft, im Winter, doch auch das gab's nicht. Gut, dachte ich, etwas verzweifelt schon, dann dreh ich das Ganze um und denke es in einer Naturlandschaft, wie wir sie hier in Österreich eben haben, vielleicht lässt sich auch da der Grad an Abstraktion erreichen, der mir vorschwebt. Als ich auf meiner Reise schon wieder am Heimweg war, fuhr ich in der Nähe von Pulkau an einer geringfügigen Erhebung vorüber und sah zwischen viel verwilderter Natur Ruinen: der Feldberg. Er kam auf mich zu, so wie Obdach in der Steiermark, Jahre zuvor, *Himmel und Erde,* auf mich zugekommen war. Ein opulentes Schauspiel aus wild wuchernder Natur und zerfallender, verwitternder Kultur. Ein von uralten, stillgelegten Steinbrüchen zerfurchter Rest einer küstennahen Insel im pannonischen Meer, vor 60 Millionen Jahren.

Spätestens hier erinnerte ich mich meines dem Drehbuch beigefügten Vorsatzes, nur mit echten Ziegeln arbeiten zu wollen. Mir war klar, dass ich das Drehbuch nicht „abfilmen" würde. Ich besprach mich mit Othmar Schmiderer, der mich schon bei den Filmen mit Prantl für den Ton begleitete und der hier meine Assistenz machen sollte, und bat ihn, mir bei der Zusammensetzung des Produktionsstabes zu helfen, denn ich wollte möglichst keine sogenannten Profis haben; deren Filmerfahrungen hielt ich weitgehend für ungeeignet, meine Vorstellungen zu realisieren. Vielleicht war ich da etwas ungerecht, aber ich kannte ja die Filme hierzulande und sah in ihnen die Produktionsstruktu-

ren gespiegelt. Was ich vorhatte, sollte ganz anders werden. Wenn damals jemand, besonders in der Filmbranche, von nötigen Veränderungen sprach, zum Beispiel im Bereich der Finanzierung, dann hielt ich dem entgegen, dass erstens Geld nicht so wichtig sei und dass es zweitens nicht nur um eine Veränderung, sondern um eine *andere* Veränderung ginge. Schon mit *Himmel und Erde* war mir klargeworden, dass meine inhaltlichen Ansprüche auch einer formalen Entsprechung bedurften. Also wurde jener Film fünf Stunden lang und passte damit nicht mehr in Supermarktregale. Ähnliches schwebte mir auch mit *Feldberg* vor. Es ging mir nicht darum, diesen Film zu machen wie irgendeinen Film, sondern ihn auf eine bestimmte Art und Weise zu machen, weil ich dadurch etwas ausdrücken wollte, das sich mit herkömmlicher Sprache, mit herkömmlichen Filmherstellungsmethoden nicht erreichen ließe. Derlei stand im Vorwort meines Drehbuchs.

Hätte es das nicht gegeben, hätten mir die Finanziers, vor allem der ORF, der mit einer geringeren Summe dabei war, vermutlich den Hals umgedreht.

Denn als der Film annähernd fertig war, zeigten wir ihnen, vertragskonform, die Arbeitskopie mit dem gemischten Stereosound, der bei *Feldberg* besonders wichtig ist: Gerhard Schedl

20 Jahre im Leben eines Filmemachers
Michael Pilz 1983 und 2003

von der Filmförderung war da, Veit Heiduschka, als Executive Producer und Koproduzent, der immer wieder fälschlich als Produzent genannt wird, ein gewisser Herr Lanner vom ORF und Hubert Sielecki, der Trickfilmer von der Angewandten, der seinerzeit in der Auswahlkommission des Filmfonds war. Schon während der Vorführung merkte ich, dass der Herr vom ORF, aber auch Gerhard Schedl und Veit Heiduschka ziemlich nervös wurden. Nachdem der Film zu Ende war, gab es diese große Stille, die nichts Gutes verhieß. Dann ein ratloses Gespräch über irgendwelche Details, aber unterm Strich hieß es für Lanner, Heiduschka und Schedl: Das sei doch kein Film, nicht der Film, der im Drehbuch steht – ohne Dialoge! Ohne Schnitte! Nur Sielecki sprang in die Bresche und erwiderte offen und couragiert, die ganze Diskussion sei Quatsch, denn es handle sich hier um einen außerordentlichen, künstlerischen Film, um etwas Gigantisches … so oder so ähnlich machte er seiner Begeisterung für die Sache und seinem Unmut über die allgemeine Ratlosigkeit Luft, den anderen blieb der Mund offen stehen, sie begriffen nicht, was ich ihnen gezeigt und was Sielecki hier gesehen hatte und wovon er sprach.

Kurz darauf rief mich Gerhard Schedl an, er suchte das Gespräch, ich möge ihm ausführlich berichten, wie es während des Drehens zugegangen sei. Nicht von ihm erfuhr ich etwas später, dass er die Richtlinien des Filmfonds ändern wollte: So etwas wie *Feldberg* sollte, durfte nicht mehr vorkommen! Der Termin für unser Gespräch kam nie zustande.

Feldberg lief bei Festivals, in Kalifornien, in Lettland, Riga, anderswo, und ich bekam Feedback, das, auch sehr berührend und tränenreich, davon erzählte, wie dieser Film verschiedene Menschen bewegte, welche Gefühle und Geschichten er in ihnen auslöste.

UNSICHTBARES SICHTBAR MACHEN

Ich wollte schon sehr lange einen Film machen so nach dem Motto: das Unsichtbare sichtbar machen oder: die Zeit stillstehen lassen. Zeit überhaupt aus dem Bewusstsein streichen. Ein Mann und eine Frau in einem Raum, der nicht näher definiert ist, leer ist, man könnte eine Bühne nehmen. Das wäre kein teurer Film, aber ein sehr intensiver, für den würde ich mit einem sehr guten Darsteller und einer sehr guten Darstellerin ein paar Wochen lang üben – und das auch gleich drehen, sodass mitunter die Proben schon den Film ergeben würden. Und zwar würde ich, ohne Drehbuch, mit wenigen Vorgaben nur, gemeinsam erarbeiten, was mir wichtig ist: in den Beziehungen zwischen Mann und Frau, in dieser Dualität von Welt, die einfach existiert, materiell, emotionell und geistig – das müssten zwei sehr talentierte Darsteller sein, wie edelste arabische Rennpferde, die auf feinste Geschichten reagieren, auch solche, die man selbst an sich kaum bis nie wahrnimmt, kleinste Haltungen, Gesten, eine Sprache der Körper, selbstverständlich im Dialog untereinander.

Zwei Menschen, ein Mann und eine Frau in einem Raum, ergeben einen Dialog, ob man will oder nicht. So wie die Physiker davon sprechen, dass es auch im annähernd leeren Raum immer noch Energie gibt. Also eigentlich ein Film über Energie. Mit Energie. Und zwar jener Energie, die sich körperlich manifestiert in dem, was zum Beispiel Hou Hsiao-hsien auch immer so genial filmt: die Sprache des Unbewussten. Also eine Haltung. *Feldberg* noch konzentrierter. Wo alles innen abläuft und sich außen entsprechend zeigt, aber nicht in zirkusartigen Bewegungen, sondern minimalen Gesten, Blicken … Bei dem Film, stell ich mir vor, ist Höchstspannung im Kino.

Michael Pilz

Texte über Filme, für Freunde, zur Filmarbeit

FILM IN GRIECHENLAND – 1966

(Wie man anderswo trotzdem Großes leistet)

Michael Cacoyannis und seinen amerikanischen Geldgebern war es vor nicht allzu langer Zeit gelungen, das Schweigen, das hierzulande den griechischen Film umgibt, von einsamer Höhe herab und seit langem wieder einmal zu durchbrechen (*Alexis Sorbas*). Sucht man hier weiter nach Beweisen griechischen Filmkönnens, dann stößt man noch auf Cacoyannis' *Elektra* und vielleicht noch Koundouros' *Junge Aphroditen*. Doch damit ist man im allgemeinen am Ende seines Wissens. Nur selten sickert Beachtenswertes vom Filmgeschehen an attischen Sonnenküsten bis in unsre Breiten durch.

Griechenland, das nur etwas mehr Einwohner zählt als Österreich, dessen Nationaleinkommen erheblich weniger als das der Österreicher ausmacht und deren allgemeine Bildung unter jenem durchschnittlichen Niveau unsres Volkes liegt, Griechenland produziert in diesem Jahr nahezu 150 Spielfilme, besitzt modernste Produktionsanlagen und spielt in seinen Städten in luxuriösen Kinos die neuesten internationalen Produktionen, selbstverständlich unsynchronisiert in Originalsprache, gleichzeitig mit Rom, Paris oder London.

Als ich vor wenigen Wochen nach dem Süden fuhr, flimmerten in Saloniki die letzten Filme über die Leinwände des 7. Filmfestivals. In einer internationalen Konkurrenz zollte man längst notwendigen Tribut A. Resnais' *La Guerre est finie*. In der darauf folgenden nationalen Auswahl zeigte man seit langen Jahren greiser Senilität wieder einmal völlig Neues. Junge Regisseure hatten, unabhängig von kommerziellen Produktionen, größtenteils mit eigenem oder geborgtem Geld und unter vielfachen Schwierigkeiten, ihre ersten, manche ihre zweiten Filme gedreht. Unter den 13 Titeln liefen acht mit den Namen neuer Künstler.

Tod des Alexander von D. Kollatus war eines der besten und umstrittensten Werke. (Herstellungskosten ca. 400.000 Schilling.) Ein junger Mann wird in seinem Krankenbett sterben, doch weiß er nichts davon. In seinen letzten Stunden besuchen ihn seine Freunde, Verwandte und seine Frau. Dieser sein zweiter Film, mit tiefem Verständnis für das Außergewöhnliche dieser Situation, großem Können und der Vorliebe für oft provozierenden Realismus geschaffen, wurde, wie sein erster Opfer einer groben Schere der Zensur. *Gesicht an Gesicht (Prosopo me Prosopo)* von R. Manthulis erhielt den Preis der besten Regie. Ein Student wird in Athen rücksichtslos von seinen Gönnern ausgenützt, nachdem er, um sich durchzubringen, der Tochter eines reichen Hauses Englischunterricht erteilen

Michael Pilz

muß. Eine aktuelle und vielschichtige Erzählweise fixiert über die, sicher banale, Story hinaus das moderne Großstadtleben Griechenlands in einer feinsinnigen sozialpolitischen Satire. Kosten – 900.000 Schilling. Als Außenseiter der vorherrschenden Themen zeigte sich T. Kannelopoulos *Der Ausflug* (*I Eklromi*). Am Rande eines, nicht sichtbaren, Kriegsgeschehens versuchen zwei sich liebende Menschen in ein andres Land zu fliehen. In den ersten Einstellungen schon fühlt man, daß es ihnen nicht gelingen kann. An den Grenzen werden sie erschossen. Ein tragisches Gedicht in schönen, ergreifenden Bildern, deren eindringlicher Melancholie man nicht entgehen kann. Preis der besten Fotografie. 1,5 Mio. Schilling Herstellungskosten.

Schattenseiten dieses Festivals, wie die Vergabe des Hauptpreises (70.000 Schilling) an einen Streifen, der sich an bösen Nazis, ruhmreichen Volkshelden und immer gleichem, billig gemachtem Kriegsgeschehen weidet, wurden auch nicht durch die äußerst harten und herausfordernden Kritiken der Presse aufgehellt, doch begnügte sie sich nicht allein damit, eine zweifelhafte Jury in Zweifel zu ziehen, sondern mietete eine Woche lang im Zentrum Athens einen Kinosaal und führte die acht wichtigsten „Erstversuche" dem breiten Publikum vor. Die

meisten Filme sahen dort die letzte Gelegenheit, vor der Öffentlichkeit zu erscheinen – Verleih und zuständige staatliche Stellen zeigen zu geringes Interesse.

In Griechenland, wie hier in Österreich, ist die Möglichkeit für junge Filmtalente, sich im Kurzfilm zu üben, noch immer praktisch nicht gegeben, da die Programmierung der Kinospielpläne keine Rücksicht auf kurze Spiel- oder Dokumentarfilme nimmt und das Fernsehen als potentieller Auftraggeber nicht existiert. So werden begabte Erstfilmer gezwungen, wollen sie weiterkommen, mit ihren ersten Schöpfungen bereits ein abendfüllendes Programm zu bestreiten. Für viele war ihr erster auch ihr letzter Versuch und nur wenigen standen auch weiterhin die Kassen privater Geldgeber offen. Doch ist es erfrischend, zu sehen, wie grenzenlos ihre Begeisterung sein kann und wie sie es lieben, im Risiko Chancen zu wittern.

1961 versuchte man das erstemal offiziell die Zukunft der Filmwirtschaft und des Nachwuchses zu sichern. Man entwickelte Systeme, gab Befehle und erteilte Ratschläge, um ein für allemal der immer gegenwärtigen Bankrottgefahr zu entgehen und einer Filmkunst optimale Chancen zu bieten. Doch vergaß man bald die gut gemeinten Vorschläge hinter den harten Praktiken einer festgefressenen Profitgesinnung und die öffentliche Einflußnahme blieb weiterhin beschränkt auf eine 50%ige Steuereinnahme aus den hohen Erlösen der Tickets und einer 6%igen Rückzahlung im Verhältnis zu den aufgewandten Mitteln an den Produzenten sowie eine Zensur, die oft und eigenwillig, ohne Konzept und verständnislos auch die größten Filmkunstwerke verstümmelt. Oft wiederholte und deutlich vorgetragene Rufe nach besseren Voraussetzungen für Experimente und erste Filme junger Talente, manchen wesentlichen Beitrag zur künstlerischen Fortentwicklung der Kinematografie zu fördern, verhallten rasch. Korruption und eitles Machtinteresse, nicht selten haarsträubende Unkenntnis machen es scheinbar unmöglich, ein allgemein zutreffendes und akzeptables System der Subventionierung zu realisieren. Doch steter Tropfen höhlt den Stein und was in Deutschland jüngst und im übrigen Europa längst geschah, wird eines Tages auch in Athen als notwendig erkannt werden.

Unter einer Vielzahl kleiner Produktionen, die sich allesamt nur dadurch über Wasser halten können, daß sie die Kosten eines in den Verleih gegangenen Films nur durch die Auswertung eines nächsten decken und so von einem Film zum andern vorwärtswurschteln, stehen drei Großproduktionen, die über modernste Anlagen, eigene Verleihe, über etwa 40% aller Ki-

nosäle des Landes und damit über bedeutenden finanziellen Rückhalt und erhebliche Einflußnahme an hohen zuständigen Stellen verfügen. Sie allein produzieren jährlich an die 40 Filme. Durchschnittskosten 1,5 Mio. Schilling. Mehrkosten können im eigenen Land nicht mehr eingespielt werden. Man sucht den Export. Doch selten gelang bisher die Auswahl anspruchsvoller Themen aus dem griechischen Alltagsleben zur Zufriedenheit ausländischer Kinobesucher.

Um die enormen Kaufsummen für z. B. über 300 US-Filme pro Jahr auszugleichen, verfällt man billigem Kitsch – provinzielle Pseudoproblemfilme, Musik- und Tanzfilme –, der ausschließlich für Provinzkinos gedreht wird.

Nicht immer bloßes Interesse an der Kunst, mehr Sache des Prestige des einzelnen Produzenten, ist der, trotz aller Zweifel an den Fähigkeiten ambitionierter Jungregisseure, öfters gezeigte Wille, beachtenswerte Kunstfilme herzustellen.

Mit gespannten Erwartungen sieht man dem vierten Film des 28-jährigen Enricos Andreou entgegen, der nach dem Besuch der Filmschule in Rom und kurzer Assistenz in amerikanischen Superproduktionen vor Jahren schon in Athen zu drehen begann. *Elle et Lui* erzählt von den Schwierigkeiten einer Frau, sich in unserer Zeit der immer rascher fortschreitenden Zivilisation zurechtzufinden. Andreou wagte damit ein formal-erzählerisches, optisch mitreißendes Experiment, das noch viel von sich reden machen wird. (Kamera: der Deutsche K. H. Hummel, der damit seinen ersten Spielfilm drehte.)

Koundouros, nach seinem zweiten und wichtigsten Film *Dragon* (1956) als Künstler und als Mensch sich immer weiter von der Umwelt isolierend, baute aus den Erlösen von *Junge Aphroditen* auf einsamen Kretafelsen ein phantasti-sches Traumschloß, in dessen weiten Räumlichkeiten er nun mit den Dreharbeiten zu einem weiteren Film begann. Fern dem hektischen Getriebe und den oft zwingenden Bedingungen eines schwerfälligen Mitarbeiterstabes und ganz den eigenen Intentionen hingegeben, „malt" er, Einstellung für Einstellung, mit Freunden und der Kamera K. H. Hummels an einer konfliktreichen, von wenigen Personen verkörperten Geschichte.

Cacoyannis, schon längst dem anspruchsvollen Kommerzfilm verschrieben, arbeitet im Augenblick an der Montage seines, nach Hollywoodmanieren und eigener Idee gedrehten, *When the Fish is Coming Out*. Die Zeitschrift *Life* versprach vor wenigen Wochen noch 7000 Dollar demjenigen, der die Story erzählen könnte, doch begriff bis heute niemand, was Cacoyannis aus zehntausenden farbigen Filmmetern zu seinem Op-Art-Monster wählen wird. Nur zu einem kurzen Gastspiel wieder kehrte er in seine Heimat zurück, der er das internationale Film- und Theaterleben vorzieht.

So lieben viele Griechen große Gesten, die schnell vergessen sind. Dagegen waren Einfachheit und Genügsamkeit stets tiefes Wesen ihrer überzeugenden Kunstwerke. Dringt man etwas tiefer in ihr Leben ein, so sieht man, wie politische Unsicherheit, wirtschaftliche Mißstände, grobe soziale Differenzen, starkes nationales Bewußtsein und erstaunliche geistige Wachsamkeit den griechischen Alltag bewegt und spannungsreich machen. Sehr bewußt schaffen eine große Zahl junger, nimmermüder Cineasten und suchen Wege und Mittel, der vielen ungelösten Fragen Herr zu werden. Erregend ist es, zu erfahren, wie, überzeugt von der Wichtigkeit ihrer neuen Ideen, sie sich im Dickicht konservativer Praktiken und Gesinnungen bewegen. Und man wird hoffentlich schon bald, wenn von Griechenlands Film die Rede sein wird, nicht mehr auf dieses oder jenes, spärlich gesätes, Meisterwerk zurückgreifen müssen – man wird sich an einer jungen Filmgeneration ein aktuelles Bild über scheinbar fernes, doch nicht ganz so fremdes, Leben machen können.

In leicht gekürzter Version erschienen als „Griechenlands Film – dennoch ein Vorbild", in: AZ, 27. November 1966. Der Abdruck hier folgt dem Originalmanuskript.

~

JEAN EUSTACHE: *LA MAMAN ET LA PUTAIN* (1973)
Dunkelgrauer Grund und darauf zarte helle Titel – Haupttitel und Widmung. Stumm.

Nahezu stumm: Léaud, wie er sich fertig macht zum Aus-dem-Haus-Gehen. Seine Freundin bleibt liegen. Faktisch. Er borgt sich von einem Mädchen den Autoschlüssel und fährt los.

Trifft Veronique und vorher noch ein anderes Mädchen.

Und schon geht es los.

Veronique wird seine Geliebte und bis sie es zu dritt zu Hause treiben, wird er ausgespielt und Veronique zieht sich zurück und Léaud bleibt allein.

Sehr ruhige Bilder. Szenen: Totale, Schuß und Gegenschuß. Verbindungsszenen zwischen den Hauptszenen sehr karg und selten. Meist wird direkt in die Szene eingestiegen.

Abblenden und Aufblenden. Ton geht laut über Blenden weiter. Sende- oder starke Richtmikros. (Mikros im Telefonhörer) Ausführliche Dialoge. Gespräche. Sehr selten Schwenks. Etwas längere Brennweiten (entsprechend 85 oder 105). Natürliche Ausleuchtung.
Sehr direktes und natürliches Spiel.
Bernadette Lafont und Francoise Lebrun.
Und immer wieder Jean-Pierre Léaud.
Am eindrucksvollsten: Veroniques Anklage

gegen Léaud, als sie weint. Die drei im Bett und wenn seine Freundin mitmachen will und aussteigt und Schlafmittel nimmt und Léaud sie ihr wieder rausholt. Léaud singt ein Piaf-Lied mit. Veronique sieht ihm dabei zu. Der Freund im Rollstuhl. Léaud und Veronique am Abend im Café, nachdem Veronique das erstemal bei seiner Freundin oben war. Léaud, der patscherte Liebhaber, der immer nur pudern will und – wie Veronique ihm vorhält – nichts anderes als das im Schädel hat. In der Boutique, als Léaud sie besucht und ein Mädchen sich umkleidet und Léaud dann einen neuen Schal bekommt und sie sich umarmen. Oder seine Freundin, wie sie lächelnd mit ihm umgeht.

Überhaupt nichts Überflüssiges, keine „atmosphärischen" Bilder, keine verbindenden Bildsequenzen. Immer wieder nur dort hinsehend, wo es sich abspielt, und am Ende von vielen Einstellungen eine starre Einstellung, aus der nach links oder nach rechts hinausgegangen wird.

Bresson, Rohmer, Straub. Tausendmal besser als Fassbinder.

Unveröffentlichte Notizen anlässlich einer Vorführung des Films am 1. Juni 1973 im Österreichischen Filmmuseum

~

IMPULSE FÜR FELIX
Zur gleichnamigen Straßenbahn- und Autobusaktion in Linz von Erwin Puls, 1979

Passionierte Kinofreaks wissen es: Jeder Film besteht zumindest aus zwei Geschichten. Die eine Geschichte läuft durch den Projektor, die andere bringen wir selbst ins Kino mit.

Die eigentliche Wirklichkeit im Kino ist somit der Zwischenraum zwischen fremder und eigener Geschichte, ein Raum zum Hinschauen, zum Herzeigen und alles passiert im Rahmen feuerpolizeilicher Gesetze, nichts kann tatsächlich berühren, verletzen, ins Unheil führen, alles ist nur simuliert, und mit der ordnungsgemäßen Bezahlung des Eintrittsgeldes ist man automatisch distanzversichert.

Das umgangssprachliche Reden von den bewegten, von den laufenden Bildern trifft nur die halbe Wahrheit und diese auch nicht ganz: Den technischen Vorgang im Projektor, in dem der Film gleichmäßig zwischen Lichtquelle und Objektiv vorbeiläuft: genau betrachtet wird er zwar gleichmäßig fortbewegt, aber dazwischen auch immer wieder angehalten. Eben von Bild zu Bild.

Wenn ein Film gewöhnlich mit einer Laufgeschwindigkeit von 24 Bildern pro Sekunde vorgeführt wird und 90 Minuten Laufzeit hat, dann sehen wir, Interesse vorausgesetzt, genau 129.600 Bilder, Einzelbilder, hintereinander.

Jedes dieser Bilder wird für den Bruchteil einer Sekunde angehalten und dadurch erst sichtbar, um gleich darauf sich dem Anblick wieder zu entziehen, um einem nächsten Bild Platz zu machen. Dieses kann dasselbe wie das vorangegangene oder ein gänzlich anderes sein, in jedem Fall erzeugt unser komplizierter psychophysischer Wahrnehmungsapparat zwischen dem zweiten und dem zuvor gezeigten ersten Bild eine Verbindung, es entsteht eine „Geschichte".

Wenn wir der physiologischen Trägheit unserer Augen und Nerven auch noch all die uns unbewusst und bewusst bewegenden Sehnsüchte und Ängste addieren und uns dermaßen ausgerüstet und bewaffnet entweder im Kino oder im so genannten Leben das einzelne Bild oder gar gleich alle 129.000 Bilder zu machen versuchen, werden wir, auch gegen vehementes, trotzendes Sträuben, unsere Wunder erleben. Wir schaffen es nämlich nicht. Und häufiger noch wollen wir es nicht, das Bild der Tatsachen und damit der Ent-Täuschung.

Wir sehen – im Kino wie im Leben – die Bilder so lange, solange sie uns Eindruck machen, dann schauen wir weg. Ein Zeichen dafür, dass sie uns langweilen, dass etwas anderes mehr Eindruck macht. Aber auch das Wegschauen kann tatsächlich oder auch eingebildet geschehen. Wir haben großes Talent für's Hinschauen und für's Doch-nicht-Sehen.

So können wir zwar sagen, angesichts eines vorgeführten – projizierten – Films haben wir es mit vorüberlaufenden, bewegten Bildern zu tun, doch eigentlich bewegen tun wir uns.

Die Ausrede ist der Film. Es ist ja hinlänglich bekannt, dass ein Ausdruck äußerlicher Ruhe (z. B. eingezwängt zwischen vielen anderen Menschen im Kino sitzend, gebannt nach vorne blickend, gefesselt, sich sozusagen selber vergessend) gleichzeitig ein Ausdruck für innere Spannung und Bewegtheit ist.

Wenn Erwin Puls nun 300 Einzelbilder (fotografische Unikate) in 100 Waggons der Linzer Straßenbahn oder Autobusse verfrachtet und diese bewegen die Bilder tagelang durch Linz, dann ist das auch ein Kino, ein Film, obwohl alleine schon der Gedanke ans Warten in der Straßenbahnstation, ans Umsteigen, ans Anschluss-finden-Wollen, an die Gefahr des Runden-Fahrens, der Wiederholung, des Etwas-Übersehens oder gar des Kein-Ende-Findens – alles im Rahmen der Realität eines schienengebundenen, öffentlichen Verkehrsmittels – das ganz gewöhnliche Kinovergnügen, die pure Lust am Hinschauen und Zuhorchen vergällen mag.

Da plagt man sich dann tagelang mit passenden Connections und stellt am Ende – an welchem? – einfach fest, so wird es doch kein richtiger Film.

Aber wie sonst sollte man – redliche Absicht vorausgesetzt – Bilder durch die Stadt verführen? Ausgehend von Begriffen, von Tatsachen.

Den Film einmal einfach beim Wort nehmen, Bilder bewegen, sich wirklich mühen, analytisch, logisch, alle nur erdenklichen Umstände vermessen, kalkulieren, über die Bilder Bewegungen erzeugen, verführen, verzaubern, enttäuschen. Mit Bildern spielen.

Buchstaben, Wörter, Begriffe und Sätze sind – gedruckt – auch Bilder.

Man sitzt – als junger Mensch hat man zu stehen – wieder suchend oder schon demütiger werdend, abwartend, in der Straßenbahn oder im Autobus und entdeckt wieder eines der Fotos, eines, das man bisher, trotz angestrengter, vielleicht überanstrengter Wachheit, noch nicht gesehen hat. Oder hat man es schon vergessen? Hier weint sie, die blassblonde Schönheit, hinter der vorgehaltenen Hand zur Hälfte das Gesicht verdeckt. Glanz auf den Augenlidern. Das viele Weiß im Bild und die schwachen Grautöne (selbst die der Schrift) verhindern den Vergleich mit anderen, öffentlich affichierten Bildern. So rückt dieses Foto wie von selbst ins Rampenlicht. Und doch scheint es sich gleichzeitig dem plumpen Zugriff zu entziehen.

Wie immer, wenn sie auftaucht, gibt sie sich nur durch ihr Gesicht zu erkennen. Gesichter reden.

Darunter ein Halbsatz, „noch recht gut vertragen, so sollte es wieder werden", und darunter noch die lakonische Antwort von FELIX: Ein philosophisches Statement zum Thema Wahrheit, so, als gäb's ihren Kummer nicht, so, als wollte er ihr mit seiner Wahrheits-Weisheit den Kummer vertreiben und kann es aber nicht. Oder auch so, als wäre sie eben über FELIX, den Siebengescheiten, der alles weiß und kontrolliert und im Griff und auf alles eine passende Antwort hat, verzweifelt, erzürnt. Sicher ist, so geht es nicht mehr weiter. Doch jeder weiß, es geht.

Und da ist man längst in ganz anderen Geschichten, in anderen Filmen, mitunter einem eigenen.

Manchmal erinnert man sich des vorhergegangenen Bildes, an das von gestern, vom Vormittag, ihr Lachen, ihr Lächeln, ihre Verzückung, oder die Langeweile, auch ihren Ärger, die Wut – erinnert sich der eigenen Momente höchsten Glücks und tiefster Trauer – und jedes Mal diese beliebig scheinende Textzeile, inmitten eines Wortes beginnend und keinen Sinn ergebend und darauf promt die so sinnfälligstrotzende Antwort, nein, Feststellung des

FELIX (den keiner kennt), was ist mit der Wahrheit diesmal los.

Vermutungen.

Spekulationen.

Film ist eine Entdeckung und Entwicklung und ein Spiel von Menschen, die allesamt ein Interesse zu haben scheinen: Etwas zeigen, etwas sehen, etwas bezeugen, etwas auf der Lauer liegen, etwas nicht verlieren, etwas erinnern, sich der Dinge wie der Erscheinungen vergewissern, entdecken, wie es wirklich ist, im Dialog, einschließlich und jenseits aller Ängste, Wünsche und Illusionen.

Béla Balázs, der Filmtheoretiker, meinte, der Film sei die Kunst des Sehens und bliebe nicht die Kunst jener, die so oft nicht hinsehen wollen.

Und Erich Fromm, der Psychoanalytiker, schrieb, gleich, ob es sich um Übertragung, Projektion oder Rationalisierung handelt, das meiste von dem, dessen sich der Mensch bewusst wird, ist Einbildung, wogegen das, was er verdrängt (d. h. das Unbewusste), wirklich ist.

Puls' *Impulse für FELIX* sind nicht mehr und nicht weniger als das, was sie versprechen, denjenigen, die der Sprache annähernd kundig und des Sprechens annähernd fähig sind, fähig sein möchten.

Erschienen in „Über Puls",
Wien (Herbstpresse) 1989

HIMMEL UND ERDE
VERTRIEBSKONZEPT, FEBRUAR 1983

1. Präambel

Himmel und Erde ist ein „film d'essai", dessen Töne und Bilder die Welt der Berge und der Menschen, die darin leben, zum Gegenstand seiner Betrachtung macht. Dies tut er nicht in der kurzsichtigen Weise, einen vermeintlich objektiven Teil von Wirklichkeit zeigen zu wollen. *Himmel und Erde* ist selbst eine vor- und umsichtige, die beobachtende Haltung reflektierende Annäherung an eine Wirklichkeit, die immer beides war und ist: Außen und Innen, Objekt und Subjekt. Wesentliche Wirklichkeit bildet sich alleine in der Wahrnehmung, in der Handlung.

Himmel und Erde macht den Standpunkt des Beobachters durchsichtig und deutlich, das Objektiv der Kamera bewußt. Töne und Bilder dieses Films wurden nicht der Umwelt geraubt, sondern entstanden im Zwiegespräch; das beobachtete Objekt und das beobachtende Subjekt handelten gemeinsam im Versuch, das Eigene durch das andere zu erkennen, das andere durch sich selbst wahrzunehmen. Dieser Dialog schließt über die Projektion des Films im Kino den Zuschauer mit ein und rückt ihn also in den Mittelpunkt der Handlung. *Himmel und*

Erde ist somit das Medium schlechthin, das sich vor allem in der Projektion vor seinem Betrachter, mit diesem und durch diesen in ihm verwirklicht.

Um das zu erreichen, braucht es bei der Filmherstellung mehr als bei anderen Filmen besondere Aufmerksamkeit, Geduld und Zeit. Der Maler Corot sagte: Man darf nicht suchen, man muß warten.

Die internationale und auch die österreichische Film- und Kinoszene – von der Konzeption bis zur Rezeption – sieht auf Grund der sie bestimmenden Maximen Film primär als Ware. Der stets auch geäußerte – und immanente – Anspruch, Film in seiner Funktion als Träger und Mittler kultureller Werte zu handeln, erfährt seinen permanenten Widerspruch dort, wo der „Markt" bestimmt und nicht der Mensch. Wenn in der Regel sowohl individuell wie auch gesellschaftlich das falsche Bedürfnis an die Stelle des wahren tritt und Schein die Wirklichkeit ersetzt, so war und ist das auch die Regel im Kino dort, wo der Zuschauer seine eigenen Vorstellungen – und Verdrängungen – auf die Handlung des projizierten Films projiziert. Demnach muß ein Film, will er auf traditionellen Märkten erfolgreich sein, möglichst viele der bewußten und unterbewußten Bedürfnisse seiner Zuschauer befriedigen, unab-

hängig davon, welcher Art diese Bedürfnisse sind, und gleich, ob diese falsch oder wahr sind. Gelingt dies einem Film nicht, fällt er aus dem Kreislauf Ware-Konsument aus und landet im Regal.

Immer bestimmt der Zuschauer, was er sieht, was er sich einbildet, was er sich wünscht. Was er ablehnt. Gefühlsmäßig, verstandesmäßig und wirtschaftlich bestimmt der Zuschauer damit auch die Filmherstellung und seine Verwertung. Sieht, erzeugt, handelt und rezipiert man Film nach vorrangig profitorientierten Gesichtspunkten, hält man vorrangig nach den Bedürfnissen auf dem „Markt" Ausschau, richtet man sich danach, was eben „geht". Gleich, ob das, was „geht", falsch oder richtig geht. Schein oder Wirklichkeit, das ist dem Profitinteresse gleichgültig.

Der Mensch ist ein wachsendes und lernendes Wesen, im Dialog mit der Umwelt erfährt er diese und sich selbst. Im Leben – wie im Kino – stellt er sich stets die Frage: Was ist? Läßt man ihn die Antwort darauf nicht bei und durch sich selber finden, sagt man ihm voraus, was ist, lernt er nicht selbst, er wird belehrt. Der Erfolg ist demnach nicht der eigene, sondern der fremde, ein falscher Erfolg. Die damit wachsenden Bedürfnisse werden nicht die eigenen sein, sondern die der anderen, eben falsche. Dieser Dialog ist einsilbig und gekennzeichnet im Verhältnis von Herr und Knecht. Später kehrt sich das Verhältnis um, der Knecht wird zum Herrn und zieht seinerseits Knechte heran.

Wenn ein Medium wie Film weder dem individuellen – bewußten oder unterbewußten – Bedürfnis nach Selbsterkenntnis noch den politischen Verhältnissen, als Wirklichkeit gesellschaftlichen Lebens, entspricht, wird es nach den naturgesetzlichen Regeln der Evolution bedeutungslos werden und durch ein anderes, neues Medium ersetzt.

In diesem Zusammenhang war und ist stets die vielzitierte Film- und Kino„krise" zu sehen.

Die undialogische Herrschaftsattitüde unintelligenter Filme, ihrer Hersteller wie Händler, gräbt sich selbst – und dem so bestimmten Film – das Grab. Ändert sich daran nichts, wird auch die positive Kino- und Verleihbilanz der letzten Monate und Jahre nur eine vorübergehende, scheinbare sein. Clevere Werbemethoden und ein „angepaßtes" Kinomobiliar können nur kurzfristig das Publikum darüber hinwegtäuschen, daß sich im Grunde nichts verändert. Der langfristig anhaltende Auszug des Publikums aus dem Kino geschieht zu Recht, solange im Kino nicht verwirklicht wird, wofür es existiert: die Reflexion der Projektion schlechthin.

Der durch die Film- und Kinobranche jahr-zehntelang forcierte negative Lern- und Lehrprozeß – anstelle des Realitätsprinzips dem Lustprinzip zu frönen – gleicht in seinen Einzelheiten wie Folgen ganz dem individuellen und politischen Charakter dieser Zeit und ihrer Menschen. Eine Kultur, die den Trend unterstützt, sich lieber bedienen zu lassen als selbst zu arbeiten, ruiniert auf die Dauer sich selber.

Angesichts solcher Wahrnehmungen bedarf es auch den Film und das Kino meinend wirklich intelligenter Maßnahmen. Ganz im Sinne einer Annäherung an das, was wirklich ist. Besondere Aufmerksamkeit ist dabei Wünschen und Widerständen zu widmen. Wie jedes Streben sind Wünsche und Widerstände die Ursachen für Vorstellungen und Einbildungen und damit für „falsche" Bilder anstelle „wahrer". Die Annäherung an die wahre Wirklichkeit kann nur ein dialogischer Vorgang sein, zwischen gleichen Partnern, um in der herrschaftslosen Wahrnehmung, im herrschaftslosen Begreifen des anderen das Ich und im Ich das andere zu erkennen.

Die biologische und kulturelle Evolution basiert alleine auf diesem Prinzip, es ist unumstößlich. Jeder Versuch, sich dieser Wahrheit und damit Wirklichkeit zu entziehen, endet tödlich. Ein Bergbauer stellte fest und fragte: „Leben oder Tod, man kann nicht ausweichen –

oder nicht?", und er kennzeichnete damit zutreffend das, was der Film *Himmel und Erde* ist: Widerspruch und Frage. Beides war stets das nächste Anliegen der Menschen. Nur das Spiegelbild des eigenen Handelns und daran Lernens bringt uns der Antwort näher, und dem Sinn. Dazu bedarf es starker Anteilnahme, ehrlicher Bereitschaft, gesteigerter Aufmerksamkeit, ausdauernder Arbeit, großer Geduld und – Zeit.

Geld alleine nützt da nichts.

2. Vertriebskonzept

Himmel und Erde war als Kinofilm konzipiert. Den bei der Herstellung von Bildern und Tönen geltenden Ansprüchen wird nur die Kinoprojektion und das Kino-Erlebnis gerecht. Weil *Himmel und Erde* in hohem Maße ein Medium für die Selbsterfahrung ist, bedarf es dazu eines geeigneten Raums, der Meditation und „Vertiefung" zuläßt: Der Kinosaal, die Projektion von Licht und Schatten, das kollektive Erlebnis, die persönliche Wahrnehmung, der weitgehend ungestörte Ablauf, die gesteigerte Aufmerksamkeit, die Möglichkeit zur Konzentration auf die Vorgänge der Projektion: Film – Leinwand, Projektionsfläche – Zuschauer, Zuschauer – Projektionsfläche.

In den bisherigen Vorführungen wurde diesen Ansprüchen weitgehend gefolgt. Wo dies nicht geschah, fehlte es den Veranstaltern an Vorverständnis und Information.

Nicht zuletzt daher erfordert Vertrieb, Verleih und Vorführung von *Himmel und Erde* solche Bedingungen, die dem Wesen des Films entsprechen. Geschieht es umgekehrt und hat sich der Film gängigen Bedingungen zu fügen, tut man allen daran Anteilnehmenden nichts Gutes, man läßt besser die Finger davon.

Grundsäzlich muß gesagt werden, daß *Himmel und Erde* ein Film ist, dessen Verbreitung einem langfristigen Plan folgen muß. Kurzfristig erstrebter Nutzen ist nicht möglich, solches Streben widerspricht sowohl Inhalt wie Form des Films.

Insoferne habe ich versucht, *Himmel und Erde* seit Herbst 1982 in Einzelvorstellungen zu gewählten Anlässen zu zeigen. In diesem Sinne waren die wichtigsten Vorstellungen jene vor den Menschen in St. Anna, dem Drehort. Abgesehen vom vordergründigen Interesse an den Selbstdarstellungen wurde schon dabei deutlich, daß *Himmel und Erde* einen Langzeiteffekt initiiert, der sich so beschreiben läßt: Angesichts von Teil 1 des Films machen sich die Zuschauer zunehmend bekannt mit einer „anderen" Art der Wahrnehmung, sie finden Gelegenheit, sich daran zu gewöhnen und nähern sich mit gespannter Aufmerksamkeit Teil 2 des Films. Erst nachdem sich die „neuen" Wahrnehmungen und Erfahrungen (im Vergleich mit bereits bekannten Vorstellungen, Bedürfnissen) – wahren oder falschen – ihren Weg ins Bewußtsein bahnen und Ausdruck finden (Zuschauer verstummen meist nach Ansicht des Films und finden erst später die Sprache dazu wieder), äußert sich auch das Bedürfnis nach einer Wiederholung des Erlebnisses.

Parallel zu den regionalen Premieren in St. Anna und in Obdach lief der Film in seiner Originalversion bei den Internationalen Filmfestspielen in Nyon / Schweiz (Preis der Ökumenischen Jury), in Aurillac / Frankreich, in Rotterdam / Holland, in Berlin (Forum) und in englisch untertitelter Fassung in Figueira da Foz / Portugal und in Montreal (Cinema Parallel). Im November 1983 wurde er in einer Woche des Österreichischen Films im Centre Pompidou in Paris gezeigt. 1984 wird er bei den Festspielen in Edinburgh laufen.

Im Herbst 1983 war er für eine Woche während des Steirischen Herbsts in einem Grazer Kino angesetzt, im März 1984 zeigte ihn eine Woche lang (vorab limitiert) das Wiener Stadtkino. Beide Gelegenheiten waren ein überdurchschnittlicher Erfolg, sowohl an der Kinokasse als auch bei der Presse, in den Medien.

Damit soll gesagt sein, daß *Himmel und Erde* über mehrere und sowohl kommerziellere als auch nichtgewerbliche Wege Zugang zum Publikum sucht.

Wesentlich dabei ist jeweils, gleich, ob Festival oder regionale Kinoveranstaltung, daß es sich dabei um einzelne und besondere Vorstellungen handelt. Form und Vorgang der Vorstellungen sollten den Charakter des Films unterstreichen, so wie dies auch das bisher als informatives Beiwerk verfertigte Material (Plakat, Informationsbroschüre mit genauen Credits, Inhalt, Fotos, Pressestimmen, Bio- und Filmografie, Interviews u. ä.) erfolgreich tut.

Filmische Kulturarbeit kann nicht alleine Aufgabe von Verleih und Kino sein, vor alldem ist es eine Arbeit des Publikums. Im Sinne des anzustrebenden Realitätsprinzips und angesichts der dieses behindernden Konsumhaltung des Publikums im allgemeinen kann die Veröffentlichung von Film nicht länger alleine „organisiert" werden, Öffentlichkeit ist zu erarbeiten. Im Dialog.

~

BLAUE FERNE VON PETER SCHREINER (1994)

Peter Schreiners neuer Film *Blaue Ferne* ist ein seltenes und schmerzlich vermißtes Beispiel auch dafür, daß Film *Sprache* ist, die wesentlich in Bildern und in Tönen spricht, und die deshalb nicht jener Krücken oder Ausschmückungen bedarf, die das traditionelle Kino bereithält, im falschen Glauben daran, durch Mißtrauen und Ignoranz zu überleben.

Es geht nicht um *Was,* sondern um *Wie.*

Peter Schreiners Sprache ist aufmerksame, geduldige, notwendige Sprache, an ihr ist nichts zuviel, die Information liegt in ihrer Struktur.

Peter Schreiner ist Realist (wie etwa, unter anderen Gegebenheiten, Roberto Rossellini einer war), er versucht nicht, uns etwas vorzumachen, zu *zeigen,* seine Filme – *Grelles Licht,* 1982; *Erste Liebe,* 1983; *Adagio,* 1984; *Kinderfilm,* 1985; *Auf dem Weg,* 1986–90; *I Cimbri,* 1991 und nun *Blaue Ferne* – illustrieren und repräsentieren nichts, sie sind sie selbst.

Insoferne enttäuschen Peter Schreiners Filme. Sie rechnen nicht mit den trügerischen Ansprüchen konditionierter Zuschauer, sie beuten Ohnmacht nicht aus. Sie laden zur Begegnung ein, zur gemeinsamen Erfahrung eines so nahen (Franz Blei!) und doch vielfach unbekannten Raums.

Blaue Ferne ist – in der besten Tradition des kinematografischen Handwerks – auf Wesentliches reduzierte Form. Sie spiegelt Bewegung, Raum und Zeit gleichermaßen verlangsamend wie verdichtend und eröffnet – in der Projektion – Erfahrungen von überraschender Wahrhaftigkeit und Tiefe.

Michael Pilz, 8. Oktober 1994

HINTERZIMMER **VON REGINA HÖLLBACHER (1995)**
Doch einsam ging der Tag zu Ende
Es hat so kurz gedauert
Hört es denn auf
Die Liebe dauert oder sie dauert nicht
„Tu veux ou tu veux pas"

Ein Film von Abschieden und Sehnsüchten. Ein Film, der in Bildern spricht und nicht zu erzählen sucht.

Die Liebe dauert oder dauert nicht, an dem oder jenem Ort.

Das *Hinterzimmer* ist ein kleines, aber um so eindrucksvolleres Meisterstück kinematografischen Handwerks. Es überrascht durch den Reichtum an kinetisch organisierter Bewegung, die sich oberflächlichen oder gar vorauseilenden Versuchen zu begreifen gekonnt entzieht und so zu wiederholter Betrachtung einlädt. In Verbindung mit knappen Zitaten aus alten, sentimentalen Schlagern verbindet es Gefühle wie Sehnsucht, Liebe, Trennung und Schmerz. Einfallsreich in der Ausschöpfung kinematografischer Stilmittel, empfindsam, aber auch selbstironisch, erkundet es den schmalen Grad zwischen innerer und äußerer, eigener und fremder Realität und überläßt sich mit erstaunlichem Formgefühl den aus dem Unbewußten gespeisten Vorstellungen und Träumen. Schließlich läßt es diese Erfahrung teilen, Neugier und Offenheit vorausgesetzt.

Michael Pilz, Sixpackfilm (Verleihblatt), 1995

~

ÜBER MEINE ARBEIT ALS FILMEMACHER

Wenn ich versuche, über meine Arbeit zu sprechen, also über meinen Umgang mit Bildern, mit Tönen (und mit Zeit und Raum), so spreche ich nicht nur von objektiven Erscheinungen, sondern auch von mir selbst.

„Man kann die Interaktion zwischen Objekt und Beobachter nicht in der Hoffnung ignorieren, sie werde sich schon allmählich verflüchtigen, wenn man nur lange genug so täte, als existiere sie nicht. Wenn man sich weigert, diese Schwierigkeit schöpferisch auszuwerten, so kann man es nur zu einer Sammlung von immer bedeutungsloseren, zunehmend segmentären, peripheren und sogar trivialen Daten bringen, die das, was am Organismus oder am Menschen menschlich ist, fast gänzlich unbeleuchtet lassen. Man sollte deshalb aufhören, ausschließlich seine Manipulationen am Objekt seiner Beobachtung zu betonen, und statt dessen gleichzeitig – und bisweilen ausschließlich – sich selbst qua Beobachter zu verstehen versuchen." (Georges Devereux)

Ich sehe nach draußen und was ich sehe, ist innen, in mir selbst. Nichts, wie Laotse sagt, ist außen, alles ist in uns. Obwohl ich mit Bildern und Tönen umgehe, also mit gegenständlicher Materie, habe ich es gleichzeitig mit Metaphysik zu tun. Mit Geist. Oder anders gesagt, die Bilder und Töne, die ich aus mir nach außen werfe, projiziere, sind zuerst in mir, in meinem Kopf, in meinem Körper und von da aus werden sie außen sichtbar. Ohne diese geistige Vorstellung geht gar nichts, ohne sie wird nichts sichtbar und hörbar.

Schauen und Horchen sind Überlebensstrategien. Das Schauen folgt dem Horchen. Was ich sehe, bestätigt das oder widerspricht dem, was ich höre. Es ist eine Tatsache, daß unser Gehör mit wesentlich mehr Nerven ausgestattet ist als unser Sehvermögen.

Die Zeit. Sie ist wichtig. Die Zeit ist vielleicht das Kostbarste, über das wir verfügen können. Castaneda berichtet von Don Juan, der sagte, wir würden durch Kräfte bewegt, die für unsere Vernunft unbegreiflich wären, und das einzige, was wir nicht hätten, sei Zeit. Jeder Augenblick kann der letzte sein und daher muß er im Geist gelebt werden.

Die Zeit ist Arbeitszeit, Lebenszeit. Je mehr Zeit wir in eine Tätigkeit investieren, um so kostbarer wird die Tätigkeit und die Sache, die

Michael Pilz

dabei herauskommt. Schauen und Horchen sind Tätigkeiten in der Zeit. Von der Art und Weise, wie ich sehe, wie ich etwas wahrnehme, hängt es ab, was ich wahrnehme. Schauen und Horchen haben also mit Verantwortung zu tun. Und mit Bewußtsein, mit Selbstbewußtsein. Mit dem Wissen, daß ich schaue und horche, wie ich sehe und höre und was ich dadurch wahrnehme. Dieses Wissen ist sowohl instinktiv als auch rational. Die Sinneserfahrung kommt jedoch vor dem Denken, das unbedachte, unvorhersehbare Erlebnis kommt vor dem Nachdenken darüber. Das Schauen geht dem voraus, was ich sehend erkenne. Deshalb kommt die Frage, wie ich sehe, vor der Frage, was ich sehe. Was ich sehe, was also durch meinen Blick sichtbar wird, ist das Spiegelbild meiner eigenen, inneren Befindlichkeit. Das äußere Bild entspricht dem inneren, dem geistigen, es ist die Materialisation meiner instinktiven, gefühlsmäßigen Verfassung. Das durch mich entworfene äußere Bild zeigt an, wie es mir geht, wer ich bin, was mich interessiert, wovor ich mich fürchte, kurz, was ich für mich selber wahrhabe und was nicht. Diese Verbindung zwischen mir, innerlich, und den außen erlebten, erblickten Tatsachen ist eine heikle Schnittstelle, denn von der Art und Weise ihrer Beschaffenheit, also von ihrer Qualität hängt es ab, was energetisch gleichsam durch-

kommt, sowohl von außen nach innen als auch von innen nach außen. Was ich sehe, ist gleichsam die Antwort darauf, wie ich sehe. So wie die Art und Weise meiner Wahrnehmung auch eine Antwort darauf ist, was ich erlebe. Deshalb gibt es eine zweifache Verantwortung, einmal für mich selbst, dafür, wie ich sehe und wie ich höre, also für mein eigenes Schauen und Horchen, und in der Folge dann für das, was ich sehe und was ich höre, also für das, was schließlich andere durch mich zu sehen und zu hören bekommen, was andere Menschen an mir und durch mich wahrnehmen. Deshalb ist es schon auch eine Frage, für mich, wie ich lebe, ob ich beispielsweise gesund oder ungesund lebe, wie ich für den Erhalt und für die Entwicklung meines Körpers und meines Geists, meiner Seele sorge. Deshalb hat das Filmen auch mit dem Essen zu tun, sowie mit allen anderen lebenserhaltenden und lebenserweiternden Tätigkeiten.

Michael Pilz, 24. November 1995

~

ALMRAUSCH VON GABRIELE HOCHLEITNER (1997)

Als ich *Almrausch* in einem Kölner Kino sah, war ich wirklich davon berauscht. Nachdem die Vorstellung zu Ende war und die Lichter angingen, dauerte es eine Zeit, bis ich merkte, wo ich war. Das erlebe ich selten.

Ich war überrascht vom äußerst sparsamen Gebrauch der montierten Bilder und Töne (hin und wieder natürliche Geräusche, ein paar Gesänge, viel Stille) und dem völligen Verzicht auf einen oberflächlichen Zusammenhang. Das dargebotene Material verführt, indem es Nebensächliches auf eine unaufdringliche, doch sehr persönliche Weise zur Ansicht bringt und naheliegende Klischees feinfühlend vermeidet, zur persönlichen Erfahrung des Betrachters, nicht einer „almrauschenden" Wirklichkeit, sondern einer kinematografischen Wirklichkeit, nämlich zur Wirklichkeit des Betrachters des Films.

Almrausch ist ein Konzentrat, vergleichbar einem Brand, der mit dem richtigen Gespür, mit Gefühl und Verstand für die Sachen und für die notwendigen Handgriffe, entsteht. Es ist der in monatelanger Arbeit am Schneidetisch und im Tonstudio sorgsam verdichtete Ausdruck persönlicher Erlebnisse der Autorin, die im Sommer 1995 mehrere Wochen bei einer Sennerin auf einer Salzburger Alm zugebracht hat, mit einer ungeblimpten Kamera und einem Nagra-Tonbandgerät. Auf sich allein gestellt, schrieb sie ihr Tagebuch, in Bildern, in Tönen.

Wir sehen: Land an der Baumgrenze, Ausblicke, Schrägen, im Schatten, im Licht, die Bäuerin bei alltäglichen Verrichtungen, im bedachten Umgang mit Tieren, bei der sorgfälti-gen Arbeit am Käse, beim Kräutersammeln, beim Mehlspeismachen, mit anderen beim Mähen des Krummet, bei der Körperpflege, beim Gehen über saftige Wiesen, draußen, drinnen, nicht zuletzt auch, in mehreren Porträts, mit Ehemann und Kindern.

Nah. Die Kamera ist etwas Fremdes da oben. Doch mit der Zeit wächst das Zutrauen. Es schneit. Der Bauer schüttelt die Tannenzweige, damit sie von der Last des Schnees nicht brechen. Der Hund sitzt am Fenster, er schaut nach draußen und träumt vom wilden Treiben zwischen den Tieren. Langsam sickert das Wasser in den Sand. Der Käse wird gewaschen, gebürstet, getrocknet, ins Dunkle getragen. Die Bäuerin kämmt ihr langes Haar, flicht einen Zopf. Nebel zieht vom Tal herauf.

Dann und wann spricht sie, im Off, wie nebenbei, kaum verständlich (dafür gibt es Untertitel), einmal singt sie ein Lied, eines, das junge, verliebte Mädchen singen. Dazwischen erklingt ein rätselvolles Rauschen, wie von einem anderen Stern, oder der Regen schlägt ans Fenster, Donner grollt, der Hund bellt, der Wind pfeift, der Bretterboden knarrt, knappe Befehle an die Tiere, im Stall, beim Melken, ein Lachen, irgendwo.

Dieser stille, schöne, weil auch so wohltuend unaufdringliche Film bezaubert durch die Art

Michael Pilz

und Weise, wie er die Begegnung zweier Frauen zur filmischen Form verwandelt, in eine, nämlich in seine Sprache, die den wachsamen Betrachter unvermutet mit eigenen Augen hören und mit eigenen Ohren sehen läßt. Nun geht es nicht mehr alleine darum, was sich auf der Leinwand tut, sondern auch – und in glücklichen Momenten ausschließlich – darum, was im Betrachter selbst passiert.

„Erst wenn die Landschaft nicht mehr sichtbar ist, erkennen wir ihr Wesen" (Morton Feldman).

Michael Pilz, 16. Jänner 1998

~

BETREFF: *YADON ILAHEYYA (DIVINE INTERVENTION)* VON ELIA SULEIMAN (2002)

Lieber Viktor,
nun, ich hab mir den Film von Suleiman genau angeschaut und bin, unterm Strich, davon enttäuscht worden, obwohl ich am Anfang dem formal doch etwas absurd anmutenden Spiel mit den Figuren, die wiederkehren, schon auch Positives abgewinnen konnte. Doch bald wurde mir dieses Spiel, wurden mir die Gags fad. Und dann begann ich mich auch zu ärgern. Nicht nur wegen der stilisierten und damit der Realität entfremdeten Form des Films, sondern auch wegen der stilisierten Schauspielerei der Typen,

vor allem der „Typen", die für mich keine Menschen wurden und deren Gestik auch beim besten Willen und im Vergleich z. B. zu den Darstellern von Straub/Huillet (oder Kaurismäki) auf mich mehr und mehr abstoßend wirkte, sondern auch wegen der Art und Weise, wie der Autor durchs Hintertürchen seine Ansichten von und seinen Umgang mit Gewalt einschleuste bzw. mit filmischen Mitteln gewalttätig wurde (nicht nur in den Bildern, sondern auch durch diese). Schließlich, muss ich leider sagen, hatte ich es mit einer Reihe mehr oder weniger einfältiger Späße zu tun, mit ernsthafteren und mit komischeren, wie z. B. in der Szene, in der ein Panzer am Straßenrand durch einen Marillenkern in die Luft gejagt wird, oder wenn sich die Geschichte am Ende sogar in surreale Filmtricks auflöst. Mir ist das, um beim lieben Erwin Puls zu bleiben, zu viel Mystifax, zu wenig Realität. Der Film bleibt in seiner eigenen Symbolik stecken und schlägt keine wirkliche Brücke zum Publikum, zumindest nicht zu mir. Er bleibt, meiner bescheidenen Ansicht nach, an den Oberflächen picken, geht nicht tiefer, reflektiert das Thema, das er anschneidet, nicht wirklich, sondern spielt damit, spielt sich drum rum, er hat Spaß daran (an seiner Oberflächlichkeit, an seiner nur anscheinenden Tiefe), und das nehm ich ihm besonders übel,

140

weil er sich der Einfälle und Bilder nur *bedient,* um seine Thesen zu klopfen, bewusst und, ich denke, auch unbewusst, statt die Bilder aus sich selbst sprechen zu lassen (vergleiche dazu z. B. den Film *Nach Georgien* von Jürgen Böttcher oder den großartigen Eröffnungsfilm der Viennale *Être et avoir* von Nicolas Philibert).

Natürlich kennt Suleiman Tricks, wie man z. B. mit Musik gewisse Gefühle beim Publikum weckt, aber diese Kiste ist so alt wie die Menschheit selbst und bringt so nichts, zumindest nichts, was der Einsicht auf die Beine helfen könnte, warum man sich manchmal gegenseitig gar nicht mag und warum man speziell da, wo die Menschen dieses Films leben (leider „leben" sie im Film nicht wirklich, sondern benehmen sich wie ferngelenkte Puppen, die den Anweisungen eines – verzeih – nicht sehr talentierten Regisseurs folgen), so böse aufeinander ist.

Ich denke, dieser Weg ist ausgelatscht und bedarf nicht der Wiederholung. Zu solchen Geschichten braucht man keine Witze zu machen, dann lieber noch einmal Freuds Abhandlung zum Witz lesen. So wie es – gerade in unserem Land, aber auch anderswo – schon lange nicht mehr um den Terror der anderen geht, sondern um den Terror in einem selbst. Dazu lege ich die Lektüre des Psychoanalytikers Arno Gruen nahe.

Ich finde es also nicht sehr hilfreich, diesen Film zu zeigen, weil er mit sehr wichtigen Geschichten einseitig, kurzsichtig und auf unterhaltsame und deshalb gefährlich verharmlosende Weise umgeht, ohne wesentliche, tiefere Erlebnisschichten zu berühren. Dieser Film verärgert und ich halte ihn für einen dummen Film, der zu allem Überdruss auch das Publikum für so dumm hält. Doch das, erlebe und glaube und hoffe ich, ist dann doch nicht ganz so. Und da, finde ich, bleibt der Autor mit sich alleine. Gut so, denn eigentlich hätte er schon vor diesem Film, der sicher ganz schön was gekostet hat, gründlicher in sich selbst gehen sollen. Denn es genügt nicht, sich nur über andere lustig zu machen oder andere des Übels zu bezichtigen, davor sollte man zumindest einmal auch kurz vor der eigenen Türe den Mist kehren. Doch das tut mitunter so weh, dass man es lieber bleiben lässt.

Wieder denke ich an den alten Heraklit, der gesagt haben soll: Ich sehe, dass ich sehe! Längst genügt die einfache Aussage nicht mehr. Und Georges Devereux schrieb vor langer Zeit in *Angst und Methode der Verhaltenswissenschaften,* dass wir uns manchmal und manchmal ausschließlich mit uns selbst beschäftigen sollten, weil allein das Sammeln unzähliger fremder Daten nichts bringt:

„Man kann die Interaktion zwischen Objekt und Betrachter nicht in der Hoffnung ignorieren, sie werde sich schon allmählich verflüchtigen, wenn man nur lange genug so täte, als existiere sie nicht. Wenn man sich weigert, diese Schwierigkeit schöpferisch auszuwerten, so kann man es nur zu einer Sammlung von immer bedeutungsloseren, zunehmend segmentären, peripheren und sogar trivialen Daten bringen, die das, was am Organismus oder am Menschen menschlich ist, fast gänzlich unbeleuchtet lassen. Man sollte deshalb aufhören, ausschließlich seine Manipulationen am Objekt seiner Betrachtung zu betonen, und stattdessen gleichzeitig – und bisweilen ausschließlich – sich selbst qua Beobachter zu verstehen versuchen."

Und das tut in meinen Augen Suleiman, er sammelt periphere etc. Daten, und seine Sache wird dadurch nicht besser, wenn er seine Daten mit nach dem Geschmack des Mainstreams schönen und perfekten Mascherln versieht. Leider tut die Konsumindustrie dasselbe und so massiv, dass die Täuschung fast niemand mehr auffällt.

Ich grüße Dich von Herzen und danke Dir nochmals für die Einladung zu diesem Film,
alles Liebe, Michael

E-Mail an Viktor Billek (Polyfilm Verleih),
Oktober 2002

AUTISTI **VON GABRIELE HOCHLEITNER (2003)**
Wer in römischen Autobussen des städtischen Unternehmens ATAC unterwegs und nicht gerade durch Taschendiebe vom Staunen abgelenkt ist, ist Zeuge einer zwar meist chaotischen, letztlich aber doch zielführenden Transportmaschinerie, die immer wieder und wie von selbst die unglaublichsten Verkehrs- und Lebenslagen überwindet. Ob man, in klapprige Vehikel eingezwängt, durch die City stottert oder luftgefedert peripher an römischen Ruinen vorüberschwebt, stets sind sie, die wahren Meister der umsichtigen Gelassenheit, am Steuer, die sagenhaften Autisti. Sie sind auch die Helden dieses einfachen und sorgfältig komponierten Films, der es klug und äußerst liebevoll versteht, die Balance zwischen den Objekten und der sie betrachtenden Begier zu halten. Denn wir begleiten nicht nur Giuliano Mosca kreuz und quer durch Rom, treffen mit ihm schmähführende Genossen, Typen geradewegs aus Fellini-Filmen, und kriegen so beiläufig mit, was es wirklich heißt, 35 Jahre lang Busse durch Rom zu lenken, von früh bis spät. Sondern wir lassen uns auch von der Art und Weise, wie die Filmemacherin schaut und horcht und endlich ihre Bilder und Töne aneinanderreiht, dazu verführen, nicht nur die Dinge, sondern auch jenes Licht zu sehen, das diese erhellt und das auch ihr

entspricht, und in das sie ihre Bild- und Tonwelt humorvoll und einfühlsam kleidet. „Es ist, als würde ich mir durch bloßes Zuschauen die Welt verdienen" (Peter Handke zu Michelangelo Antonionis *La Notte*).

Michael Pilz, Juni 2003

~

BETREFF: *JAPÓN* VON CARLOS REYGADAS (2002)
Lieber Peter,
ehrlich gesagt habe ich selten einen Film mit so kraft- und fantasievollen Bildern gesehen, mit so viel Gespür fürs Kinematografische, also für das Bildhafte in Bewegung, und damit meine ich nicht nur die bewegte Handkamera (die mir in vielen anderen Filmen Schwierigkeiten macht, hier auf sonderbare Weise überhaupt nicht), sondern auch die „bildhafte Stille" oder die wundervollen Rätsel, die die Bilder und Bildläufe manchmal bergen, diese *Magie,* die so selten im Kino staunen lässt und hier zudem so direkt, so sinnlich zu erleben ist.

Ich war, über weite Teile des Films, sehr bewegt und gerührt, einfach ob der Kraft seiner Bilder und natürlich auch seiner Töne und des Zusammenspiels dieser beiden. *Aber.*

Leider hat sich der gute Mann auch eine Story vorgenommen (ohne diese hätte er wahrscheinlich nie das Geld für die Produktion auf-

getrieben), und leider wollte er diese Story auch wirklich zu Ende bringen, und leider hat er es nicht geschafft, sich nur auf seine eigenen Eingebungen zu verlassen, sondern bemühte sich, seine sonderbare, weil einzigartige, unverwechselbare Bildsprache via dieser Story zu rechtfertigen. Also ist all das „unnötig", was er fühl- und sicht- und hörbar seinen Bildern und Tönen andiente, um sie „verständlicher" zu machen; also irgendwie, wenn ich so sagen darf, eine Art Hurerei, weil er nicht wirklich bei seinen „inneren Bildern" blieb, sondern sich äußerlicher Rechtfertigungen, wie dieser Story, bediente. Schade. Aber das ist so oft der Fall, nicht nur im Kino. Die wahre Freiheit, der Kinematografie, wie auch des Lebens, gibt es kaum, immer ist da etwas, „wofür" gefilmt oder gelebt wird. Werden muss. Dann haben wir eben diese dienerhaften Posen. Sich selbst fremd, entfremdet. Nicht wirklich den eigenen Eindrücken und Gefühlen verbunden, nicht sich selbst „verpflichtet", sondern irgendwelchen, äußerlich begründeten, also fremden „Befehlen" folgend. Oft voreilig gehorsam. Ohne Bewusstsein dessen.

Japón könnte ein großartiger Film sein. Ohne diese „aufgesetzte" Story. Meinetwegen mit Story, aber nicht so „plump" auf das Kinematografische drückend und es damit gleich auch erdrückend. Es gibt wundervolle Bilder, Kamerabewegungen, Montagen, „Läufe" etc., eben Filmisches. Ich kam manchmal aus dem Staunen nicht heraus, und das passiert mir im Kino (wie im Leben) selten. Da gab es richtige „Hier und jetzt!"- und „Aha!"-Erlebnisse, unmittelbar, direkt, „einfach so", ohne Firlefanz, eben ohne Grund und Story, ohne eine Rechtfertigung, „warum hast du das gemacht!?", „wofür soll das gut sein!?", etc. Nein, einfach da sein, erleben und staunen! In diesen Augenblicken öffnete der Film mir innere Augen, und ich konnte wieder einmal, so selten!, mir weniger bekannte oder selten betretene Räume durchstöbern und an mir Reaktionen erleben, die sehr tief gingen, tiefer als gewöhnlich, bei Tag und auch in Filmen. Dafür schätze ich *Japón* sehr und vergess alles andere (wir kennen das zur Genüge, seit Kindheitstagen), das ich einfach für unerwachsen, unselbständig, für „kommerzielles Kalkül", für „Ausreden" halte.

Aber vielleicht ist auch dieser Film ein gutes Beispiel dafür, dass man, wie sehr man sich auch nach der Decke streckt, trotzdem am Boden bleibt, wie sehr man sich im Kino, bei so viel Geld im Spiel!, nach Freiheit sehnt, doch am Boden haftet. Denn wäre *Japón* wirklich „frei" aller Rechtfertigungen seiner schönen und wundervollen kinematografischen Qualitäten produziert worden, wäre er vermutlich nie in die Kinos gelangt und hätte nie mein Herz gestreift.

Mein lieber „Guru" früher Mannesjahre, der Henry Miller, schrieb in *Big Sur und die Orangen des Hieronymus Bosch* davon, dass die wirklichen Heiligen niemand zu Gesicht bekommt, weil sie darauf keinen Wert legen. Also. Das Kino ist schon, wenn ich das so sagen darf, eine Hure. Aber, wie in diesem Fall, halt auch ein bisschen schon eine wundervolle, heilige.

Schönen Tag! Michael

E-Mail an Peter Kuthan, 1. August 2003

~

DIE ERKLÄRUNG DES ERSTEN KAPITELS LUCE VON ANDREAS JAKOB GOLDSTEIN (1998)

Es ist heute Donnerstag, der 3. August 2006. Ich sitze in Graz auf einem kleinen Balkon bei Gabriele, meiner Frau, umgeben von Basilikum, Thymian, Schnittlauch, Rosmarin und Zitronenmelisse. Und dem Wilden Wein, der sich etwas mühsam an einem hölzernen Gitter hochrankt. Der Himmel ist bewölkt, es ist kurz nach neun Uhr vormittags.

Ein Heer von Ameisen macht sich seit Tagen über den Wilden Wein her. Ich habe keine Ahnung, was sie suchen. Eilig laufen sie auf und ab, sitzen in Scharen auf den grünen Blättern und hinterlassen kleine helle Flecken, die ich leicht mit meinem Fingernagel entfernen kann. Ich beutle die kleinen Tierchen von den Blättern und den Zweigen. In Windeseile verkriechen sie sich unter dem Bretterboden, als wäre nichts geschehen. Sie machen mir den Eindruck intelligenter, wacher, kommunikativer Wesen. Ich versuche, ihnen den Weg nach oben zu erschweren, und umwickle die aufsteigenden Zweige mit Tesafilm. Um den Wurzelstock lege ich vier „Natur tus"-Ameisenfallen. Doch bald darauf hocken sie wieder in Scharen auf dem grünen Weinlaub. An manchen Stellen ist es bereits durchlöchert und wird so von Tag zu Tag schäbiger. In den heißen Wochen zuvor haben sie beide Thymianstauden nahezu gänzlich vernichtet. Ich begreife nicht, was hier vor sich geht, und ich mag diese Ameisen nicht.

1991 machte ich mit meiner damaligen Frau und unsern kleinen Kindern auf der griechischen Insel Euböa Urlaub, im Haus eines lieben Freundes. Jeden Morgen saß ich auf der Treppe zum Garten, während die anderen noch schliefen. Über die kahlen Berge hinter mir erhob sich die Sonne und wärmte mich. Vor mir, im Sand des Weges, krochen kleine Ameisen aus ihren Löchern, sie liefen geschäftig kreuz und quer, scheinbar dem Zufall gehorchend. Sinn und Zweck ihres Tuns blieb mir verborgen. Je mehr der Sand sich erwärmte, desto aktiver wurden sie. Ich genoss diese Betrachtung

sehr. Es war wie ein Meditieren vor etwas, das ich im Grunde nicht verstand, das mich aber durch die Bewegungen faszinierte, die das sich ununterbrochen wandelnde Bild im Sand vor mir ergab. Wenn es mir in der Sonne zu heiß wurde, ging ich in den Schatten, um Tai Chi zu üben. Dann gab es Frühstück etc. Tagsüber blieben die Ameisen in ihren Löchern.

Eines schönen Morgens saß ich wieder auf meinem Platz vor dem Haus und sah zu meiner Bestürzung, dass die Ameisen nicht, wie all die Tage zuvor, durcheinanderliefen: nein, plötzlich herrschte Chaos unter ihnen. Es schien, als hätten sie ihren Orientierungssinn verloren. Ich hatte den Eindruck von Angst und Entsetzen. Eine Katastrophe. Ihre gewohnte Methode, sich zu bewegen, so scheinbar zufällig und für mich auf geheimnisvolle Weise, aber doch und offenbar einer gewissen eigenen, inneren Logik und Struktur folgend, war nicht wiederzuerkennen, war wie zerstört. Statt dessen sah – und spürte – ich ein zielloses, wie von panischer Angst getriebenes Umherirren.

Eine Unzahl kleinerer und kaum wahrnehmbarer, weil nahezu durchsichtiger, „gläserner" Ameisen, die ich hier bisher noch nie gesehen hatte, machte sich über die größeren Ameisen her, fiel ihnen in den Weg und biss sie, äußerst aggressiv und rücksichtslos, wo sie eben zubeißen konnten, vorne, an den Köpfen, hinten, an den Beinen, an den Seiten. Die attackierten Ameisen schienen augenblicklich ihren Verstand zu verlieren. Sie torkelten wie betrunken oder eben wie von Sinnen über den Sand. Viele blieben wie gelähmt auf der Stelle liegen oder starben gleich. Ein wundervolles Ameisenvolk war, wie es mir schien, des Nachts überfallen worden, und ich konnte nichts gegen seine Ausrottung tun.

Von diesem Tag an saß ich nie wieder auf der Treppe zum Garten.

Bald danach begann es auf Euböa zu regnen und so ausdauernd, dass nach einer Woche die Regenfluten aus den Bergen kamen, nachts, unaufhaltsam, und sie rissen alles mit sich, was ihnen im Weg lag, Zäune, Bäume, kleine Tiere, Pflanzen, Unrat, ganze Häuser, Fahrzeuge und auch Menschen.

Am nächsten Morgen schien die Sonne wieder. Am Strand lagen Leichen. Zwischen einem mannshoch aufgetürmten Wall aus allem, was von den Bergen abgespült, aus den Böden herausgerissen, von den Ferienhäusern weggeschwemmt und vom Meer abgewiesen worden war.

Wir waren mit heiler Haut gerade noch davongekommen.

Und siehe, im trocknenden Grund des Gartens gab es wieder Löcher, und „meine" Ameisen liefen umher.

Graz. Es ist Mittag geworden und es regnet in Strömen.

In Duisburg habe ich, es ist schon etliche Jahre her, einen Text von Thomas Müntzer gesehen, ja, gesehen!

Die Erklärung des ersten Kapitels Luce – das doch ein yeder lernte mit eynem halb aug sehen ist der Film meines Freundes Andreas Jakob Goldstein aus Berlin, und ich hatte diesen Film bereits vor Duisburg gesehen, in Wien, gleich zweimal hintereinander, in einem mittels eines tragbaren 35mm-Projektors zum Kino umfunktionierten Café der Kommunistischen Partei Österreichs. Die anschließenden Gespräche konzentrierten sich auf die historische Person Müntzers, seine politische Funktion, seinen Werdegang und die Ereignisse der damaligen Zeit. Im Vergleich zu heute. Es fiel kein Wort zum Film „an sich".

Wenn ich mich recht erinnere, hat mir Andreas erst in Duisburg erzählt, dass er diesen Film als Studienabschluss in Potsdam gegen den Widerstand seiner Lehrer realisiert hatte. Wie kann man Müntzers Sprache auch filmen! Man kann. Wenn man ein tieferes Gefühl für die Form dieser Sprache (die alte deutsche Sprache, Müntzers Sprache!) und erst darüber auch für ihren eigentlichen Inhalt zulässt, und wenn man

Wege und Mittel findet (findet!), diese „eigenen" Gefühle und Erfahrungen durch kinematografische Qualitäten, in Bildern und Tönen, zu äußern.

Mich hat *Die Erklärung des ersten Kapitels Luce – das doch ein yeder lernte mit eynem halb aug sehen* gerade durch seine einfache und konsequent achtsame, langsame und außerordentlich filmische Form tief bewegt, ja, aufgewühlt.

In der anschließenden Podiumsdiskussion setzte ich mich dafür ein, man möge doch, gerade am Beispiel dieses Films, zumindest im Kino das Schauen, das offene Staunen (!) üben und sich nicht a priori so sehr um inhaltliches Verstehen bemühen.

In der Kunst geht es nicht um *Was*, sondern um *Wie*. Ich denke, wir alle haben mehr oder weniger gelernt und lernen täglich neu dazu, nicht wirklich zu schauen und zu horchen. Nein, wir schauen zu, aus sicherer Entfernung, wir beobachten, wir werten, und so begreifen wir (wer? wir?), ohne uns dabei, mit Haut und Haar, dem Leben zu stellen. Wir machen uns Bilder und sammeln Wissen, und schützen uns so vor schmerzlichen und freudigen, lebendigen Erfahrungen.

Aus meiner Sicht war *Die Erklärung des ersten Kapitels Luce – das doch ein yeder lernte mit eynem halb aug sehen* der wichtigste Film der Duisburger Filmwoche 1999, und ich lud allgemein dazu ein, sich den Rätseln wie den Wahrheiten dieses Films und anderer Filme, wie der übrigen Welt, zu öffnen, überraschende Erfahrungen zu wagen, wirklich und mit ganzem Herzen dabeizusein, und das heißt, zu allererst sich selbst zu sehen und zu vertrauen.

Erschienen zum 30. Jubiläum der
Duisburger Filmwoche, 2006

~

EIN PAAR GEDANKEN ZUM FILMEMACHEN

1. Filmemachen heißt: über die Mittel nachdenken.
„Mittel": das filmische Material im engeren Sinn, der gesamte „ästhetische Apparat" (Filmformen, Filminhalte, Filmgeschichten), außen wie innen, in vergesellschafteter Form und in sich selbst vorgefunden.

Nachdenken über die Mittel heißt: Die Zusammenhänge, in denen diese Mittel von vorneherein stehen, erkennen, spüren, studieren, bewusst machen, ihnen wie auch immer Rechnung tragen, auf sie reagieren, intellektuell, intuitiv, spontan oder streng kalkulierend. Dieses Nachdenken geschieht nicht nur beim unmittelbaren Filmemachen, sondern permanent und auf tausenderlei Weise: durch Analyse, durch Experimente, durch Training der Augen und der Ohren, der Sinne insgesamt, durch Bildung im weitesten Sinn, durch wachsames Leben – ganz gewiss durch das Filmemachen selbst.

Filmemachen heißt, über die Mittel nachdenken, das heißt, über Wahrnehmung und Zeit, über die Wahrnehmung in der Zeit und über die Zeit in der Wahrnehmung nicht nur nachdenken, sondern ständig lebendige Erfahrungen sammeln und im Schaffen weitervermitteln.

… Auseinandersetzung mit den Wahrnehmungsgewohnheiten …

… Materialaspekt … Aura …

… das Vertraute verfremden …

Über die Mittel nachdenken heißt aber nicht nur, die Mittel in den Zusammenhängen erkennen, in denen sie bisher gebunden sind / waren, sondern heißt auch: andere Zusammenhänge erproben, d. h., die Mittel neu beleuchten.

2. Filmemachen heißt aber v. a., die „Werkzeuge" (tools) anschaffen, die man zum Filmemachen braucht.

… Filmstruktur … Strukturfilm …

a) der Film, der etwas ausdrückt, und

b) der Film, der selbst Ausdruck ist.

Ich glaube nur an die letzte Form von Ausdruck, und „Filmemachen heißt, einen Film eben machen" meint also auch, Filmemachen heißt nicht: etwas sagen, sondern: etwas machen, vielleicht auch, etwas erleben, wobei der Film, der so entsteht, als Filmstruktur bzw. Strukturfilm gewordener Ausdruck, Unmissverständlicheres aussagt über die Situation, in der er entsteht, in der der Filmemacher handelt und auf welche er reagiert.

Filmemachen ist beredtes Handeln, aber der Filmemacher hat nichts zu „sagen".

Film als sprachlose Botschaft von ganz weit her – nämlich aus unserem Inneren: Erst so öffnet sich sein Begriff aus all den kategorischen Verengungen, womit unsere Ängstlichkeit ihn domestizieren will, statt durch Brechung solcher Kategorien ihn zu öffnen, gar bis hin zu seiner Aushebung.

„Sprache" im Film ist Körpersprache des Geistes im filmemachenden Handeln.

Die Vorstellung von Film als in die Zeit projizierte, durch die Wahrnehmung sukzessiv abzutastende Struktur erlaubt Hilfsvorstellungen, die immer wieder andere Aspekte sichtbar machen; so etwa die von Film und Form als charakteristisch möbliertem Raum: in gewisser Weise als „finsterem Raum", der uns die Sensibilität von Blinden und deren intuitive Gedächtnis- und Rückschlussfähigkeit über die besondere Hierarchie der ertasteten Reize in Bezug auf die Gesamtstruktur dieses Raumes abverlangt: Schauen und Hören als auf sich selbst bezogene Gedächtnisarbeit der Wahrnehmung in Zusammenarbeit mit all dem, was wir vorher wussten und fühlten, also mit dem, was in uns an Welt- und Ich-Erfahrung berührt und herausgefordert wird.

Filmemachen heißt: In der reflektierenden Auseinandersetzung mit den Mitteln und von ihnen ausgehend einen Film machen.

Die Entstehungsweise eines solchen Films ist stets mehr oder weniger ein Abenteuer mit unbekanntem Ausgang.

Aus diesem „Spaß" wird in dem Ausmaß Ernst, wie aus der damit verbundenen Reflexion des Vertrauten die Unruhe von dem allmählich sich präzisierenden und entstehenden Unbekannten herauswächst, von dem wir Filmemacher als Allererste schockiert werden, weil es als Bruchstück, als erste Nachricht von uns selbst und an uns selbst unsere eigene Erfahrung von Ich und Umwelt verändert.

Durch die erste, ganz spielerisch gewählte Konstellation, habe ich mich bereits auf Gesetze eingelassen, die sich aus der unmittelbaren Beschaffenheit des Materials, aus jenen darin erspürten, gewussten oder spekulativ beleuchteten Zusammenhängen ergeben. Aber auch aus ihrem von mir nach und nach erschlossenen und beschlossenen Verhältnis zu jenem imaginären Film, von dem die erste Gestalt nur ein Partikel war: Meteor eines noch nicht bekannten Planeten. Diesen imaginären Film erschließen heißt, in gewisser Weise blind, im Finstern ihn ertasten, andere Zugänge finden, erfinden, also andere Verwirklichungen des zwischen ihm und mir wirkenden unbekannten Gesetzes entdecken und im Ertasten jenes imaginären Films überhaupt erst zum Funktionieren bringen.

Nur in dem Maße, wie jener visionäre oder erträumte oder erahnte imaginäre Film funktioniert, gelingt die strukturelle und expressive Präzisierung einer anfangs gesetzten Konstellation von Bildern und Tönen. Wer weiß, ob sie nicht im weiteren Verlauf des Suchens verwandelt oder durch andere hinzugesellte Materialien völlig in den Schatten gestellt wird, als Folge und Resultat jenes Abtastvorgangs, zu dem eine Anfangskonstellation samt ihrer jungfräulichen Faszination für den Filmemacher nichts als den Zugang bedeutet hat.

Bei solchem Arbeiten treffe ich übrigens nicht nur auf andere, neue Gestalten als Folge des Anfangsgedankens, sondern überraschenderweise manchmal auch auf alte Bekannte, die im neuen Zusammenhang sich in neuem Licht zeigen, und wir kommen zu Gestalten, die wir vielleicht freiwillig niemals akzeptiert, sondern spontan wohl eher gemieden hätten. So mancher Filmemacher ist, finster entschlossen, in

149

Neuland vorzustoßen, unverhofft auf die alte gute Tradition geprallt, hat ihr so neue Aspekte abgewonnen, und mancher ist bei gleichem Unterfangen auf eine gute alte Form gestoßen, in neuer, gereinigter Luft erneut und auf neue Weise bedeutsam und als scheinbar Abgenutzter vielleicht wichtiger – denn gerade am scheinbar Abgenutzten könnte sich der neue Funktionszusammenhang, die „Luft vom anderen Planeten" bewähren, in die es versetzt worden ist.

Der Filmemacher bei seiner Abenteuerreise erfährt sich als Kolumbus und zugleich als Don Quichotte: Er landet auf einem ungeahnten Kontinent und/oder einfach und heftig auf dem eigenen, vertrauten Erdboden, um nicht zu sagen auf dem Hosenboden; in beiden Fällen jedenfalls dort, wo er es nicht erwartet hatte, und gerade so und nur so erfährt er sich selbst neu, verändert er sich, kommt er zu sich.

3. Filmemachen heißt: nicht sich gehen, sondern sich kommen lassen.
Diese Beobachtung ist natürlich eng an die beiden vorhergehenden gebunden. Diese ersten beiden bedeuteten beredtes Handeln, aber als bewusst und manchmal verzweifelt kontrollierendes Handeln können sie für manchen – trotz und wegen seiner Einsicht in die Notwendigkeit solcher inneren Disziplinierung – zugleich

auch Lähmung bedeuten. Filmemachen kann heißen: nicht mehr weiterwissen, nicht vor und nicht zurück können, Angst haben. Und so kommt dann plötzlich alles auf die verborgenen Kräfte in uns an, die zur Überwindung solcher Lähmung jetzt erst mobilisiert werden, vielleicht jetzt erst mobilisiert werden können: An ihnen entdeckt der Filmemacher sich selbst, und erst sie legitimieren sein Tun und prägen die Ausstrahlung solcher der eigenen Angst abgerungenen Filme. Dies mag eine Frage des persönlichen Schicksals und Naturells, vielleicht auch der filmpraktischen Erfahrung sein.

Ich misstraue dem Filmemacher, der genau weiß, was er will, denn er will meist das, was er weiß: also zu wenig. Filmemachen im Sinn meiner dritten Beobachtung heißt: herauskriegen, was überhaupt hinter dem ersten Willensimpuls, hinter dem ersten Appetit, für ungeheure Landschaften von Möglichkeiten sich auftun, von denen der erste inspirative Funke nur ein Abglanz, eben ein Funke war. Filmemachen muss heißen: sein unmittelbares, notwendigerweiser begrenztes Wollen überlisten, die ersten Visionen über sich selbst hinaustreiben, der eigenen Fantasie über ihre Grenzen hinweghelfen.

Und so steht hinter dem ganzen rational beschriebenen Spekulieren mit Reflexion der Mittel und praktisch Machen eines Films, so wie es in den ersten beiden Beobachtungen offensichtlich als intellektuelle Anstrengung zu dominieren schien, das Gegenteil von intellektueller Vergewaltigung der intuitiven Kräfte, nämlich die Gewissheit, dass wir erst über solche Arbeit wie Wünschelrutengänger an jene Zonen in uns herankommen, wo unsere wahren Ausdrucksmöglichkeiten sind, Kräfte in uns, die es ans Licht zu bringen gilt, weil sie für das einstehen, was wir vielleicht Glück, Freiheit, menschliches Zusammengehörigkeitsgefühl nennen mögen, und was doch am wirksamsten unbenannt bleibt.

Meine dritte Beobachtung, „Filmemachen heißt: nicht sich gehen, sondern sich kommen lassen", ist so auch nicht einfach eine selbstverständliche Konsequenz der vorigen beiden Beobachtungen, sondern sie ist auch ihr Korrektiv. Filmemachen im Sinne dieser dritten Beobachtung heißt: in die selbst gestifteten Ordnungen und Mechanismen intuitiv eingreifen, wissend, dass solche bewusst gesetzten Gesetze Hilfskonstruktionen sind, Vehikel, mit denen wir unseren Visionen näher kommen, Treibsätze, die wir irgendwann abstoßen müssen; dann nämlich, wenn wir die Schwerkraft der bewussten und unbewussten gesellschaftlichen Verkrustungen und Verwaltetheiten des Materials überwunden fühlen und in der Luft jenes „anderen

Planeten" das Wirken von anderen, uns selbst zuvor verborgenen Gesetzen spüren.

Filmemachen – nicht sich gehen, sondern sich kommen lassen: Ich habe auch keine Scheu vor dem erotischen Aspekt dieser Formulierung. Denn die Begegnung zwischen kreativem Willen und klingender Materie, was ist sie anderes als eine Begegnung, wie kompliziert auch immer, mit dem, was man liebt: geprägt von Faszination, Leidenschaft, gegenseitigem Durchdringen, Glück, Verzweiflung und, mit all dem verbunden, von existenzieller Neuerfahrung des eigenen Selbst.

Diese drei Beobachtungen zum Filmemachen bilden ihrerseits vielleicht drei Eigenschaften eines Werkzeugs, desjenigen unseres kreativen Willens. In ihm wären Reflexion, strukturelle Innovation und expressive Intuition einander so zugeordnet, dass dem Filmemacher, wie nachher dem Zuschauer, Unerwartetes und doch vielleicht schon ewig Gewusstes geschenkt wird dadurch, dass ihm von Anfang an nichts geschenkt wird.

Über all dem aber steht die Vision von Freiheit. Mein Traum als Filmemacher ist der Traum der „freien Montage", der Traum von der „glücklichen Hand", der Traum vom ungebrochenen Filmemachen.

So rechne ich es vielen, meist jüngeren Filmemachern als Verdienst an, dass sie durch ihr Vertrauen in die eigene kreative Spontaneität an diesen Traum erinnern, ihn wahrhaben, ihn herbeizwingen möchten. Und ich empfinde zugleich mit Bangigkeit die Unbefangenheit, oft auch kokette Blindheit gegenüber den Mechanismen, die in uns und um uns diesen Traum abfälschen. Ich leide unter dem Selbstbetrug solcher Unbefangenheit, weil er in einer Gesellschaft, die nur noch durch Selbstbetrug funktioniert, ein falsches, gefährlich irreführendes Echo findet, und weil er außerdem genau das verhindert, worin die potenzielle Sprengkraft von Kunst liegt: das Aufbrechen der herrschenden Gewohnheit, den ästhetischen Widerstand gegen jene Lähmungen des menschlichen Bewusstseins, die uns nur noch Freiheitsvorstellungen erlauben in der Form des Sich-gehen-Lassens.

Meine dritte Beobachtung grenzt sich also mehrfach ab: von einem ungebrochenen, schlecht reflektierten Spontaneismus und Subjektivismus, der letztlich sich verrät als Verwechslung mit einem konventionell expressionistischen Manierismus, und der sich zu Unrecht auf die Tradition und auf einen unzulässig verkürzten Freiheitsbegriff beruft, indem er „sich gehen lässt"; sie grenzt sich ebenso ab von einem blind positivistischen Strukturalismus, der nicht weniger fragwürdig konstruktivistische Verfahren mystifiziert, die sich blind und taub gegenüber den gesellschaftlich vermittelten Vorgaben und Bedingtheiten des Materials stellen. Sie verkörpert bei allem Misstrauen gegen falsche Freiheitsutopien und zugleich bei aller Abenteuerbereitschaft der kreativen Verfahren den Glauben an die Fähigkeit des menschliches Geistes, durch alle Lähmung und durch alle erkannte und wie immer vergeblich bekämpfte Sprachlosigkeit hindurch sich auszudrücken und über die subjektiv isolierte strukturelle Ausgangsmotivation hinaus, auf dem Weg über die befreite, sich selbst neu wahrnehmende Wahrnehmung so etwas wie eine Verbindung unter Menschen herzustellen, eine Verbindung, welche die Widersprüche nicht verdrängt, sondern mit ihnen umgeht und darüber hinaus in unerschlossene Landschaften der Wahrnehmung eindringt und so unerschlossene Strukturen, das heißt: Möglichkeiten in uns bewusst macht.

Im Hinblick auf solche Hoffnungen und unbenannte Zonen in uns wandle ich jenes vielleicht schon zu oft bemühte Wort von Wittgenstein ab, indem ich sage: Wovon man nicht sprechen kann, darüber soll man arbeiten.

November 2006 (gekürzt erschienen als Die Erotik der Leere, *Diagonale 2008)*

Filmprojekte

Aus dem Archiv von Michael Pilz

FÜNF FINGER AN DER HAND DES KRIEGERS
(THE TIMES BETWEEN)
Ein Spielfilm, 90 Minuten, Farbe
von Michael Pilz und Gert Winkler

Personen und ihre Darsteller:
Franz … Oskar Werner
Bony Maroni … Elsa Martinelli
Oscar … Lionel Stander
Alejo … Pierre [sic!] Brasseur
Karloff … (guest star) Jack Palance
Seeleute, Fischer, Polizisten, Einwohner von
    Stromboli, der Liparischen Inseln, von
    Neapel etc.
Orte der Handlung: Stromboli, die Lipari-
    schen Inseln, Neapel, Mailand
Zeit des Geschehens: Heute (Spätherbst bis
    Winter – off-season)

Exposé (vermutlich Erstfassung, ca. 1972)
Im Morgengrauen nähert sich ein Kursschiff
der Vulkaninsel. Unter anderen verlassen vier
Passagiere, drei Männer und eine Frau, das
Schiff und quartieren sich im Dorf an der Was-
serlinie ein. Das Schiff dampft während des laut-
starken Zimmerfeilschens ab, die Ankömmlinge
verlieren sich rasch und endgültig.

Die vier Ankömmlinge haben ein weißes
Haus gemietet, eine Dependance des einzigen

Hotels (Miramare), die Villa dei Limoni. Das
Haus verfügt über einen kleinen Hof, ein Bade-
haus an der Mauer zur Straße, einen Zitronen-
baum und eine offene Stiege in das obere Stock-
werk. Die vier bewohnen die beiden Zimmer im
oberen Stock. Die drei Männer beziehen die Bet-
ten im größeren Zimmer, hier steht auch der
schwere Tisch, Kerzenlicht. Das Nebenzimmer,
das kleinere Zimmer, bewohnt die Frau.

Karloff, der Boß
Franz, die Fliege
Oscar, der Knallfrosch
Alejo, der Flüsterer
Bony Maroni

Die vier verpflegen sich aus der Greißlerei und
gehen nur selten ins Hotel essen. Sie suchen keinen Anschluß bei den wenigen ständigen Bewohnern der Insel. Die Saison ist vorüber, die
Fremden, meist Deutsche, die hier ihre Häuser
gekauft haben, sind zum Großteil bereits abge-
reist, der Herbst kommt mit den ersten Stürmen, den kurzen Tagen.

In den verschiedenen Szenen, Gesprächen,
kleinen Ereignissen stellt sich heraus, daß die
vier Touristen den flüchtigen Rest einer anar-
chistischen (linksradikalen) Basisgruppe darstellen, deren Einsätze während des letzten
Sommers Westeuropa und den Nahen Osten in
Atem hielten.

Bei ihrem letzten Einsatz wurden sie von der Polizei gestellt, ihr Chef, bekannt aus den Gazetten unter seinem Kriegsnamen Karloff, wurde bei dem Feuergefecht mit der Polizei erschossen. Franz, die Fliege, konnte angeschossen entkommen. Er warnte die anderen und floh mit ihnen. Hier befinden sie sich auf einer Zwischenstation der allgemeinen Absetzbewegung.

Die Truppe steht vor einem Problem. Es geht um die Frage, wer die letzte Aktion verraten hat, wer Schuld trägt an Karloffs Tod. Sie sprechen von Karloff in einer Art, die erkennen läßt, daß er das Herz der Truppe war, daß er die Truppe zu dem gemacht hat, was unter dem Decknamen „die Hand des Kriegers" Liberale Europas ins rechte Lager drängte und die Linke spaltete.

Dieses Problem wird in verschiedenen Formationen besprochen, während die vier baden, den Berg besteigen und die Mondlandschaft des Vulkangipfels durchmessen und in die rauchenden Schlünde starren. Das Problem, wer von ihnen der Verräter war, gibt dem jährlichen Thunfischfang einen seltsamen Beigeschmack. Es konnte nur einer von den vieren gewesen sein, der Karloff verriet, denn es gehörte zur Methode der Truppe, daß niemand außerhalb des kleinen Kreises über Details von Einsätzen informiert wurde, und eben diese hermetische

Kooperative war das Merkmal der unbedingten Einheit und Garant ihres Erfolges.

Die Krise der Truppe, die durch den Tod Karloffs ausgelöst wurde, und von der sie sich wohl nie mehr wird völlig erholen können, drückt sich aus ebenso in der vorsichtigen Art der Gespräche, in der Angst, sich einander anzuvertrauen, in der Schwierigkeit, sich einander anzuvertrauen, und in der Angst vor den Folgen eines unbegründeten Verdachtes.

Dennoch fügt sich ein Steinchen an das andere, die Details des letzten Einsatzes und die Wochen davor formen ein Bild aus Puzzle-Teilen.

Die belastenden Fakten gegen Franz, die Fliege lösen sich, zugleich aber schließt sich der Ring immer enger um Alejo, den Flüsterer. Eine Rivalität zu Karloff, die Möglichkeit, als Verbindungsmann Kontakte zu knüpfen, dies alles spielte zusammen, Alejo hat Karloff verraten.

Doch ehe dies offen zur Sprache kommt, ehe Alejo dafür zur Rede gestellt werden kann, verschwindet Alejo. Er konnte die Insel nicht verlassen haben, vielmehr mußte er sich auf einem seiner einsamen Jagdausflüge verirrt haben und abgestürzt sein. Seine Leiche wird nicht gefunden, jedoch einige Hinweise auf ein tödliches Unglück.

Franz, Oscar und Bony Maroni verlassen die

DRAFT CONTRACT

Agreement between

M. Claude BRASSEUR, actor, Paris,

and

M. Michael Pilz, director and producer, Vienne,

as partners

for the fiction - feature entitled

THE TIMES BETWEEN

(prospective shooting time 4 weeks

   + 1 week if needed, for synchronisation,

   shooting expected to begin at

   January 20th 1973

   on location in Vienna / Austria and Genoa / Italy)

as leading part (ALEKO)

for an inclusive fee of Frs 100 000.-- (French Francs)

at M. Michael Pilz's disposal.

(It is understood that the advertising related to
  M. Claude BRASSEUR for this film will be equivalent
  to the one made for all the other leading stars in
  the film.)

(One month before shooting commences last possibility
  of mutual cancellation - 20.12.1972).

Paris, November 14th, 1972

M. Claude BRASSEUR   M. Michael PILZ
1, rue Séguier   Halbgasse 7
75006 Paris   1070 Wien / Austria

DRAFT CONTRACT

Agreement between

M. Michel Constantin, actor, Paris,
and
M. Michael Pilz, director and producer, Vienna,
as partners

for the fiction - feature entitled
THE TIMES BETWEEN

(prospective shooting time 4 weeks
 + 1 week if needed, for synchronisation,
 shooting expected to begin at
 January 20th, 1973
 on location in Vienna / Austria)

as leading part (MARQUANT)

for an inclusive fee of ......**150.000 NF**
(cent cinquante mille francs)
at M. Michael Pilz's disposal.

(One month before shooting commences last
possibility of mutual cancellation - 20.12.1972).

Paris, November 13th 1972

M. Michel Constantin   M. Michael Pilz
65 Boulevard Brune   Halbgasse 7
Paris 14e   1070 Wien / Austria

Insel, sie kehren zurück nach Neapel und trennen sich dort. Oscar schlägt sich allein durch. Bony Maroni bleibt bei Franz, der seine Verletzung ausheilen wird. Sie werden nie mehr mitsammen einen Auftrag durchführen.

Der Tod Alejos ist für sie eine Tatsache, doch der Beweis für die Richtigkeit dieser Annahme wird nie erbracht werden können. Und es besteht die Möglichkeit, daß Alejo trotz aller gegen ihn sprechenden Indizien nicht der Verräter war, denn sie konnten mit ihm nicht mehr darüber sprechen.

~

SIERRA POST (Arbeitstitel)
Treatment für ein Spielfilmprojekt von Carl Szokoll und Franz Antel
Fassung vom 9. August 1973
Michael Pilz und Gert Winkler

Ort: Sierra Nevada
Zeit: Um 1848
Personen:
Henderson, Norweger, Glücksritter
Walker, Fotograf
Kate, Kalifornien-Reisende
Französischer Weinbauer, Kates Mann
Hollaway, Bandenchef in der Maske des
  Reisenden

Hunnicut, kauziger Bergbewohner
Passagiere, Indianer, Banditen, Sheriffs,
  Pioniere u. a.

Henderson flüchtet in einer turbulenten Szene aus der häuslichen Geborgenheit. Wie schon viele Frauen vor ihr erleidet eine wütende Mexikanerin das Schicksal, von Henderson verlassen zu werden.

Irgendwo in der Wüste fotografiert der Fotograf Walker sein Lieblingsmotiv: die menschenleere amerikanische Landschaft. Während er unter seinem schwarzen Tuch die Aufnahme vorbereitet, belebt sich die Mattscheibe seiner Kamera: Die Postkutsche des Central Overland Express wird von Indianern überfallen. Unter den verschreckten Passagieren befinden sich Kate und Hollaway.

Unter dem Vorwand, die Kutsche vor den Räubern zu schützen, spielt Hollaway die Beute um so sicherer seiner Bande in die Hände. Doch hat er nicht gerechnet mit dem plötzlichen Auftauchen von Henderson, der einem der Indianer das Pferd unter dem Sattel abschießt. Ehe Henderson des gestürzten Mannes habhaft werden kann, wird dieser von Hollaway erschossen.

Der herbeigeeilte Walker stellt fest, daß es sich bei dem Toten um einen als Rothaut verkleideten Weißen handelt.

Der Überfall ist mißlungen, die beiden Kutscher sind verletzt, und Walker übernimmt es mit Henderson, die Kutsche zur nächsten Station zu bringen.

Aus Mangel an geeigneten Kutschern werden Walker und Henderson vom Stationsvorstand offiziell als Kutscher angeworben.

Die beiden übernehmen den Auftrag aus verschiedenen Motiven. Walker ist es angenehm, mit seiner umfangreichen Ausrüstung bequem und billig in die Berge reisen zu können. Henderson hat insgeheim Interesse, das Geheimnis des falschen Indianers und das seltsame Verhalten Hollaways aufzuklären.

Kate zieht ihn ins Vertrauen. Sie muß auf schnellstem Weg nach Kalifornien, da sie wertvolle französische Weinstöcke mit sich führt. Sie will auf dem Weg ihren Mann einholen, der mit der Aufgabe, Land in Kalifornien zu besorgen, Kate vorausgeeilt war.

In der letzten Ortschaft vor den Bergen nehmen Henderson und Walker Kates Weinstöcke in ihre Obhut.

Hollaway interessiert sich nämlich für die geheimnisvolle Ladung.

Der Winter steht vor der Türe, und die Kutsche wird für die Bergreise ausgerüstet.

Man hofft, daß die Kutsche noch vor den großen Schneefällen über den Paß kommen wird.

Der Postsack füllt sich mit Briefen, die hoffentlich noch heuer nach Kalifornien gehen werden. Darunter ist auch ein Paket mit Steckbriefen, auf denen für einen berüchtigten Wegelagerer 1000 Dollar ausgesetzt sind. Endlich bricht die Postkutsche auf. Kate und Hollaway sind unter den Passagieren.

In einem Indianerlager trifft Kate ihren Mann wieder. Der Franzose stellt Kate die vier Squaws vor, mit denen er sich in einem Wigwam für den Winter eingerichtet hat. Er hat weder Lust noch Geld mehr, um nach Kalifornien weiterzureisen.

Kate ist entschlossen, mit Hilfe Hendersons ihren Plan, in Kalifornien einen Weinberg zu pflanzen, durchzuführen. Henderson ahnt noch nichts von seinem Glück.

Starke Schneefälle machen die Reise beschwerlich.

Endlich bricht die Postkutsche im Unterstand des Jägers Hunnicut ein.

Nun kommt Walkers große Stunde. Mit Hilfe der Schier, die er in seinem Gepäck mitführt, Hollaways Ortskenntnissen und der Unternehmungslust Hendersons eröffnet er die Möglichkeit, im Winter die Berge zu überqueren.

Der alte Hunnicut erweist sich bei der Anfertigung von Schiern für die drei anderen Expeditionsmitglieder als sehr geschickt.

Während der Vorbereitung für die winterliche Schitour beobachtet Henderson den schurkischen Hollaway bei einem heimlichen Treffen mit seinen vier Räuberskumpanen. Hollaway plant einen Überfall auf die Expedition.

Nach einigen Versuchen auf den Schiern steigen Henderson, Kate, Walker und Hollaway mit dem Postsack, Kates Weinstöcken und Walkers Fotoausrüstung zum Paß auf.

Auf halbem Wege werden sie von der Bande überfallen und entkommen spektakulär unter Mitnahme des sich sträubenden Hollaway.

Mit Hollaway als Führer erreichen sie nach abenteuerlichem Aufstieg den Paß. Von dort fährt Henderson in sausender Abfahrt mit dem Postsack ins Tal. Die anderen kommen nach.

Im Ort ist Henderson der gefeierte Held, der als erster Winterpostbote in die Geschichte eingeht.

Auf den Steckbriefen, die sich in der Post befinden, erkennt Henderson Hollaway. Er erpreßt diesen und gewinnt so das Geld für Kates Weinberg.

In einem geräumigen Haus richtet Walker sein Atelier ein, ebendaselbst wird der noch etwas borstige Henderson seine Tage als Weinbauer an der Seite Kates beschließen.

Ende

Recherchen und Quellenmaterial

„Der 1. Posttransport per Postkutsche durch Arizona bleibt durch starke Schneefälle stecken. Ein Typ bringt zu Fuß und im Rucksack die Post über die verschneiten Rocky Mountains."

Westward Expansion – A History of the American Frontier von Ray Allen Billington. The Macmillan Company, New York, 3. Ausgabe 1967 (Kapitel 22: The Traders Frontier 1776–1840, Kapitel 31: The Transportation Frontier 1858–1884)

Saddler & Spurs: The Pony Express Saga von Raymond W. Settle & Mary L. Settle. Harrisburg, Pa. 1955

The Pony Express: The Record of a Romantic Adventure in Business von Arthur Chapman. New York 1932

The Pony Express Celebration (1. Reiter: Johnson W. Richardson) von Louise P. Hauck. *M.H.R.* XVII Juli 1923

The Pony Express Goes Through von Howard R. Driggs. New York 1935

Encyclopedia Britannica (Band 8, Seite 982, „Postwesen, Geschichte")

Burning Daylight (deutsch *Lockruf des Goldes*) von Jack London

Smoke Bellow (deutsch *Alaska Kid* und *Kid & Co.*) von Jack London

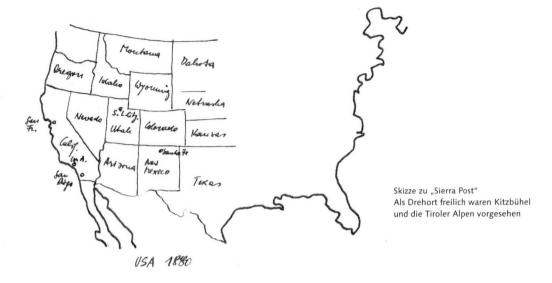

USA 1880

Skizze zu „Sierra Post"
Als Drehort freilich waren Kitzbühel
und die Tiroler Alpen vorgesehen

Jack London and the Klondike – The Genesis of an American Writer von Franklin Walker. Huntington Library, San Marino, Calif., 1966

Three Years in the Klondike von Jeremiah Lynch. London 1904

The Trail of the Gold-Seekers von Hamlin Garland. New York 1899

1803, 5. Juli – Meriwether Lewis und William Clark ziehen im Auftrag der Regierung mit 48 Mann von Missouri aus nach Westen bis an den Pazifik. Am 23.9.1806 kehren sie erfolgreich zurück.

Die erste organisierte Landdurchquerung Nordamerikas.

1806 – Der spanische Kaufmann Manuel Lisa zieht mit 42 Mann den Missouri aufwärts und den Yellowstone River entlang und erreicht am Big Horn das Fort Manuel.

John Colter erforscht alleine 500 Meilen des Yellowstonegebietes.

1839 – Der Eisenbahnkonduktor William Frederick Harnden organisiert den ersten Brief-Postverkehr auf der Linie Boston–Worcester, New York.

1848 – In Kalifornien wird Gold entdeckt.

Die erste Überlandpost nach Los Angeles.

1858, 15. September – Nach einem Jahr Vorbereitung fahren zum erstenmal im Linienverkehr moderne Postkutschen von St. Louis über Memphis, Fort Smith, El Paso und Yuma nach San Francisco. 2812 Meilen zwischen Tipton in Missouri und San Francisco werden in 25 Tagen zurückgelegt. Tipton ist in diesem Jahr die vorderste Bahnstation des Ostens.

Der Butterfield Overland Express des John Butterfield und des William G. Fargo.

Bald darauf werden weitere Routen in Betrieb genommen:

Kansas & Stockton Express

San Antonio Express (zwischen Texas und San Diego).

Der erste Frachtlinienverkehr der Firma William H. Russel, W. B. Waddel und Alexander

Major wird eröffnet: mit 3500 Karren, 4000 Männern und 40.000 Ochsen.

1860, 3. April – Der Pony-Express nimmt den Dienst auf.

Zwischen St. Joseph in Montana und San Francisco sind ständig 80 Reiter unterwegs. In spezieller Kleidung und Ausrüstung wird die Strecke in 15-Meilen-Etappen in zehn Tagen gemeistert. „Buffalo Bill" Cody.
Wells, Fargo & Co. befördert Geld und Wertsachen.

1861 – Durch den Unabhängigkeitskrieg werden die südlichen Routen durch Arizona unterbrochen, bald darauf wiederaufgenommen.

1862 – Die Pacific Telegraph Company nimmt den Telefondienst zwischen New York und San Francisco auf. Der Pony-Express stellt den Dienst ein.

Ben Holladay übernimmt in einer öffentlichen Auktion die Central-Overland-Express-, California-Express- und Pike's-Peak-Express-Linien.

1866 – Ben Holladay verkauft seine Linien an Wells, Fargo & Co., N. Y.

Bald darauf verliert der Postkutschenverkehr nach dem Westen an Bedeutung, da die Eisenbahnlinien den Verkehr nach Kalifornien aufnehmen können.

~

MAROKKO

Polizei-Schulabteilung Wien 3, Marokkanergasse 4

Dokumentarfilmprojekt von Michael Pilz (1993–96)
Projektbeschreibung für das Bundesministerium für Inneres, November 1994

Dieses Dokumentarfilmprojekt ist eins von mehreren, in welchen ich mich mit öffentlichen Lebensbereichen beschäftige, mit gesellschaftlichen Einrichtungen, die uns alle, in der einen oder anderen Weise betreffen, die sich aber aus vielerlei Gründen und mehr oder weniger dem Einblick in ihre Funktionsweise entziehen.

Ich denke, daß die fortschreitende Demokratisierung des gesellschaftlichen Lebens die Transparenz vor allem staatlicher Einrichtungen wünschenswert erscheinen läßt, sie ist eine der Voraussetzungen dafür, daß Staatsbürger unter anderem soziales und eigenverantwortliches Handeln erlernen.

Ich folge mit diesem Projekt einer seit Jahrzehnten international geübten Dokumentarfilmpraxis (Robert Flaherty, Aleksandr Dovshenko, John Greerson, Richard Leacock, D. A. Pennebaker, Jean Rouch, Robert Wiseman, Jean Rouquier, Raymond Depardon, Klaus Wildenhahn, Jürgen Böttcher u. a.), die im Gegensatz zum sogenannten Spielfilm einen eher unprätentiösen Blick auf Wirklichkeit wirft, sich zwischen poetischer Verdichtung und unge-schminkter Realistik bewegt und methodisch meist „teilnehmend beobachtet" (schauen, bis die Dinge selber reden).

Das kinematografische Genre langer Doku-mentarfilme hat weder mit dem Information-scharakter des Fernsehens noch mit dem Unter-haltungswert sogenannter Spielfilme Gemein-sames, es folgt eigenen ästhetischen Gesetz-mäßigkeiten und Ansprüchen, es betont gegen-über der Wirklichkeit im Film – Illusionskino – die originäre filmische Wirklichkeit und Vorge-hensweise – realistisches Kino.

Obwohl im Kino fiktionale Inhalte und For-men dominieren, entstehen abendfüllende Do-kumentarfilme in der Regel als Kinofilme. Ihre Verbreitung erfolgt zunehmend in den auch dar-auf spezialisierten Programmkinos, in alternati-ven Vertriebskanälen und nicht zuletzt auf Grund der Spielfilmsättigung des Fernsehens vereinzelt auch in und mit diesem. Das Interesse an langen Dokumentarfilmen wächst, was sich u. a. auch in Zahl und inhaltlicher Qualität in-ternationaler Dokumentarfilmfestivals nieder-schlägt.

1982 habe ich mit dem Film *Himmel und Erde* (siehe Beilage – „Der beste österreichische Do-kumentarfilm der Nachkriegszeit", *Die Presse*) international ein Zeichen gesetzt und damit auch hierzulande etwas bewegt, das sich zu-nehmend am Publikumsinteresse an Doku-mentarfilmen und am politischen Engagement für die Förderung, die Produktion und die Ver-breitung von Dokumentarfilmen ablesen läßt. Im Zusammenhang mit meinem Film *Feldberg* (1990, siehe Beilage) wurde ich u. a. „der beste und bedeutendste Dokumentarfilmer Öster-reichs" genannt.

Das vorliegende Filmprojekt *Marokko* will einen Einblick in die Arbeit und Funktionsweise eines Polizei-Schulbetriebes, in die Ausbildung von PolizeiwachebeamtInnen geben. Zu the-matischen, inhaltlichen und die Vorgehensweise betreffenden Vorstellungen, sowie zur Zielset-zung des Projektes habe ich mich bereits im Konzept vom November 1993 und im Schreiben vom 6. September 1994 an Herrn Dr. Walter Türk (Referat für Öffentlichkeitsarbeit der Bun-despolizeidirektion Wien) geäußert.

In einer Unterredung am 27. Mai 1994 mit dem Leiter der Polizei-Schulabteilung in Wien 3, Marokkanergasse 4, Herrn Oberst Franz Gla-ser, habe ich das Projekt ausführlich dargestellt und positives Interesse gefunden.

Zur Frage nach einem Drehbuch habe ich mehrfach erklärt, daß dieses Projekt absichtlich auf ein herkömmliches Drehbuch verzichtet und anstelle dessen der Praxis realistischer Dokumentarfilmer folgt: „Keine klugen Nachgedanken, sondern im richtigen Moment da und aufnahmebereit sein" (Klaus Wildenhahn). Seine Herstellungsweise ist also einem Sprung ins kalte Wasser vergleichbar und hat sich bisher sowohl in eigenen als auch in einer Vielzahl anderer, international renommierter Arbeiten als einerseits mediengerechteres und andererseits den steigenden Bedürfnissen des Publikums nach Realität und Authentizität entgegenkommenderes Verfahren erwiesen.

Die Filmequipe hat persönliches Interesse und augenblickliche Neugier zu beweisen, wenn sie Realität glaubhaft begegnen, erleben und dieses Erlebnis durch den Film authentisch wiedergeben will.

Es geht hier deshalb nicht darum, sich vor Beginn der eigentlichen Filmdreharbeiten Vorstellungen möglicher oder gar wünschenswert erscheinender Situationen oder Vorkommnisse zu machen, um danach die Dreharbeiten auszurichten. Es geht hier also nicht darum, sich im voraus darüber zu informieren, was wo wie stattfindet, um daraus darauf schließen zu können, was wo wie höchstwahrscheinlich auch für die Filmkamera und für das Mikrofon zutreffen wird.

Vielmehr geht es darum, sich erst im Augenblick des Erlebens, des Sehens, also des Filmens, ein authentisches Bild zu machen und dabei auch nicht eines bloß der äußeren, der anderen, der fremden Welt und Wirklichkeit (also nicht nur ein Bild der Objekte der Betrachtung), sondern auch eines der inneren, der eigenen, der subjektiven Wirklichkeit (also ein Bild der eigenen Betrachtung, Betrachtensweise): Wirklichkeitserfahrung in der Kommunikation (Paul Watzlawick).

Hier folgt das Projekt dem in anthropologischen, in psychoanalytischen und vereinzelt auch in kinematografischen Verfahrensweisen bereits erfolgreich angewandten Rat, man solle „endlich damit Schluß machen, seine Manipulationen ausschließlich an den Objekten der Beobachtung zu betonen, und statt dessen gleichzeitig – und bisweilen ausschließlich – sich selbst als Beobachter zu verstehen versuchen" (Georges Devereux).

Es geht hier also nicht um die Herstellung eines sogenannten objektiven bzw. eines objektiv erscheinen wollenden Abbilds einer Polizei-Schulausbildung, sondern um die kinematografische Darstellung einer lebendigen und authentischen Begegnung mit einer Polizei-Schulausbildung. Es geht um die Begegnung zwischen einer kleinen, beweglichen, den Schulbetrieb unwesentlich beeinflussenden Filmequipe mit verschiedenen, alltäglichen Schulungssituationen. Die Tatsache des Filmens wird nicht verheimlicht, sondern sichtbar und nachvollziehbar.

Die Vorbereitungen zur Filmarbeit werden sich alleine auf die Rahmenbedingungen des Projekts beschränken:

Die Drehbewilligungen seitens der zuständigen Behörden, die Projektfinanzierung, die technische und personelle Organisation der Dreharbeit (Filmequipe aus Kamera, Ton und einer Produktionsassistenz), die zeitmäßige Organisation der Dreharbeiten entsprechend der vorgegebenen Struktur des Schulungsablaufs (interne Schulung, externe Praxis u. ä.) sowie – nicht zuletzt – das persönliche Einverständnis aller in die Filmaufnahmen und Dreharbeiten direkt und indirekt einbezogenen Personen.

Entsprechend den Ausführungen des Herrn Oberst Glaser über den Ablauf des Schulungsbetriebs sollten die Dreharbeiten sowohl in den Räumlichkeiten der Marokkanerkaserne als auch extern, während praktischer Übungen, unter anderem auch während der den Schulungsbetrieb ergänzenden Praxis in einem Wachzimmer, erfolgen. Die Dreharbeiten können sich dabei entweder auf einen kleineren, überschaubaren Kreis von PolizeischülerInnen beschränken und diese während eines Schulungszyklus begleiten oder aber auch während einer oder zweier konzentrierter Drehphasen

verschiedenen Gruppen unterschiedlichen Ausbildungsstands folgen. Dazu bedarf es klärender Vorgespräche mit der Schulleitung sowie produktionsorganisatorischer Überlegungen.

Das filmische Verfahren der unmittelbar teilnehmenden Beobachtung birgt gegenüber traditionellen Verfahren (Recherche, Drehbuch, Ausführung usw.) den Vorteil, daß sie auf Grund des Mangels an Vorwissen (wo sich was wie höchstwahrscheinlich ereignen wird), sowohl hinter der Kamera als auch vor ihr, zur authentischen, gegenseitigen Aufmerksamkeit und damit zur Selbstreflexion herausfordert.

Dieses Projekt steht nicht „über" seinem Sujet. Wo und was und wie zu filmen sein wird, darüber wird die Filmequipe von vorneherein nicht mehr als die PolizeischülerInnen und das Schulpersonal wissen. In dieser Hinsicht werden für alle Personen, die an der gemeinsamen Filmarbeit teilnehmen werden, die annähernd gleichen Voraussetzungen gelten. Um schließlich auch dem zukünftigen Publikum authentische Erfahrungen, persönliche Einsichten und Reflexionen zu ermöglichen, wird der Film Situationen und Personen sozusagen „selber sprechen" lassen und sich eines Kommentars enthalten.

Die Filmarbeiten werden grundsätzlich dem Schulungsbetrieb folgen, innerhalb dessen werden sie aber verhältnismäßig frei beweglich bleiben, um auf Zufälle reagieren, um Atmosphären glaubhaft, Alltagshandlungen treffend und erkennbare Zusammenhänge unmittelbar filmen zu können. Da es diesem Projekt inhaltlich ausdrücklich um Einsichten in die strukturellen Mechanismen einer Polizei-Schulausbildung geht, liegt es nicht in seiner Absicht, oberflächlich oder vordergründig zu kritisieren oder persönlich bloßzustellen. Schließlich wird die Qualität des Films von der Präsenz und Wachsamkeit der Filmequipe und von der Qualität der Kommunikation mit den an den Dreharbeiten beteiligten Personen abhängen. Deshalb werden die Filmarbeiten material- und arbeitsintensive sein (Dreh-Schnittverhältnis etwa 50:1).

Während der Dreharbeiten geht es alleine darum, Material zu sammeln, also den alltäglichen und authentisch erlebbaren Schulungsbetrieb zu filmen, wobei als inhaltliche, formale und organisatorische Orientierung alleine die gegenseitigen Vereinbarungen und die konkreten Gegebenheiten gelten werden, ohne dabei inhaltliche Vorauswahl zu betreiben, ohne also das eine zu suchen oder das andere zu meiden.

Erst im Vorgang des Filmschnitts, der Filmmontage, wird das gesammelte – dokumentarische – Material organisiert und verdichtet werden, jedoch nicht nach einem vorher ausgedachten, also dem gefilmten Material übergeordneten Konzept, sondern nach den in das Filmmaterial tatsächlich eingeschriebenen Qualitäten und Strukturen. Deshalb kann es nicht im vorhinein ein Drehbuch geben.

Erst am Filmschneidetisch wird also aus dem Rohmaterial der Dreharbeiten der endgültige Film in seiner synthetischen Gestalt entstehen und dabei seinen fiktiven Charakter erhalten.

Schließlich wird der fertige Film nicht alleine das Abbild einer scheinbar objekthaften Wirklichkeit sein („so sieht der Polizei-Schulbetrieb aus"), sondern er wird vor allem authentische Begegnungen im Rahmen verschiedener Ausbildungssituationen darstellen („so haben wir den Polizei-Schulbetrieb erlebt, gesehen"), er wird also die Art und Weise verschiedenartiger Begegnungen thematisieren, nach dem Grundsatz, es kommt nicht alleine darauf an, „was" wir wahrnehmen, sondern es kommt auch darauf an, „wie" wir etwas wahrnehmen, sehen.

Resümee und Planung:

1. Grundsätzliche Voraussetzung für Finanzierung und Realisierung des Projektes sind die Einwilligungen der zuständigen Behörden (Bundespolizeidirektion Wien und Bundesministerium für Inneres).

2. Organisatorische Rahmenbedingungen (in gegenseitiger Absprache zwischen Filmequipe und Schulungsleitung).
3. Keinerlei inhaltliche Recherche vor Ort.
4. Kein inhaltliches Drehbuch.
5. Organisations- und Durchführungskonzept für die Dreharbeiten (in gegenseitiger Absprache zwischen Filmequipe, Schulungsleitung, Schulungspersonal und SchülerInnen).
6. Praktischer Beginn des Projekts mit den Dreharbeiten.
7. Dreharbeiten orientieren sich am internen und externen Ausbildungsbetrieb.
8. Kleines Filmteam (Kamera, Ton, Produktionsassistenz).
9. Einfache Filmtechnik (Handkamera, kein Kunstlicht, optimale Beweglichkeit).
10. Materialintensive Dreharbeiten und zeitraubende Postproduktion.
11. Motive: Ausschnitte eines gesamten Ausbildungszyklus (interner Schulungsbetrieb, externe Übungen, Praxis im Wachzimmer u. ä.).

~

DER FALL

Ein kinematografischer Gegenstand

Exposé von Michael Pilz

April 2004 / Oktober 2008

1

Ja, ich sehne mich nach dir. Ich gleite
mich verlierend selbst mir aus der Hand,
ohne Hoffnung, daß ich das bestreite,
was zu mir kommt wie aus deiner Seite
ernst und unbeirrt und unverwandt.

… jene Zeiten: O wie war ich Eines,
nichts was rief und nichts was mich verrieth;
meine Stille war wie eines Steines,
über den der Bach sein Murmeln zieht.

Aber jetzt in diesen Frühlingswochen
hat mich etwas langsam abgebrochen
von dem unbewußten dunkeln Jahr.
Etwas hat mein armes warmes Leben
irgendeinem in die Hand gegeben,
der nicht weiß, was ich noch gestern war.

Die Liebende, Rainer Maria Rilke

2

Als um siebzehn Uhr fünfzehn Magdalena nicht
wie üblich gekommen ist, habe ich gegen sieb-

zehn Uhr dreißig bei ihrer Mutter telefonisch angefragt. Trotz mehrmaligen Versuchens hat dort niemand abgehoben. Ich bin anschließend mit dem Golf zum Haus der Magdalena gefahren, habe dort aber niemanden angetroffen und bin daher wieder nachhause gefahren. Bei einem neuerlichen Telefonanruf hat Frau Unterweger abgehoben und auf meine Frage hat sie mir mitgeteilt, dass auch sie nicht wisse, wo ihre Tochter sich aufhalte. Abermals bin ich in die Pfaffenau gefahren, von wo aus wir die nächsten Krankenhäuser angerufen und nach Magdalena uns erkundigt haben. Wir konnten das Mädchen nicht ausfindig machen.

Martin Kollmann (20)

Von ihrer Abgängigkeit erhielt ich erst durch ihren Freund gegen achtzehn Uhr zehn Kenntnis, als sich dieser direkt bei mir im Haus nach dem Verbleiben Magdalenas erkundigte. Nachdem private Nachforschungen vorerst ergebnislos blieben, erstattete ich am selben Tag gegen neunzehn Uhr bei der Gendarmerie in Frankenberg die Anzeige. *Anna Unterweger (45)*

Am 12. November 1986 gegen neunzehn Uhr erstatteten Anna Unterweger und Martin Kollmann, auf ihre Angaben wird in der Folge noch näher einzugehen sein, beim Gendarmeriepos-ten Frankenberg die Anzeige, dass Magdalena Claudia Wagner, geboren am 12. Februar 1969 in Freistadt, Österreicherin, ledig, Bürokaufmannlehrling, wohnhaft in Frankenberg, Mühlgasse 5, am selben Tag gegen sechs Uhr vierzig wie üblich das Elternhaus verlassen habe, um mit einem ÖBB-Bus von der etwa hundert Meter entfernten Haltestelle Pfaffenauerhof ab sechs Uhr zweiundvierzig nach Oberhofen zu fahren, bei ihrem Arbeitgeber, der Firma Oberndorfer Bau GesmbH, Oberhofen, Hochstraße 4–7, nicht angekommen und seither abgängig sei.

Heribert Klauber (55), Gruppeninspektor,
Sicherheitsdirektion Linz

Bekanntlich ist Magdalena Wagner seit dem 12. November, zirka sechs Uhr vierzig, abgängig. Dazu gebe ich an, dass meine Stieftochter am Montag die Berufsschule in Frankenberg besucht und am Dienstag einen Urlaubstag nahm. Dieser Urlaubstag war von der Firma genehmigt und sie verbrachte ihn mit ihrem Freund in Frankenberg. An diesem Tag war sie abends mit ihrem Freund bei meiner geschiedenen Gattin. So erfuhr ich dies zumindest.

Am Mittwoch erschien Magdalena nicht im Büro. Herr Haberl war der Ansicht, weil Magdalena in der Vorwoche zwei Urlaubstage angekündigt hatte, bei anderen Kollegen, dass sie an diesem Tag auch noch Urlaub und er sich bei der Urlaubsgenehmigung verhört habe. Am Mittwochabend wurde dann schließlich durch meine geschiedene Gattin und durch den Freund von Magdalena bekannt, dass sie abgängig ist.

Das Verhältnis zu meiner geschiedenen Gattin Anna Wagner, verehelichte Unterweger, ist ein sehr freundschaftliches. Meine geschiedene Gattin erzählte mir, dass sie am Montag mit ihrer Tochter Magdalena ein Gespräch führte, dass sie zu ihrem jetzigen Freund nach Deutschland ziehen wolle. Ich weiß nur, dass er Horst heiße und in Siegburg wohne. Magdalena habe dies sehr vernünftig aufgenommen. Möglicherweise war dieses Gespräch ein auslösender Faktor für ihr Davonlaufen.   *Karl Unterweger (40)*

In der Woche vor ihrem Verschwinden äußerte sie, nach dem Berufsschultag am Montag, dem 10. November, insgesamt zwei Urlaubstage anschließen zu wollen. Es gehört zu meinen Gepflogenheiten, im Unterbewusstsein das pünktliche Eintreffen der Mitarbeiter zu registrieren.

Magdalena Wagner kam einmal im Frühjahr etwas später. Ich machte sie darauf aufmerksam, weil sie sich deswegen nicht entschuldigte. Sie erklärte damals, den Bus versäumt zu haben, weshalb sie mit dem nächsten gekommen sei.

Ansonsten war sie immer pünktlich. Zum 12. November kann ich, soweit mir noch erinnerlich, Folgendes angeben. Ich schaltete die Computeranlage um sechs Uhr dreißig ein. Dies lässt sich auf der Kontrolle feststellen. Als Nächster kam Herr Unterweger ins Büro, dies dürfte gegen sieben Uhr gewesen sein. Ich glaube nicht, dass er wesentlich später als diese Zeit eintraf, kann aber mit Sicherheit sagen, dass er um sieben Uhr dreißig tatsächlich anwesend war. Als Magdalena Wagner um sieben Uhr fünfzehn noch nicht im Büro eingetroffen war, dachte ich mir deshalb nichts dabei, weil ich der Meinung war, sie habe an diesem Tag noch Urlaub. Nach sieben Uhr dreißig diskutierten mehrere Kolleginnen und Kollegen, ob nun Magdalena einen oder zwei Tage Urlaub genommen hatte, weil sie sich Herrn Haberl gegenüber geäußert haben soll, nur einen Urlaubstag zu beanspruchen. Schließlich waren wir der Auffassung, sie dürfte zwei Tage Urlaub haben.

Emil Lukasek (40)

Der Grund ihres Verschwindens ist mir völlig unbekannt. Für eventuelle Rückführungskosten, auch für Kosten des Auswärtigen Amts, für Kosten für eine Rückführung mit Flugzeug und so weiter, komme ich auf.

Anna Unterweger (45)

Ich wurde am 20. November von Gendarmeriebeamten zur Abgängigkeit der Magdalena Wagner befragt und gebe dazu an, dass ich wochentags täglich um sechs Uhr vierzig vom Kreuzungsbereich Pfaffenauerstraße-Siebenbürgerstraße mit meinem Firmenbus zur Arbeitsstelle nach Oberhofen fahre.

Die abgängige Magdalena Wagner ist mir deshalb bekannt, weil ich zumindest im letzten Monat das Mädchen täglich an Wochentagen zur angeführten Zeit beobachtete, wie sie immer eilig vom Elternhaus zur Busstation lief. Soweit ich mich erinnern kann, fuhr das Mädchen stets mit dem Autobus in Richtung Stadtmitte weg.

Am Montag, dem 10. November, sah ich Magdalena Wagner wieder eilig vom Elternhaus in Richtung Pfaffenauerstraße gehen. Ich stand zu diesem Zeitpunkt auf der gegenüberliegenden Seite des Kaufgeschäfts Grassmann und konnte beobachten, dass Magdalena auf einen direkt neben dem Kaufgeschäft in Fahrtrichtung Frankenberg stehenden Pkw zuging, die Beifahrertüre öffnete und in diesen Pkw einstieg. Der Pkw setzte sich darauf sofort in Bewegung. Ich kann nicht mit Sicherheit sagen, ob er nach links oder nach rechts in die Pfaffenauerstraße einbog. Ich hatte jedenfalls fest den Eindruck, dass es sich bei dem Fahrzeug um einen Pkw der

Mittelklasse, vermutlich älteres Baujahr, handelte. Mit einiger Sicherheit kann ich angeben, dass der Pkw ein oberösterreichisches Kennzeichen hatte. Diesen Pkw habe ich sonst noch nie auf diesem Platz oder in unmittelbarer Nähe gesehen. Ich kenne den Pkw-Lenker nicht und kann auch nicht eine annähernd genaue Beschreibung abgeben. Den Pkw-Lenker konnte ich nur aus einer Entfernung von zirka dreißig Metern beobachten. Mit Sicherheit kann ich nur sagen, dass der Lenker des Fahrzeugs ein Mann in einem ungefähren Alter von zwanzig bis dreißig Jahren war. Zum Pkw möchte ich noch anführen, dass dieser vermutlich hell lackiert war. Auf Grund meiner Beobachtung kann ich nicht mit Sicherheit sagen, ob der Fahrzeuglenker auf Magdalena wartete, oder ob sich die beiden kannten.

Magdalena ging auch an diesem Montag, wie jeden Tag, auf dem Gehsteig neben dem Kaufgeschäft in Richtung Pfaffenauerstraße. Auf Höhe des Geschäfts betrat sie jedoch die Fahrbahn, überquerte bereits hinter dem genannten Pkw die Straße und ging, wie bereits angeführt, zur Beifahrertür und stieg offensichtlich ohne Aufforderung des Lenkers in den Wagen ein. Ich glaube nicht, dass zu diesem Zeitpunkt noch weitere Personen in meinem Bereich auffällig waren. Ich kann daher keine weiteren Auskunftspersonen benennen. Ob das Kaufgeschäft zu dieser Zeit bereits geöffnet hatte, kann ich nicht sagen.

Ivan Schatz (55)

In einer neuerlichen Einvernahme gab Ivan Schatz freiwillig an: Ich wurde von Gendarmeriebeamten neuerlich zu meiner Aussage vom Vortag befragt und gebe an, dass ich mich weder beim Tag noch beim Mädchen irre. Ich bin sicher, dass ich Magdalena Wagner am Montag, dem 10. November, um zirka sechs Uhr vierzig in den geschilderten Pkw einsteigen sah.

Alois Stadler (45), Gruppeninspektor

Am Abend des 11. November aßen wir, nach ihrem Eintreffen, gemeinsam in unserer Küche im ersten Stock. Dabei wurde über verschiedene Sachen, wie zum Beispiel ihre Suche nach einem Geburtstagsgeschenk für ihren Freund beim Koller in Frankenberg sowie über Kopfweh von Magdalena an den Vortagen, gesprochen. Gegen zweiundzwanzig Uhr ging sie in ihr Zimmer schlafen. Dieses Zimmer befindet sich im Parterre unseres Hauses.

Am 12. November, gegen sechs Uhr zwanzig, war Magdalena noch nicht zu mir in die Küche gekommen, weshalb ich ihr das Frühstück in ihr Zimmer brachte. Sie war zu diesem Zeitpunkt noch nicht fertig angezogen, sondern in

Unterwäsche. Meine Frage, ob sie verschlafen habe, bejahte sie. Sie ging dann ins Bad und währenddessen sie im Stehen das Frühstück aß, ging ich wieder in den ersten Stock. Offensichtlich hatte sie es eilig, um den Autobus, der um sechs Uhr zweiundvierzig von einer hundert Meter vom Haus entfernten Haltestelle wegfährt, zu erreichen.

Ob sich Magdalena an diesem Tag mit Rufen vom Parterre in den ersten Stock verabschiedete und ob ich die Haustüre hörte, kann ich heute nicht mehr sagen. Mein ebenfalls im Haus wohnhafter Vater Karl Schuster, vierundsiebzig Jahre alt, hörte die Haustüre, als Magdalena um etwa sechs Uhr vierzig das Haus verließ. Seither weiß ich nichts über den Aufenthalt meiner Tochter.

Anna Unterweger (45)

Eingeleitete Fahndungsmaßnahmen. Erstens, örtliche Sofortfahndung, besonders im Stadtteil Frankenberg-Pfaffenau, diverse Befragungen im Verwandten- und Bekanntenkreis sowie auf dem Arbeitsplatz der Abgängigen. Zweitens, Funkfahndung mit dem Zusatz „an alle" und „Verbrechen oder Unfall befürchtet". Drittens, Sammelfernschreiben an das Bundesministerium für Inneres, Gruppe D, an alle Sicherheitsdirektionen, Bundespolizeidirektionen, Landesgendarmeriekommanden und an alle Gendarmeriedienststellen in Oberösterreich. Viertens, Einspeicherung in die Datenstation bei der Sicherheitsdirektion für Oberösterreich. Fünftens, Aufnahme im Kriminalpolizeilichen Fahndungsblatt, und sechstens, Fahndungsaufrufe in Presse, Rundfunk und Fernsehen.

Herwig Gnad (55), Bezirksinspektor

3

Dem Film liegen die umfangreichen polizeilichen Ermittlungsergebnisse, die Vernehmungsprotokolle, das Protokoll der gerichtsmedizinischen Untersuchung sowie das zugehörige gerichtsmedizinische Gutachten, kriminaltechnische Untersuchungsergebnisse und weiteres Material eines nicht aufgeklärten Kriminalfalls zugrunde.

Das alltägliche Leben der sechzehnjährigen Magdalena in der Enge ihrer Umgebung. Zuhause, mit der geschiedenen, alleinerziehenden Mutter. Mit dem Großvater. In der Arbeit, als Bürokaufmannlehrling in einer Baufirma. In der Freizeit, mit Freunden. Es wird nicht viel herumgeredet. Probleme werden übergangen. Der Alltag wird bewältigt.

Eines Abends kommt Magdalena nicht nachhause. Wie sich herausstellt, war sie an diesem Tag auch nicht bei der Arbeit. Da niemand weiß, wo sie sich aufhalten könnte, wenden sich Mut-

ter und Freund an die Polizei. Diese ist der Ansicht, es sei nicht ungewöhnlich, wenn ein junges Mädchen für ein paar Tage untertaucht, um etwas zu erleben. Doch Freund und Mutter haben Zweifel, sie vermuten ein Verbrechen. Fernsehen und Radio bringen Suchmeldungen. Die Polizei stellt routinemäßig Fragen, in der Firma, in der Nachbarschaft, bei Verwandten, Freunden. Zwei Wochen des bangen Wartens.

Den 11. November verbrachten wir zur Gänze gemeinsam. Magdalena war mit einer einzigen Ausnahme, wobei sie in einem nahe gelegenen Geschäft Semmeln holte, bis sechzehn Uhr in meinem Elternhaus. In der Zeit zwischen zehn und elf Uhr war ich mit meinem Golf bei zwei Kraftfahrzeugwerkstätten und zwar Firma Zollhofer und Firma Wolf, um mir Ersatzteile zu besorgen. Zwischen vierzehn und fünfzehn Uhr fuhr ich mit meinem Motorrad, CB 500, zu Herrn Ingenieur Macher, um mir die Überprüfungsplakette für das Krad neu zu besorgen. Magdalena dürfte in der Zwischenzeit Aufräumungsarbeiten in meinem Zimmer verrichtet haben. Unter anderem ordnete sie auch die Rechnungsbelege und Kontoauszüge.

Nach sechzehn Uhr fuhren Magdalena und ich mit dem Golf in die Stadt. Dort besuchten wir Sebastian Praml bei der Firma Senninger.

Wir übernahmen sein Auto und drehten eine Runde, damit sich die Batterie auflädt. Anschließend stellten wir den Pkw zurück und Magdalena und ich machten einen Stadtbummel. Wir besuchten unter anderem das Stadtcafé, den Stadtkeller und das Textiliengeschäft Liedl. Wieder suchten wir das Geschäft Senninger auf, verweilten dort zwischen achtzehn und achtzehn Uhr dreißig, und anschließend fuhren Sebastian Praml und Magdalena mit mir, jeder in seinem Pkw, zum Gasthof Hofbauer in Thalheim. Dort trank ich ein kleines Bier, wir hielten uns zirka dreißig Minuten im Lokal auf. Praml fuhr weiter nach Fuschl, er ist dort Filmvorführer. Magdalena und ich fuhren zu unseren Freunden Kienberger und Senninger nach Wartenberg. Dort sahen wir uns einen Videofilm an, und anschließend brachte ich Magdalena nachhause. Ich ließ sie um zirka einundzwanzig Uhr vor dem Haus ihrer Mutter in der Pfaffenau aussteigen. Sie hatte mehrere persönliche Sachen bei sich und ließ daher, um diese in das Haus zu bringen, ihren Schulkoffer und eine Baumwolljacke in meinem Pkw zurück. Dazu machte sie noch die Bemerkung, sie würde ohnehin ihre Schulsachen am nächsten Tag nicht benötigen. Sie wolle sie daher erst am Mittwoch, nachdem ich sie nachhause gebracht haben würde, mitnehmen.

Wir hatten an diesem Tag keinen größeren Streit. Lediglich vor dem Besuch in Wartenberg kam es zwischen uns zu einer kleinen Meinungsverschiedenheit. Magdalena wollte den Videofilm bei Neumann nicht mehr sehen, letztlich entschloss sie sich aber doch, meinem Vorschlag Folge zu leisten. Hätte sie ernstlich den Besuch bei den Freunden abgelehnt, wäre ich sofort bereit gewesen, sie nachhause zu fahren. Als sie sich von mir um zirka einundzwanzig Uhr verabschiedete, gab sie mir noch ein Busserl. Ich wendete meinen Pkw und sah noch, wie sie zu ihrem Elternhaus ging. Ich fuhr anschließend nachhause und verbrachte die Nacht in meinem Zimmer.

An diesem Tag habe ich die Magdalena letztmals gesehen. *Martin Kollmann (20)*

Dann finden Sporttaucher im See die Leiche, in eine Plastikhaut verpackt, verschnürt.

Zur Zeit der Auffindung der Leiche herrschte bewölktes Tageslicht und leichter Regen. Die Wassertemperatur des Traunsees betrug zirka 6 Grad. Die Auffindungsstelle der Leiche befand sich unmittelbar an der Ufer- beziehungsweise Straßenverbauung der Kienbergwand-Landesstraße 543, bei Straßenkilometer 0,826, im Gemeindegebiet Traunkirchen, Bundesland Oberösterreich.

Die Kienbergwand-Landesstraße beginnt im Nordwesten an der Bundesstraße 154, im Bundesland Oberösterreich, in Ramsau, führt entlang des Traunsees und mündet bei Waldstein, im Bundesland Oberösterreich, in die Bundesstraße B 150.

Der Straßenkilometer 0,826 befindet sich unmittelbar vor dem ersten Bergtunnel durch den Kienberg, Richtung Südosten. Bei dem angeführten Straßenkilometer liegt das Straßenniveau zur Zeit 2,35 Meter über dem Wasserspiegel des Traunsees. Der Fahrbahnrand ist mit einem Geländer aus Metall, mit einer Höhe von 1,05 Meter, begrenzt. Die Fahrbahnbreite beträgt 4,38 Meter und ist etwa einen Meter über die Stützmauer zum See hin ausgebaut. Der Seegrund im Bereich des Straßenkilometers 0,826 verläuft leicht abfallend, von 30 Zentimeter beginnend und etwa vier Meter vom Ufer entfernt auf eine Tiefe von 100 Zentimeter, und fällt in einem leichten Grundhang auf eine Tiefe von 15 bis 20 Meter ab.

Klaus Mödlacher (40), Inspektor

Im Einsatz sind Oberstleutnant Helmut Schindlecker, Kommandant der Kriminalabteilung, Gruppeninspektor Heribert Klauber, Gruppeninspektor Heinz Burger, Bezirksinspektor Karl Franz, Bezirksinspektor Walter Hochgatterer, Bezirksinspektor Herwig Gnad, Inspektor Maria Neuberg und Inspektor Maria Felberbauer des Hauptsachgebietes Zwei, Leib, Leben und Gesundheit, der Kriminalabteilung, Bezirksspektor Ernst Höger des Hauptsachgebietes Neun, Fahndung, der Kriminalabteilung, Bezirksinspektor Gert Winkelbauer und Bezirksinspektor Erich Höllbacher des Hauptsachgebietes Acht, Erkennungsdienst, der Kriminalabteilung, Abteilungsinspektor Karl Pongratz und Abteilungsinspektor Ernst Köberl vom Bezirksgendarmeriekommando Frankenberg, Gruppeninspektor Alois Stadler, Bezirksinspektor Wolfgang Steininger, Bezirksinspektor Günther Adamek, Bezirksinspektor Hubert Schandl und Inspektor Andreas Rotheder vom Gendarmerieposten Frankenberg sowie Gruppeninspektor Alois Gruber, der Postenkommandant von Oberhofen und Beamte der hierortigen Dienststelle.

Leopold Hochwieser (50), Revierinspektor,
Gendarmerieposten Traunsee

Anhand der Fahrausweise, die Magdalena zur täglichen Busfahrt in die Firma benützte und dieser verrechnete, stellt die Polizei fest, dass Magdalena in den Wochen vor dem Mord nicht alleine mit dem Bus unterwegs war, sondern sich vermutlich auch anderer Fahrgelegenheiten bediente. Doch die Nachforschenden tappen im Dunkeln. Keiner der dazu befragten Personen ist etwas aufgefallen. Vermutlich ließ sich Magdalena von einem Mann im Auto zur Arbeit bringen, hielt diese Beziehung geheim. Der Fremde könnte der Mörder sein.

Der Obduktionsbericht schreibt davon, dass Magdalena *sanft* erwürgt wurde, dass sie sich nicht zu wehren schien. Ohne deutliche Anzeichen einer sexuellen Gewalttat erkennen zu können, scheint das Tatmotiv aber doch im sexuellen Bereich zu liegen.

Die polizeilichen Ermittlungen kommen nur mühsam voran. Die befragten Personen erinnern sich lückenhaft und widersprüchlich, Magdalena war unauffällig, angepasst, normal. Es gab nichts, woraus man schließen hätte können, dass *so etwas* passieren würde. Auch die Mutter und der Freund dachten nicht daran, dass Magdalena Geheimnisse hätte. Nur ihrer besten Freundin erzählte sie einmal von einem Bekannten, doch nichts Näheres. Irgendwie scheint jeder mehr mit sich als mit anderen zu tun zu haben.

Empfindsamkeit ist eine Schwäche, die will man sich nicht leisten. Das Leben geht weiter, muss weitergehen. So richtig gerührt, vom Mord an Magdalena, ist niemand. Ausreden, Rechtfertigungen, man will mit der Sache nichts zu

tun haben. Immerhin, fesch war sie ja, die Magdalena, und auch gar nicht auf den Mund gefallen, sagen die einen, unzufrieden, deprimiert, aufmüpfig, die anderen, überstürzte Abenteuerlust, ohne die Folgen zu bedenken. Das hat sie davon. Tarnungen schlechten Gewissens.

Anhand spärlicher Tatbestände und rätselvoller Begleitumstände versucht die Polizei, die Ereignisse der letzten Wochen zu rekonstruieren. Die Wühlarbeit ist lästig, peinlich. Private Geschichten, geht niemand etwas an. Keiner riskiert etwas. Ordnung muss sein. Wer steht schon gern im Rampenlicht, lässt mit dem Finger auf sich zeigen.

Ich besuchte die Volksschule in Frankenberg und anschließend vier Jahre das Gymnasium in Gmunden. Meine Pflichtschulzeit schloss ich in Frankenberg mit einem Jahr Hauptschule ab. Anschließend fing ich bei der Firma Roth in Frankenberg die Lehre als Schlosser an. Derzeit bin ich im vierten Lehrjahr. Ich besuche die Berufsschule in Oberhofen, und zwar bin ich in der vierten BMS. Mein Klassenvorstand ist Johann Pichler.

Magdalena Wagner kenne ich seit mindestens zweieinhalb Jahren, und ich hatte mit ihr bis zuletzt ein festes Verhältnis. Wir verkehrten auch intim.

Mit Sabine Schober war ich vor der Bekanntschaft mit Magdalena kurze Zeit befreundet. Schober und Magdalena standen bis zuletzt in Briefkontakt. Ich war aber immer gegen eine Freundschaft der beiden, weil die Schober einen Hang zur Drogenszene zeigte. Auch ihr sonstiges Verhalten war mir ein Dorn im Auge, und ich war immer bestrebt, die Magdalena von diesem Mädchen aus vorbesagten Gründen fernzuhalten.

Meine Mutter, Rosa Schreiner, besitzt unter der oben angegebenen Adresse ein größeres Wohnhaus. Ich bin in der Mansardenwohnung untergebracht. Die Magdalena nächtigte seit etwa einem Jahr zu den Wochenenden regelmäßig bei mir. Ihre Mutter und auch meine Mutter hatten dagegen keine Einwände. Im Gegenteil, es war ihnen sogar lieber, wenn Magdalena und ich eine feste Verbindung aufrechterhielten.

Magdalena arbeitete bei der Firma Oberndorfer im Büro. Bei derselben Firma ist auch ihr Stiefvater Karl Unterweger in der Lohnverrechnung tätig. Magdalena dürfte durch ihn zu der Firma gekommen sein. Mir gegenüber hat sie sich geäußert, dass sie keine rechte Freude mit der Arbeit bei der vorgenannten Firma hätte, sie daher die Lehre beenden oder einen Firmenwechsel ins Auge fassen wollte.

Ganz allgemein gebe ich an, dass meine Verbindung zu Magdalena und auch das Verhältnis zu ihr ein durchaus gutes waren. Wir hatten ab und zu Meinungsverschiedenheiten und auch kleinere Streitereien, wie sie eben bei Paaren alltäglich vorkommen. Solche Situationen arteten nie dahingehend aus, dass entweder sie von mir oder ich von ihr nichts mehr wissen wollte. Keinesfalls war es auch so, dass sie mich aus ihrer Wohnung verwiesen hätte. Sollte so etwas von anderen Personen behauptet werden, so kennen sie unser Verhältnis zueinander nicht. Es war nicht beabsichtigt, in nächster Zeit unsere Verbindung aufzulösen, im Gegenteil, wir hatten kurz vor ihrem Verschwinden noch darüber gesprochen, bei mir zuhause eine eigene Wohnung für uns beide einzurichten. Die treibende Kraft hierzu war sie, ich wollte mir damit noch etwas Zeit lassen, um die finanziellen Belange dazu klarer überblicken zu können. Sie beharrte aber trotzdem auf ihrem Entschluss und sagte mir, dass sie bereits mit dem Sparen für diesen Zweck begonnen habe.

Martin Kollmann (20)

Unangenehme Fragen. Jeder kommt dran. Martin, Magdalenas Freund, mit dem sie eine Wohnung beziehen wollte, er war auf ihr freches, ungeniertes Auftreten eifersüchtig, er hielt sie deshalb kurz, wie man sagt. Gemeinsame Bekannte, die eher seine als ihre Freunde waren. Die Mutter, die Magdalena bald verheiraten wollte, um zu ihrem Bekannten ins nahe Ausland zu ziehen. Deshalb stritt Magdalena öfters mit ihr. Der Großvater, mit dem sich Magdalena am besten verstand, bis er starb. Der Stiefvater, der ihr den Job in der Baufirma vermittelte. Sabine, ihre beste Freundin, die vor Magdalena Martins Freundin war und zu der sie endlich die Beziehung abbrechen sollte. Nachbarn, MitarbeiterInnen in der Firma, Lenker der Autobusse, die sie zur Arbeit brachten, andere.

Seit zirka zwei Jahren kenne ich das nun abgängige Mädchen Magdalena von meiner Tätigkeit als Lenker des Linienbusses der Österreichischen Bundesbahnen, Kurs 5802. Diesen Bus lenke ich nun seit 28. Mai 1986 jeden Dienstag und Freitag von Kammer-Schörfling, Abfahrt sechs Uhr, unter anderem über Pfaffenau-Frankenberg, Haltestelle Gasthaus Schneider, Ankunft sechs Uhr zweiundvierzig, bis Strobl, Ankunft sieben Uhr sechzehn.

Mir wird ein Lichtbild vorgelegt. Darauf erkenne ich einwandfrei die von mir bezeichnete Magdalena. Auf weiteren Bildern sind Kleidungsstücke abgebildet. Diese erkenne ich ebenfalls als Bekleidungsstücke der Magdalena.

Grundsätzlich kommt Magdalena ganz knapp vor Abfahrt des Busses zur Haltestelle. Meistens ist es so, dass sie zur Haltestelle rennt, während ich in diese einfahre. Sehr oft kommt sie auch zu spät, weshalb ich auf sie warten muss. Manchmal wird ihr von mir auch das Fahrgeld vorgestreckt, weil sie in der Eile ihre Geldbörse zuhause vergessen hat.

In mehreren Gesprächen erklärte Magdalena immer wieder, sie würde nie autostoppen. In diesem Zusammenhang fällt mir ein, dass sie glaublich im Sommer, an einem Mittwoch, ebenfalls den Bus versäumt. An diesem Tag habe ich mit dem ÖBB-Bus den Schülergelegenheitsverkehr von der Pfaffenau, Abfahrt sieben Uhr, bis zum Bahnhof Frankenberg, Ankunft sieben Uhr dreißig, durchzuführen. An jenem Mittwoch nun fährt Magdalena mit diesem Bus mit mir bis zum Bahnhof Frankenberg und von dort bis nach Oberhofen, weil ich dorthin eine Leerfahrt durchzuführen habe. Sie erwähnt mir gegenüber auch immer wieder, sie würde nur mit jemandem mitfahren, den sie kenne, beziehungsweise sie würde nur mit ihrer Mutter fahren.

Konkret kann ich angeben, dass Magdalena am Dienstag, dem 11. November, mit dem Frühbus nicht nach Oberhofen fährt. Sicher bin ich mir jedoch, dass sie in den vorausgegangenen Wochen, jeweils an einem Freitag und Dienstag, mit mir fährt. Ich bin mir aber auch sicher, dass sie am Freitag, dem 7. November, mit mir im Bus nach Oberhofen fährt. Begründen kann ich das damit, dass mir ein Gespräch genau erinnerlich ist. Die Mädchen sitzen immer in der ersten Bank, auf der rechten Seite, unmittelbar hinter dem vorderen Einstieg. Die Freundin der Magdalena sagt an jenem Freitag, sie werde nun nur mehr ohne Kopfpolster schlafen, weil sie durch den Polster immer Genickschmerzen bekommen würde. Magdalena antwortet darauf, dass sie immer ohne Kopfpolster schlafen würde. Ich sage daraufhin scherzend zu ihr, dies sei klar, weil sie immer einen Burschen im Bett habe.

Auf nochmalige Frage gebe ich an, dass Magdalena hundertprozentig am Freitag, 7. November, mit dem Bus fährt.

Weiters fährt an jenem Freitag ein etwa zwanzigjähriges Mädchen ab Frankenberg-Bahnhof mit mir, das Mädchen hat schwarzes Haar, sie nimmt hinter meinem Sitz Platz. Sie dürfte auch dieses Gespräch mitgehört haben.

Grundsätzlich macht Magdalena einen ruhigen Eindruck, wirkt in der Früh meistens verschlafen und führt eigentlich nur mit ihren Bekannten im Bus Gespräche. Zu Fremden ist sie meiner Meinung nach wenig kontaktfreudig.

Werner Mascher (45)

4

Die Befragten bemühen sich um guten Eindruck, nicht aufzufallen, sauber und unerkannt zu bleiben, als wäre nichts geschehen. Das Milieu. Befindlichkeiten.

Ab dem Jahr 1980 besuchen Magdalena Wagner und ich gemeinsam die vier Klassen Hauptschule in Frankenberg. Ab der dritten Klasse Hauptschule werden wir dicke Freundinnen. Nachdem Magdalena in die Frauenfachschule nach Neumarkt am Wallersee kommt, beschränkt sich unsere Freundschaft auf mehr briefliche Kontakte, dies insbesonders, weil der Freund Magdalenas eine enge Freundschaft zwischen uns beiden offensichtlich nicht will. Wir treffen uns zwar öfters alleine, aber auch manchmal in Begleitung ihres Freunds Martin Kollmann.

Mit Martin Kollmann bin ich nach meinem vierzehnten Lebensjahr intim befreundet. Nach ungefähr drei Monaten stelle ich aber fest, dass Magdalena Wagner mit Martin ein Verhältnis eingegangen ist. Aus diesem Grund löse ich die Verbindung mit Martin, und dies dürfte auch einer der Gründe sein, weshalb er nicht will, dass wir beide befreundet seien.

Vor zirka fünf Wochen, genau kann ich das nicht mehr sagen, kommt es zwischen Magdalena und mir im Gasthaus Holzinger zu einer Meinungsverschiedenheit. Anwesend sind damals ihr Freund Martin, meine Freundin Edith Holzinger und weitere Bekannte. Anlass zu dieser Meinungsverschiedenheit ist die in letzter Zeit bei Magdalena und Martin vorhandene unhöfliche und rüde Umgangsform, offensichtlich aber auch Eifersucht der Magdalena bezüglich meiner neuen Freundin Holzinger. In der Folge kommt es aber wieder zur Versöhnung, unser Verhältnis ist aber nicht mehr so innig.

Aus Erzählungen von Magdalena weiß ich, dass sie von Martin in ihrer Bewegungsfreiheit in gewisser Weise eingeengt wird. Insbesondere beklagt sie sich, dass sie auf Grund einer Arbeitszeitverkürzung ihres Freundes nun an einem Freitag nicht mehr die Möglichkeit habe, in die Stadt alleine bummeln zu gehen.

Letztmals treffe ich sie vermutlich am Montag, dem 27. Oktober, in der Mittagspause, vor dem HAK-Gebäude in Frankenberg. Sie besucht in diesen Tagen die gegenüberliegende Berufsschule. Wir führen ein eher belangloses Gespräch, aus dem sich keinerlei Hinweise auf ihre Abgängigkeit ergeben. Seit diesem Tag treffe ich Magdalena nicht mehr, bekomme aber von ihr, vermutlich, zwei Briefe, die ich zur Einsichtnahme bereits den Gendarmen in Frankenberg übergeben habe.

Ich habe auch seit dem Verschwinden von Magdalena in keiner Form mit ihr Kontakt.

Ich kann mir nicht vorstellen, dass sie von zuhause einfach so weggeht, ohne gewisse Vorbereitungen dafür zu treffen, weil sie zur Entschlussfassung immer lange braucht. Sie ist kein spontaner Mensch. Wenn sie außer Martin einen weiteren Freund haben würde, würde sie mir dies sicher erzählen.

Anführen möchte ich aber doch, dass vor etwa drei Jahren ein Freund von Martin, der angeblich auf Schloss Wartenberg wohnhaft ist und aus einem anderen Bundesland stammen soll, Äußerungen macht, dass er auf die Magdalena stehe. Zu diesem Schloss kommt man, wenn man in Frankenberg in Richtung Hallenbad fährt. Ob es diese Person dort noch gibt und ob Magdalena mit dem Mann einmal ein Verhältnis hatte, kann ich nicht sagen, ich glaube, ein Verhältnis hat sie sicher nicht gehabt.

Selbstmordabsichten äußerte Magdalena in letzter Zeit nicht. Ursprünglich glaubte ich, sei sie auf Grund von Problemen mit ihrem Freund oder ihrer Mutter abgehauen. Jetzt bin ich aber der Meinung, dass doch ein Verbrechen passiert sein könnte. Von der Abgängigkeit Magdalenas erfahre ich am 14. November von den Gendarmen, die mich befragen.

Sabine Schober (17)

Sie sprechen kaum darüber, wie es ihnen wirklich geht. Gefühle werden versteckt. Der Anschein ihrer Reden trügt. Sie kennen von Kindheit an die Regeln. Das Leben ist hart, kein Vergnügen. Überall lauert Gefahr und Neid. Die Konkurrenz ist mitleidlos. Nichts wird geschenkt. Erfolgreich ist, was dient. Gefälligkeiten machen sich bezahlt. Wer nicht hören will, muss fühlen. Wer aufbegehrt, riskiert – den Verlust sozialer Bindungen, Freunde, den Job. Besser ist, nicht auffallen, nicht widersprechen, die Pflicht tun, Persönliches geheim halten, sich den Umständen fügen, die man, aus Erfahrung, nicht bestimmen und nicht ändern kann. Vorsicht und Misstrauen. Sie schützen sich vor fremden Blicken, verschanzen sich hinter Mauern, Hecken, Zäunen. Abends sind sie meist daheim. An freien Tagen pflegen sie Haus und Garten, ruhen sich aus, besuchen einander oder machen Ausflüge in die Gegend. Kein Überfluss, bescheiden, sparsam.

Nähe verunsichert, ängstigt sie, vor allem die Nähe zu sich selbst. Sie hüten sich, persönliche Geschichten, Wünsche, Schwächen, preiszugeben, lassen sich nicht in die Karten schauen, wollen nicht lächerlich erscheinen, nicht benachteiligt sein. Erfolge anderer machen sie neidisch. Sie tun sich mit Konflikten schwer, meiden Diskussionen, das fördert Geheimniskrämerei. Reden ist Silber, Schweigen ist Gold. Sie sind folgsam, rechthaberisch. Gewalt, Gehorsam, Unterwürfigkeit finden Anerkennung. Selbständiges Handeln ist wie Außenseitertum, verdächtig. Sie sind nicht gern allein. Niemand soll erfahren, wie schwer sie es haben, sie wahren den Schein guter Beziehungen, ordentlicher Häuser, geregelter Arbeit, sauberer Gewissen. Sie leugnen ihre Wirklichkeit. Haben Angst. Sind sich selbst fremd, so wie ihnen auch andere fremd sind.

Ihr Ausdruck ist sachlich, unpersönlich. Sie lenken von sich ab, täuschen andere und sich. Wahre Geschichten sind nicht ihre Sache. So wie sie ihr eigenes Tun als fremd begreifen, sind ihnen auch die Folgen daraus fremd, Folgen fremden Tuns. Sie scheinen nicht wirklich, sondern anscheinend zu leben. Nichts geht sie etwas wirklich an. Auf Dauer unerträglich. Magdalena ist tot. Das kränkt. Trotzdem bleibt die Rührung ausgeblendet. Die Furcht vor der Entblößung der eigenen Angst ist der versteckte Beweggrund unpersönlicher, verdinglichter Beziehungen. Von Zeit zu Zeit verschafft sie sich, der inneren Not gehorchend, unwillkürlich und überraschend Ausdruck.

5

Opfer. Täter.

Die Polizei hat eine undankbare Aufgabe. Sie soll den Täter zu finden, dessen Spuren sich verlaufen. Sie muss Personen befragen, die nichts gesehen haben, sich nicht erinnern können. Sie ist ratlos, kommt nicht voran. Die Sache dreht sich im Kreis, die Ermittlungen scheinen sich gegenseitig zu behindern. Zu viele Einzelheiten, ihr undurchsichtiger Zusammenhang. Stress. Weitermachen. Die Sorge um den Job, das öffentliche Ansehen. Wie kann man das Unbehagen loswerden, der insgeheime Wunsch, der Mord hätte nie stattgefunden. Sachverhaltsdarstellungen. Objektivierungsversuche. Protokoll um Protokoll. Papier ist geduldig.

Laut Angaben von Anna Unterweger und Martin Kollmann fehlen folgende Gegenstände aus dem Besitz der Toten: Ein paar Damenstiefeletten, schwarz, mit Fellimitation, Größe 39, eine Jeansjacke, schwarzer Schalkragen, Größe Large, eine Stoffumhängetasche mit Schulterriemen, grau, Größe einem Din-A4-Format entsprechend, mit Außenfächern, die mit Reißverschluss versehen sind, sowie der Tascheninhalt: Eine Geldbörse, schwarz, mit Klemmverschluss, Metallbügel, darin ein Busausweis und Passfotos von Martin Kollmann und Sabine Schober, ein Stofftascherl, blau, mit Schminkutensilien, Salben et cetera, eine Packung o.b., Größe normal, ein Schlüsselanhänger mit Haustürschlüssel, Zettel mit Adressen und Telefonnummern, ein kleines, schwarzes Taschenmesser, Papiertaschentücher, eventuell in rosarotem Täschchen, ein Kugelschreiber.

Die Leiche wird nach der Obduktion zur Beerdigung freigegeben. Die Angehörigen werden davon verständigt.

Erich Höllbacher (45), Bezirksinspektor,
Gendarmerieposten Frankenberg

Am heutigen Tag, am 22. November 1986, um etwa neun Uhr fünfundvierzig, wird am Ufer des Traunsees, neben der Kienbergwand-Landesstraße, eine zunächst unbekannte, in eine grüne Plastikplane eingeschnürte, weibliche Leiche aufgefunden. Die Plastikplane ist mit einem sogenannten Schaldraht umwickelt. Die Fundstelle liegt unmittelbar unterhalb des Straßengeländers. Der Oberrand des Geländers liegt etwa drei bis dreieinhalb Meter oberhalb des Uferniveaus.

Nach den bisherigen Erhebungen kann sich die Leiche nicht seit der Abgängigkeit an der Auffindungsstelle befunden haben, da eine verlässliche Zeugenaussage besagt, dass sich die Leiche am Dienstag, dem 18. November, noch nicht an der Auffindungsstelle befindet. Die Fundstelle liegt direkt im Uferbereich. Die Wassertiefe beträgt dort zirka dreißig Zentimeter. Die Leiche ist fast zur Gänze vom Wasser umspült. Die Leiche ist über die gesamte Körperlänge ohne Knickstelle mit dem Draht verschnürt.

Die Leiche befindet sich am Sektionstisch, noch eingewickelt in die bereits erwähnte moosgrüne Plastikplane. An der Oberfläche finden sich mehrfache Anhaftungen von Rostspuren, offensichtlich von der Drahtverschnürung herrührend. Weiters sind an der Oberfläche weißgraue Auflagerungen, eventuell Mörtelreste, feststellbar.

Sodann wird die Leiche ausgewickelt.

Dr. Roman Rettenbacher (35), Assistent,
Prosektur des Krankenhauses Frankenberg

Die Spuren der Toten verblassen und die der Lebenden werden sichtbar. Die Sachverhaltsdarstellungen sind um Objektivität bemüht, als gingen die Sachen persönlich niemand etwas an. Personen geben vor, ihre Pflicht zu tun. Das macht sie zu scheinbaren Opfern der Verhältnisse, wodurch sie sich der Verantwortung dafür zu entledigen versuchen. Sie verneinen das, was sie wirklich erleben (als Täter), aber auch das, was sie als wirkliche Opfer erleiden.

Der Lauf der Ereignisse.
1. Magdalenas Alltag
2. Magdalena ist abgängig
3. Magdalenas Leiche wird entdeckt
4. Der Alltag der Überlebenden

Ich möchte zu meinen früheren Angaben auf Frage Folgendes nachtragen:

Erstens. Die Bürozeit bei Oberndorfer ist normalerweise von sieben Uhr dreißig bis zwölf Uhr und von dreizehn bis siebzehn Uhr, freitags bis dreizehn Uhr dreißig. Magdalena hatte eine Sonderregelung, damit sie ihren Abendbus nach Frankenberg erreicht, und zwar von sieben Uhr fünfzehn bis sechzehn Uhr fünfundvierzig. Sie durfte bereits um sechzehn Uhr dreißig vom Büro weggehen, musste allerdings die Post noch aufgeben. Magdalena war jetzt im zweiten Lehrjahr. Ich habe sie im Laufe der Zeit am Abend zwei- bis dreimal von Oberhofen nach Frankenberg mitgenommen, letztmals vor etwa sechs Monaten. Die Gründe dafür waren, dass sie die Post nicht zeitgerecht abfertigen konnte und zum Bus zu spät gekommen war. Einmal habe ich sie beim Bahnhof in Frankenberg aussteigen lassen und einmal habe ich sie direkt nachhause gebracht.

Zweitens. Ich habe die PS-Show in Vöcklabruck auch heuer wieder besucht. Sie wurde

Ende Oktober, Anfang November, ein genaueres Datum ist mir nicht erinnerlich, abgehalten. Ich war glaublich an einem Samstag dort, und zwar in Begleitung meiner Freundin, Frau Kloibner. Wir haben dort Hubert Bruckschlögl junior, Fleischhauer in Frankenberg, und dessen Freund Alfred Mitterer aus Oberhofen zufällig getroffen.

Drittens. Auf Frage, was mir zu Wirling einfällt, gebe ich an, dass dort unter anderem Herr Robert Hinterseer wohnhaft ist. Er ist ein Verwandter meiner geschiedenen Frau Anna Unterweger, und ich war auf seiner Hochzeit. Er kennt mich bestimmt, und sicherlich kannte er auch Magdalena. In Windern, in der Nähe von Wirling, ist das Gasthaus Zwölfer, in das ich zirka zweimal pro Monat mit Frau Kloibner komme. Ich kenne es schon seit etwa zehn Jahren. Dies kann insbesondere Frau Brunnthaler, die Kellnerin, bestätigen.

Auf Frage gebe ich an, dass ich Robert Hinterseer letztmals vor etwa zwei Monaten glaublich auf der Bergstraße in Oberhofen begegnet bin. Ich war damals alleine in meinem Pkw unterwegs, auch er war alleine in seinem Fahrzeug. Er dürfte mich nicht wahrgenommen haben.

Auf Frage gebe ich an, dass ich mit Magdalena Wagner weder auf der PS-Show in Vöckla-bruck noch bei Robert Hinterseer in Wirling gewesen bin, ebenso wenig, dass ich mit Magdalena im Bereich Wirling gefahren wäre oder mich im Gasthaus Zwölfer einmal aufgehalten hätte.

Seit ich von Anna Unterweger geschieden bin, war Magdalena lediglich anlässlich der geschilderten Heimfahrten von Oberhofen nach Frankenberg in meinem Pkw.

Kurz vor Weihnachten '85 hat sich Magdalena eine Stereoanlage Marke Sony zum Preis von etwa elftausend Schilling gekauft, wobei ihr das Geld zum Teil von ihrer Mutter vorgestreckt worden ist. Einen Teil, ihr Ersparnis, hatte sie selbst gehabt. Ich hatte dabei eine beratende Funktion. Wir kauften die Anlage bei Eiler in Oberhofen, informierten uns vorher aber auch beim Maxi-Markt. Ich habe die Anlage im Wohnzimmer von Frau Unterweger, also im ersten Stock des Hauses, aufgebaut.

Auf Frage gebe ich an, dass ich Magdalena bis vor der Scheidung oftmals fotografiert habe, seither aber nicht mehr. Ich habe sie also auch nicht im Rahmen eines Fotos von Firmenangehörigen aufgenommen. Ich habe dem Gendarmerieposten Oberhofen auf dessen Ersuchen hin vier Abzüge, Ablichtungen, Ausschnittsvergrößerungen von einem Klassenfoto der Magdalena zur Verfügung gestellt. Das Bild war in der *Kronenzeitung* dargestellt. Ich habe es so weit vergrößert, dass es noch ganz gut erkennbar war.   *Karl Unterweger (40)*

6

Der Film widmet sich jenen Lebensumständen, die den Humus für den Mord an Magdalena bilden, dem alltäglichen, unscheinbaren, doch gewaltsamen Tun im Alltag, dem gesellschaftlichen Klima, dem nicht nur Magdalena zum Opfer fällt. Alltägliche Gewalt ist gesellschaftsfähig. Sie entspringt und ist der Ausdruck jener individuellen Not, die ignoriert wird. Dieser Ignoranz entspricht das gewalttätige Potenzial, das auch die Sprache der Ermittlungsprotokolle färbt. In den Aussagen und Stellungnahmen dieser Protokolle wird das Bemühen erkennbar, Angst-, Schuld- und Schamgefühle geheimzuhalten oder anderen anzulasten.

Die Nachforschungen gestalten sich schwierig, langwierig, gehen ins Detail. Deren Bedeutung ist gering. Die Suche geht weiter. Die Routine zermürbt.

Die Untersuchung der pflanzlichen Anteile erfolgte teils mit Hilfe des Binokularmikroskops, teils am Cetopan-Forschungsmikroskop im durchfallenden Licht, im Hellfeld.

Auch die Haarvergleichsuntersuchung wurde überwiegend mikroskopisch vorgenommen. Die Kiesanteile wurden nach geeigneter Präparation mikroskopisch am Cetopan-Forschungsmikroskop im Durchlicht und Hellfeld und polarisiertem Licht ausgewertet. Die weißlichen Auflagerungen an den Folienteilen wurden abpräpariert, auf Objektträgertischchen aufpräpariert und im Rasterelektronenmikroskop mit angeschlossener Mikroröntgenfluoreszenzanalysenanlage untersucht. Dieses Verfahren gestattet, sowohl Strukturen der Partikel als auch deren Elementebestand zu untersuchen. Das Material der Objektträgertischchen besteht aus Reinkupfer. Bei dem Aufklebemittel handelt es sich um Leitgraphit. Die Untersuchung erfolgte bei einer Beschleunigungsspannung von fünfundzwanzig Kilovolt sowie einem Arbeitsabstand von zwanzig Millimeter und einem Kippwinkel von fünfunddreißig Grad.

Für halbquantitative Untersuchungen wird so lange gezählt, bis in einem Kanal 65.553 Impulse aufgezählt wurden. Sodann stellt sich das Gerät automatisch ab.

Es wird also die Impulszahl der Röntgenstrahlung, die bei Beschuss des Probenmaterials durch hochenergetische Strahlung frei wird, wie bereits angedeutet, in einzelnen Kanälen, je nach Elektronenvolt, spektralphotometerartig aufgezählt. Es lassen sich dadurch, da die physikalischen Größen der Kennlinien bekannt sind, die einzelnen Elemente von den Ordnungszahlen neun bis zweiundneunzig bezüglich ihrer Art und des perzentuellen Probeninhaltes ablesen. Es darf hierbei nicht übersehen werden, dass, bedingt durch die physikalischen Grenzen des Geräts, Elemente erst ab Ordnungszahl neun bis Ordnungszahl zweiundneunzig erfasst werden können und dass sich daher allfällige Prozentzahlen nur auf diese Elemente beziehen, wobei die Elemente von eins bis acht in dieser Berechnung nicht berücksichtigt werden können. Es besteht schon dadurch die Möglichkeit, dass die Prozentzahlen gegenüber nasschemischen Methoden variieren, umso mehr, als das Gerät ja mit stärkeren Vergrößerungen arbeitet, da es mit dem Rasterelektronenmikroskop gekoppelt ist und allfällige Kontaminationen beziehungsweise Fremdkörpereinschlüsse das Bild natürlich stören. Es zeigt sich, dass trotzdem diese Untersuchungsmethode für Vergleichszwecke sehr gut eingesetzt werden kann, da ja die einzelnen Partikel beziehungsweise sonstigen Anteile variiert und Stück für Stück spektrografiert werden können. Bei halbquantitativer Analyse wird das Ergebnis auf Grund der gewonnenen Kurven geschätzt und kann um einige Prozentpunkte variieren.

Die Probe mit trockenen pflanzlichen Resten aus dem Schuppen der Gärtnerei Weißensteiner repräsentiert naturgemäß eine beträchtliche Anzahl von Arten. Viele Teile sind allerdings so fragmentarisch, dass sie nicht mehr zugeordnet werden können, immerhin aber wurden folgende Grasarten bestimmt.

Anhand von Blütenständen das gemeine Rispengras, boa trivialis, das Wiesenliesengras, phleum pratense, und eine Kammschmiele, wahrscheinlich die große Kammschmiele, coleria pyramidata, sowie der Glatthafer, arrhenatherum elatius, und der Goldhafer, trisetum flavenscens, auch der Schafschwingel, festuca ovina, ist im Material vertreten. Auch von der verwandten Art fleum fleoides, dem Glanzliesengras, wurde ein Blütenstand aufgefunden. Außerdem sind Getreidereste vorhanden, Halmteile von Gerste und Hafer. Fast alle der eben genannten Grasarten sind solche, welche zu den häufigen Arten zählen, die auch von der Ebene bis in die alpine Stufe vertreten sind. Das bedeutet andererseits, dass solchen Resten wenig Lokalcharakter zukommt, dass also keine Einengung des Tatgeschehens auf Grund dieser Spuren möglich ist.

Diese Probe lieferte aber auch noch andere bestimmbare, nichtgrasartige Pflanzenarten. So wurden Blattreste von Klee gefunden. Anhand geringer Anteile eines Blütenstands konnte der rote Wiesenklee, trifolium pratense, eindeutig erkannt werden. Es ist aber wahrscheinlich, dass im Material noch weitere Kleearten enthalten sind. Auch diese Art findet sich sehr häufig, in Fett- und Frischwiesen, in lichten Wäldern und auf den Feldern ganz Europas, bis in die alpine Stufe hinauf, häufig als Futterpflanze angebaut.

Eine durchaus häufige Art ist ferner der Spitzwegerich, plantago lanceolata, wieder eine Art, die sich von der Ebene bis in die Hochgebirgsstufe findet, auf feuchten Wiesen und Weiden und auf grasigen Plätzen eher trockener Standorte. Durch Blattfragmente ist der Spitzwegerich hier in der Probe vertreten. Blätter und Blattstücke repräsentieren außerdem den Geißfuß, aegopodium podagraria, ein Doldengewächs, das in feuchtem Buschwerk, an Hecken, Zäunen, aber auch in den Wiesen, Gärten und an Waldrändern, Ufern und in den Auen vorkommt. Ferner wurde ein Blatt der schwarzen Flockenblume gefunden, centauria nigra, die vor allem in den mageren Rasengebieten vorkommt, auch Blätter der Rotbuche, fagus silvatica, sind enthalten. Die Buche ist ein häufiger, oft bestandsbildender Waldbaum auf Kalk- und Lehmböden, im ausgeglichenen, feuchten Klima der collinen und montanen Stufe Europas und dabei bei uns durchaus häufig zu finden.

Während an den kompakteren Stoffen von Hemd und Jeans der Kleidung der Magdalena Wagner nur wenige Reste hafteten, fanden sich an dem flauschigen Gewirk des Pullovers reichlich pflanzliche Anteile, die zum Teil jenen Arten zugehören, die auch in der Probe aus dem Schuppen enthalten sind.

So fanden sich beblätterte Stängel des gemeinen Rispengrases, boa trivialis, und Blütenstände des Wiesenlieschengrases, phleum pratense, beides, wie schon eingangs erwähnt, durchaus bei uns häufige Arten. Es fand sich ein Blütenstandsfragment des Knaulgrases, dactylis glomerata, das ein ausdauerndes Obergras unserer Wiesen und Weiden darstellt, verbreitet von der Tiefebene bis ins Hochgebirge, vor allem in der collinen Stufe, auf Graslandrainen, Wegrändern, in Gärten und lichten Wäldern verbreitet, vorwiegend auf besseren, nicht zu trockenen Böden. Recht zahlreich waren am Pullover auch Halmteile des Getreides, Gerste und Weizen fanden sich. Es ergeben sich somit durchaus Übereinstimmungen zu der Probe aus dem Schuppen. Nur sind eben die hier vertretenen Pflanzenarten, häufig und bei uns weiträumig verbreitete Arten, zur Abgrenzung eines bestimmten Standorts nicht geeignet. An der Kleidung der Toten fanden sich außerdem recht zahlreiche Reste und ganze Körper von Bachflohkrebsen, gammarus sp. Da die Tote längere

Zeit im Uferbereich des Traunsees im Wasser lag, wo sie gefunden wurde, ist eine solche Kontamination durchaus gegeben, liefert aber ebenfalls keine verwertbaren Hinweise zum Tatgeschehen.

Dr. Heribert Bachler (45),
Kriminaltechnische Zentralstelle Wien

Auf dem Hintergrund offenkundiger und versteckter, beruflicher und privater Zwänge sprechen die Protokolle von entfremdeten und entfremdenden Tätigkeiten, die nicht nur die verständliche Angst erzeugen, davor, Opfer fremder Verhältnisse zu sein, sondern auch den Wunsch nähren, quasi als Täter ohne Angst leben zu wollen. Dafür müssen diese Schein-Täter stellvertretend Opfer finden, die ihnen helfen, mit der eigenen, unerträglichen Angst zu leben.

7

Geht doch euren Phrasen einmal nach bis zu
dem Punkt, an dem sie verkörpert werden
(Georg Büchner)

Grundsätzlich kann ich mich an die nun in den Zeitungen als abgängig beschriebene Magdalena Wagner nicht erinnern. Erst auf Grund der Bilder in den Zeitungen und des Umstands, dass ich von Gendarmen aus Frankenberg am 19.

November an der Haltestelle in Pfaffenau kurz befragt wurde, kann ich mich nun an dieses Mädchen erinnern.

Da ich nur alle vierzehn Tage an einem Mittwoch diesen Linienbus lenke, kann ich nur sagen, dass sie meistens das Fahrgeld nicht bereit hat, sondern es in der Tasche suchen muss. Weiters fiel mir auf, dass sie sich im Bus öfters frisierte. Nähere Einzelheiten sind mir nicht bekannt. Letztmals vor dem Verschwinden des Mädchens lenkte ich am Mittwoch, dem 5. November, diesen Linienbus. Ob das Mädchen damals mit dem Bus mitfuhr, kann ich heute nicht mehr sagen. Fest steht, dass ich am Mittwoch, dem 12. November, frei hatte, und Herr H., dies nehme ich aber nur an, dürfte an diesem Tag mit dem Linienbus fahren.

Rupert Rettenbacher (50), Buslenker

Laut Angaben von Anna Unterweger und Martin Kollmann fehlen folgende Gegenstände aus dem Besitz der Toten: Ein paar Damenstiefeletten, schwarz, mit Fellimitation, Größe 39, eine Jeansjacke, schwarzer Schalkragen, Größe Large, eine Stoffumhängetasche mit Schulterriemen, grau, Größe einem Din-A4-Format entsprechend, mit Außenfächern, die mit Reissverschluss versehen sind, sowie der Tascheninhalt: Eine Geldbörse, schwarz, mit Klemmverschluss,

Metallbügel, darin ein Busausweis und Passfotos von Martin Kollmann und Sabine Schober, ein Stofftascherl, blau, mit Schminkutensilien, Salben et cetera, eine Packung o.b., Größe normal, ein Schlüsselanhänger mit Haustürschlüssel, Zettel mit Adressen und Telefonnummern, ein kleines, schwarzes Taschenmesser, Papiertaschentücher, eventuell in rosarotem Täschchen, ein Kugelschreiber.

Die Leiche wurde nach der Obduktion zur Beerdigung freigegeben. Die Angehörigen wurden davon verständigt.

Erich Höllbacher (45), Bezirksinspektor

Es stehen nicht so sehr die ermittelten Tatsachen im Vordergrund, also *was* die Polizei entdeckt, als vielmehr die Art und Weise, *wie* diese Ermittlungen zustande kommen, was sich in der Sprache der Ermittlungen verbirgt. Obwohl es sich um ursprünglich persönliche Beobachtungen einzelner Personen aus dem Umfeld der Ermordeten und der Polizei handelt, unterliegen persönliche Erfahrungen, persönlicher Ausdruck und persönliche Sprache dem Anspruch auf Sachlichkeit und Objektivität.

Trotz des gewaltsamen Todes von Magdalena ist die Welt in Ordnung, keinen trifft auf Dauer der Verdacht, ihr Mörder oder auch nur indirekt für den Mord verantwortlich zu sein.

Niemanden scheint die Tat persönlich zu berühren. Die Behörden forschen nach Einzelheiten und mit der Zeit nach Einzelheiten dieser Einzelheiten, ohne dabei fündig zu werden. In mühsamer Kleinarbeit werden Personen befragt, Hintergründe erhellt, Zusammenhänge konstruiert, und trotzdem bleiben Tatort, Täter und Tatmotiv im Dunkel.

Die beiden Folien, in denen die Leiche der Magdalena Wagner eingewickelt ist, sind ein Produkt der Fuschl AG. Es handelt sich um ein beiderseits beschichtetes Planengewebe, Gewebekonstruktion S 133, Farbe natogrün 3.096, zweite Wahl. Dieses Planengewebe wird in Breiten von 2.050, 2.000 und 1.530 Millimeter hergestellt, seit ungefähr zehn Jahren produziert und ausschließlich an Mitarbeiter verkauft. Die gegenständlichen Planen haben ein Ausmaß von 184 mal 260 Zentimeter und weisen charakteristische Beschädigungen auf, deren Entstehung bisher nicht geklärt werden konnte. Wie die Erfahrung zeigt, wird dieses Gewebe zwar von den Bediensteten der Fuschl AG gekauft, aber an Verwandte, Bekannte, Nachbarn et cetera weiterveräußert.

Der zur Verpackung der Leiche verwendete Draht hat eine Stärke von zwei Millimeter, wird in Rollen zu 5, 50 und 70 Kilogramm abgegeben und findet vorwiegend im Baugewerbe Verwendung. *Heinz Burger (45), Revierinspektor*

Die einzelnen Berichte und Darstellungen bedienen sich der männlichen Sprache. Auch dort, wo es sich um weibliche Zeugenaussagen handelt. Es scheinen keine Zweifel daran zu bestehen, dass es sich um ein Gewaltverbrechen und um ein sexuelles Tatmotiv handelt. Ein Mädchen ist das Opfer, ein Mann der vermutliche Täter. Es scheint weder das Interesse noch die Aufgabe der Polizei zu sein, untypische, komplexere Vermutungen anzustellen oder gar über das eigene Verhalten im Zusammenhang mit den Nachforschungen kritisch nachzudenken.

Aus den Untersuchungen geht direkt und indirekt hervor, dass Magdalena aus der alltäglichen Umgebung ausbrechen wollte, sie fühlte sich eingeengt. Einerseits gilt ihr Ausbruchsversuch als gescheitert, andererseits wird er aber auch, in persönlicher Hinsicht, als geglückt angesehen.

Magdalena will sich selbst und will die Welt erfahren, doch stehen diesem Wunsch nicht nur ihre äußeren Lebensumstände im Wege (familiäre Pflichten, berufliche Aufgaben, gesellschaftliche Umgangsformen), sie kann in der realen Welt nicht offen, direkt und selbstverständlich handeln.

8

Ich werde am 20. November von Gendarmeriebeamten zur Abgängigkeit der Magdalena Wagner befragt und gebe dazu an, dass ich wochentags täglich um sechs Uhr vierzig vom Kreuzungsbereich Pfaffenauerstraße-Siebenbürgerstraße mit meinem Firmenbus zur Arbeitsstelle nach Oberhofen fahre.

Die abgängige Magdalena Wagner ist mir deshalb bekannt, weil ich zumindest im letzten Monat das Mädchen täglich an Wochentagen zur angeführten Zeit beobachte, wie sie immer eilig vom Elternhaus zur Busstation läuft. Soweit ich mich erinnern kann, fährt das Mädchen stets mit dem Autobus in Richtung Stadtmitte weg.

Am Montag, dem 10. November, sehe ich Magdalena Wagner wieder eilig vom Elternhaus in Richtung Pfaffenauerstraße gehen. Ich stehe zu diesem Zeitpunkt auf der gegenüberliegenden Seite des Kaufgeschäfts Grassmann und kann beobachten, dass Magdalena auf einen direkt neben dem Kaufgeschäft in Fahrtrichtung Frankenberg stehenden Pkw zugeht, die Beifahrertüre öffnet und in diesen Pkw einsteigt. Der Pkw setzt sich darauf sofort in Bewegung. Ich kann nicht mit Sicherheit sagen, ob er nach links oder nach rechts in die Pfaffenauerstraße eingebogen ist. Ich habe jedenfalls fest den Eindruck, dass es sich bei dem Fahrzeug um einen Pkw der Mittelklasse, vermutlich älteres Baujahr, handelt. Mit einiger Sicherheit kann ich angeben, dass der Pkw ein oberösterreichisches Kennzeichen hat. Diesen Pkw habe ich sonst noch nie auf diesem Platz oder in unmittelbarer Nähe gesehen. Ich kenne den Pkw-Lenker nicht und kann auch nicht eine annähernd genaue Beschreibung abgeben. Den Pkw-Lenker konnte ich nur aus einer Entfernung von zirka dreißig Metern beobachten. Mit Sicherheit kann ich nur sagen, dass der Lenker des Fahrzeugs ein Mann in einem ungefähren Alter von zwanzig bis dreißig Jahren ist. Zum Pkw möchte ich noch anführen, dass dieser vermutlich hell lackiert ist. Auf Grund meiner Beobachtung kann ich nicht mit Sicherheit sagen, ob der Fahrzeuglenker auf Magdalena wartet, oder ob sich die beiden kennen.

Magdalena geht auch an diesem Montag, wie jeden Tag, auf dem Gehsteig neben dem Kaufgeschäft in Richtung Pfaffenauerstraße. Auf Höhe des Geschäfts betritt sie jedoch die Fahrbahn, überquert bereits hinter dem genannten Pkw die Straße und geht, wie bereits angeführt, zur Beifahrertür und steigt offensichtlich ohne Aufforderung des Lenkers in den Wagen ein. Ich glaube nicht, dass zu diesem Zeitpunkt noch weitere Personen in meinem Bereich auffällig sind. Ich kann daher keine weiteren Auskunfts-

personen benennen. Ob das Kaufgeschäft zu dieser Zeit bereits geöffnet hat, kann ich nicht sagen. *Ivan Schatz (55)*

Im Film berichten die Texte und die sie darstellende Sprache in der *Ich-Form* von *gegenwärtig* stattfindenden Ereignissen, auch dann, wenn sich der Textinhalt auf ursprünglich Vergangenes bezieht.

An diesem Tag muss Magdalena die Berufsschule in Frankenberg besuchen. Unterrichtsschluss ist sechzehn Uhr fünfzig, und ich warte um diese Zeit bereits mit meinem Pkw, VW Golf, rot lackiert, mit grauen Seitenzierstreifen, Kennzeichen OÖ 316.678, zugelassen ist der Pkw für meine Mutter, aber ich benütze ihn, vor der Schule. Sie kommt kurz darauf zu mir in den Pkw, und wir fahren nach Thalheim-Wartenberg und besuchen dort unsere Freunde Adolf Kienberger und Claudia Senninger. Gegen einundzwanzig Uhr fahren Magdalena und ich zu mir nachhause, und wir verbringen die Nacht in meinem Zimmer.

Martin Kollmann (20)

Der Vortrag der Texte bedarf besonderer Sprechweisen, sachlich, in der Art eines „technischen Lesens", sodass die Darsteller eine persönliche und voreilige Deutung der Textinhalte weitgehend vermeiden und die verborgenen Textinhalte (Subtexte) allmählich, unabsichtlich, also wie von selbst, Gestalt annehmen: die Texte reden lassen, bis sie selbst sprechen.

Es handelt sich also um eine neutrale, eine künstliche Sprache, jedoch nicht gekünstelt (nicht peinlich), sondern realistisch, direkt, offen: Die Texte werden gelesen, vorgetragen, die Sprache wird gesprochen, Gesten und Handlungen finden glaubhaft statt und werden nicht gespielt. Die Vortragenden geben den Texten zusätzlich Körper und machen sie dadurch begreiflich, sinnlich erlebbar. Unterstützt durch aufrechte Haltung und zurückhaltende Gestik (die Sprecher blicken en face, stehend oder sitzend, in naher oder halbnaher Aufnahme, direkt in das Objektiv der Filmkamera, die sich jeweils in Augenhöhe befindet), durch die entsprechende Hintergrundgestaltung (künstlich wirkende, eher kahle Räume, die polizeilichen Verhören dienen könnten) und durch die technisch-ästhetischen Mittel einer filmischen Verfahrensweise, die sowohl die jeweils sprechende Person und deren Sprache als auch die gesprochenen Texte, gleichzeitig, quasi aus nächster Nähe und größter Distanz, körperlich, emotionell und geistig, nachvollziehbar macht. Bilder und Töne, die sowohl von der mehr oder weniger gewaltsamen Kontrolle unangenehmer, fremder Erfahrungen und Gefühle zeugen als auch von der mehr oder weniger gewaltsamen Kontrolle unangenehmer, eigener Erfahrungen und Gefühle. Die von der Zähigkeit innerer Widerstände, gegen das, was „ist", berichten, aber auch von Unsicherheit und Zweifeln. Zum Beispiel von jenen, den Mord an Magdalena klären zu können. Schließlich von den stillen Hoffnungen, aber auch Befürchtungen, dass sich nichts im Grunde ändern wird, solange man sich selbst nicht ins Spiel bringt, von sich selbst absieht.

Die vor der Filmkamera handelnden Personen sind nicht nur die Sachwalter der polizeilichen Ermittlungen und deren Ergebnisse, sondern sie sind – als Darsteller – auch leibhaftige Personen. Trotzdem gilt ihr Bemühen nicht so sehr dem Verständnis der Texte, sondern eher der Form des Vortrags. Das dargestellte Interesse ist nicht ein persönliches, sondern ein sachliches, das heißt, es geht um die in einem Text dargelegten Sachverhalte und nicht darum, ob und wie ein Textinhalt innerlich berührt. Einerseits wird sachlicher Vortrag dadurch erleichtert, dass die Texte nicht von der eigenen Wahrnehmung der Vortragenden erzählen, sondern von den Wahrnehmungen anderer, fremder, nicht anwesender Personen. Andererseits wird der Vortrag aber dadurch auch erschwert, dass die Texte in der Ich-Form zu sprechen sind. Obwohl es sich also um fremde Texte handelt, die sich auf außerräumliche und eigentlich bereits vergangene Ereignisse beziehen, werden sie durch den sprachlichen Vortrag in der Ich- und Gegenwartsform ungewollt zur persönlichen und gegenwärtigen Geschichte der Vortragenden. Der Vortrag vergangener, jedoch vergegenwärtigter Ereignisse erschwert außerräumliche und außerzeitliche Bezüge. Vergangenes wird scheinbar gegenwärtig, Fremdes wird Eigenes, scheinbar Vertrautes. Die Darsteller mimen nicht außerfilmische Charaktere, sondern sie sind sie selbst, nämlich die Sprecher von Texten, die nicht die ihren sind, die ihnen aber durch die Verfremdung (Ich-Form, Gegenwartsform) als eigene Texten erscheinen. Die Sprecher können sich persönlich nicht wirklich von den geschilderten Sachverhalten distanzieren und dadurch der gefühlsmäßigen Betroffenheit entziehen, weil sie auf Grund der Ich- und Gegenwartsform der Texte von eigenen Erfahrungen sprechen, zu sprechen scheinen, hier und jetzt.

Dadurch werden die nahezu identen Bemühungen einerseits derer, die die Texte ursprünglich niederschrieben, und andererseits der vortragenden Darsteller, nämlich sachlich zu sein und gefühlsmäßige Äußerungen zu meiden, erschwert, aber dadurch werden sie auch durchsichtig. Die sich in den Protokollen verbergenden Subtexte (den eigentlichen Geschichten entsprechend) werden hörbar, sichtbar, erlebbar. Wie von selbst öffnet sich ein Raum („eine Flucht von Räumen", Alain Robbe-Grillet / Alain Resnais), zuletzt auch für die persönlichen Erfahrungen und Wiedererkennungen interessierter Filmbetrachter.

Ich bin seit etwa vier Jahren bei der Firma Oberndorfer in Oberhofen als Maschinist und Kraftfahrer beschäftigt. 1962 heirate ich Karoline Bachler. Aus unserer Ehe gehen acht Kinder im Alter von vier bis vierundzwanzig Jahren hervor.

Ich werde glaublich gestern, am 21. November, nach achtzehn Uhr, von zwei Gendarmen des Gendarmeriepostens Frankenberg, Herrn Baumgartner und einem mir unbekannten Beamten, aufgesucht und zum Komplex der abgängigen Magdalena Wagner befragt.

Magdalena Wagner kenne ich schon seit ihrer Kindheit, und sie ist mit meinen Kindern befreundet und kommt auch gern zu uns. Die Mutter von Magdalena Wagner wohnt mit dem Mädchen und Herrn Schuster im Nachbarhaus.

Wir haben ein Einfamilienhaus, das noch im Endausbau begriffen ist.

Ich kann heute nicht mehr genau sagen, worüber ich von den Beamten im Detail befragt

werde. Hauptthema dürfte aber der Abgängig-
keitsfall Wagner sein. Ich gebe den Beamten
wahrheitsgemäß an, dass ich etwa zur selben Zeit
wie Magdalena morgens zur Arbeit aufbreche.
Ich fahre mit meinem Opel Caravan, dunkel-
grün lackiert, Kennzeichen momentan nicht erinnerlich, zur Arbeitsstelle. Um zirka sechs Uhr
vierzig fahre ich von zuhause weg und benötige
bis zur Firma etwa acht bis zehn Minuten, je
nach Witterungs- und Fahrbahnverhältnissen.

Meine Gattin Karoline fährt ebenfalls einen
Opel Caravan, hellgrün lackiert. Mein Arbeits-
beginn ist relativ leicht zu überprüfen, weil ich
in der Firma eine Stempelkarte habe. Die Ar-
beitseinteilung trifft für mich Herr Meiseder. Er
beauftragt mich, mit welchem Polier ich arbeiten muss.

Durch die finanziellen Aufwendungen für
unseren Hausbau sind meine Gattin und ich
gezwungen, eine Nebenbeschäftigung zwecks
Einkommensvermehrung anzunehmen. Wir
fahren daher sechsmal in der Woche im Bezirk
Frankenberg die *Kronenzeitung* aus.

Ich habe normal um siebzehn Uhr Arbeits-
schluss. Üblicherweise fahre ich nachhause,
nehme mein Abendbrot ein und ruhe mich anschließend für die nächtliche Zeitungszustel-
lung aus. Wir haben unser Einsatzgebiet in dieser Hinsicht in zwei Rayons aufgeteilt. Einen

Teil fahre ich ab und den anderen Teil meine
Gattin, wobei wir unsere Kombis Opel Caravan
benützen. Die Rayons werden wöchentlich
sechsmal, das heißt von Montag bis einschließlich Samstag, abgefahren. Wir beliefern Kauf-
geschäfte, Trafikanten und zum Teil auch Sub-
verkäufer beziehungsweise Subzusteller, es sind
dies überwiegend ausländische Staatsangehö-
rige. Seit etwa vier Jahren befahre ich die gleiche
Tour, und zwar Frankenberg, Timmelkam,
Vöcklamarkt, Fornach, retour nach Frankenberg, Neukirchen an der Vöckla, Ampflwang,
Zell am Attersee, Pettenfürst, Ungenach, Tho-
masroith, Holzleiten, Bruckmühl, Ottnang,
Wolfsegg, Kohlgrube und in Oberpilsbach zurück nach Frankenberg. Die Zeitungen für unsere Subvertreter deponiere ich bei der Mobil-
Tankstelle an der B 1. Es ist dies etwa um zwei
Uhr. Im Normalfall habe ich während meiner
Zustellfahrten keinen Kontakt mit anderen Per-
sonen. Um etwa drei Uhr dreißig bis vier Uhr
dreißig bin ich dann wieder zuhause.

Wie bereits angeführt, übt auch meine Gattin
Karoline eine solche Nebenbeschäftigung als
Zeitungszusteller für die *Kronenzeitung* aus. Sie
fährt mit ihrem eigenen Opel Caravan und fährt
die Touren im Bereich des Attersees und Traunsees. Sie beginnt auch um vierundzwanzig Uhr
und fährt folgende Strecken: Frankenberg, Pichl-

wang, Fuschl, dann Aurach oder Ried am Attersee, Attersee, Nußdorf, Wildenhaag, Sankt Georgen im Attergau, Hipping, zurück nach Straß, Oberwang, Motel Traunsee, Scharfling, Unterach am Attersee, Weißenbach, Burgau, Steinbach, Weyregg, Kammer und zurück nach Frankenberg. Da sie einen Diesel fährt, braucht sie etwas länger. Sie kommt daher naturgemäß etwas später nachhause. Meistens trifft sie hier gegen fünf und sechs Uhr ein. Ob meine Gattin während dieser Tour mit Personen zusammentrifft, weiß ich nicht, ich glaube aber kaum. Sollte dies der Fall sein, hätte sie mir dies sicher mitgeteilt. Meine Gattin beliefert meines Wissens keine Subvertreter.

Unser Gebietsleiter ist Herr Meier Johann aus Strobl, erreichbar unter der Telefonnummer 07754/89073 im Lager Frankenberg.

Matthias Fuchs (45)

Im Zusammenhang mit dem Mord an Magdalena Wagner wird auf Grund des vorliegenden Ermittlungsergebnisses angenommen, dass die Leiche der Magdalena Wagner in der Lagerhalle der Gärtnerei Weißensteiner im Bereich des E-Werksgeländes, E-Werksgasse, zwischengelagert wird. Die noch nicht aufgefundenen persönlichen Sachen Magdalena Wagners, eine Jeansjacke mit schwarzem Schalkragen, schwar-

zen Stiefeletten, Größe 39, mit halbhohem Schaft und niedrigem Stöckel, und eine Handtasche aus grauem, imprägniertem Stoff, zirka fünfundzwanzig mal zwanzig Zentimeter, könnten vom Täter in diesem Bereich in die Laudach geworfen worden sein.

Es wird der Werksbach in seiner gesamten Länge und die Laudach zwischen Ganglbrücke und Objekt der Tagesheimstätte für Schwerbehinderte von Mitgliedern der Freiwilligen Feuerwehr Frankenberg und Tauchern der Freiwilligen Feuerwehr Altmünster nach den Gegenständen abgesucht, die aus dem Besitz des Opfers fehlen. Nach diesen Gegenständen wird bereits am 22. November auch der Traunsee im unmittelbaren Bereich des Leichenfundortes von Angehörigen des Tauchclubs Salzburg abgesucht.

Die Suchaktion beginnt am 6. Dezember um sieben Uhr dreißig und endet am 6. Dezember um zwölf Uhr.

Teilnehmer daran waren der Bezirksfeuerwehrkommandant Manfred Hiefler, der Feuerwehrkommandant von Frankenberg Heinrich Gföller mit sechzehn Feuerwehrmännern, der Kommandant der Betriebsfeuerwehr Hoffmann Anton Hipfl mit sechs Feuerwehrmännern sowie vier Taucher der Freiwilligen Feuerwehr Altmünster.

Die Suchaktion im Bereich der Laudach und im Bereich des Werksbaches, der zu diesem Zweck abgekehrt wird, verläuft ohne Ergebnis. Die gesuchten Gegenstände können nicht gefunden werden.

Alois Stadler (45), Gruppeninspektor

Im Film werden nicht gesamte Protokolle vorgestellt, sondern nur gewisse Teile, Auszüge, daraus. Dadurch wird zwar ihr inhaltlicher Nachvollzug erschwert, doch das geschieht zugunsten tiefer liegender Strukturen und Wahrheiten, die so lange nicht erlebbar werden, solange man sich an vordergründige Einzelheiten heftet, um diese zu verstehen. Denn es geht nicht so sehr um die Einsicht in sprachlich protokollierte Details dieser umfangreichen kriminalpolizeilichen Untersuchung, sondern vielmehr um das Begreifen der dieser Sprache innewohnenden Struktur, die in mehrerer Hinsicht gewalttätig ist. Nicht genug damit, dass sie das Bewusstsein gewalttätiger Haltungen spiegelt, sondern sie formt auch Bewusstsein und damit gewalttätige Handlungen. Es geht um beides, um die Realität der Sprache und um die Sprache der Realität.

Magdalena Wagner, die Tochter von Anna Unterweger aus erster Ehe, besucht in Franken-

berg die Volks- und Hauptschule, anschließend tritt sie in die Höhere Bundeslehranstalt für Wirtschaftliche Frauenberufe in Neumarkt am Wallersee ein. Aus dieser Schule tritt sie nach einem Jahr wegen schlechten Lernerfolgs und aus privaten Gründen aus. Sie freundet sich während dieser Zeit mit Martin Kollmann an.

Am 1. September 1985 beginnt sie die Lehre als Bürokaufmann bei der Firma Oberndorfer Baugesellschaft mit beschränkter Haftung in Oberhofen, wo sie zuletzt beschäftigt ist. Sie wohnt bei ihrer Mutter in Frankenberg, Mühlgasse 5, und hat dort in der Parterrewohnung ihres Großvaters Karl Schuster ein eigenes Zimmer.

Anna Unterweger, Magdalenas Mutter, ist bei der Firma Roth in Frankenberg beschäftigt. Sie ist inzwischen ein zweites Mal geschieden und derzeit mit dem deutschen Staatsangehörigen Horst Kunstmann, geboren am 18. März 1948 in Siegburg, kaufmännischer Angestellter, wohnhaft in Siegburg, Beethovenweg 6, Kreis Mühldorf am Inn, befreundet.

Magdalena Wagner verbringt einen Großteil ihrer Freizeit, mit Zustimmung ihrer Mutter, bei ihrem Freund Martin Kollmann in Frankenberg, Bachwiese 56, wo sie auch wiederholt, vorwiegend an Wochenenden, nächtigt.

Sie benützt bei den Fahrten zum Arbeitsplatz

und retour in der Regel das öffentliche Verkehrsmittel. Wie durch Äußerungen von Auskunftspersonen bestätigt wird, versäumt sie gelegentlich den Bus und fährt dann entweder mit Arbeitskollegen oder mit ihrer Mutter nach Oberhofen.

Auf Grund der Unregelmäßigkeiten bei den Fahrtkostenabrechnungen muss angenommen werden, dass sie auch weitere private Fahrgelegenheiten von einer bisher unbekannten Person oder Personen in Anspruch nimmt.

Im laufenden Schuljahr besucht sie montags die Berufsschule in Frankenberg, letztmals am 10. November 1986.

Am 11. November 1986 nimmt sie Urlaub. Sie verbringt diesen Tag gemeinsam mit ihrem Freund und wird von diesem zwischen zwanzig Uhr und zweiundzwanzig Uhr nachhause gebracht.

Am 12. November 1986, in der Früh, steht sie laut Angabe ihres Großvaters zur üblichen Zeit auf. Da sie bis sechs Uhr zwanzig noch nicht in die Wohnung ihrer Mutter kommt, bringt ihr diese das Frühstück, bestehend aus Kakao, einer Buttersemmel und zwei weichgekochten Eiern, in einem Trinkglas aufgelöst, in die Parterrewohnung.

Gegen sechs Uhr vierzig verlässt sie angeblich das Haus, um vermutlich zur Bushaltestelle zu gehen, trifft aber an ihrem Arbeitsplatz nicht ein. Diesem Umstand wird keine größere Bedeutung zugemessen, weil man sich unschlüssig ist, ob sie vorher einen oder zwei Tage Urlaub angemeldet hat.

Seit dieser Zeit ist sie abgängig.

Ihre Leiche wird am 22. November 1986, vormittags, im Traunsee gefunden.

Nach dem Stand der bisherigen Erkenntnisse dürfte sie kurz nach der Einnahme des Frühstücks zu Tode gekommen sein.

Die an der Leiche festgestellten Verletzungen, die Todesursache und die Zwischenlagerung der Leiche sind im Gutachten der gerichtlichen Sachverständigen ausführlich erörtert.

Es gelingt bisher nicht, den unmittelbaren Tatort und die mögliche Zwischenlagerungsstelle der Leiche festzustellen. Außerdem können die aus dem Besitz des Opfers fehlenden Gegenstände nicht gefunden werden.

Wenngleich über das Tatmotiv keine sicheren Aussagen zu machen sind, dürfte es mit hoher Wahrscheinlichkeit doch im sexuellen Bereich liegen.

Die Erhebungen werden fortgesetzt.

Positive Ergebnisse werden umgehend nachangezeigt.

Helmut Schindlecker (50),
Oberstleutnant

Olaf Möller, Michael Omasta, Michael Pilz

Filmografie

Plakatkleber (1964)
Unter Freunden (1965)
Haus-Rucker-Co Ballon für zwei (1967)
Symposion (1967, unvollendet)
Big Shot (1968)
Voom (1968/69, verloren)
Für Peter Noever und Achille Castiglioni (1969)
Underground (1969)
Jascha (1969)
Lui (1969)
Maskerade (1969)
Coop Himmelblau (1970, verloren)
Wladimir Nixon (1971)
Wienerinnen (1971)
Easy Feeling (1971)
Charly Jackson (1972, unvollendet)
Das Lied vom Hofer (1972)
L'Imagination des yeux (1973)
Zero (1972/75)
Jahresrückblick (1975)
Langsamer Sommer (1974–76)
Beiträge für *Wir* (1975/76)
Franz Grimus (1977)
How the Ladies Pay – Lou Reed (1977)
Die Generalin (1977)
Gruppenbild mit Damen (1977)
Szenen aus dem Wiener Milieu (1977/78, verloren)
Szenen eines Lebens: Ernest Bornemann
    (1977/78, verloren)
Schule und Autorität (1978)
Landkino (1978)
Sandvik Image (1979)
Himmel und Erde (1979–82)
Wels (1984)

Noah Delta II (1984–86)
Paticca-samuppada (1986)
Zen im Steinbruch (1987)
Parco delle rimembranze (1988)
Der Lauf des Wassers (1986/88)
80 cm 5 t (1986–89)
Staatz Ende (1986/89)
Feldberg (1987–90)
Für Sebastian Prantl (1990)
Two Horse Town (1990/91)
Für Walter Neumayer I (1991)
Für Walter Neumayer II (1991/98)
Der Stadtflieger (1991, verloren)
Für Andreas Ortag (1991, unvollendet)
Für Josef Fabich (1992, unvollendet)
Für Walter Marti und Reni Mertens (1992)
Für Thomas Lehner – Stadtwerkstatt Linz (1992)
Eigentlich spreche ich ja eine andere Sprache,
    und trotzdem haben wir immer gut miteinander
    gesprochen (1992)
Für Die Vögel (1991–92)
State of Grace (1991–93)
Cage (1991–92/2008)
Il faut appendre à voir (1988–93)
All the Vermeers in Prague (1987–94)
Für Walter Stach und Dieter Schrage (1994)
Für Margarete Schütte-Lihotzky (1994, unvollendet)
Prisjádim na dorozhku (1993–95)
Siberian Diary – Days at Apanas (1993–2003)
The Making of Prisjádim na dorozhku (1995)
Irgendwo hätt' ich sonst hingewollt (1995)
Für Christine Gaigg (1995)
Für Radha Anjali (1995)
Toleranz – Intoleranz (1994–95)

Was übersetzt ist noch nicht angekommen (1996/97)
Tonga Projekt (1997ff., Work in progress)
Dallastown, USA (1996–98)
Bridge to Monticello (1996–99)
Für Richard G. Künz (1998)
Für Ed Schulz (1999, unvollendet)
Pieces of Dreams (1988–2000)
That's All There Is (1988–2006)
Da capo al fine – Was ich erinnere nicht was ich sehe
    (1995–2000)
Indian Diary – Days at Sree Sankara (2000–01)
La Habana (2001)
Für Eric Neunteufel (2001)
Gwenyambira Simon Mashoko (1997–2002)
Elegia Romana (2001/02)
The Art of Flow (2003)
Memories of You – 7 December, 2003 (2003–04)
Für Tapfuma Gutsa (2004)
Windows, Dogs and Horses (1993/2005)
Silence (2007)
P.R.A.T.E.R. (1964/2007)
Haiku happens (2005/07)
A Prima Vista (1964–2008)
Die Erotik der Leere (2008)
28 April, 1995 Aus Liebe / For Love (1995/2008)
Yemen Travelogue – Days at Shibam (2006/08)
Jewel of the Valley / Dourat al-Wadi (2006/08)
Für Anne und Fred (2008)

Apokrypha (Auswahl):
Kameraarbeiten
Texte, Performances etc.
Filme über Michael Pilz

Plakatkleber
Österreich 1964

IDEE & REALISATION Michael Pilz
11 MINUTEN / 16MM / SCHWARZWEISS (STUMM)

Vielleicht meine allererste Kameraübung an der Wiener Filmschule. Wir mussten ein Thema vorschlagen und dann mit der Kamera (Bolex 16mm, Federaufzug, also keine Einstellung länger als etwa 20 Sekunden) losjagen. Ich folge einem Plakatierer der Wiener Firma Gewista auf seiner Tour durch die Wiener Innenstadt. Das vorliegende Material ist ungeschnitten.

Michael Pilz, Mai 2008

Unter Freunden
Österreich 1965

IDEE & REALISATION Michael Pilz
14 MINUTEN / 16MM / SCHWARZWEISS (STUMM)

16mm-Schwarzweiß-Filmversuch, irgendetwas anzufangen mit der Kamera und den Vorstellungen im Kopf, von einem Film unter Freunden und mit keinem Geld. Gefilmt noch zur Zeit meines Studiums an der Wiener Filmschule.

Michael Pilz, Mai 2008

Haus-Rucker-Co Ballon für zwei
Österreich 1967

Symposion *(unvollendet)*
Österreich 1967

REGIE Michael Pilz
KAMERA Michael Pilz
PRODUKTION Michael Pilz
11 MINUTEN / 16MM / FARBE (STUMM)

IDEE & REALISATION Michael Pilz
16MM / SCHWARZWEISS

Die erste gemeinsame Arbeit der Haus-Rucker-Co (November 1967). Ein in grellen Farben bemalter PVC-Ballon wird, schwebend an einer Stahlkonstruktion, aus dem Fenster eines Wohnhauses gelassen. Die beiden Passagiere, Marie Ebner und Stoff Superhuber, damals Bassist der Jack's Angels, verloben sich.

Meine Freunde der Architektengruppe Haus-Rucker-Co, für die ich fotografiert hatte, ließen einen „Ballon für zwei" aus einem Fenster des ersten Stocks in der Apollogasse in Wien-Neubau „steigen". Ich filmte das mit einer stummen 16mm-Arriflex-Kamera mit starkem Teleobjektiv. In Farbe.   *Michael Pilz, Mai 2008*

Nach kurzentschlossener Beendigung der Filmschule und erfolglosen Versuchen, in Amsterdam und in Athen den Anschluss an die dort aufblühende Filmszene zu finden (ich hatte geheiratet und meine damalige Frau erwartete unser erstes Kind), wollte ich im Sommer 1967 meinen ersten 16mm-Schwarzweiß-Film drehen, in St. Margarethen im Burgenland, unter Bildhauern.

Ich fand eine stumme Beaulieu-Kamera und ein Uher Spulentonbandgerät und lebte den August über mit den Bildhauern am Steinbruch.

Ich filmte und nahm Töne auf, und im Winter darauf versuchte ich, daraus einen Film zu schneiden, doch es gelang mir nicht. Jahre später, etwa 1972, legte ich das Material wieder auf einen Schneidetisch, und auch Gert Winkler mühte sich um Lösungen, doch wieder gelang nichts. In den folgenden Jahren ist das gesamte Bild- und Tonmaterial verlorengegangen.

Michael Pilz, Mai 2008

Big Shot
Österreich 1968

REGIE, BUCH Michael Pilz, Gert Winkler
KAMERA, SCHNITT, TON Michael Pilz
PRODUKTION Michael Pilz
13 MINUTEN / 16MM / SCHWARZWEISS

16mm-Schwarzweiß-Versuch eines erzählenden Kinos, im Fahrwasser von französischem Film noir und Gert Winklers Träumen eines großen Kinos in Wien. In meinen Augen nicht wirklich gelungen.

Doch meinem lieben und 2002 verstorbenen Freund Erwin Puls war dieses Filmstück es wert, zur Gänze in seinen Film *Ohne Pause* (1986) aufgenommen zu werden. Dort ist *Big Shot* zu sehen, jedoch mit einem ganz anderen Ton.

Michael Pilz, Mai 2008

Voom *(verloren)*
Österreich 1968/69

IDEE & REALISATION Michael Pilz u. a.
CA. 240 MINUTEN (60 BIS 70 KURZFILME) / 8MM /
SCHWARZWEISS & FARBE

Tja, da gibt es nicht mehr viel zu zeigen oder auch zu sagen. Magere Reste haben sich 2007 in meinem 8mm-Archiv gefunden. Mager. Das meiste ging in Luzern in den 70er Jahren auf dem Müll verloren. Mein lieber Freund Alejo Cespedes, den ich an der Akademie der bildenden Künste 1964 kennengelernt hatte und der Ende der 60er Jahre nach Luzern gegangen war, hatte dort mit 8mm-Film experimentiert, und eines Tags brachte ich ihm auf seinen Wunsch hin all die Filme, die wir in Wien mehr oder minder gemeinsam gemacht hatten. Mitte der 70er tauchte er für mehrere Jahre in Bolivien unter. In dieser Zeit hatte der Vater seiner damaligen Lebensgefährtin sein gesamtes Hab und Gut, das er in Luzern zurückgelassen hatte, auf den Müll gekippt (u. a. alle persönlichen Fotos, auch die seiner eigenen Kindheit).

Ich hatte Ende der 60er Jahre einen Kontrakt

Für Peter Noever und Achille Castiglioni
Österreich 1969

mit dem Eigentümer der Wiener Disco Voom Voom in der Daungasse im 8. Bezirk. Ich bekam etwas Geld für ein spontanes und völlig frei zu gestaltendes Filmprogramm, das über den Köpfen der tanzenden Menge ablief. Unter anderem gab's auch, geliehen von Foto Orator, einen Schwarzweißfilm, die Reste einer Menschenaffenjagd im afrikanischen Busch. Dieser Streifen war mitternachts jeweils der Höhepunkt, zu einer bestimmten Musiknummer von Johnny Rivers („John Lee Hooker", 15'40", auf der LP *Johnny Rivers Live at the Whisky à GoGo*).

Diese 8mm-Filme enthielten alles Mögliche, Formal-Experimentelles, Real-Experimentelles, Spontanes, unter Drogeneinfluss Entstandenes; auch gingen die Kameras oft von Hand zu Hand, und jeder filmte, wie und was sie/er wollte, Filmmaterial wurde direkt behandelt, zerkratzt, bemalt, doppelt und mehrfach belichtet (dafür hatten Gert Winkler und ich uns extra die damals ganz neue Fuji Single-8mm-Kamera gekauft, in welcher man das Material auch mit einer Kurbel händisch zurückspulen konnte).

Alejo Cespedes war gerne vor der Kamera tätig, zum Beispiel erinnere ich mich an eine Arbeit in den Donauauen östlich von Wien, Alejo hatte sich wie „Mummy" mit Klopapier total eingewickelt und torkelte zwischen den Baumstämmen und durch die Sümpfe auf die Kamera zu. Ich filmte, was mir in diesem Dickicht zu filmen möglich war, und ohne Nachschnitt bekam ein paar Tage später das tanzende Publikum im VoomVoom Alejo über der Tanzfläche zu sehen. *Michael Pilz, Mai 2008*

IDEE & REALISATION Michael Pilz
5 MINUTEN / 16MM / SCHWARZWEISS (STUMM)

Der Meister des italienischen Designs der 60er und frühen 70er Jahre weilte auf Einladung von Peter Noever in Wien. Noever war damals noch für Büromöbel Svoboda tätig, hatte in Breitenbrunn im Burgenland ein großes Landstück erstanden und auf diesem von seinem Freund Walter Pichler eine Art Landmark installieren lassen.

Noever gab ein Fest und lud mich ein, zu filmen. So entstand ein stummes Dokument, das ich mag, weil es sehr persönlich und spontan gefilmt ist und einfach zeigt, was ist, ohne sich etwas vorzunehmen. Auch Christoph Oberhuber hat eine Rolle und Freund Franz Novotny torkelt natürlich mit einem Gewehr über den Hang. Wer noch? Freund Christian Reder küsst seine Frau Ingrid, Architekt Holzbauer, Castiglioni und Noever, auch Katrin, und auch ich selbst (ohne heute noch zu wissen, wer sich dafür die Kamera angeeignet hatte), ein flüchtender schwarzer Hund. *Michael Pilz, Mai 2008*

Underground
Österreich 1969

Jascha
Österreich 1969

REGIE Michael Pilz
KAMERA Gert Winkler
PRODUKTION Michael Pilz
6 MINUTEN / 16MM / SCHWARZWEISS

IDEE & REALISATION Gert Winkler, Michael Pilz,
Hans Werner Jascha
KAMERA Gert Winkler
PRODUKTION Michael Pilz
MIT Hans Werner Jascha u. a.
6 MINUTEN / 16MM / SCHWARZWEISS (STUMM)

Ein weiterer 16mm-Filmversuch, eine Art Antwort auf die politischen Umsturzversuche der Leute wie Weibel, EXPORT, Scheugl, Schlemmer, Kren, die u. a. das Filmmuseum gründlich verändern wollten. Unter Freunden, Gert Winkler und Lui Dimanche, gefilmt und geschnitten. Das Ganze ist kurz und trocken. Auch klar polemisch. Leider ist der Originalton verlorengegangen. Gert Winkler erinnert sich, dass wir in der Halle des Wiener Westbahnhofs einen Hit der Easybeats von 1968 aufnahmen, „Hello, how are you?" Gemischt mit den ungefilterten Geräuschen des Bahnhofs, war das eine feine, ironische Sache. Kurz vor Beginn des 2. Undergroundfilmfestivals Maraisiade nahmen wir den Film wieder aus dem Programm, weil wir dachten, es würde unsere Polemik total missverstanden werden. *Michael Pilz, Mai 2008*

Ende der 60er Jahre. Mao et cetera. Wir übten permanente Filmrevolution, drehten auf Fuji Single-8, bis die Brieftaschen leer waren. Ich fand günstig eine amerikanische 16mm-Kamera (Revere) mit drei Wollensack-Optiken. Wir wollten es wissen. AGFA sponserte Filmmaterial. Wir tauschten Rollen. Winkler, Dimanche und ich. *Jascha,* denke ich, war, abgesehen von Jascha selbst, mehr Winklers Sache, im Abgang bin ich kurz im Bild. Location: zweckentfremdete Waschküche in Wiener Gemeindebau.

Michael Pilz, Oktober 2008

Lui

Österreich 1969

IDEE & REALISATION Lui Dimanche, Michael Pilz, Gert Winkler
KAMERA Michael Pilz
PRODUKTION Michael Pilz
MIT Lui Dimanche, Sascha Manovic
3 MINUTEN / 16MM / SCHWARZWEISS (STUMM)

Lui auf Gerngross-Rolltreppen und kurz am Ex-
pander in der Küche (sein Bruder kriecht un-
term Waschbecken hervor). Wie macht man
Filme ohne Geld? In Wien. Wir haben das große
Kino im Kopf, in den Ohren Jimi Hendrix, John
Lee Hooker. Träumen von Melville, Seberg,
Brando. Im Filmmuseum staune ich über Brak-
hage und die stundenlangen stummen Muster
Eisensteins aus Mexiko.

Michael Pilz, Oktober 2008

Maskerade

Österreich 1969

IDEE & REALISATION Michael Pilz
3 MINUTEN / 8MM / FARBE (STUMM)
URAUFFÜHUNG Vienna, Berlin, New York – Festival Old and
New Masters of Super-8, 1996/97

Single-8mm-Film im Wiener Prater während
des legendären Volksstimme-Fests.

Montage in der Kamera.

Michael Pilz, Mai 2008

Coop Himmelblau *(verloren)*
Österreich 1970

REGIE, BUCH Coop Himmelblau, Michael Pilz
SCHNITT Michael Pilz
PRODUKTION ORF
25 MINUTEN / 16MM / SCHWARZWEISS
ERSTAUSSTRAHLUNG 6. Mai 1970, ORF (Kultur aktuell)

Das wurde die teuerste Sendung der *Kultur aktuell* dieser Zeit, und die mit Abstand meistgehasste. So wie sie gestaltet war, hat das mit Fernsehen nichts zu tun gehabt. Wir haben uns alles geleistet, unter anderem einen Kran und einen Pyrotechniker, der im Spielfilm gearbeitet hat und schwerst vernarbt war. In einem Sandfeld zwischen Wien und Schwechat musste an drei parallelen Linien alle paar Meter eine Sprengladung ausgelegt werden. Während die nacheinander zünden, sollte der Kran hochfahren und, wenn er auf 15 Meter Höhe ist, die Ladung ganz hinten, 300 Meter entfernt, in die Luft gehen.

Das war der Plan. Nur hat's an dem Tag, als wir drehen sollten, geregnet wie aus Schaffeln. Wir sind um neun in der Früh hinausgefahren und haben gewartet. Der Kameramann Eberl, ein sehr feiner Mann mit blauem Seidenanzug

und Krawatte, ist im VW-Bus gesessen und hat sich den Kaffee servieren lassen, während der Pyrotechniker draußen im Gelände versunken ist. Dann, schon in der Dämmerung, haben wir gesagt: Okay, jetzt müssen wir. Der Eberl hat auf den Lichtmesser geschaut, eine Viertelstunde haben wir noch, machen wir's – und ist hinaufgefahren im dunkelblauen Seidenanzug, den Regenschirm über der Kamera, und hat gefilmt.

Am Tag nach der Sendung hab ich einen Brief im Postkastel gehabt von Dr. Hansen-Löve, dem Kulturchef des ORF: Er möchte aus seinem Herzen keine Löwengrube machen, aber wenn er den Film vorher hätte abnehmen können, hätte er ihn bestimmt nicht gesendet.

Das war meine erste Arbeit fürs Fernsehen überhaupt. Ein Missverständnis.

Michael Pilz im Gespräch
mit den Herausgebern, Mai 2008

Wladimir Nixon
Österreich 1971

REGIE Michael Pilz
BUCH Gert Winkler
KAMERA Walter Kindler
SCHNITT Michael Pilz, Uli Schwarzenberger
PRODUKTION Günther Köpf, Michael Pilz
DARSTELLERINNEN Lui Dimanche, Ikewada Yûko,
Franz Tremmel, Karl Fischer, Erwin Puls
26 MINUTEN / 16MM / FARBE
URAUFFÜHRUNG März 1971, Viennale – Internationales
Filmfest Wien

Wladimir Nixon kehrt nach langer Abwesenheit nach Wien zurück, um einen Mann zu suchen. Zusammen mit Patapata, seiner Freundin, spürt er ihn auf und entdeckt sein Geheimnis. Nixon und das Mädchen verlassen die Stadt, der Mann: tot.

British Film Institute Database

Wladimir Nixon war eine Sache, wo ich über mich selber oft den Kopf geschüttelt hab. Das ist so eine mythische Geschichte, wie der Gert Winkler sie damals sehr gern hatte. Die Guten und die Bösen. Prag ʼ68, zwischen Moskau und Nueva York. Ich hab das Filmprojekt eingereicht

beim Förderungsfonds der Gemeinde Wien, dachte aber insgeheim: Das wird eh nichts, ich werde mich woanders umschauen müssen oder vor die Hunde gehen. Und ein paar Monate später flattert ein Brief herein, in dem steht, dass wir 50.000 Schilling kriegen. Hab ich mir gedacht: Na, wenn die Lotterie so schnell reagiert, dann spielen wir halt weiter. Und hab gleich noch einmal eingereicht, fürs nächste Jahr, und da gabʼs noch mal 50.000 Schilling. Ah, so ist das! Also hab ich mich als Nächstes beim Ministerium angestellt und dem Sektionsleiter, einem Dr. Warhanek, gesagt: 50.000 Schilling! Hat der gesagt: nein! Bin ich hinübergegangen zum Unterrichtsminister, dem Leopold Gratz, nachmals Bürgermeister von Wien, und hab gesagt: Hören Sʼ, das geht so nicht, der Warhanek blockiert, einer von der alten ÖVP-Partie, der seit 1945 die Filmförderung macht und nur Kulturfilme über Mondhornkäfer und so etwas realisieren lässt. 14 Tagʼ später war das Geld da.

Ich hab mir gedacht: Was der Peter Patzak kann, das können wir schon lang, hab den Walter Kindler gefragt als Kameramann, und so haben wir diesen hybriden Film produziert – mit viel Bauchweh, weil ich hab nicht recht gewusst, was das werden soll. Was mir dabei aber Spaß gemacht hat, das war im Mittelteil einfach so eine Montage: Die hab ich frei gefilmt, unabhängig vom Drehbuch, und das flattert irgendwie dahin, ganz leicht, zu Musik von Miriam Makeba.

Schließlich hab ich den Film dann einfach nach Venedig zum Filmfestival geschickt. Und

Wienerinnen
Österreich 1971

die haben zurückgeschrieben: Ja, das spielen wir. Wir haben ein Riesenplakat gedruckt, wo der Lui und die Ex-Frau vom Hundertwasser über eine Mauer hupfen im Burgenland, haben die Filmkopie geschnappt und sind runtergefahren. Lui Dimanche war mit, Gert Winkler war mit, auch meine damalige Frau und Miriam, unsere Tochter. Wir waren am Lido von Venedig, und ich hab mich die ganze Zeit gewundert, dass das alles so leicht möglich ist.

Michael Pilz im Gespräch
mit den Herausgebern, Mai 2008

Österreich, wir wissen es, hat keine kinematografische Tradition. Wenige Filme werden in den Studios realisiert, gleichsam nicht vorhanden sind abendfüllende Filme. Michael Pilz war, als er seinen *Wladimir Nixon* in der Art der Spionage-Abenteuer-Geschichten verfertigte, nicht so sehr der erzählerischen Gewohnheit der James-Bond-Filme verpflichtet, wohl aber einer gewissen trockenen Schmucklosigkeit, gewonnen aus der objektiven Realität. Der Film entspringt geistig tatsächlich den Tagen der tschechischen Unterdrückung. Wesentlich ist die Rückkehr eines Geheimagenten, eines unbekannten Helden, an Stätten, wo er wirkte. Eine Rückkehr sozusagen auf den Flügeln der Nostalgie. Eine Beschwörung von aktiven Momenten, verklärt durch Erinnerung. Pilz verfällt bisweilen dem technischen Spiel etwas virtuos. Dennoch scheint es, dass er alle Eigenschaften hat, sich an einer Erzählung von längerer Dauer zu erproben.

Piero Zanotto, Il Gazzettino, 26. August 1971

IDEE & REALISATION Michael Pilz
10 MINUTEN / 8MM / FARBE (STUMM)
URAUFFÜHRUNG Vienna, Berlin, New York – Festival Old and New Masters of Super-8, 1996/97

Single-8mm-Film im Wiener Prater während des legendären Volksstimme-Fests.

Montage in der Kamera.

Michael Pilz, Mai 2008

Easy Feeling
Österreich 1971

REGIE, BUCH, SCHNITT Michael Pilz
KAMERA Karl Kases
PRODUKTION Michael Pilz
6 MINUTEN / 16MM / FARBE

PR-Film für die Freunde von Coop Himmelblau. Wolf Prix und Helmut Swiczinsky stellen
die Villa Rosa vor, eine pneumatische Wohn-
einheit.

16mm, alles Material ging an die Himmel-
blauen. Kopie habe ich selbst keine mehr.

Michael Pilz, Mai 2008

Charly Jackson *(unvollendet)*
Österreich 1972

REGIE, BUCH Michael Pilz
PRODUKTION ORF
16MM / FARBE

Ein gescheiterter Versuch, fürs Fernsehen was
zu machen. Ich verstand nicht dessen Routine
und dessen „Schmäh".

Zwar gefilmt und versucht zu schneiden,
doch von den Redakteuren, unter anderem
Teddy Podgorski, abgewürgt als ungeeignet für
eine Sendung in deren Sendereihe (die immer
auch etwas Zynisches an sich hatte).

Ich wollte das Porträt eines älteren ehemali-
gen Preisboxers filmen, eben des Charly Jackson, der in der Riemergasse hinterm Handels-
gericht ein kleines Café hatte. Dort hingen viele
Bilder seines Boxerlebens an den Wänden.
Charly war ein netter Mensch. Es hätte ein
durchaus berührender Film werden können.

Michael Pilz, Mai 2008

Das Lied vom Hofer

Österreich 1972

REGIE Rainer C. Ecke, Michael Pilz
BUCH Michael Pilz, Gert Winkler
SCHNITT Rainer C. Ecke, Michael Pilz, Gert Winkler
PRODUKTION ORF (Redaktion: Hans Preiner)
25 MINUTEN / VIDEO / SCHWARZWEISS
ERSTAUSSTRAHLUNG 17. Februar 1972, ORF (Impulse Nr. 2)

ORF, *Impulse,* Hans Preiner. In atmosphärischer Anlehnung an Wolfgang Ambros' Hit und ein Wien-Image jener Tage.   *Michael Pilz, Mai 2008*

Das Lied vom Hofer von Pilz und Winkler ist nicht nur eine gefühlsmäßig richtige Nachspielung der Stimmung des Titelliedes, in der der miese Wiener als eigener Sündenbock gezeigt wird, sondern auch ein lustiges Stück cineastischer Arbeit, in der Italo-Western und andere Kinomoden mit Fernsehformen vermischt worden sind, mit Kabinettstückeln absurder Komik (Günther Schifters irre Einlage zum Beispiel) und absonderlichen Rückblenden (der Ausschnitt aus *Der dritte Mann* ist in diesem Zusammenhang wie ein Teil aus einer surrealen Komödie gewesen).
Günther Poidinger, AZ, 20. Februar 1972

L'Imagination des yeux

Österreich 1973

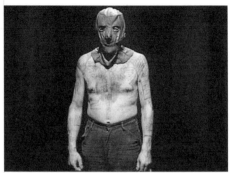

REGIE Michael Pilz
BUCH Michael Pilz, Ed Schulz, (Reinhard Priessnitz)
SCHNITT Michael Pilz u. a.
PRODUKTION ORF (Redaktion: Hans Preiner)
MIT Charles de Kiswarth, Fritz Hackl, Karl Fischer, Wolfgang Zapletal, Fritzi Göldner, Ferry Brand, Rudi Holiday, Marieli Fröhlich, Miriam Pilz, Hilde Pilz
29 MINUTEN / VIDEO / FARBE
ERSTAUSSTRAHLUNG 22. März 1973, ORF (Impulse Nr. 6)

Zuerst waren sie mißtrauisch, die Großen, die Veteranen, die von der Schaubude im Wurstelprater aus die Welt erobert hatten. Sie hatten den Niedergang des Akrobatengewerbes erlebt und zu oft wurden sie von neunmalklugen Fernsehleuten lächerlich gemacht. Doch Charles de Kiswarth, Entfesselungstechniker, entschied: Diesmal ist es eine echte Chance, die der ORF bietet. Damit hatten die Autoren und Gestalter des TV-Films *L'Imagination des yeux,* Michael Pilz und Ed Schulz, gewonnen. Das Ergebnis ihrer Bemühungen zur Wiedererweckung alten Artistenglanzes ist heute um 19 Uhr in FS 2 in der Sendung *Impulse* zu sehen.

Was sich in der Zeit zwischen dem 6. und 9.

März im Palais Ferstel abspielte, war eine Wiedererweckung der Wiener Artisten. Die auf vier Tage beschränkte Drehzeit konnte kaum allen, die gekommen waren, gerecht werden. Die dreißig Sendeminuten sind übervoll.

In den Drehpausen wurden Erinnerungen ausgetauscht und Pläne gesponnen. Fritz Hackl, der vor zehn Jahren zum letzten Mal in Ried im Innkreis auf dem Hochrad aufgetreten war, ist heute „Burgtheater-Zwerg". Engagements haben auch die anderen alle, bessere oder schlechtere, haupt- und nebenberufliche auf Bauernbühnen, Volksfesten oder in Zwischenauftritten billiger Sex-Shows.

Die Automaten hätten sie umgebracht, sagt der Clown und Eisenbieger Ferry Brand. Ihm widerspricht Entfesselungskünstler Charles de Kiswarth, ein alter Hase der Branche, der die strengen Gesetze der Fahrenden kennt. Er unterscheidet zwischen den echten und ehrlichen Tricks, die Ausdauer, Geschicklichkeit und Können erfordern, und den Attraktionen, die auf Schwindel beruhen. Der Schwindel hätte das Echte ruiniert, meint er.

Die Entfesselung, wie er selbst sie betreibt, ist kein Bauernfang. Es gibt leichtere und angenehmere Arten, sein Geld zu verdienen, als sich mit einer zehn Meter langen Eisenkette zu einem Bündel schnüren zu lassen. Auf die Frage, ob er jemals aufgeben und die Kette aufschließen lassen mußte, antwortet Charles de Kiswarth grimmig: „Nie. Da breche ich mir lieber die Hand."

Immer wieder tauchen in den Erzählungen der Schausteller mythische Gestalten auf, deren Ursprünge sich im Halbdunkel der menschlichen Sehnsüchte verlieren: Metaphoso, der Maschinenmensch, oder der starke Soliman, Penomalvo, der Mann in der Flasche, ebenso wie der August, der Wurschtl.

Pech bei der Magnetbandaufzeichnung von *L'Imagination des yeux* hatte übrigens der Strommensch Bankhofer, aus dessen Körper Funken fahren und der durch bloße Berührung Glühbirnen und Neonröhren zum Leuchten bringen kann. Immer, wenn er seinen Trick vorführte, brach das Fernsehbild zusammen.

Gert Winkler, „Prater-Erinnerung",
Oberösterreichische Nachrichten, 22. März 1973

Unter anderem denke ich, dass diese Arbeit den André Heller dazu bewogen hat, sich den Zirkus Roncalli und vieles andere noch einfallen zu lassen.

Ursprünglich sollte auch Reinhard Priessnitz mit dabei sein, ich, der Priessnitz und mein Malerfreund Ed Schulz (siehe auch *Für Ed Schulz,* 1999). Redakteur war Hans Preiner, der unerschütterliche Riskierer (den sie dann später beim ORF kaltgestellt haben, bis er ausschied und sich ganz anderweitig selbstständig gemacht hat). Er wollte mit den *Impulsen* jungen Filmemachern Chancen bieten, mit den besten Technikern des ORF kleine Sachen zu probieren und zu machen.

Musik Django Reinhardt.

Ein paar wirklich berührende Filmaugenblicke. *Michael Pilz, Mai 2008*

Zero
Österreich 1972/75

IDEE & REALISATION Michael Pilz
SCHNITT Herbert Baumgartner, Michael Pilz
3 MINUTEN / 16MM / SCHWARZWEISS

Found Footage, aufgenommen 1945 in Wien von Angehörigen der Roten Armee. Als Soundtrack „The Flat Foot Floogey with a Floy Floy" von The Mills Brothers featuring Louis Armstrong von 1938. Auch enthalten in *Das Lied vom Hofer* (1972).

Jahresrückblick
Österreich 1975

IDEE & REALISATION Michael Pilz
SCHNITT Herbert Baumgartner, Michael Pilz
PILOTPRODUKTION ORF, Dezember 1975 (nicht gesendet)
5 MINUTEN / 16MM / FARBE

Teil einer *Magazyniker*-Pilotsendung. Drei haben wir produziert, für die ORF-Unterhaltung (Wolfgang Lorenz wollte neue Unterhaltungsmuster ausprobieren).

Wir nahmen uns für dieses 16mm-Newsreel-Filmstück alle „hochpolitischen" Empfänge vor, die während eines ganzen Jahres der *Zeit-im-Bild*-Redaktion als Illustrationsmaterial zur Verfügung standen, und montierten einen einzigen Event (Flieger kommt an, Gast entsteigt diesem, Ehrenkompanie des Bundesheeres, Autofahrt in die Stadt, Konferenzbeginn, Handshakes, dann Mittagspause, Unterhaltungsprogramm, dann Vertragsabschluss, wieder Handshakes und schließlich Abreise). Das zur damaligen Kennmelodie gewisser ORF-Sportsendungen, einem musikalischen Ohrwurm mit viel Posaunen und Schalmeien.   *Michael Pilz, Mai 2008*

Langsamer Sommer

Österreich 1974–76

REGIE John Cook in Zusammenarbeit mit Susanne Schett
sowie Helmut Boselmann, Peter Erlacher, Gerti Fröhlich,
Thomas Kloss, Herbert Koller, Michael Pilz, Helga Wolf
IDEE John Cook
KAMERA John Cook, Helmut Boselmann, Michael Pilz
TON John Cook, Helmut Boselmann, Michael Pilz, Susanne
Schett
MUSIK Mathias Rüegg (Titel)
PRODUKTION Michael Pilz Film – in Zusammenarbeit mit
Interspot-Film, Wien (Rudolf Klingohr)
DARSTELLERINNEN John Cook, Helmut Boselmann, Eva
Grimm, Hilde Pilz, Michael Pilz, Günter Duda, Elisabeth
Boselmann, Ernst Kloss, Marieli Fröhlich, Franz Madl,
Miriam und Katharina Pilz
84 MINUTEN / 35MM (BLOW-UP VON SUPER-8) / SCHWARZWEISS
URAUFFÜHRUNG 23. April 1976, Österreichisches
Filmmuseum, Wien

Ein Film vollgesogen mit dem schönen Saft gelebten und erfahrenen Lebens. Seine Armut,
sein Mangel an Geld, die Reduktion des Appa-
rats, Minimierung der Crew, Absenz technischer
Raffinessen, all dies erweist sich postwendend
als Reichtum und freies Atmen, an dem es der
Mehrzahl gelackter, gestylter, zu Tode perfek-
tionierter Kinoprodukte gebricht. John Cook
filmt als starke, sanfte, unkorrumpierte Persönlichkeit im Modus der ersten Person und
des intimen Plurals. Ich filme mit Super-8-
Schwarzweiß-Material, ich spiele mich und wir
spielen uns selbst, vermische und vermischen
traumwandlerisch gelöst die Jetons von Autobiografie und Fiktion, von Dokument und Zitat.
Vor-sich-hin-Fantasieren und wissbegierige Vi-
sitation eines strömenden Lebens. Film privé,
charmantes Gedicht über persönliche Beziehungen und Amateurkino im intensiven Wort-
sinn: Kino, in Kinetik versetzt von Liebhabern
(Amateuren), solchen des Films, solchen des In-
der-Welt-Seins.

Harry Tomicek, Österreichisches Filmmuseum
(Programmblatt), Dezember 2001

Die wichtigste Lektion für mich war, dass es tatsächlich möglich ist, die sonst übliche Kinoma-
schinerie auf einen Bruchteil ihres Gewichts zu
reduzieren. Zu diesen Lasten zähle ich Geld,
einen großen technischen Stab, eine komplizierte Ausstattung, die sehr unterschiedlichen
Ansprüche professioneller Egos – alles Fakto-
ren, die überhand nehmen und so manch guten
Film ruinieren. […] Wir haben einen handgear-
beiteten, persönlichen kleinen Film gemacht.
Seine Mängel kann man eher unserer Unwis-
senheit und Unerfahrenheit zuschreiben als dem
Fehlen von Geld. Vielleicht werden die Leute,
die ihn sehen, mögen. Jedenfalls hat die Arbeit
daran viel Spaß gemacht, und das heißt schon
eine ganze Menge heutzutage.

John Cook, Pressemitteilung, März 1976

Beiträge für *Wir*

Österreich 1975/76

REGIE, BUCH, SCHNITT Michael Pilz
PRODUKTION ORF

Kommunikation
7 MINUTEN / 16MM / FARBE
ERSTAUSSTRAHLUNG April 1975, ORF (Wir)

Modell Kinderheim: Erziehungsversuch Werd
KOREGIE Hans Feigelfeld
10 MINUTEN / 16MM / FARBE
ERSTAUSSTRAHLUNG 26. Mai 1975, ORF (Wir)

Reihe *Seelisch krank* (auch: *Kranke Körper durch kranke Seelen*)
CA. 55 MINUTEN (5 PROGRAMME) / 16MM / FARBE
Hilfe, mein Kind spielt nicht
ERSTAUSSTRAHLUNG 3. Juni 1975, ORF (Wir)
Recht der Kinder
ERSTAUSSTRAHLUNG 2. Juli 1975, ORF (Wir)
Mutterentbehrung
(auch: *Kind in den ersten Lebensmonaten*)
ERSTAUSSTRAHLUNG 26. August 1975, ORF (Wir)
Scheidung – Kind
ERSTAUSSTRAHLUNG 23. September 1975, ORF (Wir)
Kind – Unterhalt
ERSTAUSSTRAHLUNG 30. September 1975, ORF (Wir)

Reihe *Psychosomatik*
CA. 80 MINUTEN (4 PROGRAMME) / 16MM / FARBE
ERSTAUSSTRAHLUNG 22. September/29. September/
6. Oktober/13. Oktober 1976, ORF (Wir)

Mit psychosomatischen Erkrankungen beschäftigt sich eine neue *Wir*-Serie „Kranke Körper durch kranke Seelen" von Michael Pilz, die jeweils Mittwoch ausgestrahlt wird. Heute (18.30 Uhr, FS 1) geht es um Magengeschwüre, die sehr oft ihre wahre Ursache etwa in einem schwer zu lösenden Mutter-Kind-Kontakt haben. Herzangst und Depressionen sind die Themen der beiden weiteren Sendungen. Der Leiter und Präsentator der Reihe, Michael Belcredi – sein Motto: „G'sund bleiben, nichts rauchen" –, er-

klärte dem *Kurier:* „Wir wollen der gemeinsamen Ursache vieler Zivilisationskrankheiten auf den Grund gehen. Da die psychosomatischen Erkrankungen zumeist in der Kindheit zu suchen sind, beginnen wir auch dort."

„Wir und die kranken Seelen",
Kurier, 29. September 1976

Einmal, weiß ich noch, hab ich gearbeitet am Thema Magengeschwür. Belcredi, der Wetterfrosch des ORF, war zuständiger Redakteur für diese Serie. Er ist öfters in den Schneideraum gekommen und hat getobt: So geht das nicht! Sag ich, den Film mach ich, ich weiß, wie's geht, und Sie bleiben draußen. Der hat durchgedreht. Und das Interessante war, 14 Tage nach der Sendung ist er mit Magengeschwür ins Spital gegangen.

Michael Pilz im Gespräch mit den
Herausgebern, 20. Mai 2008

Ein geradezu sensationelles *Wir:* Dort wurde gesagt, daß Asthma nicht irgendeine Krankheit ist, sondern eine, die der Mensch dem Menschen antut: Krankheit, erregt durch mangelnde Liebe, übertriebene Fürsorge. [...] Was die Eltern beim Kind verschuldeten, quält dieses Kind oft erst als Erwachsenen. Es gibt viele Krankheiten dieser Art; Asthma ist nur ein Beispiel.

Daß solch tückische Ausbrüche deformierter Seelen in einer Fernsehsendung besprochen werden, die Einkaufstips genauso anbietet wie Radtouren, ist echte Volksaufklärung.

Rudolf John, Kurier,
24. September 1976

Franz Grimus
Österreich 1977

REGIE, BUCH Michael Pilz
KAMERA Wolfgang Koch
SCHNITT Robert Melzer, Michael Pilz
TON Klaus Kinzl
PRODUKTION ORF (Redaktion: Christine Carmann)
MIT Franz Grimus, Maria Grimus
45 MINUTEN / 16MM / FARBE
ERSTAUSSTRAHLUNG 17. Mai 1977, ORF (Menschen)

Wenn man in der Geschichte zurückschaut, sieht man, daß es kaum nennenswerte, glaubhafte Dokumente des Alltagslebens einfacher Leute gibt. Der Film *Franz Grimus* stellt den Versuch dar, diesen Mangel etwas zu beheben, aber auch den Mangel kinematographischer Qualitäten des Fernsehens. *Michael Pilz, Juni 1997*

In der Sendereihe *Menschen* werden keine Prominenten und keine Einzelgänger vorgestellt, sondern Durchschnittsmenschen, die mit ihren Aussagen beweisen, daß auch das durchschnittliche Leben der Dramatik nicht entbehrt. Franz Grimus heißt der „Held" des Abends. Er ist 65 Jahre alt und Bauer im niederösterreichischen Waldviertel, in der Nähe von Weitra. Sein Dorf hat 13 Häuser. Die Gegend ist karg. Franz Grimus erzählt aus seinem Leben. Aus seiner Kindheit und Jugend, aus den Kriegsjahren, aus den Zeiten, da die Mechanisierung auch in die winzigen Flecken vorgedrungen ist. Wir sehen, wer und was er ist und warum er das ist.

Ein Stückchen Realität also, und die Historie, die dazugehört. Das ist das Anliegen der jungen österreichischen Dokumentarfilmer, denen Michael Pilz zuzuzählen ist. Er ist einer der Sprecher des jüngst gegründeten „Syndikats österreichischer Filmschaffender", das an den Überlegungen rund um das zu schaffende österreichische Filmförderungsgesetz einen großen Anteil bekommen hat. *Die Presse, 13./14. Mai 1977*

Franz Grimus erzählt aus seiner Kindheit und Jugend, aus den Kriegsjahren, vom Älterwerden, vom Kartenspiel und wie ein Schwein durch einen Schluck Schnaps wieder zu fressen begann. Zahlreiche Schwarzblenden strukturieren den bäuerlichen Monolog, verweisen auf den (nicht sichtbaren und nicht hörbaren) Fragenden.

Der Dokumentarfilm *Franz Grimus* besticht durch seine Bildarchitektur: klare, präzis gestaltete Bilder, die sich zu einer fein ausgearbeiteten Alltagsgeschichte verbinden. Ein ungewöhnliches TV-Porträt, das bereits zahlreiche Stilmittel des mehrstündigen Bauerndokuments *Himmel und Erde* vorwegnimmt, die das Epos wenige Jahre später zu einer exemplarischen Arbeit des heimischen Dokumentarkinos machten.
Dietmar Schwärzler, „Exercise in Reality",
Februar 1996

How the Ladies Pay – Lou Reed
Österreich 1977

Die Generalin
Österreich 1977

REGIE Michael Pilz
BUCH Beate Kögel, Michael Pilz
SCHNITT Michael Pilz u. a.
PRODUKTION ORF
8 MINUTEN / 16MM / FARBE
ERSTAUSSTRAHLUNG 27. April 1977, ORF (Ohne Maulkorb)

REGIE, BUCH Beate Kögel, Michael Pilz
KAMERA Heinz Späth
SCHNITT Robert Melzer, Michael Pilz
PRODUKTION ORF (Redaktion: Christine Carmann)
25 MINUTEN (TV-FASSUNG, GEKÜRZT VON 45 MINUTEN) /
16MM / FARBE
ERSTAUSSTRAHLUNG 9. Dezember 1977, ORF (Menschen)

Ein Gustostück. Beate und ich „überfielen" den Chef des 2. Programms, Kuno Knöbl, mit Spiegelsonnenbrillen am Flur vor seinem Büro: Wir brauchten für denselben Abend eine Kamera und ein Tongerät und würden nicht von der Stelle weichen, bis wir diese Dinge hätten. Knöbl schaltete rasch und verwies uns an den *Maulkorb*. So filmten wir an diesem Apriltag des Jahres '77 den Meister im Hotel Erzherzog Rainer. Beate hatte sich absichtlich Fragen notiert, und ich hielt die Kamera dahin, wo es geschah.

Jahre später wollte das Künstlerhaus Stuttgart dieses Filmstück in einer Ausstellung zu Reeds „Metal Music Machine (The Amine b Ring)" zeigen, und Lou Reed war persönlich auch da. Wird sich wohl etwas gewundert haben. *Michael Pilz, Mai 2008*

„Die sollen mich ein bißchen anhören, dann werden's schon merken, wer ich bin." Die Reihe *Menschen* stellt in ihrer dritten Folge – Redaktion Christine Carmann, Regie Michael Pilz – eine Dame der Gesellschaft vor, eine 85-jährige Offizierswitwe, die Österreichs Weg von der Monarchie bis zum heutigen Wohlfahrtsstaat wachen Auges verfolgt hat.

Die Frau möchte bis zur Sendung anonym bleiben, sie möchte keinen Rummel im vorhinein um ihre Person. Sie möchte einfach über ihr Leben und ihre Ansichten erzählen.

h. c., Die Presse (Schaufenster),
9. Dezember 1977

Gruppenbild mit Damen
Österreich 1977

Die Mutter des bekannten österreichischen Filmregisseurs Herbert Vesely in einem TV-Porträt für die von Wolfgang Lorenz 1977 ins Leben gerufene Reihe *Menschen*. Ich hatte nicht nur meine damalige Lebensgefährtin (und spätere Ehefrau) Beate Kögel zur Mitarbeit eingeladen (jedoch die TV-Redaktion nicht ausreichend und rechtzeitig darüber informiert), sie sollte mit der damals 80-jährigen Frau Vesely vor der Kamera reden, sondern ich habe diesen Film auch so sehr gegen den Strich montiert, d. h. so sehr gegen die damaligen Sehgewohnheiten des Fernsehens, dass Wolfgang Lorenz bestürzt den Schneideraum verließ und meinte, so ginge das nicht. Da ich die Kohle dringend brauchte, ließ ich mich auf die Kürzung von 45 Minuten auf 25 Minuten ein.

Es half auch nicht die Konsultation des damaligen Ombudsmanns der *Neuen Kronen Zeitung,* Dr. Helmut Zilk (vormals Fernsehdirektor), dem die Sache gefiel und der nicht verstand, was Wolfgang Lorenz gegen diesen Film hätte. Doch er engagierte sich nicht und rauschte mit seinem weißen Chevrolet (oder war's ein Cadillac?) aus der Paniglgasse wieder ab.   *Michael Pilz, Mai 2008*

REALISATION Michael Pilz
6 MINUTEN / 16MM / SCHWARZWEISS (STUMM)

Es zeigt im Wesentlichen die 80-jährige Maria Vesely, die 25-jährige Beate Kögel (meine damalige Lebensgefährtin und spätere Ehefrau) sowie Frau Veselys alte Schäferhündin und auf einem Kinderfoto ihren Sohn Herbert (der später Filmregisseur wurde). Filmreste aus der Produktion *Die Generalin*.

Michael Pilz, Oktober 2008

Szenen aus dem Wiener Milieu *(verloren)*
Österreich 1977/78

REGIE, BUCH Bernhard Frankfurter, Michael Pilz
KAMERA Michael Pilz
SCHNITT Michael Pilz
TON Bernhard Frankfurter, Michael Pilz
PRODUKTION Michael Pilz
120 MINUTEN / VIDEO / FARBE

Nach den gemeinsamen Ideenfindungen für die geplante ORF-Unterhaltungsserie *Der Magazyniker* (1975) die erste konkrete Filmarbeit mit meinem Freund Bernhard Frankfurter. Er zog den Auftraggeber an Land, den Presse- und Informationsdienst der Stadt Wien. Die wollten damals in öffentlichen Einrichtungen Monitore aufstellen und eine Art Infoprogramm machen, das wir durch regionales Fernsehen quasi ergänzen und auffetten wollten. Es waren die Jahre der Versuche, regionales TV zu produzieren und den ORF zu zwingen, sich zu öffnen.

Wir wählten den 14. Wiener Gemeindebezirk Penzing als Standort und bezogen dort in Wirtshäusern, bei Branntweinern und anderen öffentlichen Einrichtungen Stellung, beobachteten die Szenen, sprachen Leute an, gingen in deren Wohnungen, filmten ihre Umgebung und folgten ihren Erzählungen.

Technisch half uns ein gewisser Erich Polder, der im 4. Bezirk in der Paniglgasse eine Videofirma eröffnet und den ersten privaten TV-Übertragungswagen gebaut hatte. Er war an alternativen Projekten sehr interessiert. Dort schnitt ich auch das Material (gefilmt auf U-Matic Lowband). Originale und Kopien erhielt der Presse- und Informationsdienst.

Meinen letzten Recherchen zufolge sind die Kassetten in den Archiven der Stadt Wien unauffindbar, weil nicht einmal katalogisiert.

Michael Pilz, Mai 2008

Szenen eines Lebens:
Ernest Bornemann *(verloren)*
Österreich 1977/78

IDEE & REALISATION Bernhard Frankfurter, Michael Pilz
KAMERA Erich Polder
SCHNITT Bernhard Frankfurter, Michael Pilz
PRODUKTION Michael Pilz, Erich Polder

Eine weitere Arbeit mit Frankfurter und Erich Polder war ein Projekt mit dem bekannten Sexualwissenschaftler Ernest Bornemann, den wir an mehreren Tagen in Gesprächen gefilmt hatten. Es fand sich aber kein TV-Sender, den diese Materie interessiert hätte.

Das gesamte Material ist, denke ich, bei Erich Polder verblieben und mit seinem Umzug nach München vermutlich verlorengegangen.

Michael Pilz, Mai 2008

Schule und Autorität
Österreich 1978

REGIE Michael Pilz
BUCH Beate Kögel, Michael Pilz
SCHNITT Michael Pilz u. a.
PRODUKTION ORF
21 MINUTEN / 16MM / FARBE

Ein Vorschlag an die *Ohne-Maulkorb*-Redaktion des ORF. Inszenierung und Dokument. Ein nicht uninteressanter Versuch, Fernsehen einmal anders zu machen.

Michael Pilz, Mai 2008

Landkino
Österreich 1978

Sandvik Image
Österreich 1979

REGIE, BUCH Michael Pilz
KAMERA Martin Kersting
SCHNITT Michael Pilz u. a.
PRODUKTION ORF
14 MINUTEN / 16MM / FARBE

REGIE, BUCH Michael Pilz
SCHNITT Michael Pilz
PRODUKTION VPR-Film (Helmut Pflug, Hans Dostal)
21 MINUTEN / 16MM / FARBE

Landkinos halt. Wie sie zu überleben versuchten. Eine schelmische Montage aus Versatzstücken verschiedener Spielfilme, dazwischen auch eigenes Gefilmtes im Weinviertel an einem stark zugeschneiten Wochenende, als wir im Schneesturm fast umkamen. Eine Arbeit für den *Maulkorb* im ORF. Mühsame Brotarbeit. Ich hatte Familie und wollte nicht verhungern.

Michael Pilz, Mai 2008

Mein einziger Versuch, einen Industriefilm zu schaffen. Damals waren Frankfurter und ich mit einer kleinen Wiener Filmfirma (VPR) verbunden, in der Hoffnung, wir könnten damit ein Standbein schaffen, das uns langfristige Produktionsmöglichkeiten v. a. der eigenen Projekte sichern würde (es ging bereits im Sommer 1980 nicht reibungslos in die Brüche).

VPR hatte einen Auftrag der schwedischen Stahlfirma Sandvik an Land gezogen. Sie wollten einen Film „wie eine Rede von Goebbels"(!).

Ich suchte nach allerlei Archivmaterialien (z. B. auch in Filmen von British Petrol oder Shell), drehte im Winter einige kleine Geschichten im verschneiten Waldviertel und montierte einen Film, der selbst den Chefs von Sandvik zu stark war und den ich abschwächen musste.

Michael Pilz, Mai 2008

Himmel und Erde
Österreich 1979–82

IDEE & REALISATION Michael Pilz
RECHERCHE Michael Pilz, unter Mitarbeit von Liane Barnet
KAMERA Michael Pilz, unter Mitarbeit von Helmut Pirnat, Wolfgang Simon, Moritz Gieselmann
SCHNITT Michael Pilz, unter Mitarbeit von Herbert Baumgartner, Hans Höbinger
TON Georg Buigner, unter Mitarbeit von Othmar Eichinger, Herbert Baumgartner, Hans Höbinger, Beate Kögel-Pilz
PRODUKTION Michael Pilz Film
MIT Bewohnern und Bewohnerinnen des steirischen Bergdorfes Sankt Anna und Umgebung
297 MINUTEN (TEIL 1 – *DIE ORDNUNG DER DINGE:* **142 MINUTEN / TEIL 2** *– DER LAUF DER DINGE:* **155 MINUTEN) / 35MM (BLOW-UP VON 16MM) / SCHWARZWEISS & FARBE**
URAUFFÜHRUNG 23. September 1982, Österreichische Filmtage, Kapfenberg

Himmel und Erde ist ein unglaublich langer Film, aber jeder Schnitt würde ihn zerstören und ich möchte auf keinen einzigen Augenblick verzichten.

*Henri Colpi, Jurymitglied Rencontres Cinéma et
Monde Rural, Aurillac, 20. November 1982*

Ein Dokumentarfilm von trotzigen vierdreiviertel Stunden Länge, frei produziert und für das Kino gedacht, ein Dokumentarfilm, der sich wie von selbst in die vornehmste Tradition des Genres zuordnet. Filme dieser Art sind heutzutage überaus rar geworden. In Österreich gab und gibt es indes keinen einzigen vergleichbaren.

Himmel und Erde wirkt trotz seiner monumentalen Länge zu keinem Augenblick langatmig. Die Bewohner dieser alpinen Bergwelt leben einen extrem verlangsamten Daseinsrhythmus. Würde diese Tatsache vom Film, etwa im Off-Text, bloß behauptet werden, sie würde so banal klingen, wie sie es ohne Zweifel tut, wenn man sie hinschreibt. Bilder und Töne zwingen uns mit ihrem gemächlichen, bisweilen sogar feierlich verlangsamten Fluß ein Gefühl für dieses uns unbekannte und wohl auch unbegreifliche Lebenstempo in den Kopf.

Wie bei vielen im Prinzip zurückhaltend-wissenschaftlich konzipierten ethnographischen Filmen stellt sich im Laufe dieser Filmstunden eine betörend-poetische Komponente ein, „eine tiefschürfende Reflexion über den Sinn des Lebens und seine Vergänglichkeit", wie die Juroren des Nyon-Festivals in ihrer Begründung für die Preisverleihung schreiben. Genau das war und ist die Stärke des klassischen Dokumentarfilms gegenüber jener Sorte von Spielfilm, bei der die Kunst bereits auf der ersten Drehbuchseite herbeigezwungen werden soll, dies aber selten mit sich geschehen läßt. Und was die sozialkritische Seite dieser Geschichte betrifft, so durchläuft der Zuseher ein sonderbares Gefühlswechselbad: Zwar erfährt er peinigend genau, in welcher Kargheit und Armut in Sankt Anna gelebt wird, hier und heute. Gleichzeitig wird ihm nicht vorenthalten, daß in Sankt Anna ein Reichtum spiritueller Güter herrscht, der dort, wo die großen Fernsehsender stehen, abhanden gekommen zu sein scheint. Und schmerzlich vermißt wird.

Franz Manola, Die Presse, *13./14. November 1982*

Und dann ist dieser Film eigentlich kein Dokumentarfilm. Ein Spielfilm? Nein. Er ist nicht klassifizierbar, er arbeitet weder mit dem wissenschaftlichen Informationswert gewöhnlicher Dokumentarfilme, noch mit der Drehbuchstrategie kommerzieller Spielfilme. Man muß diese Sache schon anders angehen. [...]

Hier geht etwas wie eine langsame Heimkehr vor sich mit einem Regisseur, der keinen „schnellen" Film drehen will in einer Landschaft, die seit Jahrhunderten jede Geste, jede Bewegung ihrer Bewohner geprägt hat, die sich ihre Bewohner gefügig gemacht hat um den Preis ihres Überlebens.

Pilz ahnt etwas in der Richtung und behält nur einen Tonmeister und schultert selbst die Kamera. Zuerst einmal wartet er, wohnt bei den Bauern, redet mit ihnen und wird nach und nach Teil ihres Lebens, ein Teil, den sie mit ihrer unwahrscheinlichen Toleranz als den ihren akzeptieren, wenn man ihnen nur Zeit läßt. Die Zeit da oben läuft nicht nach unseren Uhren, da muß man warten können, warten mit der großen Gelassenheit der Bergbauern. Es ist keine Trägheit in ihrem Warten, keine Faulheit, es ist ein sicheres Gefühl für die Unabänderlichkeit der Dinge. Niemanden überrascht es

mehr, als Pilz nach drei Monaten seine Kamera hervorholt und zu filmen beginnt, niemanden überrascht es, daß der Stadtfrack mit dem schwarzen Kastl über ein Jahr da oben bleibt und filmt. Er ist akzeptiert.

Und dem Film tut es gut. In der Reihenfolge des Entstehens montiert, gelingen Pilz oder, besser gesagt, kommen ihm die Bilder von unglaublicher Schönheit. Entsteht ein Film in einer Dichte, die nur dem absolut Ehrlichen gelingt, nie dem Schnüffler, der halt so dabei ist. Pilz ist nie indiskret, er gibt seine Freunde – und Freunde sind ihm alle geworden – nicht preis. Er fragt die Bauern, wo, wann und wie sie eine Einstellung haben wollen. Vor dem Haus? Gut. – Am Sonntag? Gut, da haben wir alle Zeit. Und die Bauern vertrauen ihm. Sie vertrauen ihm alles an, was ihr Leben ausmacht. Da sind die Alten, die schon zittrig sind. Da sind die Felder, die so steil sind, daß man nur Pferd und handgemachte Egge darüberlassen kann. Wo sich der Anbau von Weizen oder Saatgut nicht lohnt, weil praktisch jeden Monat zumindest einmal Schnee fällt. Ihre Arbeit. Ihre Feste. Alles, alles fängt Pilz ein, hektisch assoziierend am Beginn, unendlich behutsam und streng in seinen Bildern gegen Schluß des Films. Die Empfindsamkeit, mit der Pilz seinen Film gestaltet, ist keine propagierte, „neue". Sie resultiert aus dem Ego-Trip, den Pilz zweifelsohne mit diesem Film inszeniert hat. Präzis: Pilz vergleicht das Werden des Films mit einer Zugreise durch ein fremdes Land. Man sitzt am Fenster, döst, draußen ziehen Bilder vorbei, manchmal fährt man in Tunnels ein; es wird dunkel. Das Land, das man bereist, sei in diesem Fall die Erinnerung an Bilder, Augenblicke aus der Jugend, dem Erwachsenwerden.

Und wirklich: Man sieht hier Kinderspiele, die man längst vergessen hat, Gesten aus der Pubertät, die man verdrängt hat, und das Déjà-vu-Erlebnis, das man hier nicht erwartet hat, trifft wie ein Keulenschlag. Hier ist eine ideale Symbiose von Außenwelt und Innenwelt entstanden, und gerade diese Verbindung von Selbst-Erlebtem mit dem Erlebten einer uns fremd gewordenen Gesellschaftsschicht macht diesen Film nicht nur verständlich, sondern auch liebenswert.

Michael Pilz ist mit *Himmel und Erde* ein Filmkunstwerk klassischer Prägung gelungen – Assoziationskino im Sinn des Wortes. Für den Genuß des Films gilt, was für seine Entstehung gegolten hat: man muß warten können, einfach dabeisein; dann stellen sich Bilder ein und vor und bleiben einem für länger, als die kurze Zeitspanne, die Aufnahme und Verarbeitung eines Filmes umfaßt.

Samo Kobenter, Uni-Aktuell *(Wien), April 1982*

Fern vom Getriebe der Stadt, fern von der Hektik des modernen Daseins, führen die Bewohner des kleinen Bergdorfes Sankt Anna in 1400 Meter Höhe ein Leben harter Arbeit, ein Leben im ständigen Kampf mit der unwirtlichen Natur – Klima und Lage der Heimat sind ihre Feinde, ihre Arbeit ist Raubbau und Pflicht. Hier herrscht die Natur und der Mensch kämpft um das nackte Überleben.

So wie die Gletscher in Jahrtausenden die Berge formten, so sind die Menschen dieser Gegend schroff und karg, in ihren Augen ist das Licht der höheren Region. Jeder von ihnen ist Teil dieser Landschaft, ist selbst diese Landschaft: gefrorener Boden, mit Sonne im Herzen.

Sozial sind sie, wie alle Minderheiten, eine Gesellschaft von Isolierten. Jeder für sich, im Kampf um das Ganze. Gesellschaft, sofern dieses Wort seinen Bedeutungsursprung in „sich dazugesellen" hat, nicht Gemeinschaft.

Sie sprechen mit den Tieren, horchen auf den Wind. Sie schweigen unter Menschen. Sie sprechen von der Arbeit, wenn sie von sich erzählen. Was sie lieben, lieben sie wie Stumme. Und die Frauen unter ihnen sind, als wären sie nicht da, obgleich sie arbeiten wie die Männer und dienen müssen in Haus und Hof.

Doch sind es gute Menschen, mit Glauben im Herzen und Liebe und Glück. Sicher, es ist ein archaischer Glaube an Gott, der hier auf schrägen Hängen Wurzeln schlägt.

Wenn sie Bäume fällen, schaffen sie Platz für den Himmel im Inneren.

Hier gibt es keine automatischen Uhren, obgleich es Fernseher gibt, wie unverständlich die Bilder von draußen auch bleiben mögen. Sie fahren Autos wie Traktoren, sie gehen viel zu Fuß. Sie beobachten das Wetter und die Sterne und stehen mit der Sonne auf. Sie füttern die Tiere und gehen früh zu Bett. Wenn sie das Schwein schlachten, danken sie Gott.

Himmel und Erde ist ein gefilmtes Dokument dieser Realität und ein – im Unterschied zu wissenschaftlichen Darstellungen – wie alle künstlerischen Produkte subjektiv gefärbter Erlebnisbericht von Realität.

Dem Filmautor ging es darum, Andersartigkeit so darzustellen, wie er sie erfahren hat, in Zeit und Raum, mit wirklichen Menschen, anders als sonst: epochal, atavistisch und – obgleich vom modernen Menschen belächelt – archetypisch. Er hat versucht, die Erde nicht zu plündern, keinen Raubbau zu begehen an den Menschen von Sankt Anna. Er hat nicht versucht, sie zu verändern, er hat versucht, mit liebevollen Augen zu zeigen, was er sah, so wie er es sah. Am Anfang stand die Frage: Was sehen meine Augen, was hören meine Ohren? Eine Reise, auf der alles so sein sollte, wie es sich begab und nichts außer acht gelassen werden sollte.

Karl Marx hat gesagt, der Mensch erfährt sich selbst vorrangig über die Arbeit. In seinen Produktionsweisen und in den Dingen seiner Produktion verwirklicht er sich. Die Menschen von Sankt Anna leben vornehmlich vom Ackerbau und von der Viehzucht. Das verdiente Geld reicht kaum für die ganze Familie zum Überleben. Urlaub kennt man hier nicht. Wenn ein Schwein geschlachtet wird, haben alle zu essen für Monate. Das Leben ist für sie so, wie es ist – von ihnen unveränderbar, eine Naturgewalt. Etwas, das man ertragen muß, nicht genießen kann. Gott hat's gegeben, Gott will's zurück.

In den Dingen, die er tut, ist des Menschen Seele. Der Himmel ist im Blau seiner Augen.

Beate Kögel-Pilz, „Filmrealität – Realität des Films", Grenoble, August 1982

Der Film erfindet sich nichts, er findet vor. Er zeigt die Bewohner des auf einer Höhe von 1400 Metern gelegenen Dorfes St. Anna in der Obersteiermark, an der Grenze zu Kärnten. Menschen, die nicht nur einen Dialekt, sondern auch eine Sprache sprechen, die wir ohne Untertitel nicht mehr verstehen würden. Zu sehen sind Äußerungen, fast immer sind es Arbeitsabläufe, eines Lebens von fast unvorstellbarer Härte. Aber obwohl die Kamera jedem Arbeitsgang genauestens folgt, jede Handreichung und Bewegung beobachtet, fragt hier weder ein volkskundlich noch soziologisch motiviertes Interesse. Diese Menschen – von kaum einem wird man sich den Namen merken können – werden einem vertraut und bleiben einem uneinholbar fremd. Bilder äußerster Anspannung und gemeinsamer Anstrengung von Mensch und Tier, wie etwa die außerordentliche Sequenz vom Pflügen, wechseln mit wie absichtslosen, gleichmütigen Aufnahmen einer kargen Erde, von Wind und Regen und Schnee. Zu den Geräuschen der Natur und der Arbeit redet, unterbrochen von minutenlanger Stille, ein strenger Kommentar: Texte aus der Bibel, dem Talmud, aus chinesischen Weisen, deren „Es heißt" ein nicht zur Ruhe kommendes „Ich aber frage" folgt, geleitet vom einzigen Bestreben, zu sich selbst zu gelangen. Ein Exerzitium des Da-Seins.

Christoph Egger, Neue Zürcher Zeitung,
14. September 1983

Wels

Österreich 1984

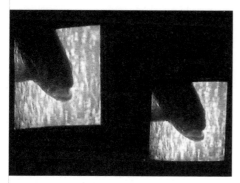

REGIE Michael Pilz
BUCH Bernhard Frankfurter, Michael Pilz
KAMERA, SCHNITT, TON Wolfgang Lehner, Michael Pilz
RECHERCHE Andrea Christa
PRODUKTION Michael Pilz
MIT Fritz Kohles, Claudia Martini, Reinhard Pyrker, Andrea Christa, Wolfgang Lehner, Franz Grafl, Erwin Ringel, Ernst Krenek, Hans Hurch, Andreas Gruber, Angehörige der Welser Polizei, SchülerInnen einer Welser Mittelschulklasse, FilmemacherInnen, KritikerInnen, FilmvorführerInnen, Adabeis, Publikum, mehrere Nordsee-Forellen, TV-Ausschnitte, PEZ-Automaten
84 MINUTEN / VIDEO / FARBE
URAUFFÜHRUNG 21. Oktober 1984, Österreichische Filmtage, Wels

Wieder ein Versuch einer Zusammenarbeit mit meinem Freund Bernhard Frankfurter. Er sorgte sich um die Finanzierung, vor allem um Sponsoren (Mobil, Nordsee etc.), ich sprach mit Wolfgang Lehner als Mitarbeiter, filmte und schnitt die Sache mit diesem.

Wir drehten im Oktober während der Filmtage in Wels, zwischendurch montierten wir das spontan gesammelte Material und hingen ab in einem improvisierten Videostudio im Rosen-berger-Hotel. Der fertige und in jeder Hinsicht kontroversiell angelegte Film lief am letzten Tag im Kino Greif im offiziellen Programm.

Man sieht und hört einige der damals umtriebigen österreichischen FilmerInnen und Adabeis, und in einem *running gag* wiederholt unser Hauptdarsteller Fritz Kohles die „Anmerkungen zum Stand der österreichischen Filmkultur" des damaligen *Falter*-Filmkolumnisten Hans Hurch: „Anstatt die unzureichende Förderung, die fehlende Vermittlung, das mangelnde Filmbewusstsein und eine inkompetente Kritik zu beklagen, muss die Rede von den Filmen selbst sein. Vom handwerklichen Unvermögen und der künstlerischen Ahnungslosigkeit, die sich in ihnen mitteilen." Eines Morgens kamen wir unvermittelt dazu, als eine Kanalbrigade der Stadt im Foyer des Hotel Greif den Teppichboden öffnete und den darunter verborgenen Abfluss durchputzte.

Es waren anstrengende, aber auch sehr lustvolle und schöne Tage. Ein Teil dieser Arbeit bestand auch im Engagement einer damals noch relativ unbekannten *Kronen-Zeitungs*-Fotografin [Lillian Birnbaum], die später Karriere in Paris machte; wir übergaben ihr zwei Polaroid-Kameras und Material für 1000 Bilder. Während der Filmtage fotografierte sie 1000 Porträts, die wir noch am Freitagnachmittag in einem Saal des Kino Greif auf Tischen unter Glasplatten auflegten und obenauf reichlich Brötchen, Snacks und Getränke servierten (mit der Zeit wurden darunter die Porträts jener Personen sichtbar, die sich um die Brötchen mehr oder minder rauften). *Michael Pilz, Mai 2008*

Noah Delta II
Österreich / BRD / Ungarn 1984–86

REGIE, BUCH Michael Pilz
KAMERA Kardos Sándor
SCHNITT Michael Pilz, Losonczy Teri
TON Sipos István, Michael Pilz
MUSIK Másik János
PRODUZENT Michael Pilz
AUSFÜHRENDER PRODUZENT Bernhard Frankfurter
PRODUKTION United Film Federation, Wien, mit Balázs Béla
Stúdió/Mafilm, Budapest und ZDF, Mainz
DARSTELLERINNEN Grandpierre Attila, Beate Pilz, Lengyel
Zsolt, Tolvaly Ferenc, Fekete Pál, Bosze Andrea, Tóth
Marcel, Leipold Péter, Nagy László, Patai István, Hável
László, Gödrös Frigyes, Gecse András, Galambos György,
Tóth Rita, Láng Tibor, Richter László, Ferdinándy Gáspár,
Pintér Géza, Nyakó Júlia, Déberling Antal, Rosemarie Pilz
108 MINUTEN (UNGARISCHE KINOFASSUNG: 95 MINUTEN) /
16MM / FARBE
ERSTAUSSTRAHLUNG 21. Jänner 1986, ZDF
URAUFFÜHRUNG Jänner 1986, Internationales Filmfestival
Rotterdam

Der erste Satz, der hängenbleibt, so leichthin
über das Bild gesprochen, daß er erst verzögert
im Betrachter zündet: Hast du keine Augen im
Kopf? Damit rempelt man den an, der etwas
übersehen hat; oder jemanden, der nicht im-
stande ist zu begreifen, was ihm vor Augen
liegt. Es ist ein Satz, der in dem Kleinen Fernsehspiel *Noah Delta II* von Michael Pilz in Variationen wiederkehrt; wiederkehrt als Frage nach
dem Wahrnehmbaren und dem Wahrgenom-
menen. Und immer wieder lautet die Antwort:
Du wirst schon sehen. Das Gesprochene bietet
keinen Halt in diesem Film, und wer eine Lösung sucht für die Rätsel, die er aufgibt, muß
sich an die Bilder wenden.

Wenn Filme in der Regel keinen Zweifel
daran lassen, was das Wichtige ist in ihren Bildern, so sind für Michael Pilz die Bilder selbst
das Wichtige. Er erforscht, was sonst im Dunkel
des Selbstverständlichen bleibt; was nämlich geschieht, wenn man Bilder macht von der Welt.
Wir glauben immer schon zu wissen, was sie
uns sagen wollen; und verlernen dabei, sie
wahrzunehmen. Ein Schutzmechanismus in der
ständig anwachsenden Bilderflut. Die Gerätschaften, mit denen sie erzeugt wird, Kamera,
Videorecorder und Bildschirm, spielen in *Noah
Delta II* eine ebenso bedeutsame Rolle wie die
Sätze über das Sehen. Für Michael Pilz, der aus
dem Bereich des Experimentalfilms kommt,
heißt Filmen: die Kamera anders benutzen, als
wir es gewohnt sind. Nicht um eine Veränderung der Wahrnehmung zu bewirken, wie ein
Slogan einmal forderte, als die ersehnte andere
Welt noch um die nächste Ecke lag, sondern
um das Verlernen des Sehens in der Überfülle
des Sichtbaren aufzuhalten.

In einer rudimentären stofflichen, erzählenden Schicht arbeitet der Film mit der Dramaturgie des Ungewissen. Zwei fragmentarische
Geschichten schiebt er ineinander. Die eine: ein

Paticca-samuppada
Österreich 1986

Mann, mit einer Aktentasche unterwegs zwischen Betonwänden und in gekachelten Unterführungen, fühlt sich beobachtet und verfolgt. Thrillermotive tauchen auf; ein Auto, das den Bürgersteig verstellt, ein Unbekannter mit Hut und schwarzem Mantel mit hochgeklapptem Kragen, Schußwaffen, eine Zeitung mit der Schlagzeile: Mord ohne Motiv. Die zweite Geschichte: ein Mann und eine Frau begegnen einander und brechen gemeinsam auf zu einer Reise, die eine Flucht sein könnte oder eine Suche.

Nichts gibt der Dialog preis von ihren Motiven und Absichten, aber immerhin ihre Namen, Jonas und Maria. Einmal fragt er sie: „Warum sagst du das?" und erhält die Antwort: „Ich weiß nicht. Maybe because the snow falls on the Fujiyama." So lose und lakonisch sind die Beziehungen dieses Paares geknüpft. Öfter ist in ihren Gesprächen von Noahs Arche und dem heiligen Berg Ararat die Rede, er könnte ihr Ziel sein, hieße es nicht schon zu Beginn: Das Ziel ist nicht das Ziel.

Karsten Visarius, „Eine Arche in der Bilderflut",
Frankfurter Allgemeine Zeitung,
23. Jänner 1986

IDEE & REALISATION Michael Pilz
BUCH, KAMERA, SCHNITT Michael Pilz
TON Othmar Schmiderer ·
PRODUKTION Michael Pilz
16 MINUTEN / 35MM (BLOW-UP VON 16MM) / FARBE
URAUFFÜHRUNG 16. Oktober 1987, Österreichische Filmtage, Wels

Mitte der 60er Jahre begann ich im Filmformat 8mm zu experimentieren, z. B. um beim Filmen die bewusste Kontrolle möglichst auszuschalten bzw. ihr zuvorzukommen. Ich übte mich in einer Art des „Filmeschneidens in der Kamera". Das heißt, ich versuchte beim Filmen so „wach" zu sein, dass ich während des Hinschauens bereits den fertigen Film sah, mich entsprechend bewegte und die Kamera entsprechend bediente (Standpunkt, Blickwinkel, Entfernung zum Objekt, Eigenbewegungen, Ein- und Ausschalten).

Ich lernte, mich mit dem, was ich durch das Okular der Kamera objektiv wahrnahm, auch innerlich derart zu verbinden, dass die Distanz zwischen mir, Subjekt, und der Welt, Objekt, anscheinend verlorenging. Das führte auch dazu, dass ich die Kamera sehr ruhig zu halten lernte, auch über sehr lange Zeit hinweg. Manchmal kam es mir so vor, als würden meine Blicke die Wirklichkeit vor mir erzeugen. Es kam zu seltsamen Übereinstimmungen oder Synchronizitäten zwischen mir und der durch die Kamera aufmerksam betrachteten Außenwelt.

Diese frühen Erfahrungen reiften mit den Jahren, und als ich in den 80er Jahren mit dem Bildhauer Karl Prantl zu filmen begann, waren auch dies Versuche, z. B. zu ergründen, was die vielleicht älteste und die jüngste künstlerische Ausdrucksform verbindet, was diesen gemeinsam zugrunde liegen mag.

Eines Tages nahm ich eine Rolle 16mm-Film, das entspricht der Laufzeit von elf Minuten, und die entsprechende Menge Tonband und fuhr, in Begleitung von Othmar Schmiderer, der den Ton machte, auf den Alten Markt in Salzburg, um vor einem Café die 16mm-Kamera und das Mikrofon aufzustellen, ohne lang die Blickrichtung oder den Bildausschnitt zu suchen. In einem gewissen und nicht willentlich bestimmten Augenblick starteten wir die Filmgeräte. All das geschah intuitiv, spontan und absichtslos, ohne voraus- und nachzudenken. Was immer vor uns (und mit uns) geschah, geschah, und unsere Filmgeräte nahmen auf, was sich ihnen anbot. Da das Tonband mehr Aufnahmekapazität hatte, ließen wir es länger laufen, über das Ende des Films hinaus, etwa vier bis fünf Minuten. Dann packten wir ein, und mehrere Wo-

chen danach sah und hörte ich am Schneidetisch das Ergebnis. Als Titel fand ich – zufällig – in einem Text, der Buddha zugeschrieben wird und der mich damals beschäftigte, den Begriff „paticca samuppada", der sich kaum ins Deutsche übersetzen lässt, „gleichzeitig-abhängiges Entstehen", oder, sehr frei, „alles hat mit allem zu tun".

Das entspricht auch meiner Grundüberzeugung, meiner tiefen, fast religiös zu nennenden Erfahrung.

Bald danach drehten wir einen zweiten, ähnlichen Versuch, dieses Mal in Venedig und seltsamerweise in einem Park, der „Park der Erinnerungen" heißt (wie ich erst viel später, als es darum ging, dem Film einen Titel zu geben, feststellte). Die technischen Bedingungen waren ähnlich wie in Salzburg, auch hier entschieden Eingebung und Zufall, was wir wie und wann zu sehen und zu hören bekamen.

Je älter ich werde, desto mehr habe ich den Eindruck, dass ich – zumindest in meiner künstlerischen Arbeit – nichts Bestimmtes zu suchen brauche, weil längst alles da ist. Und weil es nur darauf ankommt, dieses Da-Sein und das Da-Seiende wahrzunehmen.

Das erinnert mich an das Vorwort meines Films *Himmel und Erde* (1982), das nicht nur meiner Arbeitsweise entspricht, sondern auch meinem Leben eine deutliche Richtung gibt: „Nimm das, was vor dir ist, so wie es ist, wünsche es nicht anders, sei einfach da." Nichts hat das mit Schicksalsgläubigkeit zu tun. Denn es geht mir nicht darum, die Welt zu ändern, son-

Zen im Steinbruch
Österreich / BRD 1987

dern meine Blicke darauf. Deshalb interessieren mich weniger die Dinge als vielmehr meine Blicke darauf.

Paticca-samuppada ist ein solcher Blick, und wenn es wichtig ist, was sich vor der Optik der Kamera und vor dem Mikrofon ereignet, so ist auch wichtig der Blick, der eigene Blick, und was dieses Hinschauen und Hineinhorchen (!) mit einem selbst tut.

Der aus Ungarn stammende Psychoanalytiker und Anthropologe Georges Devereux schrieb in einem seiner schätzenswerten Bücher: „Man kann die Interaktion zwischen Objekt und Beobachter nicht in der Hoffnung ignorieren, sie werde sich schon allmählich verflüchtigen, wenn man nur lange genug so täte, als existiere sie nicht. Wenn man sich weigert, diese Schwierigkeit schöpferisch auszuwerten, so kann man es nur zu einer Sammlung von immer bedeutungsloseren, zunehmend segmentären, peripheren und sogar trivialen Daten bringen, die das, was am Organismus oder am Menschen menschlich ist, fast gänzlich unbeleuchtet lassen. Man sollte deshalb aufhören, ausschließlich seine Manipulationen am Objekt seiner Beobachtung zu betonen, und stattdessen gleichzeitig – und bisweilen ausschließlich – sich selbst *qua* Beobachter zu verstehen versuchen."

Michael Pilz, 24. August 2008

REGIE, BUCH, KAMERA, SCHNITT Michael Pilz
PRODUKTION Michael Pilz für Bayerischer Rundfunk, München
25 MINUTEN (5 KURZFILME) / 16MM / FARBE

Wieder ein Versuch, mit Fernsehen zu kooperieren. Mein ursprüngliches Anbot an den Bayerischen Rundfunk war ein Dokumentarfilm in einem Steinbruch in Osttirol, Hinterbichl, am Fuß des Großvenedigers, in etwa 1800 Meter Seehöhe. Mehrere Männer schuften dort tagaus, tagein am dunkelgrünen Serpentin, mit teils archaischen Methoden, aber auch mit modernen Maschinen. Vom Herbst bis Mitte Juni ist der Zugang durch Schnee behindert.

Aus diesem Angebot destillierte sich eine Folge von fünf kurzen Filmen; ich musste Kommentar verwenden und habe diesen „Auftrag" nur mit Mühe erledigen können. Das gesendete Material ist in München beim BR, alle Reste habe ich im Jänner 2000 (in einer „Staatsaktion", als ich sämtliche Filmreste, die bei mir lagerten, wegwarf) vernichtet. *Michael Pilz, Mai 2008*

Parco delle rimembranze

Österreich 1988

IDE & REALISATION Michael Pilz
BUCH, KAMERA, SCHNITT Michael Pilz
TON Othmar Schmiderer, Herbert Prasch
PRODUKTION Michael Pilz Film
14 MINUTEN / 16MM / FARBE
URAUFFÜHRUNG 31. Jänner 1988, Internationales Filmfestival
Rotterdam

Ein lauer Abend im Park der Erinnerungen in Venedig.

Es ist Oktober, die Sonne ist bereits untergegangen. Vor dem rosaroten Himmel im Westen hebt sich im Vordergrund dunkel eine Telefonzelle ab. Eine Frau telefoniert, ein Mann wartet rauchend, er scheint den schönen Abend zu genießen. Weiter hinten, nahe der Mole, steht ein Kiosk, an dem junge Leute lehnen. Vorne, nicht sichtbar, aber spürbar nah, ein Zeitungsstand. Menschen kommen und gehen. Wo der Park ans Wasser stößt, eine Schiffsstation.

Die kurze Zeit zwischen Tag und Nacht.

Der Film zeigt dieses zufällige Geschehen aus einer einzigen, scheinbar unbewegten Perspektive, Haltung und Distanz. Oberflächlich meint man „unbeteiligt", „gleichgültig" und „objektiv". Und doch sind Haltung, Distanz und Perspektive einzigartig, einem Wesen vergleichbar, das dasitzt und zuschaut, horcht. [...]

Geräusche, Stimmen, Hundebellen, Glockenklingen, Schiffsmotoren und Signale eines nahen Radios vielleicht scheinen den Bildern auf zunehmend magische Weise vorauszueilen. Obwohl sie dem sichtbaren und fühlbaren Geschehen entspringen, scheinen sie doch wie aus einer anderen, vielleicht einer Art inneren Welt zu kommen und auf eine solche zu verweisen. [...]

Schließlich erlischt das Bild zur Gänze, es ist Nacht. Wir horchen weiter auf die Töne. Sie scheinen deutlicher zu werden und vielleicht erfahren wir erst jetzt, allmählich, im völligen Dunkel, was sie uns erzählen. [...]

Parco delle rimembranze ist ein Film, der uns beim Betrachten, also beim Zuschauen und Zuhorchen vielleicht Gelegenheit dafür bietet, etwas von dem zu erfühlen und zu erleben, das sich ereignet, wenn wir langsam die Augen schließen und uns den Bewegungen des Halbschlafs, den ungewissen, unabsichtlichen Ereignissen aussetzen. *Michael Pilz, November 1987*

Der Lauf des Wassers

Österreich 1986/88

IDEE & REALISATION Michael Pilz
BUCH, KAMERA, SCHNITT Michael Pilz
TON Othmar Schmiderer, Heinz F. Reifenauer
PRODUKTION Michael Pilz Film
MIT Karl Prantl, Rudolf Zwischenberger, Paul Schneider u. a.
44 MINUTEN / 16MM & VIDEO / FARBE
ERSTAUSSTRAHLUNG 31. Juli 1988, Südwestfunk Baden-Baden

Das wichtigste Werkzeug des Kunstschaffenden ist die sensible und differenzierte Wahrnehmung der Welt. Dem österreichischen Bildhauer Karl Prantl sind aufmerksames Horchen und Schauen Grundvoraussetzungen für die kreative Auseinandersetzung mit seiner Umgebung. Michael Pilz gibt Einblick in die Gesinnung und innere Haltung Karl Prantls und bedient sich dabei ähnlicher gestalterischer Prinzipien wie der Künstler selbst.

Karl Prantl wurde 1923 in Österreich geboren und lebt heute im Burgenland. Er gilt als Initiator der gegenwärtig über alle Kontinente verstreut stattfindenden Bildhauersymposien. Prantl zufolge lässt Kunst sich nicht machen, sie muss entstehen. „Der Stein hat sein Eigenle-ben und wir sind hier, um es zu entdecken" – Worte, die sein Verhältnis zu seinen Kunstobjekten in aller Deutlichkeit widerspiegeln. Aggressive, egozentrische Gefühle stören dabei die natürliche Harmonie, von der stets abhängt, ob etwas gut ist oder nicht. Deshalb nimmt sich Prantl sehr viel Zeit, um die Geheimnisse der Materie aufzuspüren, um den Steinen zu ihrer eigenen Sprache zu verhelfen. Seine Kunst äußert sich auf leise Weise, so wie er selbst die Stille dem Lärm vorzieht. Dadurch werden seine Steine zu Zeichen und Anlass sinnlich-ursprünglicher Begegnungen, die zum Schweigen, zu einem ungewohnten Sehen und Hören verführen. Wie Prantl sich den Steinen nähert, lässt erahnen, in welchen Räumen und Zeiten, Gefühlen und Gedanken Prantl zuhause ist.

Michael Pilz war nicht daran interessiert, den Bildhauer zu porträtieren. Er wollte mit den Mitteln seines eigenen Mediums – Film und Video – so arbeiten wie Karl Prantl mit dem Stein und versuchen, seiner Auffassung vom Leben und von der Kunst näher zu kommen.

Der Lauf des Wassers, das bedeutet, „ohne Zwang zu handeln" und „sich in Harmonie mit dem Lauf der Natur zu bewegen". Soweit es das Filmemachen betrifft, bedeutet es für Michael Pilz im „Hier und Jetzt" zu sein, 25 Mal in der Sekunde.

3sat (Programminformation), Februar 2001

80 cm 5 t
Österreich 1986–89

BUCH, KAMERA, SCHNITT Michael Pilz
TON Othmar Schmiderer, Herbert Prasch
PRODUKTION Michael Pilz Film
MIT Karl Prantl, Uta Peyrer-Prantl, Kengiro Azuma, Milos
Chlupac, Makoto Fujiwara, Janez Lenassi, Levan Mikheidze,
Philipp Rickey, Paul Schneider, Rudolf Zwischenberger
107 MINUTEN / 16MM / FARBE
URAUFFÜHRUNG 18. Oktober 1989, Österreichische Filmtage,
Wels

Karl Prantl ist eine der führenden und domi-
nierenden Persönlichkeiten österreichischer
Kunst. Als Bildhauer – einer, der Steine bear-
beitet – hat er ein Œuvre seltener Dichte und
Kohärenz geschaffen, geboren aus den funda-
mentalen Anliegen und Äußerungen des Menschen. Der Akt der Meditation wird zur Handlung, das kultische Bestreben findet ein Ende in
sich selbst, das Ritual ist auf seine knappste
Form reduziert.

Der Film versucht weder die Person des
Künstlers zu portraitieren, noch seine Produkte
zu illustrieren; vielmehr versucht er, tiefere Ein-
blicke in Beweggründe und Gefühle zu geben,
die vielleicht unser aller Beweggründe und Ge-

fühle sind. Er verführt uns zum Hinschauen und
zum Hinhorchen auf alltägliche, nebensächli-
che Begebenheiten, die vielleicht visionärer sind
als außergewöhnliche Ereignisse. Er ist das Ergebnis einer dreijährigen Zwiesprache zwischen
Skulptur und Film: ein Film über Kreativität,
Eingebung und Widerstand. Oder über Liebe,
Natur und Tod.   *Michael Pilz, April 1989*

Abweisend, fast sprachlos wie die Steine selber,
die Karl Prantl, der Skulpturist, im Visier und
unter den Fingern hat (selten sieht man bei
„der" Arbeit Meißel und Hammer so wie wir gewohnt sind, sie zu sehen), gelegentlich auch
starr und reglos, wie diese gewaltigen Blöcke,
zeichnet Michael Pilz in seinem Dokumentarfilm *80 cm 5 t* einen tönenden „Liebesfilm" (Pilz)
auf die Leinwand, der vom Betrachter und
Zuhörer seinerseits stoische Aufmerksamkeit
erheischt: weil kein Kommentar erklärt, kein
Voice-over und kein Untertitel übersetzt, wenn
ein japanisch-italienischer Bildhauerdialog sich
entspinnt beim Essen während eines Symposi-
ons. Viel, vielleicht gelegentlich zu viel verlangt
80 cm 5 t seinem Publikum ab an regloser, „leerer" Anteilnahmebereitschaft, versöhnt aber
durch gelegentliche Momente minimaler In-
tensivaktionen: Karl Prantls Hände streichen
von einem flächigen Felsblock die Schneereste
beiseite, Finger und Augen wollen zukünftiges
„Material" prüfen, von dessen Geschichte schon
eine „Ahnung" bekommen. Steine haben eine
Menge Zeit.

Heinz Trenczak, epd Film, *Dezember 1989*

Staatz Ende
Österreich 1986/89

IDEE & REALISATION Michael Pilz
KAMERA, SCHNITT, TON Michael Pilz
PRODUKTION Michael Pilz Film
4 MINUTEN / 35MM (BLOW-UP VON SUPER-8) / FARBE
URAUFFÜHRUNG 18. Oktober 1989, Österreichische Filmtage, Wels

Reflexionen über ein Telefonat und die Nachricht, dass sich Manfred Kaufmann, ein befreundeter Filmemacher, das Leben genommen hat.

Ich wollte die ganze Sache auf sich beruhen lassen, bis ich sie heuer jemandem erzählte und zeigte. Dann dachte ich, die meisten werden es bestimmt schon vergessen haben, auch alles drumherum, und da kann dieser kurze, unscheinbare Film vielleicht etwas bewirken, vielleicht ein Erinnern, ein Nachdenken, ein Trauern, ein Verunsichern, ein Weitermachen, zumindest in Gedanken. Als ich am Telefon die Todesnachricht gehört hatte, wußte ich nichts anderes zu tun, als die Kamera hochzunehmen und das Nächstbeste einfach zu filmen, einen Fensterausblick, meine beiden tanzenden, unwissenden Kinder und wieder einen Fensterausblick, alles etwas unscharf und dunkel, halt aus der Situation heraus, in der ich einfach etwas tun wollte, gegen das Weinen.

Später kam der Ton dazu, merkwürdige Aufnahmen in einem Gewittersturm an der Adria, im Sommer, vielleicht ein Jahr danach. Ich wollte mich dabei nicht wichtig machen, aber Reinhard [Pyrker] sagt, für den Katalog der Österreichischen Filmtage braucht es etwas, etwas wie einen Namen, ein Foto, einen Text oder so etwas. So gänzlich anonym fände dieser Streifen, fände diese Geschichte keinen Platz.

Nun gut.

Michael Pilz, 11. September 1989

Feldberg
Österreich 1987–90

IDEE & REALISATION Michael Pilz
REGIE, BUCH Michael Pilz
KAMERA Peter Schreiner
SCHNITT Hubert Canaval, Michael Pilz
TON Reinhold Schreiner, Sipos István
MUSIK Másik János
PRODUZENT Michael Pilz
AUSFÜHRENDER PRODUZENT Veit Heiduschka
PRODUKTION Michael Pilz Film und Wega Film, Wien
DARSTELLERINNEN Thomas Rauser, Maria Martina
117 MINUTEN / 35MM / FARBE
URAUFFÜHRUNG 16. Oktober 1990, Österreichische Filmtage, Wels

Michael Pilz gelang mit *Feldberg* entschieden ein Meisterwerk. Ein Werk, das so streng und klar ist, daß ich mich frage, wie ein Filmemacher, wie er es ist, in dieser Richtung noch weiter fortschreiten kann, noch radikaler geht es meiner Meinung nach nicht mehr. Der Film von Michael Pilz ist ein Kräftemessen mit dem Zuschauer: wieviel Geduld kann einem Zuschauer aufgezwungen werden? Viel, wenn ein Filmemacher, wie hier, fühlbar machen kann, daß er bis zum Äußersten gehen will. Der Film von Michael Pilz ist in einer Landschaft gedreht wor-

den, dem „Feldberg", von dem sich der Filmemacher jeden Kiesel und Grashalm zu eigen gemacht hat. Der Vergleich bietet sich an, mit der visuellen Eroberung des Mont Sainte-Victoire durch Cézanne. Nie zuvor habe ich miterlebt, daß die Landschaft in einem Film so greifbar und spannend wurde wie in *Feldberg*. In diesem Film ist die Landschaft vom Hintergrund zum Vordergrund geworden und zur eigentlichen Hauptperson des Films. In dieser Landschaft findet eine wortlose Konfrontation zwischen einem Mann und einer Frau statt, die sowohl völlig geheimnisvoll als auch glasklar ist, weil der Schauspieler und die Schauspielerin nicht Rollen spielen, sondern gleichsam gegen den Berg ankämpfen.

Pilz hat es mit seiner strengen und elementaren Art, Filme zu machen, nicht leicht im bürgerlichen Österreich, aber ich denke, daß ein Filmemacher wie Pilz es überall schwer haben dürfte. Nicht überall gelingt es solchen halsstarrigen und kompromißlosen Filmemachern, ihre Visionen zu realisieren. Daß es *Feldberg* gibt, spricht jedenfalls nicht gegen Österreich.

Gertjan Zuilhof, De Groene Amsterdammer,
31. Oktober 1990

Im Kino immer noch Worte zu gebrauchen, erscheint ihm absurd. Kino ist für Michael Pilz, den bedeutendsten und auch besten Dokumentarfilmer Österreichs, zuallererst Sehen. Wobei Sehen für ihn nicht nur in einem visuellen Sinn, sondern auch als Erkenntnisprozeß zu interpretieren ist. In *Feldberg*, seiner neuesten Arbeit, die nach einem begeistert aufgenommenen Festivaleinsatz in Rotterdam nun auch in Österreich regulär im Kino startet, fällt daher in knapp zwei Stunden kein einziges Wort. Zu hören sind statt dessen die Geräusche und Laute der Natur – prasselnder Regen, das Rauschen des Windes, Schritte am Kiesweg oder knisterndes Feuer –, und das in plastischem Dolby-Stereo-Ton.

Feldberg ist ein Film, wie er uns vom konventionellen Erzählkino vorenthalten wird, eine sehr private Auseinandersetzung mit Gefühlen, mit dem Bewußten und dem Unbewußten. Zwei Akteure (Maria Martina, Thomas Rauser) werden in eine fast unberührte Landschaft geworfen, treffen aufeinander und müssen sich dort mit dem Selbst, dem Anderen und der Natur beschäftigen. Die Vergangenheit der beiden und der Grund, weshalb es sie hierher verschlagen hat, bleibt uns ebenso unbekannt wie ihre Beziehung zueinander. Vordergründig wird keine Handlung erzählt, als Zuseher ist man dazu aufgerufen, die Bilder selbst zu interpretieren, aus dem Gesehenen seine eigene Geschichte zu formulieren.

Alle Zusammenhänge zwischen den zwei „Schauspielern" – die von Pilz während der Dreharbeiten dazu aufgefordert worden waren, zu sein, wer immer sie auch sein mögen – sind von uns erdacht, auch uns fehlen hier die Anhaltspunkte, die das Erzählkino nur allzu offensichtlich bereithält. Sind sie ein Liebespaar, das seine Konflikte austrägt? Oder zwei Personen, die sich gerade erst kennenlernen? Die Entscheidung darüber bleibt dem Betrachter über-

lassen. Insofern ist *Feldberg* eine Einladung zur Meditation, zum Nachdenken über unser eigenes Sein, da wir mit unserer Phantasie den Korpus des Films entweder beschneiden oder anreichern.

Feldberg ist weiters ein Mosaikstück, ein Konstrukt aus mehreren minutenlangen ungeschnittenen Sequenzen, die als Ganzes ein Universum der Gefühle wiedergeben – Ruhe, Aggression, Ungeduld oder Lähmung. Gefühle, die sich im Kinosaal auch auf die Zuseher übertragen. Immer wieder hat man sich dabei neu zu orientieren, sich wiederholt auf Wendepunkte, Anknüpfungen oder Brüche einzustellen.

Michael Pilz gibt zu, daß *Feldberg* ausschließlich die männliche Perspektive dieser seltsamen Begegnung zeigt: den Mann als bestimmenden Pol und die Frau als bloß auf ihn fast ängstlich Reagierende. In seinem nächsten Projekt möchte daher Pilz dieselbe Konstellation, transponiert in eine mediterrane Landschaft, auch aus zwei verschiedenen Blickwinkeln drehen. Zum direkten Vergleich vielleicht auch als Doppelprojektion.

Bernhard Praschl, Die Presse, *21. März 1991*

Michael Pilz ist kein Dekorateur, sondern er ist Elimineur, dessen Tatsache die Substraktion ist. Dies ist Filmgestaltung mit einschneidendem Talent! Hier ist die Geschichte amputiert, wohl nicht nur, um nachzusehen, was wohl passiert, wenn Bilder aufhören, repräsentativ zu sein. Sie bezögen sonst ihre Autonomie aus dem Potenzmangel der Realität. Solcher Film begehrt weniger die Macht, als daß er vielmehr einen Inhalt herstellt, nur um weiterzukommen. Indem die Subtraktion allem geschieht, ist gleichermaßen gewährt, ihre wirkliche oder getäuschte Konstitution zu finden oder zu verlieren. Das kommt ganz auf den Beschauer an: Der Regen, wie es Bert Brecht gesagt hätte, fällt immer von oben nach unten, zumindest versucht er es.

Die Story ist dezimiert, denn sie wäre Herrschaft über den Film. Die Handlungsstruktur ist entfernt, denn sie wäre das Ordnen von Beziehungen. Die stabilen Elemente sind eliminiert, denn sie gehören zum Machtgebrauch. Die Biographie ist amputiert, denn sie trüge Methode in die Beziehung von der Schaustellerin und dem Schausteller und ließe sie darin schmoren. Immer war ich aufgefordert, unter kodifizierten Bedingungen zu schauen – worin ich bloß dialogische Universalien zu entdecken vermeinte.

Aber was bleibt denn dann noch übrig? Alles bleibt übrig, nur in veränderlicher Konstellation. Und diese Variabilität erregt nicht alleine die äußere Situation des Filmes; sie erregt das Innere seiner Bedeutung, das Syntagma. Man kann also einen Filmkader alle Variationen durchlaufen lassen, von denen er in kürzester Zeit affiziert wird. Jedes Bild ist dann nur noch die Summe seiner eigenen Variationen, wodurch er jenem Machtapparat zu entkommen meint, der ihn fixieren könnte. Aber es geht vielmehr um ein viel präziseres Verfahren: Pilz beginnt damit, der Schaustellerin und dem Schausteller zugeschriebene Beziehungen, alle

möglichen Machtelemente zu entfernen, zu streichen. Ich kann nicht einmal sagen, dies sei ein negatives Verfahren, insoferne es positive Prozesse impliziert. Daher der höchst eigenwillige Gebrauch meines Hintergrundwissens; denn mein Playback steuert die Amplitude der Variationen und reguliert sie gleichzeitig.

In diesem Sinne unterhält *Feldberg* keine Komplizenschaft mit der gut- oder böswilligen Nachrede, auch nicht unter dem Deckmantel der kritischen Repräsentation. Die Geschichte wäre sonst vom Ansehen des Besserwissens gehalten, selbst wenn sie gerechtfertigt wäre. Wenn Michael Pilz es aber vorzieht, sich der Anmaßung zu enthalten, ändert sich nicht nur der Filminhalt, sondern auch die Form des Filmes, der aufhört, omnipotent zu sein, während gleichzeitig die Figuren anfangen, Inhaltsträger zu werden. So wird dem Inhalt in einer Filmform freier Lauf gewährt, der ohne die Subtraktion der Repräsentation nicht möglich ist. Die Originalität solchen Ansatzes scheint vor allem von der Subtraktion der Machtelemente zu profitieren.

Kein anderer Film weiß besser einen Anfang oder einen Schluß zu finden; denn dieser beginnt und endet in dem Augenblick, in dem ich ihn zu schauen beginne oder -ende.

Es scheint zunächst töricht, sich für den Anfang oder das Ende des Filmes, für seine Ursprünge oder Zukünfte zu interessieren, denn der Film ist lange nicht vorbei. Hier ist weder das Historische noch das Ewige, sondern das Unzeitgemäße. Pilz interpretiert die Vergangenheit nicht, weil der Film keine Vergangenheit hat; er prophezeit nicht, weil der Film keine Zukunft hat. Die Zeit hängt vom Beschauen ab – Schauen gegen die Kultur, Gedanken gegen den Filmrhythmus, Wohlwollen gegen die Töne.

Diese Bilder enthalten nur ein Minimum struktureller Konstanten und Homogenitäten. Sie sind dennoch kein Unbestimmtes, da sie ihre Regeln in der Konstruktion eines Kontinuums finden. Die kontinuierliche Variation bezieht sich in der Tat auf jedes Bild, in der Art von allgemeinster Chromatik. Insofern erweisen sich alle Filmteile als Bilder der Versetzung. Dieser Film ist musikalisch, weil in ihm jede Form von Veränderungsmodifikation formiert ist, die einen nicht zweimal denselben Ton wiederholen lassen, ohne daß man dadurch Verschiedenes erhielte. Das ist die musikalische Form der Kontinuität oder Diskontinuität.

Die Operationen, die im Stil und in der Inszenierung der Filmkader am Werk sind, sind eben genaue Häufigkeitsindikatoren, die selbst noch zum Film gehören, obgleich sie dem Inhalt nicht widersprechen. Lauter Affekte und kein Subjekt, lauter Variationen und keine Handlungsmodi. Was zählt, sind die spezifischen Mittel, dieses Ziel zu verwirklichen: die Variationskontinuität.

Dieser Film durchläuft viele Metamorphosen, die ihm Michael Pilz aufzwingt, aber in Wirklichkeit durchquert er diese Metamorphosen nur, er nimmt nur scheinbar eine wissende Haltung ein. Er verkettet seine Filmkader entlang einer Variationslinie, durch die er der Herr-

schaft der Narration entkommt und jenseits eines beherrschenden Einflusses anlangt. Die Herrschaftsverhältnisse gehören zur Herstellung sogar nur, um subtrahiert, gestrichen oder abgeschnitten zu werden. Dieser Film ist einfach nur Träger der Variation; dieser Film entfaltet sich nur in Variationsverhältnissen. Was bei der Variation zählt, sind ihre Häufigkeitsverhältnisse, die Modifikationen dieser Verhältnisse, insofern sie Aussagen oder Behauptungen gemäß variabler Koeffizienten entlang einer Transformationslinie auslösen.

Die Unterordnung der Form unter die Häufigkeit der Variationen, die Unterordnung des Subjektes unter die Intensität, die intensivere Variation von Affekten, scheint mir hier zwei wesentliche Ziele zu erreichen. Die Kritik wird auf die Form und das Subjekt übertragen, im doppelten Sinne von „Thema" und „Ich". Hier gibt es eine Ordnung, eine Ordnung der Variationen, der Intensität und der Affekte. Die Variationen der Sätze können einander unterbrechen, sich widersprechen und überschneiden. Ebenso können sie sich fortsetzen, ein und dasselbe Kontinuum bilden.

Die Variationslinie verläuft aber nicht zwischen der Schaustellerin und dem Schausteller, denn zwischen diesen zeigt sich bloß ein Geflecht von Relationen und Oppositionen.

Und doch, es trägt sich alles zu, auch die Geschichte!   *Erwin Puls, März 1991*

Für Sebastian Prantl

Österreich 1990

IDEE & REALISATION Michael Pilz
KAMERA, SCHNITT, TON Michael Pilz
PRODUKTION Michael Pilz Film
182 MINUTEN / VIDEO / FARBE

Nach meinen beiden Filmen mit dem Freund und Bildhauer Karl Prantl (*80 cm 5 t* und *Der Lauf des Wassers*) bat mich Karls Sohn Sebastian, Tänzer und Choreograf, mehrere seiner Projekte filmisch zu begleiten. Eines dieser Projekte war „Klangräume", das ich während dreier Aufführungen im Museum für Moderne Kunst, damals Palais Liechtenstein, in der Wiener Secession und in der Akademie der bildenden Künste am Schillerplatz mit meiner kleinen Videokamera begleitete.

Montage in der Kamera.

Kopien der Originale sind bei Sebastian Prantl (Tanzatelier Wien) und beim Tänzer Ferenc Kálmán in Budapest.

Michael Pilz, Mai 2008

Two Horse Town

Österreich 1990 / 91

IDEE & REALISATION Michael Pilz
KAMERA, SCHNITT, TON Michael Pilz
PRODUKTION StadtFilmWerkStatt St. Pölten,
Michael Pilz Film
MIT Wolfgang Mistelbauer, Jan Tabor, Klaus Pinter u. a.
53 MINUTEN / VIDEO / FARBE
URAUFFÜHRUNG 16. Februar 1991, Die Bühne im Hof, St. Pölten

Ein persönlicher Blick auf die Presseführung durch die von Architekt Wolfgang Mistelbauer 1992 neu errichtete Sportschule in Niederösterreich. „Two Horse Town" ist eine sehr schöne Nummer von Stereo MC und meint eine Stadt, in die man ein-, durch- und wieder rausreitet. Man hat da nichts verloren.

Entstanden im Rahmen des Projekts Stadt-FilmWerkStatt St. Pölten, 1989–92.

Michael Pilz, Oktober 2008

Für Walter Neumayer I
Österreich 1991

Für Walter Neumayer II
Österreich 1991/98

Der Stadtflieger *(verloren)*
Österreich 1991

Für Walter Neumayer I
Österreich 1991
IDEE & REALISATION Michael Pilz
KAMERA, SCHNITT, TON Michael Pilz
PRODUKTION StadtFilmWerkStatt St. Pölten,
Michael Pilz Film
28 MINUTEN / VIDEO / FARBE
Gefilmt am 17. Jänner 1991 in St. Georgen/Gölsen.
Erste Montage (in der Kamera) im Rahmen der
StadtFilmWerkStatt St. Pölten.

Für Walter Neumayer II
Österreich 1991/98
64 MINUTEN / VIDEO / FARBE

Ein spontaner Besuch bei einem Künstler der besonderen Art, als Teil meines Medienprojekts
StadtFilmWerkStatt St. Pölten. Gefilmt mit
einer damals neuen, kleinen Hi8-Videokamera,
begleitet von Katharina Binder, einer jungen
Mitarbeiterin der Werkstatt, mitten im tiefge-
frorenen Jänner diesem Handwerker und Philo-
sophen begegnend und dabei filmend, was da
war.

Michael Pilz, Mai 2008

IDEE & REALISATION Michael Niedermair, Michael Pilz
SCHNITT Michael Niedermair, Michael Pilz
PRODUKTION StadtFilmWerkStatt St. Pölten,
Michael Pilz Film
90 MINUTEN / 35MM / FARBE
URAUFFÜHRUNG 5. Mai 1991, Forum Kino, St. Pölten

Dass dieses Produkt verschollen, vermutlich verloren, zerstört ist, bedaure ich sehr.

Denn in wochenlanger und vor allem näch-
telanger Arbeit habe ich, unterstützt von einem
Mitarbeiter der StadtFilmWerkStatt St. Pölten
(Michael Niedermair) einen abendfüllenden
35mm-Found-Footage-Film montiert. Das Aus-
gangsmaterial fand ich in meinem eigenen Archiv und bei verschiedenen Wiener Verleihern,
die altes Filmmaterial schenkten. Es fanden Positive und Negative, schwarzweißes und buntes
Material Verwendung. All das wurde, dem Zufall gehorchend, auf einem mit Nägeln verse-
henen Brett aneinandergehängt und mit Tesafilm
geklebt, wobei wir nicht auf die Laufrichtung
und die Schicht-/Trägerseiten der verschiedenen Materialien achteten. Zudem stanzten wir

Für Andreas Ortag *(unvollendet)*
Österreich 1991

das Material mit allerlei Hilfsgeräten (z. B. Büro-
lochern oder Zangen), zerkratzten es mit schar-
fen Gegenständen, schabten die Schichtseiten
teilweise ab und malten auch mit bunten Farben
drauf. Wir beklebten es mit allerlei Dingen, von
denen wir hofften, sie würden im Filmprojektor
nicht beschädigt oder gar abgerissen werden.

Wir konfektionierten das Material zu, denke
ich, fünf Akten, und an einem Freitag gab es im
St. Pöltner Forum Kino ein öffentliches Fest mit
Livemusik auf der Leinwandbühne (Fresh Fred-
die), während *Der Stadtflieger* über die Leinwand
huschte und dabei mehrmals riss und wieder
geklebt werden musste.

Michael Pilz, Mai 2008

IDEE & REALISATION Michael Pilz
KAMERA, SCHNITT, TON Michael Pilz
PRODUKTION Michael Pilz Film
VIDEO / FARBE

Mein Freund Andreas Ortag begibt sich ein letz-
tes Mal in sein Malatelier in der Wiener West-
bahnstraße, das er seit der Zeit seines Studiums
an der Akademie der bildenden Künste am Wiener Schillerplatz benützte. Um daselbst ein Bild
fertigzumalen, das seit vielen Jahren darauf
wartet und daher schon sehr dicke Ölschichten
trägt. Überdies, um ein sehr großes Bild zu beginnen und vielleicht auch zu beenden. Wir
trinken Bier und hören Musik aus einem kräch-
zenden Kassettengerät. Ich filme, was mir in
die Augen fällt, und montiere das Stück bereits
in der Kamera.

Ein paar Tage später half ich mit beim Pa-
cken und Auszug aus dem Atelier (und Umzug
nach Karlstein im Waldviertel).

Michael Pilz, Mai 2008

Für Josef Fabich *(unvollendet)*
Österreich 1992

IDEE & REALISATION Michael Pilz
KAMERA, SCHNITT, TON Michael Pilz
PRODUKTION Michael Pilz Film
VIDEO / FARBE

Wieder so ein filmisches Gelegenheitsprodukt, das ich liebe, weil nichts vorausgedacht wurde und alles sich spontan ergab. Josef brannte Schnaps, und mein Freund Andreas Ortag aus Karlstein (u. a. auch Initiator des Künstlersymposiums in der Baumühle am Kamp, siehe *Da capo al fine – Was ich erinnere nicht was ich sehe,* 1995/2000) und ich filmten, was da war. Ich denke, das Ganze dauerte zwei Tage und eine Nacht.

Einen kleinen Teil daraus habe ich bisher in *All the Vermeers in Prague* (1987–94) verwendet.

Michael Pilz, Mai 2008

Für Walter Marti und Reni Mertens
Österreich 1992

IDEE & REALISATION Michael Pilz
BUCH, KAMERA, SCHNITT, TON Michael Pilz
PRODUKTION Michael Pilz Film
153 MINUTEN / VIDEO / FARBE

Meine beiden lieben Wahlverwandten! Ich hatte sie kennengelernt in Nyon, beim Festival, als ich 1982 dort *Himmel und Erde* zeigen durfte. Sie saßen (gemeinsam mit Moritz und Erika de Hadeln und mit Klaus Wildenhahn) hinter mir im Kino, und wir sahen ihren Chartres-Wallfahrtsfilm aus 1968. Als das Licht wieder anging und ich mich umdrehte, um sie zu fragen, ob sie es gewesen sind, die diesen berührenden Film gemacht hatten, nickten sie und fragten zurück, ob ich der sei, der die Wallfahrt in Sankt Anna gefilmt hätte, und ich musste nicken. Da verstanden wir einander.

Ich hab Walter und Reni öfters in Zürich besucht, und wir hielten auch sonst engen Kontakt, hatten auch einmal (nach meiner sibirischen Reise) an Zusammenarbeit gedacht (Walter wollte mein sibirisches Material schneiden).

Für Thomas Lehner –
Stadtwerkstatt Linz
Österreich 1992

REGIE, KAMERA, SCHNITT, TON Michael Pilz
PRODUKTION Michael Pilz Film
120 MINUTEN / VIDEO / FARBE

Eines Tags riefen sie mich an (ich war da in St. Pölten in der StadtFilmWerkStatt) und wollten mich wiedersehen, zu ihren Dreharbeiten in Mauthausen (zu ihrem seit Jahrzehnten geplanten Requiem-Film). Ich fuhr hin und filmte die beiden und ihren Kameramann Urs Thönen bei der Arbeit. Daraus wurde ein in meinen Augen berührendes Dokument unseres Wiedersehens. Wieder filmte ich ohne zu wissen, was geschehen würde, und im Versuch, die endgültige Montage schon in der Kamera zu entscheiden.

Eine VHS-Kopie ist in Witten bei Köln bei meinem Freund Christoph Hübner, der um 2001 eine Porträtsendung für 3sat gemacht hat (in der Reihe *Dokumentarisch Arbeiten*), und eine andere Kopie bei meinem Freund Erich Langjahr in Root am Luzerner See (Erich war ein enger Freund der beiden und früher auch ihr Mitarbeiter; er sorgt sich auch um den filmischen Nachlass von Walter und Reni).

Michael Pilz, Mai 2008

Thomas, den ich, wie seinen Bruder Wolfgang, seit den frühen 8oer Jahren kenne, lud mich ein (zu Zeiten meines St. Pöltner StadtFilmWerk-Statt-Projekts), die Sonderaktion der Linzer Stadtwerkstatt zum Motto „Out of Control" während der Ars Electronica '91 live mitzufilmen. Es handelte sich um mehrere simultane Handlungsinszenierungen in und um das Linzer Brucknerhaus, die live im ORF und auf 3sat ausgestrahlt wurden. Ich filmte auf Hi8 zwei ganze Videokassetten, also etwa 120 Minuten insgesamt. Eine gute Gelegenheit, das spontane und unmittelbare Filmen wieder zu üben. Ein Höchstmaß an Konzentration und gleichzeitig ein Höchstmaß an Entspannung.

Die Originale sollten in der Stadtwerkstatt Linz sein. Ich verfüge über keine Kopie.

Michael Pilz, Mai 2008

Eigentlich spreche ich ja eine andere Sprache,
und trotzdem haben wir immer gut miteinander gesprochen
Österreich 1992

REGIE, BUCH Michael Pilz, Walter Stach
KAMERA Michael Pilz
SCHNITT Michael Pilz, Walter Stach
PRODUKTION Michael Pilz Film
101 MINUTEN / VIDEO / FARBE

In diesem Video-Porträt spricht Dieter Schrage in einem Rückblick auf sein bisheriges Leben über seine vielfältigen politischen und kulturellen Aktivitäten, seine Begeisterungen, Enttäuschungen und Zweifel. Sein lebendiges Erzählen wird nur selten durch Fragen des Interviewers, Walter Stach, unterbrochen, die Kamera ist fast immer auf das Gesicht Schrages gerichtet. Spannung bezieht das Video ausschließlich aus den gedanklichen Äußerungen dieser komplexen Persönlichkeit.

Medienwerkstatt Wien (Verleihkatalog)

Dieter Schrage ist eine bekannte Figur in Wien: Museumsmann, Ausstellungsmacher, Eröffnungsredner, Katalogvorwort- und Artikelschreiber, politischer Publizist, Roter, Grüner, Anarchist. Die Anlässe, Dieter Schrage zu ehren und ihm alles Gute zu wünschen, sind zahlreich und nicht nur in Schrages Person begründet. Das Fortschreiten der politischen Restauration und das Aufkommen neuer alter Faschismen machen es notwendig, an politisch verantwortungsbewusste, alternative Gegen-Kulturen in Wien zu erinnern und unbeantwortet gebliebene Fragen neu zu stellen.

Philipp Maurer

Dieter Schrage war in diesem Jahr nach langer schwerer Krankheit, die sein Leben veränderte, wieder genesen, und das sollte dementsprechend gefeiert werden. Aus diesem Anlass produzierte ich gemeinsam mit meinem Freund Walter Stach ein Porträt, das in einer Lerchenfelder Galerie während eines großen Geburtstagsfestes öffentlich gezeigt wurde.

Später schnitten wir auch eine kürzere Version für das Bildungsministerium und den Schulgebrauch.

Dieses Video (gefilmt auf sogenanntem professionellem Betacam-Format) gibt einen guten Einblick in den persönlichen Werdegang Dieter Schrages, der parallel verlief zu den gröberen gesellschaftlichen und kulturellen Umwälzungen in der zweiten Hälfte des 20. Jahrhunderts.

Michael Pilz, Mai 2008

Für Die Vögel Österreich 1991–92
State of Grace Österreich 1991–93
Cage Österreich 1991–92/2008

Für Die Vögel
Österreich 1991–92
IDEE & REALISATION Michael Pilz
KAMERA, SCHNITT, TON Michael Pilz
PRODUKTION Michael Pilz Film
MIT Alessandra Palma di Cesnola, Linda Forsman, Raffaela
Giordano, Ruth Golic, Christophe Haleb, István Horváth,
Dorothea Hübner, Ferenc Kálmán, Barbara Kryslova, Joel
Luecht, Sebastian Prantl, Giorgio Rossi, Beverly Sandwith,
Miklos Visontai
71 MINUTEN / VIDEO / FARBE
Kurzversion von *State of Grace*

Für Die Vögel
Österreich 1991–92
VIDEOINSTALLATION 4. November 1992, Secession, Wien
Installation für 5 Videomonitore, 5 x 5 Stunden simultan
aufgeführt

State of Grace
Österreich 1991–93
89 MINUTEN / VIDEO / FARBE
URAUFFÜHRUNG 27. April 1993, Medienwerkstatt Wien

Cage
Österreich 1991–92/2008
145 MINUTEN / VIDEO / FARBE
Langversion von *State of Grace*
URAUFFÜHRUNG 4. April 2008, Diagonale – Festival des
österreichischen Films, Graz

Im August 1992 fand im Traisen-Pavillon in St.
Pölten ein vierwöchiges internationales Symposium für Tanz, Musik und Film statt, an dem
neben Sebastian Prantl (Tanz), Cecilia Li (Musik)
und Michael Pilz (Film) 13 Tänzer und Tänzerinnen aus West und Ost teilnahmen. Es stand
unter dem Motto Chuang-Tse's: „Den Käfig der
Vögel betreten, ohne sie zum Singen zu bringen" und orientierte sich an der Philosophie des
Musikers John Cage, der am 12. August in New
York verstarb. Das Video *State of Grace* ist ein
weiteres Teilergebnis der über einen längeren
Zeitraum geplanten Work in progress.
Diagonale – Festival des österreichischen Films,
Salzburg 1993

Wenn Chuang-Tse erklärt, daß die Erfahrungen
des Tao eine Rückkehr zu einer elementaren
oder ursprünglichen Art von Bewußtsein einschließen, indem die jeweiligen Bedeutungen
der Sprache sich als unwirksam erweisen, greift
er zu einem Wortspiel, das ein dichterisches Rätsel ist. Er sagt, diese Erfahrung der Rückkehr
zu dem, was wir ursprünglich sind, heißt „den
Käfig der Vögel betreten, ohne sie zum Singen
zu bringen". „Fan" bedeutet Käfig (engl./franz.
„cage") und Rückkehr; „ming" bedeutet „Gesang" und „Namen" (Plural). So sagt der Satz
auch: „Dorthin zurückkehren, wo die Namen
überflüssig sind", ins Schweigen, ins Reich der
Evidenzen. Oder an den Ort, wo Namen und
Dinge verschmelzen und dasselbe sind: „Zur
Dichtung, dem Reich, wo das Benennen Sein
ist." *Octavio Paz*

Il faut apprendre à voir (We Need to Learn How to See)
Österreich 1988–93

IDEE & REALISATION Michael Pilz
KAMERA, SCHNITT, TON Michael Pilz
PRODUKTION Michael Pilz Film für Wiener Festwochen 1993
136 MINUTEN / VIDEO / FARBE
VIDEOINSTALLATION 15. Mai bis 20. Juni 1993, Wiener
Festwochen

Il faut apprendre à voir war Teil der Installation
Delphi Declaration, die Teil der Festwochen-Pro-
gramme *Drehmomente* (Tanztheater Sebastian
Prantl) und *einsiedeln – ein zustand* (Stadt Theater
Wien, Anne Mertin und Fred Büchel) war.

Kaum beachtet, zeigte Michael Pilz seine *Delphi
Declaration* in irgendeiner Seitenhalle des Mes-
sepalasts. In einem sauber weiß ausgemalten
Raum, der offenbar vor Jahren auf hellenisch
Resopal getrimmt worden ist, hängen, in fürch-
terlicher, kalter Ordentlichkeit, weiße Blätter,
Kongreßunterlagen eines in Delphi stattgefunden habenden Symposiums über Fragen der kulturellen Manipulation durch audiovisuelle Mas-
senmedien. Auf der linken Seite sind es erkennbar Entwürfe, da ist gestrichen, es finden sich

handschriftliche Notizen, auf der Gegenseite ist
die Reinschrift, klinisch, sauber, ordentlich. Der
ganze Raum strahlt größte Objektivität aus.
Hinten, in einem kleinen, verdunkelten Zimmer
stehen drei billige, leicht schmuddelige Garten-
stühle vor einem Fernseher. Gezeigt wird, als
Endlosband, von 0–24 Uhr, der ganz persönliche
Kongreßfilm des Michael Pilz, eine Angelegenheit von absoluter Subjektivität. Er zeigt den Kon-
greß aus der Perspektive des sich langweilenden
Teilnehmers, er streunt mit der Kamera in Delphi und Umgebung herum, schaut den hier lebenden Menschen zu, dann wieder interessiert
ihn eine Qualle im Meer oder ein Blatt Papier,
das vom Wind die Straße hinuntergeweht wird.
Das ist alles weder technisch perfekt (beim Um-
kopieren ergaben sich zusätzlich noch eigenartige Farbeffekte) noch im üblichen Sinne infor-
mativ, aber es wird einem ganz warm ums Herz
beim Zuschauen. Das Ganze, in seiner Spannung zwischen Draußen und Drinnen, zwischen
Ordnung und Unordentlichkeit, Objektivität
und …, na eben, lädt, so Pilz, „… zu optischer
und akustischer Reflexzonen-Massage ein", und
es tut dies auf eine völlig unaufdringliche, wohltuend undidaktische Weise. Ich saß eine ge-
raume Zeit vor dem Fernseher und freute mich
ganz einfach. Zweimal kamen Besucher in den
Raum, studierten mit gerunzelten Stirnen die
Dokumente, schauten kurz ins kleine Zimmer
und gingen wieder. Wahrscheinlich haben sie
mich für einen Teil der Installation gehalten.

Jürg Jegge, „Festwochenpawlatschen",
Forum, *Nr. 473–477, Juli 1993*

All the Vermeers in Prague
Österreich 1987–94

IDEE & REALISATION Michael Pilz
KAMERA, SCHNITT, TON Michael Pilz
PRODUKTION Michael Pilz Film
121 MINUTEN / VIDEO / FARBE
URAUFFÜHRUNG Jänner 1994, Internationales Filmfestival Rotterdam
Arbeitstitel: *Private Eyes*

Teil 1 (60 Minuten)
Reminiscences to International Film Festival Rotterdam 1988 – Huub Bals, Artavazd Pelechian, Rezo Esadze, Sergei Paradianov, Hans Hurch, Peter Vandermeer (1/88)
Train to Prague (11/87)
All the Vermeers in Prague – Jack Garfein, Václav Havel, Miloslav Chloupac, Bedrig Dlouhy (11/87)
Night Train, Love departed (11/87)
Budapest, Tracking shot, Másik János (12/87)
Winter Light, Piss into cold water (1/88, 7/87)

Teil 2 (61 Minuten)
Everything's expressive – Jack Garfein on Samuel Beckett (10/87)
Children's dance, Snow dance, Danger (2/88, 7/88)
Filmmaker's funeral (Ernst Schmidt jr.) (3/88)
Snow birds, Sunset at parent's home, Papa! Train is leaving, Family holidays, Kasperl is kaputt (2/88, 8/88)
$E = mc^2$ (2/88)
Joseph's spirit (11/92)

Festivalereignisse in Rotterdam, unter anderem die unterhaltsamen Pressekonferenzen mit Esadze und Paradianov, eine Reise mit Jack Garfein nach Prag und auch ein Privatbesuch bei Václav Havel, Janos mit seiner neuen Musik in Budapest, allmählich die damals noch kleinen Kinder des Autors in verschiedenen privaten Situationen, das winterliche Begräbnis von Ernst Schmidt jr. am Friedhof Neustift, bis schließlich zur Schnapsbrennerei von Josef Fabich in Waitzendorf.

Diagonale – Festival des österreichischen Films,
Salzburg 1994

Im Sommer 1993 rief mich Gertjan aus Rotterdam an und erzählte von Festival-Plänen eines speziellen „home movie"-Programms. Er wußte von meinen älteren Rotterdam-Tapes, die ich anläßlich mehrerer Festivalbesuche gefilmt hatte. Und er animierte mich dazu, ein eigenes Home-Movie-Programm zusammenzustellen.

Ich zögerte lange, vor allem aus privaten Gründen, die mich daran hinderten, das alte Video8-Material zu sichten, das sich sei 1986 angesammelt hatte, bis Gertjan mich endlich im Dezember überredete und mir einen „home movie master"-Platz für Rotterdam 1994 reservierte. Der Titel erinnert an den Film *All the Vermeers in New York* meines Freundes Jon Jost, der damals durch eine ähnlich schwierige Lebensphase ging wie ich.

Michael Pilz, Jänner 1994

Für Walter Stach und Dieter Schrage
Österreich 1994

IDEE & REALISATION Michael Pilz
KAMERA, SCHNITT, TON Michael Pilz
PRODUKTION Michael Pilz Film
210 MINUTEN / VIDEO / FARBE

Eine Kulturinitiative, zu der auch Dieter Schrage eingeladen war, jenseits der Donau, in der flachen, nordöstlich des Stadtrands gelegenen Pampa. Es war im April, es wehten Stürme aus dem Osten herüber, es regnete auch, sehr ungemütlich das Ganze. Zwei Tage lang. Architekt Heidulf Gerngross arrangierte drei riesige Container auf einem seit Jahrzehnten nicht mehr benützen Bahndamm, Renald Deppe spielte am Saxophon gegen den Wind (!), Dieter Schrage hielt im Windschatten eines Containers eine denkwürdige Rede für das politische Engagement im Niemandsland, und am Ende des zweiten Tages fuhren wir in ein Wirtshaus, und da waren meine fünf Hi8-Videokassetten randvoll. Außer dass ich den Hauptbeteiligten Kopien zukommen ließ, wurde diese Arbeit nirgends öffentlich gezeigt.   *Michael Pilz, Mai 2008*

Für Margarete Schütte-Lihotzky
(unvollendet)
Österreich 1994

IDEE & REALISATION Bernhard Frankfurter, Michael Pilz
KAMERA Michael Pilz
PRODUKTION Michael Pilz Film
VIDEO / FARBE

Ein allerletztes Projekt mit meinem Freund Frankfurter. Wir trafen die alte Dame mehrmals in ihrer geräumigen Dachwohnung im 5. Bezirk, und Bernhard sprach mit ihr, und ich filmte die beiden. Insgesamt werden es so an die drei bis vier Stunden Video gewesen sein.

Da wir uns 1994 aus privaten Gründen entzweit hatten, gab ich ihm das bis dahin gefilmte Material, das seit seinem plötzlichen Tod 1999 nicht mehr auffindbar ist. Bernhard schwebte nicht nur ein längeres filmisches Gespräch vor, sondern er dachte auch an eine inszenierte Geschichte, eine Art Dokudrama, als Korrektur einer nicht sehr gelungenen Arbeit einer österreichischen Fernsehregisseurin zur Person Schütte-Lihotzkys. Es kam nicht mehr dazu. Im Sommer 2008 fand ich 33 Minuten des Materials in meinem Archiv.   *Michael Pilz, Oktober 2008*

Prisjádim na dorozhku *Österreich 1993–95*
Siberian Diary – Days at Apanas *Österreich 1993–2003*

Prisjádim na dorozhku
Let's Sit Down Before We Leave
Österreich 1993–95
IDEE & REALISATION Michael Pilz
KAMERA, SCHNITT, TON Michael Pilz
PRODUKTION Michael Pilz Film
MIT Bertien van Manen, Volodja Shabankov, Rudolf
Alexandrejewitsch, Anna Petrowna, Lubina und Lena
Benakomeva
630 MINUTEN / VIDEO / FARBE
URAUFFÜHRUNG Dezember 1995, Diagonale – Festival des
österreichischen Films, Salzburg
Erste Montage. Teile des Films wurden in *Bertien van
Manen, „fotograaf"* verwendet, einer holländischen Fern-
sehproduktion von Cees van Ede, die am 4. November
1996 erstausgestrahlt wurde.

Siberian Diary – Days at Apanas
Österreich 1993–2003
140 MINUTEN / VIDEO / FARBE
URAUFFÜHRUNG April 2003, Visions du Réel, Internationales
Filmfestival Nyon

Prisjádim na dorozhku ist ein Film zur Meditation – über Fernes und Nahes, Fremdes und Vertrautes, über eine Winterreise, über Bilder und
Das-sich-ein-Bild-Machen.
Über Hören und genaueres Hinsehen.

Über Zeit und Illusion, Äußeres und Inneres,
Vergängliches, Gegenwärtiges.
Über Heiteres, Beschwerliches, über die
Langsamkeit.
Über zufällige, absichtliche und Augen-Blicke.
Über die Liebe. Über das Warten, bis Bilder
selber reden.
Über Abbilder und Wirklichkeit.
Über Licht, Dämmerung und Schatten. Über
Stille.
Über Kindheit, Altern, Arbeit, Geld.
Über das Kino (nach innen schauen, in Bildern
denken).
Über das Feuer. Über den Tod.
Über Maschas leuchtende Augen, Rudolfs
Müdigkeit, Volodjas Sturheit, die Wahrheit
Robert Franks.
Über Filmschnitt und Montage.
Über Tanjas Sanftmut, Van Goghs Café,
Pjotrs Zigarette, Bertiens Eiligkeit.
Über den Archipel Gulag.
Über Wodka, Tschechow, Träume, über das
Sonnenlicht auf Sergejs Wange.
Über „wie" und über „was".

Prisjádim na dorozhku ist eine Art „Reisefilm",
der den Spuren einer Fotografin folgt und dabei
selbst Spuren hinterläßt, der erkundet und
gleichzeitig davon Kunde gibt, der zeigt, wie es
den Menschen vor der Kamera geht, und dabei
nicht verbirgt, wie es mir hinter der Kamera
geht. Er zeigt und ermöglicht persönliche Begegnungen und Erfahrungen. Wer will, kann
sich davon tragen und verführen lassen, viel-

leicht weniger in die ferne Mitte Asiens als vielmehr in die nahen, eigenen Landschaften.

Prisjádim na dorozhku montiert Bewegungen und Bilder, eine Vielzahl kleiner, oft auch unscheinbarer Ereignisse, die alle etwas sagen, aber eher beiläufig als bedeutungsvoll. Sie laden zu genauem Sehen und Hören ein, wodurch „wie von selbst" viele kleine Geschichten entstehen, die ursprünglich in dieser Form nicht existierten, denn beim Filmen dachte ich nicht daran, wie das eine mit dem anderen zusammenhängt. Ein Bild bezieht sich auf das andere und eine Geschichte kommentiert die andere, eben „wie von selbst". Was augenblicklich sichtbar wird, ist im nächsten Augenblick nicht mehr da. Das schärft die Aufmerksamkeit, das Horchen, das Schauen.

Man muß den Film nicht vom Anfang bis zum Ende und nicht durchgehend sehen. Man kann sich ihm nähern, je nach Interesse oder Laune, teilweise, wiederholt, oder auch zur Gänze. Es ist wie mit manchen Büchern, Landschaften oder Personen. Von Zeit zu Zeit trifft man aufeinander, zufällig oder absichtlich, unter verschiedenen Umständen, in verschiedenen Stimmungen, neugierig, unsicher, traurig oder heiter. Jedes Wiedersehen bringt neue, andere Erfahrungen. Es ist wie beim Reisen. Sich annähernd wird deutlich, wohin es geht, und sich entfernend, woher man kommt.

„Prisjádim na dorozhku" bezeichnet den alten russischen Brauch, sich vor einer Reise ein Weilchen hinzusetzen und in sich zu gehen.

Michael Pilz, Oktober 1995

Auf seinem Bett sitzend erzählt Rudolf Alexandrejewitsch in einem gebrochenen, von russischen Brocken durchsetzten Deutsch von seiner Vergangenheit: Nach dem Zweiten Weltkrieg wird er nach Sibirien deportiert. Er wird dort sesshaft, heiratet ein Mädchen und lebt fortan von Ackerbau und Viehzucht.

Februar 1994. Michael Pilz macht sich auf nach Sibirien, in Begleitung der holländischen Fotografin Bertien van Manen, mit der ihn schon seit Jahren eine gemeinsame Auffassung von Ästhetik und individueller Wahrnehmung der Realität verbindet. Im Anschluss an diese Expedition wird 1995 eine erste Montage erstellt, die den Titel *Prisjádim na dorozhku* trägt und zehn Stunden dauert. Die an Visions du Réel präsentierte Version dieser Montage verzichtet auf die epische Dimension der Reise und rückt dafür den meditativen Aspekt der Begegnung und des Fremdseins in den Vordergrund.

Siberian Diary – Days at Apanas ist ein Film, der sich Zeit lässt. Aber sehr rasch wird der Zuschauer hineingezogen in diese Abfolge von poetischen Bildern und vertraulichen Gesprächen mit den Bewohnern von Apanas, einem kleinen, das halbe Jahr unter einer Schneedecke liegenden Isba-Dorf: Rudolf Alexandrejewitsch und seine Tiere; Anna Petrowna, ihre Freundin Luda und ihre Wodkaflasche; die Kumpels der benachbarten Kohlenmine.

Pilz sieht sich aus naheliegenden klimatischen Gründen gezwungen, die 16mm-Gerätschaft zugunsten einer leichten Videokamera aufzugeben. Mit ihr folgt der Cineast einer spontanen,

The Making of
Prisjádim na dorozhku
Österreich 1995

radikalen Ästhetik, die von den Gegebenheiten des Drehortes diktiert wird. Jede Einstellung dieses filmischen Tagebuches lässt vorsätzlich durchscheinen, wie extrem schwierig es gewesen ist, in der beengenden Winterkleidung zu drehen, und dass sowohl während der Außen- wie auch der Innenaufnahmen mit dem blendenden Nordlicht gerechnet werden musste. Die verstörende Fremdheit dieser Bilder wird unterstrichen durch eine orientalisch anmutende Musik, die wie eine Anspielung auf die geografische Lage dieses Ortes zwischen zwei Kontinenten wirkt.

Nach der Rückkehr aus Apanas spricht der russische Fotograf, der sie begleitet hat, das Schlusswort: „Wir suchen die Realität, die uns am meisten gefällt. Wir haben zwei Leben, aber wir dürfen nie vergessen, dass es letztendlich nur eine einzige Realität gibt."

Sophie Guyot, Visions du Réel, Internationales Filmfestival Nyon, April 2003

IDEE & REALISATION Michael Pilz
KAMERA, SCHNITT, TON Michael Pilz
PRODUKTION Michael Pilz Film
34 MINUTEN / VIDEO / FARBE

Während der Montage von *Prisjádim na dorozhku* im Sommer 1995 entstanden, als ich „auf russisch" mit nur zwei handelsüblichen VHS-Recordern arbeitete. Ich filmte an zwei Nachmittagen des August (23. und 24.) mit Hi8 mich selbst bei der Arbeit und etwas vom Drumherum: mittels einer damals technisch noch möglichen Zeitschaltung, durch die ich alle paar Augenblicke für ein paar Sekunden lang die Kamera in Betrieb setzen konnte. Automatisch. So sieht man auch die Sonne über meine Wände klettern oder den Ablauf der Montage auf seltsame Weise zerstückelt und gleichzeitig auch wiederaufgebaut. *Michael Pilz, Mai 2008*

Irgendwo hätt' ich sonst hingewollt
Deutschland / Österreich 1995

IDEE & REALISATION Michael Pilz, in Zusammenarbeit mit
Jean-Christopher Burger, Andreas Fröba, Margarethe Fuchs,
Bernd Hartung, Gabriele Hochleitner, Regina Höllbacher,
Vanessa van Houten, Mathilde Kohl
PRODUKTION Kollektiv
51 MINUTEN / 16MM / FARBE (STUMM)
URAUFFÜHRUNG 8. Dezember 1995, Diagonale – Festival des
österreichischen Films, Salzburg

Der Anspruch und die Form dieses Projektes
leiten sich aus persönlichen Erfahrungen ab, die
einige von uns im Zusammenhang mit internationalen Bildhauersymposien und Workshops
improvisierter Musik gewinnen konnten, aber
auch aus der Ausbildung im Bereich Film selbst.
Diese ließ wiederholt die individuellen Wünsche
nach einer ganzheitlichen künstlerischen Auseinandersetzung nicht alleine mit dem Medium
Film, sondern auch mit anderen ästhetischen Le-
bens- und Schaffensfragen offen. [...] Die persönlichen Erfahrungen, Neigungen und Ansprüche der Beteiligten lassen einen intensiven Dialog
und als „beiläufiges" Ergebnis einen spannenden
Film erwarten.   *Michael Pilz, 27. März 1995*

Neun Personen begeben sich in die ruhige und
konzentrierte Atmosphäre eines entlegenen
Ortes. Im Umfeld einer Berghütte des Salzbur-
gischen arbeiten sie mit drei 16mm-Filmkame-
ras und zwei Tonaufnahmegeräten an persönlichen Notizen. Die karge Landschaft und das
sparsame Interieur der Hütte erleichtern es, den
Blick auf Wesentliches zu richten. Die intensive
Betrachtung der Dinge läßt deren Oberflächen
verschwimmen und wird zur Sicht nach innen.
Das belichtete Filmmaterial verdeutlicht die
Beziehung zur Umgebung, wie diese wahrgenommen wird, aber auch, wie sich die FilmemacherInnen selbst wahrnehmen.

„Daß der Mensch auf sich aufmerksam
werde, erscheint mir in dieser Zeit der schein-
belebten Materie und ihrer Anbetung so nötig
zu sein. Man filme also das Nächste, das uns so
fremd ist." (Franz Blei)

Durch Abwarten vermindert sich die Absicht,
an ihre Stelle tritt das spontane Handeln mit der
Kamera, das Filmen im Sinne des „Instant Composing". Die Gegenstände unserer Betrachtung
hinterlassen Lichtspuren auf dem Filmmaterial.
Diese Spuren berichten von den Dingen so, wie
wir sie sehen, von der persönlichen Empfindung
einer Welt, von Tatsachen, deren Erschei-
nungsbild sich aufgrund des subjektiven Blickes
durch die Kamera in unterschiedlicher Art darstellt. Jeder Person stehen zwei Rollen Filmmaterial zur Verfügung, das entspricht einer Laufzeit von fünf Minuten und achtundzwanzig
Sekunden. Die Beschränkung im Material evoziert Geduld und Konzentration beim Betrach-

Für Christine Gaigg
Österreich 1995

ten und Filmen. Zwei Rollen Film entsprechen also siebentausendachthundertzweiundsiebzig einzelnen Belichtungen (es relativiert sich der Begriff der Beschränkung), annähernd achttausend Ausschnitte von Wirklichkeiten und Zuständen passen auf zwei Rollen Film.

„Nein, nein, vorstellen kann man sich nichts auf der Welt, nicht das Geringste. Es ist alles aus so vielen einzigen Einzelheiten zusammengesetzt, die sich nicht absehen lassen. Im Einbilden geht man über sie hinweg und merkt nicht, daß sie fehlen, schnell wie man ist. Die Wirklichkeiten sind langsam und unbeschreiblich ausführlich." (Klaus Theweleit)

Ausgehend von der Idee des „Instant Composing" wird die Entscheidung beim Filmen selbst getroffen, die Belichtung entspricht der Note, die ich gerade treffe, die Verknüpfung von Tönen zu Klangfolgen von einem Moment zum nächsten formt die Partitur, die in ihrer originären Struktur belassen bleiben soll. Die Montage geschieht bereits beim Drehen innerhalb der Kamera. Die Befindlichkeit definiert den Fluß der Bilder, der Austausch der Kamera innerhalb der Gruppe verdeutlicht im Gesamtergebnis die persönliche Textur, die das Material partiell durch den jeweiligen Autor erhält.

Jean-Christopher Burger, Andreas Fröba, Margarethe Fuchs, Bernd Hartung, Gabriele Hochleitner, Regina Höllbacher, Vanessa van Houten, Mathilde Kohl, März 1995

REALISATION Michael Pilz
KAMERA, SCHNITT, TON Michael Pilz
PRODUKTION Michael Pilz Film
115 MINUTEN / VIDEO / FARBE

Christine ist eine sehr begabte Tanzchoreografin, die ich kennenlernte, als sie im Wiener *Falter* über meinen Film *Himmel und Erde* schrieb, es muss etwa 1984 gewesen sein. Sie produzierte und inszenierte ein eigenes Stück (*Oiwei super*) im dietheater Künstlerhaus und wollte, dass ich davon eine Videoaufzeichnung mache.

Also filmte ich an zwei Abenden mit Video Hi8 und montierte daraus ein Stück von 115 Minuten. Die Bühnenmusik stammt von Max Nagl. *Michael Pilz, Mai 2008*

Für Radha Anjali
Österreich 1995

REALISATION Michael Pilz
KAMERA, SCHNITT, TON Michael Pilz
PRODUKTION Michael Pilz Film
57 MINUTEN / VIDEO / FARBE

Radha ist Wienerin, mit einem Inder verheiratet, ausgebildet im klassischen Tanz in Kerala. 1995 inszenierte und produzierte sie im Theater des Augenblicks (Wien 18) das indische Meisterepos *Mahabharata*, und mein Freund Nikolaus Scholz, der im Rundfunk arbeitet (Ö1 Featureredaktion und Hörspiele), animierte mich dazu, diesen Abend zu filmen. Video Hi8, ohne Proben, ohne zu wissen, was wie wo geschehen wird, meine Sicht auf die Dinge. Leider ist das Hi8-Original nicht mehr auffindbar (ich hatte es Radha übergeben), so existieren nur noch technisch unzulängliche VHS-Kopien.

Michael Pilz, Mai 2008

Toleranz – Intoleranz
Österreich 1994–95

IDEE & REALISATION Michael Pilz
KAMERA, SCHNITT, TON Michael Pilz
PRODUKTION Michael Pilz Film
MIT Inge Braunsteiner, Peter Braunsteiner, Andrea Gessert, Christine Helmstedt, Marieluise Hofstätter, Michael Höpfner, Andrea Horvath, Richard Künz, Dieter Manhardt, Andreas Ortag, Felix Ortag, Walpurga Ortag-Glanzer, Johannes Pilz, Rosemarie Pilz, Josef Schützenhöfer
149 MINUTEN / VIDEO / FARBE
URAUFFÜHRUNG Im Rahmen der Ausstellung „Bildende Kunst für Kinder und Jugendliche", 23. September bis 8. Oktober 1995, Horn, Niederösterreich

Sieh' vor allem das, was du siehst, so wie du es siehst. *(Robert Bresson)*

Ich sehe, daß ich sehe. *(Heraklit)*

Während ich still sitze und nichts tue, kommt der Frühling und das Gras sprießt. *(Zenrin Kushu, japanischer Zenmeister)*

Die hier ausgestellten Laufbilder und Töne entstanden bei den Karlsteiner Kunstsymposien 1994 und 1995. Es handelt sich dabei um verschiedene Ausschnitte von insgesamt 300 beziehungsweise 270 Minuten Laufzeit, die sich auf bestimmte Wahrnehmungsweisen der Augen (Kamera) und der Ohren (Mikrofon) konzentrieren und das Wesen filmischen Ausdrucks, filmischer Sprache annähernd erkennbar machen. [...]

Die Bild- und Tonaufnahmen in Karlstein und Unterpertholz entstanden weitgehend unvorbereitet, und sie wurden für diese Ausstellung, bis auf die Wahl der Ausschnitte, nicht geschnitten, nicht nachbearbeitet. Jedem Einzelbild entspricht der zugehörige Originalton.

Während des Filmens habe ich versucht, spontan auf meine Umgebung zu reagieren und die verschiedenen Eindrücke möglichst direkt durch die Kamera und durch das Mikrofon auszudrücken. Ähnlich einem durchlässigen Medium, das den Fluß der Energien kaum behindert und ihn möglichst unmittelbar darstellt, wobei der Charakter des Mediums, in diesem Falle also meine persönliche Haltung und Ansicht, erkennbar wird. Im Spannungsfeld zwischen äußeren und inneren Bewegungen habe ich meine Sinne benützt, um „zu hören und zu sehen, was ist" (oft sehe ich mit den Ohren und höre mit den Augen). Manchmal ist mein Hinschauen und Hinhorchen deutlicher erkennbar als das, was sich vor der Kamera tut, manchmal sind die Objekte vor der Kamera und deren Bewegungen deutlicher zu erkennen als meine persönliche Wahrnehmung. Manchmal kommen sich die äußeren (fremden) und die inneren (vertrauten) Bilder sehr nahe, sie scheinen ineinanderzufließen und sehen sich zum Verwechseln ähnlich. Das ist ein Zustand der Balance, der Ausgewogenheit, zwischen Innen und Außen, zwischen den Objekten vor der Kamera und dem Subjekt hinter der Kamera, zwischen dem, „was" ich wahrnehme, und dem, „wie" ich wahrnehme. Das ist selten, nicht die Regel.

Ähnliches kannst Du beim Betrachten dieser Filme erleben. Sie laden Dich dazu ein, Dich frei und ungezwungen zu bewegen, nicht nur zwischen den Bildern und den Tönen vor Dir, sondern auch in Deiner Phantasie, in Deinen eigenen Vorstellungen, in Deinen inneren Bildern und Klängen, in Deinen Träumen. Diese Filme haben nicht vor, Dich zu „fesseln". Sie zwingen Dich nicht, von Anfang bis zum Ende hinzuschauen und hinzuhorchen. Sie sind einfach da, sie führen ein eigenständiges Leben und sie öffnen sich Deiner Neugier „wie von selbst". Mitunter entstehen dabei Schwingungen, zwischen Dir und dem, was Du äußerlich erkennen kannst, die Dich fühlen lassen, wie *Du* schaust und wie *Du* horchst.

Michael Pilz, Begleittext zur Ausstellung, 1995

Was übersetzt ist noch nicht angekommen
Österreich 1996/97

REALISATION Michael Pilz
IDEE Jeff Perkins
KAMERA, SCHNITT, TON Michael Pilz
PRODUKTION Michael Pilz Film
MIT Jeff Perkins, Vanessa van Houten und Gästen
69 MINUTEN / VIDEO / FARBE
URAUFFÜHRUNG Jänner 1997, Internationales Filmfestival
Rotterdam

I'm a Cabby, I locked the fuckin' keys in the car,
right back here, do you know how to get in?
Can you get in? – What kind of car is it? – It's a
new Chevy. – A new Chevy? No. – It's impossi-
ble. I got to go to 48th Street, can you give me a
deal? – 48th on where? – A round trip, ten to ele-
ven. You'll do it for fifteen? – 48th?

Jeff Perkins, Filmdialog

Ich mag Sachen wie diese: Jeff lud mich zu einer
nächtlichen Tour im Taxi durch New York ein,
doch als es losgehen sollte, bemerkte er, daß er
das Taxi von außen versperrt hatte und die
Schlüssel im Taxi waren. Zufall und Imagination. Was mich beim Filmen immer wieder in-

teressiert, ist die Chance, eine Form „jenseits
des Seins oder anders als Sein geschieht" (Em-
manuel Lévinas) zu finden. Man sieht nicht
beim Sehen, was man nicht sieht.

Michael Pilz, Oktober 1996

Zwei Cineasten am Steuer eines Taxis, in der
Nacht, in New York. Jeff Perkins ist Regisseur
und Taxichauffeur, um über die Monatsenden
zu kommen. Er schlägt Michael Pilz vor, dies
zu filmen, zwei Nächte hintereinander. Unterwegs beginnen Jeff Perkins und der Chauffeur
eines anderen Taxis ihre unangenehmen Erfahrungen am Steuer zu erzählen: die Kunden
sind schlechte Zahler, Kollegen verweigern die
kleinsten Autoreparaturen, die Spielregeln sind
zu lernen, wenn man den Dienst antritt.

Während der zweiten Nacht führt Jeff einen
Dialog mit Michael Pilz. Er vertraut uns die List
des Metiers an, sozusagen wie man am Steuer
die Menschen täuscht, wie man die Kunden findet oder wie man sich ihnen subtil nähert. Und
plötzlich nimmt die Spazierfahrt eine unerwar-
tete, fast surreale Wendung, wenn Jeff von Mao
und der Kulturrevolution, vom Leben in New
York und vom König Dollar spricht, aber auch
von seinen Lieblingen in Literatur und Film.
Dann nehmen Somerset Maugham, Cassavetes,
Billy the Kid plötzlich eine besondere Tiefgrün-
digkeit an, in der Biegung einer Straße, in diesem New York, das unter unseren Augen vor-
beisegelt.

Florence Mirti, „Un taxi à New York",
La vie, Nr. 25, 30. Oktober 2001

Tonga Projekt *(Work in progress)*
Österreich 1997ff.

IDEE Peter Kuthan, Michael Pilz
REALISATION Michael Pilz
KAMERA, SCHNITT, TON Michael Pilz
PRODUKTION Michael Pilz Film
MIT Werner Puntigam, Klaus Hollinetz, Gabi Hollinetz, Ina
Priemetshofer, Keith Goddard, Lukas Ligeti, Peter Androsch,
Gertrude Dirnberger, Chien-Yin Chen, Hedi Kuthan, Peter
Kuthan, Phillip Marira, Siankwede Bokotela Mudenda,
Jossam Sialwindi Munkuli, Bert Estl, Margret Moombe,
Chief Siachilaba, Mr. Mujimba, Penny Yon, Peter
Mungombe, Derek Huggins, Gotthard Wagner, Brigitte
Vasicek, Rosemarie Pilz, Georg Ritter, Horst Mayrhofer,
Johannes Pilz, Mitglieder der Tonga-Musikgruppe Simonga

Tonga 1
Österreich 1997
56 MINUTEN / VIDEO / FARBE
Schnittversion vom 20.9.1997 für die Stadtwerkstatt Linz
Tonga 2
Österreich 1997
CA. 103 MINUTEN / VIDEO / FARBE
Schnittversion 30.9.1997 für die ReiseteilnehmerInnen
vom Juli/August 1997, Treffen im September 1997 in Linz
bei Peter und Hedi Kuthan
Tonga 3 (derzeit verschollen)
Österreich 1997
180 MINUTEN / VIDEO / FARBE
Schnittversion November 1997 für die Musikgruppe
Simonga in Siachilaba, Zimbabwe

Tonga 4
Österreich 1997/98
99 MINUTEN / VIDEO / FARBE
Tonga-Special für die Dinner-Dreharbeiten mit den
ReiseteilnehmerInnen in Linz am 19.9.1998
Tonga 5
60 MINUTEN / VIDEO / FARBE
Österreich 1997/98
Schnittversion 26.2.1998 für Peter Zach und Jana Cisar,
Berlin
Tonga 6
Österreich 1997/98
125 MINUTEN / VIDEO / FARBE
Schnittversion 28.2.1998 für Gertjan Zuilhof und die
von ihm initiierte „Lecture on digital Video" für das
Internationale Filmfestival Rotterdam
Tonga 7
Österreich 1997/98
104 MINUTEN / VIDEO / FARBE
Schnittversion März 1998 für eine Ausstellung in der
Galerie Habari, Wien
View of the World (Tonga 8)
Österreich 1997/98
242 MINUTEN / VIDEO / FARBE
URAUFFÜHRUNG Im Rahmen der Klanginstallation
„Wounded Earth" von Keith Goddard und Klaus
Hollinetz beim Osterfestival 1998, 30. März bis 9. April
1998, Galerie St. Barbara, Hall/Tirol
Tonga 9
Österreich 1997/98
123 MINUTEN / VIDEO / FARBE
Schnittversion 23.4.1998 für Rosemarie Pilz zum
15. Geburtstag (Wir überquerten im August 1997 das
Tote Gebirge gemeinsam, zwischen Priel-Schutzhaus und
Pühringerhütte.)
Tonga 10
Österreich 1997/98
170 MINUTEN / VIDEO / FARBE
Schnittversion Mai 1998 für die Interkulturelle Konferenz
in Maputo, Mozambique
In Hwange (Tonga 11)
Österreich 1997/98
99 MINUTEN / VIDEO / FARBE
Schnittversion 18.9.1998 für die Dinner-Dreharbeiten
mit den ReiseteilnehmerInnen in Linz am 19.9.1998

Tonga 12
Österreich 1997/98
145 MINUTEN / VIDEO / FARBE
Schnittversion September 1998 für diverse Kultur-
austauschprogrammfeste im November 1998 in Linz,
im Rosental/Kärnten und in Hinterstoder („Gesichter
des Südens")
Exit Only (Tonga 13)
Österreich 1997/98
KOREALISATION Thomas Schneider
89 MINUTEN / VIDEO / FARBE
ERSTAUSSTRAHLUNG 5. November 1998, ORF
(Kunststücke)
TongaTonga (Tonga 14)
Österreich 1997/2004
132 MINUTEN / VIDEO / FARBE
Eine Montage für die Präsentation in der „Garage
Druschba" in Weitersfelden/Mühlviertel, am 19.6.2004
Hwange (Tonga 15)
Österreich 1997/2002
44 MINUTEN / VIDEO / FARBE
Die 14-köpfige Reisegruppe des Kulturaustauschprojek-
tes „Nyaminyami – Valley Tonga Culture" besucht den
größten Nationalpark Zimbabwes
Across the River (Tonga 16)
Österreich 1997/2004
151 MINUTEN / VIDEO / FARBE
URAUFFÜHRUNG Jänner 2005, Internationales Filmfestival
Rotterdam
Für Keith Goddard (Tonga 17)
Österreich 1997/2007
23 MINUTEN / VIDEO / FARBE
Porträt des Komponisten und Politaktivisten Keith
Goddard aus Harare, der 1997 gemeinsam mit Peter
Kuthan aus Linz Mitinitiator des Kulturaustausch-
projektes „Nyaminyami – Valley Tonga Culture" in
Zimbabwe war
Four Minutes with Keith Goddard (Tonga 18)
Österreich 1997/2007
4 MINUTEN / VIDEO / FARBE
Kurzporträt des Komponisten und Politaktivisten Keith
Goddard aus Harare, der als Komponist 2009 nach Linz
(Kulturhauptstadt Europas) eingeladen ist

„Tonga", ein Kunst- und Kulturprojekt besonderer Art, entstand im Rahmen mehrjähriger
kultureller Beziehungen zwischen Österreich
und Zimbabwe in Südostafrika. 1997 werden
drei künstlerische Schwerpunktprogramme
stattfinden, in den Bereichen Musik, Installation, Film und Performance:

1) Im Winter 1996/97 werden in Österreich
im Rahmen eines „workshop in residence" fünf
Kompositionen Neuer Musik entstehen, auf der
Basis umfangreicher Tonaufnahmen, die in den
Monaten zuvor im Siedlungsgebiet der Tonga in
Zimbabwe gesammelt wurden. Die teilnehmenden Komponisten sind Peter Androsch,
Keith Goddard, Klaus Hollinetz, Lukas Ligeti
und Werner Puntigam. Im April 1997 werden
die „Five Pieces" öffentlich in Österreich vorgestellt werden.

2) Als Gegenstück dazu wird im Juli 1997 ein
weiterer „workshop in residence" stattfinden,
diesmal jedoch direkt bei den Tonga am Kariba-
See. Im Zusammenhang mit der Präsentation
der „Five Pieces" wird es zu einem intensiven Er-
fahrungsaustausch zwischen Musikern und
Komponisten der Tonga, den Komponisten der
„Five Pieces" und anderen mitanwesenden
Künstlern kommen. Danach wird es zu mehreren gemeinsamen Performances in der Region
der Tonga und im Rahmen der Internationalen
Buchmesse in Harare kommen.

3) Schließlich wird im August 1997, im Rah-
men des oberösterreichischen „Festivals der
Regionen", das heuer der Devise KUNST.
ÜBER.LEBEN folgen wird, die sechstägige

„Wanderung der großen Trommel" stattfinden, quer durch das karge Hochland des Toten Gebirges, im Grenzgebiet der Provinzen Oberösterreich und Steiermark. An dieser einzigartigen Expedition werden u. a. die Komponisten der „Five Pieces" und etwa dreißig Musiker und Komponisten der Tonga teilnehmen, für die dieser Aufenthalt der erste außerhalb ihrer afrikanischen Heimat sein wird. Die in Afrika gesammelten gemeinsamen Erfahrungen werden diesmal unter mitteleuropäischen Bedingungen weiter vertieft und untersucht werden und es ist anzunehmen, daß sich dabei überraschende Blickwinkel eröffnen und neue Geschichten ergeben werden. Den rituellen Höhepunkt wird ein grandioses „Fest der Bewegung und der Feuer" bilden. […]

Ich sehe eine filmische Form, die aus verschiedenen Geschichten und Erzählweisen gespeist wird und besteht, je nachdem, wo wir gerade sind, womit wir zu tun haben und wie das eine auf das andere reagiert, eine flatterhafte Sache irgendwie, nicht recht einzuordnen, keine klare Linie, eben ein Film, aus Bildern, aus bildhaften Metaphern, aus einer Vielfalt von kleinen und kleinsten Geschichten, aus nahezu unendlichen Geschichten, aus Geschichten, die sich in tausend kleinere Geschichten teilen und die wiederum in tausend Einzelheiten teilbar sind, deren jede einzelne aber ganz wichtig und das Ganze mehr als die Summe der Einzelteile ist. Eindrücke, Gefühle und Gedanken wie auf Reisen, wenn von morgens bis abends die Landschaften vorüberziehen und wenn sich die

nächste Landschaft aus der einen und die dritte aus der nächsten wie von selber formt, ohne eigentliches Zutun, nur durch das Hinschauen und Vorüberziehen, ohne von vorneherein zu gewichten, denn Bedeutungen sind unsicher, fragwürdig und alleweil hängen sie vom Standpunkt des Betrachters ab, eine Frage der Haltung, der eigenen Geschichte, des Blickwinkels, der absichtlichen wie der unabsichtlichen …

Ein rundum waches Schwanken und Schwingen, ein rundum freies Schweben und Aufmerken, wie von schlanken Gräsern oder wendigen Gazellen. Dasein, schauen, horchen, die Ohren nach außen spitzen, die Augen nach innen wenden, aber auch umgekehrt, die eigene Haltung überprüfen, den fremden Geschichten lauschen, erfahren und ansehen und näherrücken, sich nicht fürchten, auch wenn sich die Formen äußerlich verändern, innerlich bleiben die Gestalten gleich …

Mit Herz und Verstand, mit Hingabe und Mitgefühl, der Neugier, der fremden wie der eigenen, folgen …

Hier und jetzt die filmischen Metaphern finden, unter den schillernden Ereignissen vor der Filmkamera und unter den persönlichen Erfahrungen dahinter, jene Metaphern, die das chaotische Geschehen auf einfachste Weise, wie selbstverständlich, ordnen und kunstvoll verdichten. […]

Was die Länge des Films betrifft, so denke ich, daß es verschiedene Versionen geben wird.

Michael Pilz, „Tonga.
Entwurf eines Dokumentarfilms", 1997

Dallastown, USA *Österreich 1996–98*
Bridge to Monticello *Österreich 1996–99*

Dallastown, USA
Österreich 1996–98
IDEE & REALISATION Michael Pilz
KAMERA, SCHNITT, TON Michael Pilz
PRODUKTION Michael Pilz Film
164 MINUTEN / VIDEO / FARBE
VIDEOINSTALLATION 16. Mai bis 30. Juni 1998, Schloss-Galerie
Pöllau/Steiermark, zur Ausstellung „America no more: Josef
Schützenhöfer, Landscapes, Paintings"

Bridge to Monticello
Österreich 1996–99
110 MINUTEN / VIDEO / FARBE
URAUFFÜHRUNG Jänner 1999, Int. Filmfestival Rotterdam

1996. Anfang März fuhr ich mit dem Zug von
New York nach Washington. Mein Freund, der
Maler Josef Schützenhöfer, hatte mich ein Jahr
zuvor eingeladen, um mir sein Zuhause zu zeigen, da er vorhatte, nach mehr als zwanzig Jahren in den USA nach Österreich zurückzukeh-
ren. Ich verbrachte drei schöne Tage im Kreis
der Familie, im Haus und in Josefs Werkstatt. Es
gab viel zu erzählen und zu zeigen. Zwischendurch fuhren wir mit Louie, dem vierjährigen
Sohn von Janice und Josef, der gern mit Zügen

spielt, zum Einkaufen und zu abgelegenen, stillen Plätzen. […]

Der Titel *Bridge to Monticello* bezieht sich auf
zwei Bilder, die mir Josef in Dallastown zeigte
und die mich vom ersten Anblick an sehr berührten. Später erzählte er mir von Thomas Jef-
fersons Landsitz Monticello, den dieser selbst
entworfen hatte und der heute eine Art natio-
naler Schatz ist, nicht allzuweit weg von Dallastown, in Virginia. Josef war öfters dort, nicht
nur zum Malen. Auf einer alten, ungepflegten
Zufahrt fand er diese zwar ursprünglich solide
gebaute, doch mit den Jahren baufällig gewor-
dene Brücke. Niemand kümmert sich darum.
Wieder ein Beispiel dafür, sagte er, wie nachläs-
sig mit Natur, mit schönen Dingen und mit der
eigenen Geschichte umgegangen wird.

Michael Pilz, Jänner 1999

Widerstand gegen den Fernsehalltag leistet ein
Film wie *Bridge to Monticello* von Michael Pilz.
Sein Porträt eines steirischen Malers, der zur
Zeit der Aufnahmen in den USA lebte und über
seine Arbeit, aber auch über den nordamerika-
nischen *way of life* spricht, läßt den Bildern
Raum und Gesprächen Zeit. Wir dürfen Anteil
haben an der Produktion von Gedanken beim
Sprechen und auch an der Stille, am Schweigen,
das zur Sprache gehört wie die Pause zur Musik.
Dieser Film nimmt sein Gegenüber ernst, ohne
seine Perspektive zu kaschieren.

Thomas Rothschild, „Empathie und Geduld.
Österreichs Film bei der Diagonale in Graz",
Freitag, *26. März 1999*

Für Richard G. Künz
Österreich 1998

REALISATION Michael Pilz
KAMERA, SCHNITT, TON Michael Pilz
PRODUKTION Michael Pilz Film
42 MINUTEN / VIDEO / FARBE
URAUFFÜHRUNG Juni 1998, Haus am Waldsee, Berlin

Mein Freund Richard Künz aus Engabrunn lud mich ein, eine Kunstaktion vor dem Heidentor in Carnuntum mit meiner Videokamera zu begleiten. Er vergrub eine in Plexi eingegossene Cola-Dose, und ich filmte in meiner Art und montierte eine Arbeit, die bei der Berliner Ausstellung *Die Römische Spur* im Haus am Waldsee, an der Richard teilnahm, Premiere hatte.

Michael Pilz, Mai 2008

Für Ed Schulz *(unvollendet)*
Österreich 1999

IDEE & REALISATION Michael Pilz
KAMERA, SCHNITT, TON Michael Pilz
PRODUKTION Michael Pilz Film
64 MINUTEN / VIDEO / FARBE

Ed Schulz (1942–1999) war Maler und ein guter Freund in den 60er und frühen 70er Jahren. Er war mein Koautor beim TV-Film *L'Imagination des yeux* (1973).

Er verstarb für mich unerwartet, und die Kunsthalle Exnergasse im Wiener WUK (Werkstätten- und Kulturhaus) gestaltete eine umfassende Ausstellung mit einem Teil seiner Werke aus allen Schaffensperioden. Ich nahm die Gelegenheit wahr und machte mich mit meiner kleinen Videokamera auf den Weg in die Nähe jener Gefühle, die so schwer beschreibbar sind.

Michael Pilz, Mai 2008

Pieces of Dreams Österreich 1988–2000
That's All There Is Österreich 1988–2006

Pieces of Dreams
Österreich 1988–2000
IDEE & REALISATION Michael Pilz
KAMERA, SCHNITT, TON Michael Pilz
PRODUKTION Michael Pilz Film
MIT Jack Garfein
55 MINUTEN / VIDEO / FARBE
URAUFFÜHRUNG Jänner 2000, Internationales Filmfestival
Rotterdam

That's All There Is
Österreich 1988–2006
MIT Jack Garfein, Klaus Fischer, Rainer Frieb, Ursula Höpfner, Detlef Jacobsen, Uta Brinksmeier, Lena Deinhardstein
293 MINUTEN (TEIL 1: 151 MINUTEN / TEIL 2: 142 MINUTEN)
URAUFFÜHRUNG 26. März 2006, Diagonale – Festival des
österreichischen Films, Graz

Geschehen lassen, was geschieht, die Aufmerksamkeit nicht fokussieren, sondern schlicht aufmerksam sein, das Kameraauge als wachsamer
Registrator des Momentanen, der sich im Augenblick der Aufnahme selbst vergisst. Wie in
Pieces of Dreams, wo Pilz den Theaterregisseur
Jack Garfein in dessen Hotelzimmer bei den
Vorbereitungen eines Beckett-Stückes beobachtet. Der Raum ist angefüllt mit Sprache und

Konzentration, das manische Repetieren einzelner Textfragmente wird abgelöst durch lange
Passagen gespannter Stille. Zuweilen gerät Pilz
selbst ins Bild und wird zum Impresario und
Mitakteur einer kammerspielartigen Versuchsanordnung, in der das Dokumentarische fast fiktionale Züge bekommt.

Mark Stöhr, „Nothing left to tell",
Schnitt. Das Filmmagazin, *März 2001*

Im Herbst 1988 inszenierte Jack Garfein in Wien
bei George Tabori vier Einakter von Samuel
Beckett. Jack war in der Slowakei aufgewach-
sen, hatte Auschwitz überlebt und eine Thea-
terkarriere bei Lee Strasberg am New Yorker
Actors Studio begonnen. Er inszenierte erfolgreich am Broadway, war mit der Schauspielerin
Carroll Baker verheiratet, drehte zwei ausge-
zeichnete Spiel- und mehrere Dokumentarfilme, lehrte in den USA und übersiedelte Ende
der 80er Jahre nach Paris.

Ich traf Jack bei einem Seminar über die
Schauspieltechnik von Stanislawski, wir freun-
deten uns an, und er hatte nichts dagegen, als ich
während der sechswöchigen Proben filmen
wollte.

Um mir zu zeigen, wie er selbst am Text arbeitet, bevor er sich den Schauspielern widmet,
lud er mich am Nachmittag des 3. September zu
sich in sein Hotel. Ohne im voraus zu wissen,
was geschehen wird, filmte ich, wie er dem Text
von *Ohio Impromptu,* einem rätselvollen Zu-
sammentreffen zweier Männer, auf den Grund
zu gehen versuchte. Am nächsten Morgen be-

Da capo al fine – Was ich erinnere nicht was ich sehe
Österreich 1995–2000

gann die sechswöchige Probenarbeit mit den Schauspielern.

Seither habe ich nur einmal eine Aufnahme des insgesamt etwa 40 Stunden umfassenden Videomaterials benützt, 1994 in *All the Vermeers in Prague,* eine kurze Szene, in der Jack mit den Schauspielern über *Ohio Impromptu* spricht.

Die Aufnahmen vom 3. September 1988 sah ich zum erstenmal im Juni 1999, während einer schwierigen Phase der Montage von *Da capo al fine* (1995–2000), um mich etwas abzulenken. Ich hatte inzwischen vergessen, was damals passiert war und wie ich gefilmt hatte. Ich war überrascht, vor allem von der Tatsache, daß es kaum etwas zu ändern gab und daß die ungewöhnliche Ton- und Farbgestaltung, teilweise eine Folge der Alterung des Videomaterials, meinen Absichten, dem Dokument einen zusätzlichen Anstrich von Fiktion zu verleihen, entgegenkam.

Was wir heute sehen, elf Jahre nach den Dreharbeiten, entspricht bis auf wenige Kürzungen dem, was und wie ich damals filmte, als Jack versuchte, den rätselvollen Text zu entschlüsseln und seine eigenen, inneren Bilder dazu zu finden. In einem persönlichen Gespräch soll Beckett Jack auf die Frage, welche Absichten diesem Theaterstück zugrunde liegen, gesagt haben, „that's all there is".

Michael Pilz, Jänner 2000

IDEE & REALISATION Michael Pilz
KAMERA, SCHNITT, TON Michael Pilz
PRODUKTION Michael Pilz Film
MIT Inge Braunsteiner, Peter Braunsteiner, Andrea Gessert, Christine Helmstedt, Marieluise Hofstätter, Michael Höpfner, Andrea Horvath, Richard Künz, Dieter Manhardt, Andreas Ortag, Felix Ortag, Walpurga Ortag-Glanzer, Johannes Pilz, Rosemarie Pilz, Josef Schützenhöfer
103 MINUTEN / VIDEO / FARBE
URAUFFÜHRUNG 29. März 2000, Diagonale – Festival des österreichischen Films, Graz

Liebe Freunde,

nun ist es bald soweit. Nachdem wir die Baumühle erstmals besichtigt haben, sind wir so begeistert, daß uns die Worte fehlen.

Hier also nur das Wichtigste: Anreise am Samstag, 5. August, über Horn, Raabs, Weikertschlag, Unterpertholz oder über Geras, Eibenstein, Großau, Weikertschlag oder „iwatt' Akka".
– Kerzen, Taschenlampe, Reservebatterie
– Wollene Stutzen, Pullover, Winterjacken
– Schlafsack, Decken
– Lebens- und Genußmittel (außer Bier und Wein)

Indian Diary –
Days at Sree Sankara
Österreich 2000–01

– Kunstwerkzeug und Material
– Geld?
Freunde / Bekannte / Kollegen / Besucher bitte
erst zum Abschlußfest am 12. August einladen,
sonst haben wir die ganze Woche „Besuch".
Herzliche Grüße einstweilen aus dem Hohen
Norden, Andi und Purgi
Einladung zum 2. Karlstein Symposion
vom 5. bis 12. August 1995

Abgeschnittene Köpfe, Figuren, die an den Bild-
rand gedrängt werden oder aus dem Bildrah-
men verschwinden – all das, was die gängigen
Einführungen ins Filmemachen verbieten,
kennzeichnen die Filme von Michael Pilz, einem
der kompromisslosesten (und daher sträflich
vernachlässigten) österreichischen Künstler.
Auch in seinem jüngsten Werk *Da capo al fine* be-
harrt er auf der Autonomie der Kamera. Sie
folgt nicht unbedingt, wie wir es gewohnt sind,
der Aktion, sondern verweilt in einer Position,
bis etwas in den Bildausschnitt eindringt – oder
eben auch nicht. Seine Dokumentation einer
ländlichen Künstlerkommune lehrt das Hinschauen, verzichtet auf jene Geschwätzigkeit,
mit der uns das tägliche Fernsehen mehr und
mehr zuschüttet, hält auch das Schweigen aus,
stille, vertiefte Tätigkeit oder zeitenthobenes
Nichtstun.
Thomas Rothschild, „Erinnerungen bewahren,
Geschichte aufarbeiten. Film und Politik bei der
Diagonale", Die Rheinpfalz, Nr. 95, 22. April 2000

IDEE & REALISATION Michael Pilz
KAMERA, SCHNITT, TON Michael Pilz
PRODUKTION Michael Pilz Film
MIT Bindhu Simon, Deepa, Manju, Ambika R., Beena Mol,
Seema, Lissy Thomas, Anila Kumary, Suja Mol, Ambika
Devi, Sree Kumar, Dr. Mahesh Babu, Dr. Preetha Prabharar,
Dr. Chenda Marakshan, Madhavan, Bettina Knopp, Rethish
Babu, Suresh Kumar, Mary, Jörg Kimmi, Susanne Gleich-
mann, Sara Asfour, Nahulen, Radshko, Christian Fuss, Jirish
168 MINUTEN / VIDEO / FARBE
URAUFFÜHRUNG 1. Februar 2001, Internationales Filmfestival
Rotterdem

Im März 2000 fuhr ich wegen einer ayurvedi-
schen Kur nach Changanacherry, einer Kleinstadt in Kerala in Südindien. Eigentlich wollte
ich die kleine Videokamera gar nicht mitnehmen, um die Behandlung nicht zu beeinträchti-
gen. Doch die Leidenschaft war wieder einmal
stärker als die Vernunft, und am Ende war ich
froh darüber, während des vierwöchigen Auf-
enthalts im und um das Sree Sankara Hospital
gefilmt zu haben. Denn so entstand ein filmisches Gedicht, das von Begegnungen und
Stimmungen erzählt, die, obzwar alltäglichen
Ursprungs, Alltägliches auf seltsame Weise ver-

zaubern. Ungewöhnlich daran ist, daß nicht nur ich, sondern auch andere Personen gefilmt und – wie man sehen kann – besonderes Interesse und Vergnügen daran gehabt haben.

Michael Pilz, Dezember 2000

„Schauen, bis die Dinge selber reden" gilt auch für Michael Pilz' neuen Film *Indian Diary,* die Chronologie eines Kuraufenthaltes des Filmemachers in der südindischen Kleinstadt Changanacherry. Es ist ein Sample von Wahrnehmungsfragmenten, das der Dramaturgie des Einlebens und der langsamen Erkundung der Gegend um das Hospital Sree Sankara folgt. Die langen statischen Einstellungen vom Klinikzimmer, dem Blick auf die Veranda, den Bäumen im Garten geraten in Bewegung bei den ersten Ausflügen in die Stadt, die Shots von der fahrenden Rikscha herunter erinnern fast an Jacques Tatis *Trafic.*

Bald betreten die Krankenschwestern die Szenerie und werden sich als festes Figurenensemble durch den ganzen Film ziehen. Sie übernehmen zeitweise sogar die Regie – erst zögernd, dann zunehmend selbstbewusster – und beschreiben mit ihrer *Caméra stylo* einige Seiten dieses Tagebuchs auf ihre ganz eigene Art. Alltagsrituale werden sichtbar, Massagen, Waschungen und Meditationen, und langsam beginnt man sich wie Pilz zu orientieren. Doch immer wieder friert das Bild gleichsam ein und zeigt präzise kadrierte Stilleben von der Stadt und der Natur, audiovisuelle Kontemplationen von geradezu taktiler Intensität, die das Innen und Außen der Wahrnehmung verschwimmen lassen. […]

Es liegt ein großes Staunen über diesem Film, ein fast naives Hingucken ohne jegliche ethnografischen oder touristischen Wahrnehmungsfilter, sei es, dass ein Elefant minutenlang beim Fressen gefilmt wird oder ein Mann dabei, wie er mit bloßen Händen in glühende Kohlen greift. Alle Beobachtungen, und seien sie manchmal noch so unspekatakulär, stehen gleichberechtigt nebeneinander und konkurrieren nicht um die vorderen Plätze in einem Fotoalbum. Denn wer genau und lange genug hinsieht, braucht kein Foto mehr, und wenn die Dinge selbst zu sprechen beginnen, muss man nicht mehr über sie reden. Oder wie sagte Jack Garfein am Ende von *Pieces of Dreams:* „There's nothing left to tell."

Mark Stöhr, „Nothing left to tell",
Schnitt. Das Filmmagazin, März 2001

La Habana
Niederlande/Österreich 2001

IDEE Michael Pilz
REALISATION Gabriele Hochleitner, Michael Pilz
KAMERA, SCHNITT, TON Gabriele Hochleitner, Michael Pilz
PRODUKTION Simon Field und Sandra de Hamer (30. Internationales Filmfestival Rotterdam), René Goosens und Annemieke van Gorp (De Productie Rotterdam), Michael Pilz Film
MIT Gabriele Hochleitner, Michael Pilz, Olga Silva Dominguez, Aida Maria Disotuar, Berta Isabel Gonzales Feliz Martinez Borrero, Carlos, Rodolfo, Umberto
72 MINUTEN / VIDEO / FARBE
URAUFFÜHRUNG 1. Februar 2001, Internationales Filmfestival Rotterdam (Special „On the Waterfront")

Momentaufnahmen einer fremden Stadt. Menschen treten wie beiläufig ins Bild und lassen die Kamera eine Zeit lang an ihrem Leben teilhaben. Der Film lässt das Gefühl von stehengebliebener Zeit aufkommen, der Kamerablick fängt den gezeigten Alltag in einer Endlosschleife ein.

Diagonale – Festival des
österreichischen Films, 2001

Herbst '99, Gertjan [Zuilhof] erzählt mir erstmals vom Hafen-Projekt, fragt, ob ich daran interessiert sei. Ich sage zu, das Geld wird reichen. Ich sehe einen kleinen und intimen Film vor der Kulisse von Triest, ein Mann und eine Frau, außen cool, die Wahrheit liegt zwischen den Bildern. Zurück aus Indien, sehe ich Gabrieles neuen und lose an Calvino und Bachmann angelehnten Film aus Rom am Schneidetisch (*Die Stadt und die Erinnerung*), schöne, kostbare, filmische Blicke. Ich lade sie ein, den Hafen-Film zu zweit zu machen, zwei Kameras, weibliche und männliche Sicht. Und in Habana. Und fair play. Keine Vorausgedanken, nur schauen, was ist. *Michael Pilz, 2001*

La Habana. Ein neugieriger Blick auf eine fremde Stadt. Ein nach innen gerichteter Blick auf eine Freundschaft.

Gabriele Hochleitner, 2001

Für Eric Neunteufel
Österreich 2001

IDEE Eric Neunteufel
REALISATION Michael Pilz
KAMERA, SCHNITT, TON Michael Pilz
PRODUKTION Michael Pilz Film
MIT Eugen Bartmer, Eric Neunteufel u. a.
45 MINUTEN / VIDEO / FARBE
URAUFFÜHRUNG April 2001, Literaturhaus Krems

Eine Hommage an den Wiener Dichter Eugen Bartmer anlässlich des Erscheinens seines Gedichtbandes *Menschenfresser,* herausgegeben (in der Edition Kunstmarke), handgefertigt und versehen mit einem Vorwort von Helmut Eisendle sowie mehreren Zeichnungen von Eric Neunteufel.

Gwenyambira Simon Mashoko
Österreich 1997–2002

IDEE & REALISATION Michael Pilz
KAMERA, SCHNITT Michael Pilz
TON Michael Pilz, unter Mitarbeit von Gabriele Hochleitner und Klaus Hollinetz
PRODUKTION Michael Pilz Film
MIT Gwenyambira Simon Mashoko and family, Martha Muchibwa, Bartholomä Mashoko, William Rusere, Keith Goddard, Gabriele Hochleitner, Werner Puntigam, Klaus Hollinetz
210 MINUTEN / VIDEO / FARBE
VIDEOINSTALLATION Premiere im Rahmen der Ausstellung „Gwenyambira – A Tribute to Simon Mashoko", 28. Februar bis 8. April 2002, Galerie Habari, Wien
URAUFFÜHRUNG Jänner 2003, Internationales Filmfestival Rotterdam

Die Magie des Musikers Simon Mashoko überträgt sich unweigerlich und wie von selbst. Dabei ist es nicht so wichtig, die Texte seiner Lieder zu verstehen. Meist handelt es sich um banale Alltagsgeschichten und um ironische Tierballaden mit deutlichen Verweisen auf menschliche Situationen. Zum besseren Verständnis seiner Zuhörer improvisiert er manchmal während seines Vortrags die Übersetzung einer Story aus seiner Muttersprache Shona in die englische Sprache. Traditionell wird die Mbira bei Festen gespielt, um in Kontakt mit Verstorbenen, mit Ahnen zu treten. Dabei können die Spieler auch in Trance verfallen und eine einfache Geschichte kann sich eine Nacht lang hinziehen. Es ist auch gebräuchlich, aus einem Lied ohne Unterbrechung ins nächste überzugehen und so fast unmerklich mehrere Stunden durchzumachen. Deshalb braucht es auch nicht zu verwundern, wenn Simon Mashoko manchmal kein Ende zu finden scheint. Aber gerade dann wird man Teil seines virtuosen Mbira-Spiels und seines selbstvergessenen Gesangs, und gerade darin zeigt sich seine wahre Schöpferkraft und gewissermassen auch sein Urvertrauen in das Hier-so-Sein. Simon Mashoko ist Praktiker, Handwerker (Instrumentenbauer), und als solcher versteht er nicht nur viel von den Dingen und den Werkzeugen, sondern auch vom Sinn der Sachen und der Handlungen. In der Art und Weise, wie er physisch anwesend ist und wie er spricht und zuhört und spielt und singt, werden jene reife Haltung und jene menschliche und künstlerische Autonomie spürbar, die ihn seit seinen Jugendjahren zum Vorbild für viele werden ließ.

Gwenyambira Simon Mashoko besteht aus meinen eigenen Aufnahmen der Jahre 1997 und 2002, ergänzt durch Videoaufnahmen des Musikers Franz Fellner sowie durch Ausschnitte aus dem Film *Mbira: Njari, Kranga Songs in Christian Ceremonies* (1976) von Andrew Tracey.

Michael Pilz, Duisburger Filmwoche,
November 2003

Simon Mashoko wurde um 1918 in Masvingo geboren. Er wuchs in einer Njari-Musikerfamilie auf und wurde vom Vater und vom Onkel unterrichtet. Bald spielte er mit diesen bei traditionellen Bira-Zeremonien. Dabei wird der Mbira-Spieler zum Medium, das den Geistern der Vorfahren die Möglichkeit gibt, mit den Anwesenden zu kommunizieren. Im Unterschied zu anderen Mbira-Spielern bezieht Simon Mashoko seine Anregungen nicht aus Träumen, wohl aber spielen Träume eine wesentliche Rolle in seiner Entwicklung. Um 1938, erzählt er, hatte er zwei Träume. Im ersten hörte er um Mitternacht eine Stimme, die ihn rief. Er verließ das Haus und begegnete einem Mann in langer, weißer Robe, der von zwei Löwen begleitet wurde. Im zweiten Traum erschienen drei Männer mit Flügeln vor seinem Haus. Beide Träume waren eingebettet in wunderbare Musik, die Simon Mashoko als Mbira-Musik wahrnahm.

Später traf er in einer Bierhalle einige katholische Missionare. Er erzählte von seinen Träumen, und die Missionare deuteten die Erscheinung als Jesus Christus. Das beeindruckte Simon, und er entschloss sich für die katholische Kirche in Gweru zu arbeiten. Er wurde zwar getauft, spielte aber trotzdem weiter seine Mbira für die Geister der Vorfahren.

In dieser Zeit war die Mbira in der Kirche verboten, sie wurde als des Teufels Werk verdammt, und deshalb wurde Simon Mashoko bedrängt, das Spiel mit seiner Mbira aufzugeben. Doch da die Erscheinungen in seinen Träumen Mbira gespielt hatten, bestand er darauf, auch

Elegia Romana
Österreich 2001/02

weiterhin im Sinne seiner Vorfahren zu musizieren. Würde er nicht für sie spielen, würde er damit ausdrücken, dass seine toten Eltern mit dem Teufel im Bunde stünden.

Mit den ersten Lockerungen, die die Schwarzen dem weißen Minderheitsregime abringen konnten, gab auch die kirchliche Obrigkeit nach und Simon Mashoko durfte seine Mbira nun auch in der Kirche spielen. Er übertrug zahlreiche Shona-Melodien in Kirchenmusik, produzierte mehrere Schallplatten, und als er regelmäßig in den Programmen des African Radio Service musizierte, wurde er weit über Zimbabwes Grenzen hinaus bekannt.

Er fühlte sich weiterhin der Kirche verpflichtet und arbeitete für sie über viele Jahrzehnte. Heute lebt er, ohne Unterstützung der Kirche, mit seiner Frau und einer Schar Verwandter (die es aufgrund der Not des Landes nachhause drängt) in sehr bescheidenen Verhältnissen in Beardmore Mine, etwa 60 km östlich von Great Zimbabwe (jenen jahrhundertealten Zeugnissen einer vergangenen afrikanischen Hochkultur, deren Existenz die ehemalige weiße Regierung mit Unterstützung einiger Wissenschaftler immer wieder zu widerlegen versuchte). Heute, knapp 90 Jahre alt, spielt Simon Mashoko nach wie vor jeden Morgen sowie jeden Sonntag beim Gottesdienst seine Mbira mit unverminderter Kraft und Ausdrucksstärke.

Keith Goddard, Oktober 2001
(in freier Übertragung nach Paul Berliner)

IDEE & REALISATION Michael Pilz
KAMERA, SCHNITT, TON Michael Pilz
PRODUKTION Michael Pilz Film
52 MINUTEN / VIDEO / FARBE

Eine elegische Betrachtung römischer Schauplätze, unter Verwendung von Musik des französischen Films *Love Me* von Laetitia Masson; eine persönliche Erinnerungsarbeit, eine Art Liebesfilm. *Michael Pilz, Mai 2008*

The Art of Flow
Österreich 2003

IDEE Veni Labi
REALISATION Michael Pilz
KAMERA, SCHNITT, TON Michael Pilz
PRODUKTION Veni Labi
107 MINUTEN / VIDEO / FARBE
URAUFFÜHRUNG 24. August 2003, Yoga-Center Ganesha, Wien

Im Sommer 2003 nahm ich erstmals an einem Ausbildungskurs in Nuad teil und ließ mich von Veni Inge Labi in Thai-Yoga ausbilden. „Nuad-bo-ram" bedeutet „alte traditionelle heilsame Berührung" und wird oft als „passives Yoga" bezeichnet. Es ist eine 2500 Jahre alte spirituelle Praxis mit buddhistischem Hintergrund. [...]

Nuad wird bekleidet auf einer Matte am Boden gegeben, durch sanfte Dehn-, Streck-, Dreh- und Hebeübungen, im Atemrhythmus. Durch achtsame und einfühlsame Berührung erfährt man Wärme und Geborgenheit, durch Dauer und Intensität stellt sich bald ein meditativer Zustand ein, der eigene Körper wird empfindsamer, mentale Blockaden lösen sich, es wird auf allen Ebenen – Körper, Geist, Seele – ein tiefes Loslassen und Entspannen möglich.

An einem sonnigen August-Nachmittag trafen wir uns im Yoga-Center Ganesha in Wien, Veni, Alex (der wie ich den Nuad-Kurs besuchte) und ich, mit meiner kleinen Videokamera. Veni, die ihr spezielles Flow-Nuad demonstrierte, brachte einen CD-Player und die Musik von Georg Baum, von der sie sich beim Arbeiten gerne begleiten ließ. In einem einzigen Durchgang, ohne Probe und ohne Schnitt, also ohne die Kamera abzusetzen, filmte ich, was Veni mit Alex tat und wie sie es tat, fast zwei Stunden lang. Einmal musste ich die Videokassetten wechseln, aber wie bei jeder guten Arbeit ergab sich dieser Wechsel wie von selbst.

Das Schöne daran war die Gleichzeitigkeit unserer Bewegungen, die Choreografie der Körper und der Kamera im Raum, in der Zeit. Aus der eigenen Nuad-Erfahrung wusste ich den Ablauf der Handlungen, aber wie ich dann mit der Kamera darauf reagierte, das war spontan und instinktiv, wie in einem freien und doch gemeinsamen Tanz ohne Vorhersehung. Die Energielinienarbeit, wie sie im Nuad stattfindet, ist wie so vieles im Leben nicht eindeutig zu erklären oder wissenschaftlich nachzuweisen. Dass sie effektiv ist, steht seit Jahrhunderten außer Zweifel. Auch die Arbeit mit der Filmkamera birgt viele Geheimnisse. Wir können diese Geheimnisse annehmen und uns ihnen öffnen. So ist *The Art of Flow* nicht nur das filmische Dokument von Venis Flow-Nuad, sondern auch eine Meditation über das Sichtbare, über die äußere, greifbare Realität und über die darin verborgenen Geheimnisse. *Michael Pilz, Mai 2005*

Memories of You – 7 December, 2003
Österreich 2003–04

IDEE & REALISATION Michael Pilz
KAMERA, SCHNITT, TON Michael Pilz
PRODUKTION Michael Pilz Film
MIT Helmut und Valentin Eisendle, Lisi Mössler
26 MINUTEN / VIDEO / FARBE
URAUFFÜHRUNG 19. November 2004, Die lange Nacht des
Films, Blaugelbe Galerie, Zwettl

Alles, was notwendig ist, ist ein leerer Zeitraum,
sagte John Cage. Schließlich wird genug drin
sein, das pfeift oder ein Geräusch macht.
Helmut Eisendle, „Einige Sätze für Michael Pilz",
5. August 1999

Helmut starb am 20. September 2003. Er war
mir ein besonders lieber Freund. Irgendwann
hatte ich ihm zum Geburtstag die CD mit dem
Piano-Solo von Charles Mingus geschenkt. Er
hat sie oft gehört (so wie *seine* Billie Holiday).
Er war nicht nur gut im Schreiben, sondern
auch im Malen, Zeichnen und Bauen von Objekten. Und im Reden. Er *spielte* gern, mit Worten, Farben, Drähten und allerlei *nutzlos* gewordenen Dingen, die er sammelte (bevor er

Schriftstssteller wurde, war er kurze Zeit auch
Fernmeldemonteur).

Lisi wollte den letzten Ort des reichhaltigen
Wirkens ihres Mannes für künstlerische Tätigkeiten und Begegnungen verfügbar erhalten.
Am 7. Dezember 2003 nahm ich meine Kamera
und hielt damit fest, was mir wie von selbst in
die Augen fiel, zur Musik von Mingus, und wie
so oft montierte ich den Film schon in der Kamera, beim Drehen.

Abends filmte ich Lisi, wie sie auf ihrem Ak-
kordeon ein Lied probierte, das sie sehr mochte
und das ihr ein Freund geschenkt hatte, „L'ac-
cordeon sous le pont".

Am 14. Jänner starb Lisi.

Im Februar wurde die Wohnung leerge-
räumt.

Die tiefe Trauer ob der persönlichen Verluste
ließ mich lange Zeit das gefilmte Material nicht
anrühren. Dann fiel mir Helmuts Text wieder in
die Hände, den er mir geschrieben hatte, als ich
1999 über den Verlust eines lieben Menschen
sehr verzweifelt war. Das Tröstliche seiner Gedanken machte mir Mut, und ich konnte den
Film schließlich fertigmachen. In Erinnerung an
ihn. Und an Lisi. Und an gewisse Schmerzen.

Michael Pilz, August 2004

Für Tapfuma Gutsa
Österreich 2004

IDEE Tapfuma Gutsa
REALISATION Michael Pilz
KAMERA, SCHNITT, TON Michael Pilz
PRODUKTION Michael Pilz Film
22 MINUTEN / VIDEO / FARBE
URAUFFÜHRUNG Im Rahmen der Videoinstallation „Ngarava: Vanishing Cultures" von Tapfuma Gutsa, Dezember 2004, Manchester Art Gallery, Manchester

Wassertropfen sowie Porträts verschiedener Persönlichkeiten aus Afrika und Europa. Eine kleine Arbeit für einen befreundeten Bildhauer aus Zimbabwe, für eine Ausstellung in einer Galerie in Manchester.

Windows, Dogs and Horses
Österreich 1993 / 2005

IDEE & REALISATION Michael Pilz
KAMERA, SCHNITT, TON Michael Pilz
PRODUKTION Michael Pilz Film
MIT Einwohnern von Changancherry, Andreas Ortag, Felix Ortag, Walpurga Ortag, Werner Puntigam, Klaus Hollinetz, Gabriele Hollinetz, Ines Priemetshofer, Rosemarie Pilz, Michael Pilz, Andrea Gessert
40 MINUTEN / VIDEO / FARBE
URAUFFÜHRUNG 27. Jänner 2006, Internationales Filmfestival Rotterdam

Michael Pilz gelang mit der innerlichen Rückschau *Windows, Dogs and Horses* der ergreifendste Film des Festivals.
Christoph Huber, „Diagonale: Magere Debatte",
Die Presse, 27. März 2006

Windows, Dogs and Horses verwendet Bild- und Tonaufnahmen verschiedener Ereignisse zwischen 1994 und 2003. Die Bilder zeigen oft Nebensächliches und auch Rätselvolles, sie folgen keiner linearen Handlung, eher entsprechen sie unbewussten Momentaufnahmen, in denen die Zeit oft stillzustehen scheint. Dadurch werden die Töne wichtig, und so entsteht Spannung zwischen Oberfläche und Hintergrund, zwischen Außen und Innen, zwischen den Dingen und ihren Bedeutungen. [...]

„Content follows form", Solschenizyn lässt es seinen Caesar in *Ein Tag des Iwan Denissowitsch* so sagen: „... der Kunst geht es nicht um das was, sondern um das wie". Die Bilder und Töne und die Weise, wie sie miteinander geheimnisvoll und doch offen und vielfältig in Beziehung treten, markieren deutliche, wirkliche, sinnliche Erfahrungen. Und deren Spuren. In manchem gleichen sie einem minimalistischen Rätsel. Sinn und Bedeutungen lassen sich wieder nur in einer möglichst offenen und achtsamen Begegnung damit finden.

Michael Pilz, Oktober 2005

Das Fenster gibt den Blick nach außen nicht frei. Ein Vorhang verstellt die Sicht bis auf wenige Schlupflöcher. Wenn schon in der nächsten Einstellung – einer Fahrt durch eine indische Stadt – diese Neugier auf ein Mehr an Sichtbarkeit befriedigt scheint, so ist das doch ein Trugbild: Denn das Kino des Michael Pilz interessiert sich seit jeher für Zwischenräume – für die in der Nähe abgelegten Bilder, denen erst ein geduldiges Sehen zur Darstellbarkeit verhilft.

Windows, Dogs and Horses, Pilz' neueste, 40-minütige Arbeit, ist eine Kompilation aus Szenen, die der Filmemacher zwischen 1994 und 2003 gedreht hat. Kein eindeutiger inhaltlicher Fokus verbindet sie, sondern ein assoziativer, der Bilder unterschiedlicher Intensitäten bündelt. Manche davon stammen von Reisen, über

die Pilz eigene Filme gefertigt hat, andere aus seinem privaten Umkreis – eigentlich einerlei, da es in allen um oft ein wenig rätselhafte Momente geht, in denen sich ein Ausdruck verdichtet.

Ein Hund, der in einem Teich auf Fische lauert; ein schwarzer Vogel auf einem Ast in dichtem Schneegestöber; und immer wieder Pilz selbst: beim Anstieg auf einen Berg mit seiner Tochter; oder bei der Vorführung von Andreas Ortags Film *innen/außen* (1978), der das Motiv von seinem Video weiterspinnt. Das sind Szenen, die für sich selbst stehen, aus unterschiedlichen Lebenszeiten, in denen sich Erinnerungen gleich subjektiv bedeutsamen Sinneseindrücken bewahrt haben.

Bei aller Reduktion bleibt *Windows, Dogs and Horses* ein sehr persönliches Video. Die latent unheimliche Stimmung, die Pilz bisweilen mit Gewittergeräuschen und sanft suggestivem Score schürt, sie verdankt sich einer unbewussten Qualität in den Bildern, die ihre Neuordnung und damit einhergehende Kontraste noch betonen.

Dominik Kamalzadeh, „Bis sich ein Ausdruck verdichtet. Michael Pilz' meditativer Bilderbogen ‚Windows, Dogs and Horses'", Der Standard, 21. März 2006

Silence

Österreich 2007

IDEE & REALISATION Michael Pilz
KAMERA, SCHNITT, TON Michael Pilz
PRODUKTION Michael Pilz Film
MIT Gabriele Träxler, Michael Pilz, Alvin Curran u. a.
96 MINUTEN / VIDEO / FARBE
URAUFFÜHRUNG Riga, Latvia, 17th European Documentary
Film Symposium, September, 2007

Silence ist ein sehr persönlicher Tagebuchfilm, und ich glaube, dass er gerade deshalb auch allgemeingültig ist. Sofern man sich ihm öffnet, wach, aufmerksam und staunend.

Ich habe ihn *Silence* genannt, weil er in seinen filmischen Elementen und durch diese von Haltungen, Bewegungen und Gefühlen erzählt, die viel mit Stille, mit Ruhe und mit Öffnung nach außen wie nach innen zu tun haben. Deshalb gibt es auch Sequenzen und Einstellungen, die die Objekte der Betrachtung äußerst konkret und fast schmerzhaft ins Bild rücken, obwohl sie so nebensächlich, so beiläufig, so alltäglich erscheinen. Doch wenn man „freischwebend" und aufmerksam schaut und horcht, hineinhorcht, nicht nur in den Film, sondern auch in sich selbst, dann tut sich hinter den Bildern und durch die Töne hindurch – wie in Trance – eine

ganz andere Welt auf, eine Welt der Imagination, der Träume, des Unsichtbaren, doch umso deutlicher fühlbar. Und natürlich ist auch *Silence* wieder eine Projektion innerlicher Befindlichkeiten auf äußerliche Phänomene, auf eben jene „Objekte der Begierde", die erst in der Stille so wirklich zu leuchten und zu strahlen – und in der Projektion auf den Film – zu leben beginnen. Und natürlich ist *Silence* – wieder – ein Liebesfilm. Die Furcht, die Liebe zu verlieren, hat darin kaum Platz. Liebe ist nur möglich in einem weiten Land. Dazu sagt John Cage, 1973, „if the mind is silent and is willing to accept what happens, there is actually nothing to fear".

Und wieder war es meine Absicht, nicht nur die Objekte zu betonen, sondern auch – und mitunter fast ausschließlich – meinen Blick auf die Dinge, also eher unspektakuläre Bilder und Töne eher unspektakulär aneinanderzureihen. Dabei erzähle ich keine im Voraus ausgedachte Geschichte, sondern halte es mit dem italienischen Filmautor Cesare Zavattini (1902–1989), „der wahre Versuch besteht nicht darin, eine Geschichte zu erfinden, die der Realität gleicht, sondern die Realität so darzustellen, als sei sie eine Geschichte". Die Sinnfindung der filmischen Reise wird so zur Aufgabe jeder Zuschauerin und jedes Zuschauers (eben als Subjekt!).

Nicht zuletzt kann der dem Film vorangestellte Leitsatz meines Lieblingshaikudichters Basho, „along this road / goes no one / this autumn evening", nicht nur als Schlüssel zu diesem Werk, sondern zu allen meinen Filmen verstanden werden. *Michael Pilz, 25. August 2008*

P.R.A.T.E.R.
Österreich 1964/2007

IDEE & REALISATION Michael Pilz
KAMERA, SCHNITT Michael Pilz
PRODUKTION Michael Pilz Film
12 MINUTEN / 16MM / SCHWARZWEISS (STUMM)
URAUFFÜHRUNG 14. Dezember 2007, Die lange Nacht des Films, Blaugelbe Galerie, Zwettl

Erste oder zweite Kameraübung an der Wiener Filmschule, 16mm s/w, Bolex-Kamera (Federaufzug), unklar, ob es sich hier um „Reste" handelt oder um die geschnittene Filmversion; möglicherweise liegt im Archiv der Filmhochschule Wien eine geschnittene Filmversion, und hier handelt es sich tatsächlich „nur" um Restmaterial.

Dieses Material fand Verwendung in *A Prima Vista* (2008). *Michael Pilz, Mai 2008*

Haiku happens
Österreich/Schweiz 2005/07

IDEE Werner Penzel, Marion Neumann, Jean Perret
REALISATION Michael Pilz
KAMERA, SCHNITT, TON Michael Pilz
PRODUKTION Michael Pilz Film für Laboratoire Village Nomade, Estavayer-le-Lac
7 MINUTEN (2 KURZFILME) / VIDEO / FARBE
URAUFFÜHRUNG April 2007, Visions du Réel, Internationales Filmfestival Nyon

Filme von 28 Filmemachern und Filmemacherinnen, die aus jeweils drei Einstellungen bestehen.

Nach der Projektidee und dem Design von Werner Penzel, Marion Neumann und Jean Perret habe ich fünf filmische Haikus produziert, zwei davon zeige ich im Internet. Sie enthalten Aufnahmen, die ich im September 2005 rund um eine alte venezianische Villa von Andrea Palladio in Ipplis, Friaul, gefilmt habe.

Michael Pilz, Oktober 2008

A Prima Vista

Österreich 1964–2008

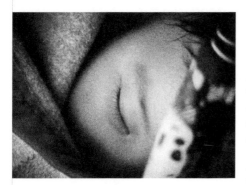

IDEE & REALISATION Michael Pilz
KAMERA, SCHNITT, TON Michael Pilz
PRODUKTION Michael Pilz Film
MIT Johannes Pilz, Rosemarie Pilz, Beate Pilz, Michael Pilz,
Dieter Manhardt, Walpurga Ortag, Andreas Ortag, Josef
Schützenhöfer, Johann Hofstätter, Mathilde Kohl,
Margarete Fuchs, Bernd Hartung, Andreas Fröba, Regina
Höllbacher, Gabriele Hochleitner, Vanessa van Houten
91 MINUTEN / 16MM & VIDEO / SCHWARZWEISS & FARBE
URAUFFÜHRUNG Jänner 2008, Internationales Filmfestival
Rotterdam

Seit langem wollte ich wieder einmal mit Film
arbeiten und zwar mit bisher nie veröffentlich-
ten Aufnahmen des eigenen Archivs. Einiges daraus hatte ich gänzlich vergessen, bei anderem
konnte ich mich nicht mehr daran erinnern, es
gefilmt zu haben, und ich fand auch keine
schriftlichen Aufzeichnungen.

P. R. A. T. E. R.
(1964, Film 16mm Umkehr s/w, stumm)

Ein Sonntag im Prater, gefilmt mit einer stummen Bolex 16mm-Filmkamera, erstaunlich ra-
sant gefilmt und geschnitten.

Un ricordo d'infanzia
(1987, Film 16mm Positiv Farbe, stumm)

Ferientage mit meiner damaligen Frau und unseren kleinen Kindern in Lignano. Deren erstaunliche Präsenz, völlig ungeniert und „ernst"
vor meiner Kamera agierend, oft so, als wäre
diese gar nicht da. Feine, kontemplative Aufnahmen, auch etwas Wehmut, man spürt (und
sieht), dass etwas „vorbei" ist.

12.2.43
(1969, Film Fuji Single-8mm Positiv s/w, stumm)

Eines meiner ersten Selbstporträts auf Film.

Bernhardsthal
(1986, Film 16mm s/w Positiv + Negativ + Umkehr Farbe,
stumm)

Ein sonntäglicher Ausflug mit meiner damaligen
Frau und unseren kleinen Kindern (unser Sohn
war damals gerade ein halbes Jahr alt) im Zug
nach Bernhardsthal, an die tschechoslowakische
Grenze Richtung Brünn. Niemandsland. Aufnahmen wie aus dem Paradies. Unterstrichen
wird der fantastisch-paradiesische Bildcharak-
ter, der auch an frühe russische Dokumentarfilme wie jene von Dowshenko erinnert, durch
den etwas verblichenen Charakter des Farbum-
kehrmaterials.

Symposium Baumühle
(1996, Film 16mm Positiv Farbe, stumm)

Ein Kameraexperiment mit meiner 16mm-
Bolex, die „in der Kamera" Auf- und Abblenden ermöglicht. Eine rhythmische und tempo-

Die Erotik der Leere

Österreich 2008

reiche Struktur, aus Versatzstücken eines Künstlersymposiums in der Waldviertler Baumühle in der Nähe von Weikertschlag, das ich 1994 mit Freunden gegründet und an dem ich mehrere Jahre, auch mit meinen Kindern, teilgenommen habe.

Shintofest
(ca. 2005, Film Super-8 Positiv Farbe, stumm)

Ein fantastisch anmutendes „Ritual" um die Shinto-Pagode am Wiener Donauufer, ein Fest, vielleicht war es das 20-jährige Bestandsfest der Pagode (ich kannte sie bereits Mitte der 80er Jahre, kurz nachdem sie erbaut wurde), mit vielen Menschen und mit meiner kleinen Super-8mm Beaulieu-Kamera, die mit Zeitlupe filmte und einen Reigen fast mythischer Bewegungen und Haltungen festhielt.

Symposium Riedlhaus
(1995, Film 16mm Positiv Farbe, stumm)

Eine Kameraübung mit der Bolex, wieder mit eingebauter Auf- und Abblend-Automatik, anlässlich unseres ersten studentischen Filmsymposiums (Fachhochschule Dortmund, wo ich mehrere Jahre hindurch eine Klasse von FilmstudentInnen Filmästhetik und experimentelles Gestalten lehrte) auf einem Berghaus des Salzburger Magistrats im Tennengebirge (Riedlhaus).

Form ist Inhalt, oder: Kunst ist nicht eine Frage des *Was,* sondern des *Wie.*

Michael Pilz, Jänner 2008

IDEE & REALISATION Michael Pilz
KAMERA Rosemarie Pilz
SCHNITT, TON Michael Pilz
PRODUKTION Michael Pilz Film
62 MINUTEN / VIDEO / FARBE

Zwei Vorlesungen im Rahmen meines Grazer Diagonale-Programms, als meine Filme *Paticcasamuppada* (1986), *Staatz Ende* (1986/89), *Siberian Diary – Days at Apanas* (1993–2003), *Indian Diary – Days at Sree Sankara* (2000), *Gwenyambira Simon Mashoko* (1997–2002), *Cage* (1991–92/2008) und *Windows, Dogs and Horses* (1993/2005) gezeigt wurden.

Meine Tochter Rosemarie filmt mich, 4. April 2008, Grazer Geidorf-Kino (in der Endphase ihrer Diplomarbeit, „Das Portrait als Dokumentarfilm").

Ich spreche (und schweige zwischendurch) zu meiner Arbeitsweise und versuche nachvollziehbar zu machen, dass und weshalb mir weniger die Dinge selbst als vielmehr die Blicke darauf wichtig sind.

Michael Pilz, Oktober 2008

28 April, 1995 Aus Liebe/For Love

Österreich 1995/2008

IDEE & REALISATION Michael Pilz, Brigitte Schwaiger
KAMERA, SCHNITT, TON Michael Pilz
PRODUKTION Michael Pilz Film
MIT Brigitte Schwaiger, Michael Schwaiger
180 MINUTEN / VIDEO / FARBE
URAUFFÜHRUNG 19. November 2008, Österreichisches
Filmmuseum
Ursprünglicher Titel: *Für Brigitte Schwaiger* (in einer
deutschen und einer annähernd gleich langen spanischen
Version gefilmt)

Ich kenne Brigitte seit etwa 1974. Wir wurden gute Freunde. Ich kenne ihre Geschichte, natürlich auch die ihrer Ehe mit einem Angehörigen des spanischen Militärs Ende der 60er Jahre. Sie hat sie mir oft und ausführlich erzählt, und sie hat einige Bücher darüber geschrieben (zuletzt *Ich suchte das Leben und fand nur dich*, Verlag Langen Müller, München 2000).

Jahre vergingen, und wir verloren uns aus den Augen. Anfang der 90er Jahre lebte sie in Südböhmen (unweit der Stadt meiner Kindheit). Ich wollte sie besuchen, es kam nicht dazu. Erst als sie wieder in Wien wohnte, trafen wir uns wieder öfters, sprachen auch über gemeinsame Filmpläne. Sie erzählte von einer langen Reise nach Kolumbien und nach Madrid, und dass sie erfolglos versucht hatte, die Geschichte ihrer unglücklichen Ehe ins spanische Fernsehen zu bringen. Doch man glaubte sie ihr nicht, man unterstellte ihr, weil sie Schriftstellerin ist, sie erfunden zu haben.

Kurz darauf machten wir dann die Aufnahmen zu *28 April, 1995 Aus Liebe/For Love*. In deutscher und dann auch noch in spanischer Sprache. Doch nachdem sich auch das österreichische Fernsehen dafür nicht erwärmen wollte, überließ ich Brigitte die Videobänder, im Glauben daran, sie würde sie eines Tages nützen können.

Wieder verging viel Zeit, wieder gingen unsere Wege auseinander, bis wir uns im Vorjahr zufällig trafen und ich sie dabei an die damaligen Aufnahmen erinnerte. Sie gab sie mir mit den Worten, „mach daraus, was du willst, ich vertraue dir".

Kürzlich schrieb sie mir in einem Brief, dass sie die Flucht nach vorne angetreten hatte, um ihre Angst vor *dem Mann* zu überwinden, und sie hatte sich schließlich, nach ausführlichen Telefongesprächen nach Madrid, mit Miguel versöhnt. Er schrieb ihr mehrere Briefe und sagte ganz von sich aus, „wir könnten ins Fernsehen gehen, und jeder erzählt über den anderen, wie schrecklich er war". Das mit dem Fernsehen ist vielleicht keine schlechte Idee, unabhängig davon aber wollte ich unsere *historischen* Aufnahmen endlich fertigmachen, nicht nur, weil es jetzt nicht mehr die Bedenken gab, Miguel

Yemen Travelogue – Days at Shibam
Jewel of the Valley/Dourat al-Wadi
Österreich 2006/08

könnte etwas dagegen haben, sondern auch weil die Aufnahmen trotz ihres Alters sehr lebensnah und berührend und über das persönliche Schicksal Brigittes hinausgehend allgemeingültige Aussagen und Wahrheiten enthalten.

So wurde *28 April, 1995 Aus Liebe/For Love* vor wenigen Tagen fertig. Zuerst dachte ich an einen Titel wie „Ich habe es erlebt", oder „Es gefällt mir, wenn du schweigst" (ein Zitat aus einem spanischen Gedicht), oder einfach „Luboka" (das ist der Berg in Böhmen, von dem Brigitte erzählt und vermutet, dass darunter eine alte, vielleicht keltische Stadt begraben ist). Auch dachte ich an jene Passage ihrer Rede, in der sie davon spricht, wie folgenschwer es ist, wenn Gefühle, Handlungen und Sprache vor allem junger Menschen missachtet oder gar schlechtgemacht werden. Und ich fand in ihrem jüngsten Buch die Worte, „Ich suchte einmal, ja, ich suchte die Liebe im Kino. Und den Kuss, der nie enden wird, den unendlichen Kuss. Und am Vormittag Kirche, und am Nachmittag Kino. Ich suchte, ja, ich suchte einmal vielleicht sogar das Leben. Aber ich glaube, ich habe nur die Ferne von daheim gesucht. Die Ferne vom Verbot."

Sloterdijk schreibt, „für den, der wirklich sieht, ist das Auge ein Ohr des Lichts".

Schließlich wollte ich, an die Versöhnung nach 30 Jahren denkend, unter all dem Leid und den Klagen darüber, an die lebendige Kraft der Liebe erinnern.

Michael Pilz, 6. September 2004

Yemen Travelogue – Days at Shibam
IDEE Michael Pilz, Nikolaus Scholz
REALISATION Michael Pilz
KAMERA, SCHNITT, TON Michael Pilz
PRODUKTION Michael Pilz Film
CA. 100 MINUTEN/VIDEO/FARBE
URAUFFÜHRUNG 22. November 2008, Österreichisches Filmmuseum

Jewel of the Valley/Dourat al-Wadi
364 MINUTEN/VIDEO/FARBE

Auf Einladung von Omar Abdulaziz Hallaj, Leiter des Yemeni-German Shibam Urban Development Project (GTZ) habe ich zwischen 17. und 21. April 2006 in Seiyun, Hadramout, Republik Jemen, während der Musikproben und -aufnahmen des Shibam District Music & Traditional Arts Ensemble für dessen erste CD (*Jewel of the Valley*, Nikolaus Scholz) gefilmt. Die vorliegende Montage *Jewel of the Valley/Dourat al-Wadi* hält sich chronologisch an die Originalaufnahmen, wobei es in der Nachbearbeitung des Materials kaum etwas zu tun gab, da ich bereits beim Filmen die Montage – Tempi, Rhythmen, Bewegungen etc. – vor Augen hatte.

Darüber hinaus ist *Yemen Travelogue – Days at*

Für Anne und Fred

Österreich 2008

Shibam mein filmisches Tagebuch und zeigt, neben einigen außergewöhnlichen Szenerien mit den Musikern, eine Vielzahl zufälliger und mich berührender Begegnungen in und um die Städte Shibam und Seiyun.

Mein 2003 verstorbener Freund, der Schriftsteller Helmut Eisendle, sagte mir einmal, man würde nur das wahrnehmen, was man in sich trägt. Isaias sagt, heute erkennen wir uns wie im Spiegel, morgen von Angesicht zu Angesicht.

Michael Pilz, Oktober 2008

Eine weitere Reise führte Michael Pilz jüngst in den Jemen: Er begleitete einen alten Bekannten, der dort mit lokalen Musikern eine CD aufnahm. Ein Film über Musik – und wie man die macht: Wie sich die Musiker in ihre Kunst zu versenken wissen, für lange Augenblicke in ihr verloren gehen, um dann beim Auftauchen glücklich, doch entzaubert dreinzuschauen. Sie alle haben andere Leben, der alte, halbblinde Sänger etwa ist Gemüsehändler. Ein einsamer Höhepunkt im Schaffen von Pilz: Eine verschleierte Frau mit energisch hochgekrempelten Blusenärmeln tanzt einen Reigen durch die Männermasse – dunkelheitsbedingt aufgenommen mit einer irren Verschlusszeit, die den inneren Taumel dieser Minuten, eine geheime Ekstase, ganz rauschhaftes Kino werden lässt. Zwischen den Proben dann Aufnahme-Sessions: Blicke auf Häuser und Hügel, den Alltag, wie er weitergeht, während in einem Hinterhof Schönheit wird.

Olaf Möller, Österreichisches Filmmuseum (Programmheft), November 2008

IDEE & REALISATION Michael Pilz
KAMERA, SCHNITT, TON Michael Pilz
PRODUKTION Michael Pilz Film
64 MINUTEN / VIDEO / FARBE

Gefilmt Anfang Mai 2008 in Dreistetten, Niederösterreich: eine mehrtägige Klausur, bekannt als „Fritz-Manöver", einberufen von Fritzpunkt – Büro für theatralische Sofortmaßnahmen (Anne Mertin, Fred Büchel, Susanne Hahnl u. a.), bei der Werke der 2007 verstorbenen Autorin Marianne Fritz mit verteilten Rollen „aufgeführt" werden.

15 Städterinnen und Städter versammeln sich in einem Bauernroman. Werden Sie eine/r davon: setzen Sie sich mit dem Fritzpunkt vier Tage lang einem kleinbäuerlichen Milieu ohne Strom, Fließwasser und Telefon aus und (v)erhandeln Sie den Roman *Das Kind der Gewalt und die Sterne der Romani* von Marianne Fritz. Die Landschaft stellt die Bedingungen, der Fritzpunkt das Regelwerk, die Autorin den Text.

www.fritzpunkt.at

Apokrypha *(Auswahl)*

KAMERAARBEITEN

Reusenheben (Ö 1966, R: Khosrow Sinai)
Der Prinz (Ö 1966, R: Khosrow Sinai)
Schlachthaus (Ö 1970, R: Franz Novotny) – *Making of*

TEXTE, PERFORMANCES ETC.

Kein Film – ein Stückwerk. Dziga Vertov (1986)
  Buch und Posteraktion während der Österreichischen
  Filmtage Wels, 1986
Film Gurke Maus Kino (1987), veröffentlicht in: *Blimp* Nr. 6
  (Graz), Frühjahr 1987
Für Erwin Puls (1989), Fotoserie von 144 Aufnahmen,
  veröffentlicht in: *Über Puls*, 1989
DONNER.blitzt (1989), Notizen zu *Feldberg,* veröffentlicht
  als Katalog des Niederösterreichischen Landesmuseums
  (Neue Folge 245), Wien 1989
Zähflüssiger Gegen und Verkehr (1990), gem. mit Peter Zach,
  veröffentlicht in: *Blimp* Nr. 14 (Graz), Sommer 1990
Anmerkungen zur Kinematographie von Laila Pakalnina
  (1995), veröffentlicht in: *Oscars* Nr. 4–5/1995 (Riga)
Gut und Böse sind Vorurteile Gottes (2000), Hörstück mit
  Helmut Eisendle (Ö1, 26.6.2000)
Schäffergasse 1 (61 Minuten) / *Schäffergasse 2* (23 Minuten)
  (Ö 1998–2004, R: Helmut Eisendle), Michael Pilz:
  kuratorische Endfertigung
Vermischte Nachrichten (Ö 2006, R: Angela Summereder,
  77 Minuten), Michael Pilz: Kamera, Ton, Endschnitt,
  Darsteller

FILME ÜBER MICHAEL PILZ

Dokumentarisch Arbeiten: Im Spiegel des Fremden
  Michael Pilz im Gespräch mit Christoph Hübner
  (D 2000/01, 59 Minuten), Erstausstrahlung: 11.2.2001, 3sat
For Some Friends
  Ein Film über, für und mit Michael Pilz von Gabriele
  Hochleitner (Ö 2004/08, 77 Minuten), Uraufführung:
  21.11.2008, Österreichisches Filmmuseum

RÖMERQUELLE

Über die Neigungen einer Frau entscheidet allein ihre Vorstellung vom Glück.

(Cherbuliez)

Werbeplakate für Römerquelle

GGK, 1974, Foto: John Cook
Michael Pilz, Fotomodell, Gottfried Kumpf
GGK, 1974, Foto: John Cook
Gottfried Kumpf, Hilde Pilz, Michael Pilz

RÖMERQUELLE

Es ist wichtig, in jeder Angelegenheit den rechten Zeitpunkt zu finden.

(William Shakespeare)

Dank

Ich danke zutiefst all den Wesen und insbesondere den Personen, die mich, über kurz oder lang, in der einen oder anderen Weise, begleitet haben, und ohne deren Bereitschaft, mir zu begegnen und sich mit mir auszutauschen, ich vieles nicht auf den Weg bringen und weitergeben hätte können.

Mein besonderer Dank gilt Margarethe und Ignaz Pilz sowie Daira Abolina, Josef Aichinger, Maria Alge, Silvia Andresen, Peter Androsch, Martin Anibas, Franz Antel, Michelangelo Antonioni, Karl Arlamovsky, Anna Auer, Kengiro Azuma, Gideon Bachmann, Peter Bacso, Paule Baillargeon, Huub Bals, Liane Barnet, Herbert Baumgartner, Samuel Beckett, Christian Berger, Dagmar Bever, Viktor Billek, Katharina Binder, Lillian Birnbaum, Fernando Birri, Josefa Bischof, Wolfgang Bischof, Sabine Blaschke, Agnes Bleier-Brody, Dietmar Blochberger, Christa Blümlinger, Piroska Bogner, Jorge Luis Borges, Ernst Bosek, Helmut Boselmann, Christian Bosseno, Jürgen Böttcher, Krista und Meriadeg Bouillé, Wendy Braitman, Mario Bräuer, Claude Brasseur, Dietmar Brehm, Bert Breit, Robert Bresson, Claudia Brody, Wolfgang Brunbauer, Bettina Buchholz, Fred Büchel, Georg Buigner, Jean-Christopher Burger, Brigitta Burger-Utzer, Elisabeth Büttner, John Cage, Albert Camus, Willis Canover, Christine Carmann, Henri Cartier-Bresson, Alejo Cespedes, Miloslav und Maria Chlupac, Andrea Christa, Linda Christanell, Chuangtzu, Eva Chung-Fux, Jana Cisar, Maria E. Clay, Henri Colpi, Michel Constantine, John Cook, Gerard Courant, Claus Czamsky, Michael Dajc, Johanna und Hermann Damm, Stefanie Damm, Monique Dartonne, Pascale Dauman, Miles Davis, Moritz und Erika de Hadeln, Hansfried und Marianne Defet, Lena Deinhardstein, Ebbo Demant, Renald Deppe, Christian Dewald, Alexandra Dietrichstein, Lui Dimanche, Angelos und Stavroula Dimitriadis, Anne Djetzi, Wang Dongfeng, Hans Dostal, Claire Doutriaux, Mireille Ducret, Stephen Dwoskin, Rainer C. Ecke, Christoph Egger, Michael Ehrenzweig, Othmar Eichinger, Helmut Eisendle, Alfons Engelen, Ägidius Erma, Jean Eustache, Josef und Anna Fabich, Kurt Falch, Walter Famler, Carlo Fedier, Michael Feichtinger, Hans Feigelfeld, Morton Feldman, Henriette Fischer, Karl Fischer, Birgit Flos, Peter Forgács, Linda Forsman, Maria und Hans Fössl, Robert Frank, Bernhard Frankfurter, Andreas Fröba, Amrit Fuchs, Margarete Fuchs, Makoto Fujiwara, Ursula Fürtler,

Christine Gaigg, Laura Gampieri, Robert Gardner, Jack Garfein, Sonja Gasparin, Ilse Gassinger, Marianne Bachrach-Geissler, Penelope Georgiou, Sonja Gerstl, Andrea Gessert, Raffaella Giordano, José Giovanni, Tina Glaser, Michael Glienke, Jean-Luc Godard, Keith Goddard, Frigyes Gödrös, Matthias Goldmann, Andreas Goldstein, Ruth Golic, Zaven Ghookasian, Roger Graf, Attila Grandpierre, Helmut und Sinnika Grasberger, Bogdan Grbić, Ulrich und Erika Gregor, Dietmar Grieser, Franz und Maria Grimus, Grania Gurievitch, Tapfuma Gutsa, Götz Hagmüller, Christophe Haleb, Omar Abdulaziz Hallaj, Nadjat Hamdi, Elke Harder, Bernd Hartung, Václav Havel, Johanna Heer, Veit Heiduschka, Hermann Hendrichs, Wilhelm Hengstler, Wolfgang Hermann, Isa Hesse-Rabinovitch, Gabriele Hochleitner, Marieluise und Johann Hofstätter, Herbert Holba, Regina Höllbacher, Klaus und Gabriele Hollinetz, Florian Hopf, Lukas Horvath, Alexander Horwath, Hou Hsiao-hsien, Timo Huber, Christoph Hübner, Karl Hufnagl, Hans Hurch, Heike Hurst, Donald Hyams, Gerhild Illmaier, Vojtěch Jasný, Jürg Jegge, Heinz Jonak, Günter Jordan, Jon Jost, Martha Jungwirth, Reinhold Kaiser, Florian Kalbeck, Ferenc Kálmán, Sándor Kardos, Victoria Kaser, Karl Katzinger, Manfred Kaufmann, Walter Kindler, Urban Kinnesberger, Alea Kleiermann, Elem Klimov, Kuno Knöbl, Christine und Rudolf Kögel, Beate Kögel-Pilz, Margit Koglmann, Mathilde Kohl, Alfred Kohlbacher, Herbert Koller, Peter Konlechner, Günther Köpf, Leo Kornbrust, Gertrude Kotzaurek, June Kovach, Josef Krammer, Gregor Kraus, Adolf Krischanitz, Helena Krivan, Ingrid Krüger, Peter Kubelka, Martina Kudláček, Ernö Kunt, Richard G. Künz, Gerhard Kury, Peter und Hedi Kuthan, Veni Labi, Vivien Landauer, Gerlinde Langhans, Erich Langjahr, Laotse, Thomas Lehner, Wolfgang Lehner, Zsolt Lengyel, Gerhard Lenz, Heinz Leonhardsberger, Roberta Leoni, Cecilia Li, Ruzhi Liu, Petra Lokway, Helga Lomosits, Andrea Lövenberger, Evelyn Luef, Mansur Madavi, Franz Madl, Franz Manola, Sascha Manovic, Walter Marti, Christa Martin, Maria Martina, Simon Mashoko, János Másik, Peter Matejka, Tim McLeish, Armin Medosch, Küde Meier, Jonas Mekas, Jean-Pierre Melville, Erny Menez, Nina Menkes, Reni Mertens, Anne Mertin, David Messer, Erika Metzger, Camilla Mickwitz, Heinrich Mis, Frédéric Mitterand, Olaf Möller, Lutz Mommartz, Thelonious Monk, Sarah Morgan, Karl und Sonja Möseler, Elisabeth Mössler, Eva Mössler, Hansjakob Müller, Jakob Mundl, Fredi M. Murer,

Gerhard und Laura Mutsam, Mikio Naruse, Johannes Neuhauser, Walter Neumayer, Manfred Neuwirth, Michael Niedermair, Camilla Nielsen, Ixy Noever, Katrin Noever, Peter Noever, Franz Novotny, Christoph Oberhuber, Ermanno Olmi, Michael Omasta, Andreas und Walpurga Ortag, Laurids Ortner, Rudolf Ortner, Farah Ossouli, Christa Oswald, Guillermo und Zora Otálora, Yasujiro Ozu, Laila Pakalnina, Jack Palance, Imma Palme, Hans-Jürgen Panitz, Carlo Papucci, Huguette Parent, Harald und Hanna Partay, Burgis Payer, Jeffrey Perkins, Günter Pernhaupt, Hubert Pfaffenbichler, Barbara Pflaum, Hannes Pflaum, Helmuth Pflug, Ölwin Pichler, Harald Picker, Richard Pils, Eva Pilz, Herbert Pilz, Johannes Pilz, Katharina Pilz, Martin Pilz, Miriam Pilz, Rosemarie Pilz, Wahrhilde Kratochwill-Pilz, Leopoldine Pilz, Klaus Pinter, Ieva Pitruka, Brigitte und Wolfgang Podgorschek, Christa Pohl, Edith und Ferry Pohl, Erich Polder, Karl und Uta Prantl, Sebastian Prantl, Hans Preiner, Reinhard Priessnitz, Roswitha und Wolf D. Prix, Leopoldine und Franz Puhrer, Erwin und Tatjana Puls, Werner Puntigam, Michael Pyhringer, Reinhard und Susanna Pyrker, Thomas Rauser, Satyajit Ray, Christian und Ingrid Reder, Lou Reed, Franz Reichle, Christian Reiser, Elvira Reiter, Margret Reiter, Otto Reiter, Rembrandt, Franz Richter, Herbert Riess, Erika Ringel, Erwin Ringel, Franz Ringel, Helmut Rings, Christian Rischert, Nicolas Roeg, Johannes Rosenberger, Henry S. und Corolla Rosenthal, Heiner Roß, Alain und Aude Rossel, Giorgio Rossi, Thomas Rothschild, Georges Rouquier, Antoine de Saint-Exupéry, Marikka Salminen, Christa Saredi, Hubert Sauper, Gerhard Schedl, Peter Scheer, Günter Scheer, Arnold Schicker, Dietmar Schipek, Gottfried und Edith Schlemmer, Othmar Schmiderer, Helga Schmidt, Jörg Schmidt-Reitwein, Eike Schmitz, Ulrich Schmotzer, Paul und Li Schneider, Nikolaus Scholz, Eckart Schopf, Dieter Schrage, Lilo Schrammel, Peter und Maria Schreiner, Ulle Schröder, Michael Schrott, Günther Schuecker, Eduard Schulz, Andrea Schurian, Hermann Schürrer, Josef und Janice Schützenhöfer, Louie Schützenhöfer, Brigitte Schwaiger, Uli und Xaver Schwarzenberger, Herbert und Edith Schweiger, Silvin Seelich, Jörg Seidl, Alexander Seiler, Hanns Senger, Horst Dieter Sihler, Hubert Sielecki, Martins Silsans, Bindu Simon, Khosrow Sinai, Volodja Sjabankov, Aleksandr Sokurov, Heinz Späth, Peter Spiegel, Eva Spieß, Walter Stach, Thomas Steinmann, Ula Stöckl, Marijana Stoisits, David Streiff, Angela Summereder, Helmut und Hilda Swiczinsky, Tibor Szemzö, Carl Szokoll, Dietmar Tadler, Monika Tegelaar, Hans Temnitschka, Maria Teuchmann, Herbert Timmermann, Gül Togay, Harry Tomicek, Josef Tomiser, Gabriele Träxler, Heinz Trenczak, Hubert Urban, Anita Uzulniece, Johan van der Keuken, Vanessa van Houten, Bertien und Willem van Manen, Gizella Varga Sinai, Michael Vass, Johannes Vermeer, Dziga Vertov, Maria Vesely, Karsten Visarius, Visvanadhan, Claudia und Noemi von Alemann, Alexander von Samsonow, Volodja und Galina Vorobiov, Gabriele Voss, Laura Waddington, Helmut Waldert, Barbara Wally, Georg Wasner, Edgar Weinzettl, Anneliese Wernicke, Klaus Wiesmüller, Bruno Wildburger, Klaus Wildenhahn, Gert Winkler, Karsten Witte, Dieter und Ingrid Wittich, Anna Katharina Wohlgenannt, Constantin Wulff, Peter Zach, Peter Zawrel, Franz Zellnik, Robert Zeppl-Sperl, Gertjan Zuilhof, Marina Zurzumija, Rudolf Zwischenberger

Michael Pilz

Bildnachweis

Alle in diesem Band verwendeten Fotos stammen
aus dem Archiv von Michael Pilz.

Fotografen und Fotografinnen:
Bernd Hartung (Seite 6)
Sascha Manowicz (Seite 18 unten)
Mathilde Kohl (Seite 67)
Angelos Dimitriadis (Seiten 101 oben, 125)
Gabriele Hochleitner (Seite 119 unten)
Gert Winkler (Seite 207)

Michael Pilz (Fotoseiten 11/12, 69/70, 85/86, 121/122, 153/154)

Kadervergrößerungen:
Georg Wasner/Österreichisches Filmmuseum
(Seiten 200, 204, 205 links, 217)

Autorinnen und Autoren

Birgit Flos, wichtigste Impulse im New York der 1970er Jahre, u. a. Comparative Literature an der City University of New York; 1982 bis 1985 Gastprofessur an der HdK Berlin; seit 1988 Lehrbeauftragte für Filmgeschichte an der Filmakademie Wien. Ausstellungsreihe: *medien apparate kunst* (1995/96) im MAK; 2004 im Team für die Programmauswahl der „originalen" Diagonale, 2005 bis 2008 künstlerische Leitung der Diagonale. Texte für das Radio (Ö1, *Synchron*) und Printmedien. Lebt und arbeitet in Wien.

Olaf Möller, Köln, schreibt über und zeigt Filme. Koherausgeber u. a. der FilmmuseumSynemaPublikation *John Cook. Viennese by Choice, Filmemacher von Beruf* (gem. m. Michael Omasta, 2006).

Michael Omasta, Filmredakteur der Stadtzeitung *Falter* und Vorstandsmitglied von SYNEMA – Gesellschaft für Film und Medien, Wien. Koherausgeber u. a. der FilmmuseumSynemaPublikationen *Claire Denis. Trouble Every Day* (gem. m. Isabella Reicher, 2005), *Josef von Sternberg. The Case of Lena Smith* (gem. m. Alexander Horwath, 2007).

Constantin Wulff, Filmschaffender, Kurator, Publizist. 1997 bis 2003 Leitung der Diagonale in Graz (gem. m. Christine Dollhofer). Vorstandsmitglied und seit 2008 Obmann von dok.at (Interessensgemeinschaft Österreichischer Dokumentarfilm). Mitherausgeber von *Schreiben Bilder Sprechen – Texte zum essayistischen Film* (1991) und *Marcel Ophüls: Widerreden und andere Liebeserklärungen – Texte zu Kino und Politik* (1997). Filme (Auswahl): *Spaziergang nach Syrakus* (1993), *Heldenplatz, 19. Februar 2000* (2002), *In die Welt* (2008). Lebt und arbeitet in Wien.

FilmmuseumSynemaPublikationen

Seit einigen Jahren arbeiten das Österreichische Filmmuseum und SYNEMA in vielfältiger Weise zusammen. All diese kooperativen Projekte sind von der Überzeugung getragen, dass die Wahrnehmung von Filmen und das Nachdenken darüber zusammengehören: dass die konkrete Anschauung, die „Lektüre" von Filmen im Kino der unverzichtbare Ausgangspunkt jeder Beschäftigung mit dem Medium ist – und dass umgekehrt eine „reine" Anschauung weder wünschenswert noch möglich ist, da die Artikulationsweisen des Films stets andere, ästhetische und gesellschaftliche Artikulationen nach sich ziehen.

Das Ziel, die Vermittlungsarbeit zu vertiefen und über die Veranstaltungen hinaus präsent zu halten, führte zur Idee einer gemeinsamen Buchreihe, in der die inhaltlichen Positionen, die Forschungsschwerpunkte und die Sammlungsbestände zum Ausdruck kommen sollen: FilmmuseumSynemaPublikationen.

Österreichisches Filmmuseum
Augustinerstraße 1
A-1010 Wien
Tel.: +43/1/533 70 54
www.filmmuseum.at

Synema – Gesellschaft für Film und Medien
Neubaugasse 36/1/1/1
A-1070 Wien
Tel.: +43/1/523 37 97
www.synema.at

FilmmuseumSynemaPublikationen sind zu beziehen im gut sortierten Buchhandel oder direkt bei office@synema.at

Band 1
CLAIRE DENIS. TROUBLE EVERY DAY
Herausgegeben von Michael Omasta,
Isabella Reicher
Wien 2005, 160 Seiten, ISBN 3-901644-15-6
Das erste deutschsprachige Buch über die französische Regisseurin (*Nénette et Boni, Beau travail, L'Intrus*). Mit Beiträgen von Peter Baxter, Martine Beugnet, Christine N. Brinckmann, Ralph Eue, Ekkehard Knörer, Jean-Luc Nancy, Vrääth Öhner, einem ausführlichen Gespräch und einer kommentierten Filmografie. Vorwort von Jim Jarmusch

Band 2
PETER TSCHERKASSKY
Herausgegeben von Alexander
Horwath, Michael Loebenstein
Wien 2005, 256 Seiten, ISBN 3-901644-16-4
Das vielfältige Œuvre von Peter Tscherkassky spielt eine zentrale Rolle beim international wieder erwachten Interesse am Avantgardefilm. Ein reich illustriertes Werkverzeichnis mit Essays von Alexander Horwath, Drehli Robnik und Peter Tscherkassky sowie umfassender Bio-Bibliografie. Text englisch/deutsch

Band 3
JOHN COOK. VIENNESE BY CHOICE,
FILMEMACHER VON BERUF
Herausgegeben von Michael Omasta,
Olaf Möller
Wien 2006, 252 Seiten, ISBN 3-901644-17-2
John Cook, ein kanadischer Fotograf und Filmemacher im Wien der siebziger Jahre, spürte mit unbändiger Lust am Geschichtenerzählen dem Geschmack des Lebens nach. Eine Wiederentdeckung in Essays, Gesprächen, einer Filmografie sowie durch Cooks hier erstmals veröffentlichter Autobiografie „The Life".

Band 4
**DZIGA VERTOV. DIE VERTOV-SAMMLUNG
IM ÖSTERREICHISCHEN FILMMUSEUM /
THE VERTOV COLLECTION AT THE
AUSTRIAN FILM MUSEUM**
*Herausgegeben von Österreichisches
Filmmuseum, Thomas Tode,
Barbara Wurm*
Wien 2006, 288 Seiten, ISBN 3-901644-19-9
In beispielhafter Weise stellt der Band die umfangreiche
Sammlung des Österreichischen Filmmuseums zu dem
russischen Filmemacher und -theoretiker Dziga Vertov
vor: Filme, Fotos, Plakate, Briefe sowie eine Vielzahl
bislang unpublizierter Schriften, Entwürfe und Skizzen.
Text englisch/deutsch

Band 7
**JEAN EPSTEIN. BONJOUR CINÉMA UND
ANDERE SCHRIFTEN ZUM KINO**
*Herausgegeben von Nicole Brenez,
Ralph Eue, übersetzt aus dem
Französischen von Ralph Eue*
Wien 2008, 160 Seiten, ISBN 978-3-901644-25-2
Jean Epstein, der große Unbekannte unter den Größten
des Films, gehört zur Handvoll jener Autoren, die in ihren
Reflexionen über das Kino wie in ihren künstlerischen
Arbeiten das moderne Filmdenken miterfunden haben. Der
vorliegende Band macht eine Auswahl seiner mitreißenden
Schriften erstmals auch in deutscher Sprache zugänglich.

Band 5
**JOSEF VON STERNBERG.
THE CASE OF LENA SMITH**
*Herausgegeben von Alexander
Horwath, Michael Omasta*
Wien 2007, 304 Seiten, ISBN 978-3-901644-22-1
Entlang hunderter Originalfotos und Dokumente, einer
Reihe literarischer Blitzlichter sowie Essays internationaler
Autoren und Autorinnen rekonstruiert dieser Band Josef
von Sternbergs verlorengegangenes Filmdrama über eine
junge Frau in der Wiener Klassengesellschaft um 1900.
Text englisch/deutsch

Band 8
**LACHENDE KÖRPER. KOMIKERINNEN
IM KINO DER 1910ER JAHRE**
Claudia Preschl
Wien 2008, 208 Seiten, ISBN 978-3-901644-27-6
Das Buch von Claudia Preschl trägt, mit Blick auf die
kurzen Serien- und Lustspielfilme, zur Wiederentdeckung
eines frühen, sehr direkten, „anderen" Kinos bei, in dem
Komikerinnen eine große Rolle spielten. Der vielfältige
Fundus ihrer grotesk-körperlichen Überschreitungen und
anarchischen Rebellion bietet heute Aufschlussreiches zu
Geschlechter- wie Handlungskonzepten.

Band 6
JAMES BENNING
*Herausgegeben von Barbara Pichler,
Claudia Slanar*
Wien 2007, 264 Seiten, ISBN 978-3-901644-23-8
Die weltweit erste umfassende Würdigung einer der
faszinierendsten Persönlichkeiten des unabhängigen
US-Kinos. Mit Beiträgen von Julie Ault, James Benning,
Sadie Benning, Dick Hebdige, Sharon Lockhart, Scott
MacDonald, Volker Pantenburg, Michael Pisaro, Nils Plath,
Allan Sekula, Amanda Yates. Text englisch

Band 9
**FILM CURATORSHIP.
ARCHIVES, MUSEUMS,
AND THE DIGITAL MARKETPLACE**
*Herausgegeben von Paolo Cherchi
Usai, David Francis, Alexander
Horwath, Michael Loebenstein*
Wien 2008, 240 Seiten, ISBN 978-3-901644-24-5
Das Buch diskutiert – in Form von Dialogen zwischen
Kuratoren und Archivaren dreier Generationen – das
Medium Film und seine Vermittlung im Kontext von
Museen und Cinémathèquen, Fragen von Kuratorenschaft
sowie die Zukunft des filmischen Erbes und sucht eine
Form der Auseinandersetzung jenseits des Medienpurismus
oder der Zwänge des Marktes. Text englisch